MONTRÉAL-MATIN
son histoire
ses histoires

D1535051

Éditeurs:
LES ÉDITIONS LA PRESSE, LTÉE
7, rue Saint-Jacques
Montréal H2Y 1K9

Maquette de la couverture:
JEAN PROVENCHER

Photographies de la couverture:
SERVICE DE DOCUMENTATION DE LA PRESSE

Dépôt légal:
BIBLIOTHÈQUE NATIONALE DU QUÉBEC
4e trimestre 1978
ISBN 0-7777-0204-5

MONTRÉAL-MATIN

son histoire
ses histoires

JOSEPH BOURDON

la presse

Avant-propos

Je veux dédier cet ouvrage à tous ceux et à toutes celles dont on ne trouvera pas les noms dans les pages qui suivent mais qui, à un moment ou à un autre, ont œuvré dans l'un des multiples services du quotidien dont je tente de relater l'histoire.

On comprendra, je l'espère, l'impossibilité de dresser une liste complète de tous ceux qui ont été à l'emploi de ce journal ou qui le sont encore. Si je parle surtout des journalistes et des patrons, je sais fort bien que ces gens n'auraient pu faire grand'chose sans le concours d'une foule de modestes travailleurs aussi indispensables que ceux qui signent des éditoriaux ou de grands reportages.

Je pense, notamment, à tous ces artisans de l'imprimerie qui ont été à l'emploi de la composition, de la clicherie, de la photogravure, de la salle des presses et de la manutention du papier journal. Je pense aussi à tous les employés de bureau, aux artistes, aux correcteurs d'épreuves, expéditeurs, distributeurs, solliciteurs, petits porteurs, préposés à l'entretien, membres du service de la sécurité, etc.

Tous ces gens dont je parle peu, ils ont néanmoins joué un rôle vital dans le succès et la survie de cette entreprise. Je les ai connus, à peu près tous, je les ai vus à l'œuvre et à chacun d'entre eux, personnellement, je veux rendre un témoignage sincère d'admiration et les assurer de mon estime.

L'auteur

1

1930-1931

Un nouveau quotidien

Mil neuf cent trente... année de la défaite du parti libéral à Ottawa et de la victoire du parti conservateur que dirige M. R. B. Bennett... année de la visite à Montréal du dirigeable R-100... année de la seconde élection de M. Camillien Houde à la mairie de Montréal... deuxième année d'une dépression économique qui allait d'ailleurs bientôt s'aggraver... année de la naissance d'un nouveau journal quotidien à Montréal.

Mil neuf cent trente. À ce moment-là, la métropole compte déjà quatre quotidiens de langue française: *La Presse*, grand journal à fort tirage; *La Patrie*, journal qui a déjà connu une immense popularité mais dont la vogue diminue et qui est devenu filiale de *La Presse*; *Le Devoir*, fort du prestige d'Henri Bourassa et d'une équipe imposante que dirige Georges Pelletier; enfin, le seul journal francophone du matin, *Le Canada*, organe du parti libéral.

Le nouveau-né qui vient se joindre à eux porte un nom prestigieux, *L'Illustration*. C'est en effet le nom d'un périodique français de haute tenue littéraire et typographique, apprécié notamment pour le luxe (inconnu aujourd'hui) de ses numéros spéciaux, celui de Noël, par exemple.

Il faut évidemment une certaine audace et beaucoup de témérité pour se donner pareil nom. Mais l'audace et la témérité n'ont jamais manqué tout au cours de l'histoire de ce journal. D'ailleurs, *L'Illustration* ne chercha jamais à imiter son homonyme de France. Je présume qu'on voulait simplement attirer l'attention du public sur le fait que le nouveau quotidien serait abondamment illustré. Notre confrère et concurrent du matin, *Le Canada*, déjà en place depuis 1903, paraît alors sans illustration, ou à peu près, à l'exemple d'ailleurs du *Devoir*, alors journal de l'après-midi. Ce qui nous permet d'afficher en première page, durant un certain temps, la mention suivante: « Le seul quotidien français illustré du matin en Amérique. »

Autre preuve d'audace, le nouveau journal se présente sous un petit format, le format « tabloïd », soit la moitié du format du grand journal

3

ou format « drap de lit », comme on dit parfois par dérision. Aucun quotidien n'avait encore osé paraître à Montréal en format tabloïd, et peut-être même au pays. Aux États-Unis, toutefois, la formule connaît beaucoup de succès. Le lecteur, surtout celui qui emprunte les services de transport en commun, apprécie ce format qui ne l'oblige pas à importuner ses voisins quand il déplie son journal. Il faut cependant reconnaître que cette formule comporte certains désavantages, notamment quand il s'agit de la publicité. Si un annonceur important décide d'une campagne de publicité, il sera tenté parfois d'utiliser une page entière pour les grands formats et une page, également, pour les petits formats. Ce qui veut dire que le journal « tabloïd » recevra alors la moitié du montant versé au concurrent à grand format, compte tenu d'un tirage égal. Le travail typographique est également un peu plus compliqué. Une grande page se « monte » plus facilement qu'une petite. Néanmoins, dans le cas de *L'Illustration*, l'innovation s'avère heureuse.

M. Eugène Berthiaume

Qu'était *L'Illustration* à ses débuts, à ses tout premiers numéros? Passablement comme aujourd'hui *Montréal-Matin*, mais beaucoup plus modeste, beaucoup plus timide, beaucoup moins habile. Un journal vivant, abondamment illustré, s'intéressant de façon toute particulière à l'information locale et à l'information sportive. Les chroniques diverses, bandes dessinées, contes, feuilletons, ne manquent pas. Déjà, horoscope et mots-croisés.

En page éditoriale, dans l'un de ses premiers numéros, *L'Illustration* résume dans la formule suivante sa ligne de conduite:

« L'intérêt public exige:

« 1º Le développement de nos ressources naturelles afin de donner du travail à tout le monde.

« 2º La réduction des heures de travail.

« 3º Un plus grand nombre de parcs pour les enfants.

« 4º L'amélioration de la voirie urbaine.

« 5º La construction de voies souterraines pour améliorer notre système ferroviaire.

« *L'Illustration* préconise ces mesures! »

Prix du numéro, 2 cents; abonnement par la poste, $5.00 par année.

La page frontispice est toujours illustrée et on y trouve le titre de la nouvelle la plus importante. Dans un petit encadrement, une devise: « Par le peuple et pour le peuple », et dans un autre: « Le journal des hommes, des femmes et des enfants. » *L'Illustration* se montre fidèle à son mot d'ordre et offre un quotidien intéressant vraiment tous les membres de la famille.

Qui fonda *L'Illustration*? C'est tout d'abord l'Association des journalistes canadiens qui est la compagnie éditrice. Plus tard, l'Association deviendra la Société des journalistes canadiens et, finalement, la Société se transformera à son tour en Fédération des journalistes cana-

4

diens. Jamais, bien entendu, il ne s'agira de groupements véritables de journalistes. Aussi nous est-il arrivé fréquemment de recevoir, de l'étranger surtout, des demandes de renseignements sur le journalisme ou les journaux au Canada français, sur les conditions de travail, etc.

Pour celui qui arrive au bureau du journal une semaine environ après la parution du premier numéro — comme ce fut mon cas — le patron, c'est M. Fernand Dansereau, fils d'un ancien rédacteur en chef de *La Presse*, Arthur Dansereau, considéré l'un des journalistes politiques les plus influents de son temps. Fernand Dansereau a sans aucun doute hérité de son père un sens inné du journalisme. D'abord, il a su dès le début du journal trouver une formule qui allait plaire au public. Ce n'est pas un bourreau de travail mais plusieurs de ses décisions s'avèrent heureuses et, discrètement, il sait prodiguer à ses subalternes des conseils que ceux-ci ont sûrement intérêt à retenir.

Mais lancer un journal quotidien coûte cher. Aujourd'hui, il faut compter par millions de dollars et, en 1930, il fallait compter au moins par dizaines de milliers de dollars. Fernand Dansereau n'était sûrement pas le bâilleur de fonds. Son frère, Lucien, éminent ingénieur, joue toutefois un rôle primordial du côté financier, et ce à titre de représentant de M. Eugène Berthiaume, l'un des héritiers de *La Presse*. M. Lucien Dansereau fut d'ailleurs, durant un certain temps du moins, le président de la Fédération des journalistes canadiens.

Le premier bâilleur de fonds, l'investisseur principal fut donc, sans aucun doute, M. Eugène Berthiaume qui séjourne alors la majeure partie du temps à Paris. L'histoire de *La Presse*, on le sait, n'a pas toujours été sereine. Longtemps, ce fut une lutte légale, et même davantage, entre frères et sœurs, lutte qui devait commencer avec la mort du fondateur du journal, M. Trefflé Berthiaume, survenue au début de l'année 1915. Tout tourne autour des dernières volontés du défunt. En 1922, la Législature provinciale adopte un projet de loi permettant à M. Pamphile Du Tremblay, l'époux d'Angélina Berthiaume (l'une des filles de Trefflé Berthiaume), de devenir le maître de ce journal. (Avocat et homme politique, M. Du Tremblay deviendra plus tard conseiller législatif et sénateur). Vaincu, Eugène Berthiaume s'exile à Paris. Un exil en or, d'ailleurs, puisqu'à titre d'agent ou de correspondant de *La Presse* dans la Ville Lumière, il reçoit un traitement de $15,000 par année (comme considérable à l'époque), sans avoir évidemment quoi que ce soit à faire.

En 1930, M. Eugène Berthiaume est toujours à Paris, mais il songe sûrement à une revanche comme le prouveront, plus tard, les procédures légales qu'il intentera à son beau-frère et qui d'ailleurs occuperont les tribunaux durant plusieurs années.

Dans quel dessein M. Berthiaume finance-t-il les débuts de cette aventure journalistique? Simple fantaisie d'un homme fortuné? Désir de faire concurrence à *La Presse*, dont il était pourtant l'un des copropriétaires? (Ne verra-t-on pas, en 1961, Mme Du Tremblay, sa sœur, lancer *Le Nouveau Journal* en concurrence contre *La Presse*?). Espoir d'utiliser ce journal au moment opportun pour faire la lutte à son beau-frère?

5

Manœuvre en vue de se ménager la sympathie d'un parti politique qu'il appuierait et qui parviendrait un jour au pouvoir? Je ne suis sûrement pas en mesure de répondre à de telles questions.

À l'époque, j'avais 17 ans et je débutais dans le métier. Je ne me souciais guère de toutes ces histoires. Par la suite, cependant, on me chargea de couvrir assidûment les longues et ennuyeuses procédures marquant les procès intentés par M. Eugène Berthiaume à ceux qui contrôlaient *La Presse*. On aura l'occasion, dans les pages qui suivent, de se rendre compte que M. Eugène Berthiaume sera, jusqu'à sa mort, le principal propriétaire de *L'Illustration*, comme de *L'Illustration Nouvelle* et de *Montréal-Matin*.

Comment suis-je arrivé au journalisme? Il y a quelques années, un étudiant de l'Université Laval venu m'interviewer me posa la question suivante: « Quelle était votre philosophie du journalisme quand vous y êtes entré? ». J'avoue être demeuré bouche bée — pour ce que l'on puisse philosopher à 17 ans, au beau milieu d'une crise économique! — puis j'expliquai que c'était une chose toute simple. Je rêvais depuis mon enfance de faire du journalisme. J'avais sept ou huit ans quand je m'amusais à dessiner des pages de journaux. Plus tard, élève de l'école primaire supérieure Le Plateau, j'avais obtenu l'autorisation d'inscrire quotidiennement, dans un coin du tableau noir, les grosses nouvelles du jour, les rapports des grands événements sportifs et les avis concernant les différentes activités de l'école.

J'étais alors élève de neuvième année au cours dit primaire supérieur. Le journal du tableau noir devint un journal miméographié, puis un mensuel imprimé en bonne et due forme chez un véritable imprimeur. Ce fut une aventure passionnante qu'autorisa et seconda volontiers le directeur du Plateau d'alors, M. J.-P. Labarre, pédagogue émérite. Un professeur en particulier, M. Jean Tremblay, voulut bien aider la petite équipe de rédaction à laquelle appartenaient: Roland Richer, René Viau, Alphonse Saint-Jacques, Paul-Émile Lévesque, Lucien Lepain, Henri Marsan, Jean Fournier et d'autres.

On m'embauche

Un après-midi de juillet 1930, j'aperçois à l'étalage d'un kiosque de journaux un nouveau quotidien, *L'Illustration*, dont le premier numéro avait paru le 4 juillet. Le soir même, un vendredi, je me rends aux bureaux de cette publication. Je demande à voir le patron. C'est M. Fernand Dansereau. Je lui dis que, diplômé de l'École de journalisme de l'Université de Montréal — une année de cours du soir en même temps que ma neuvième année au Plateau — je me cherche du travail.

— Vous savez écrire à la machine? Vous pouvez traduire de l'anglais au français? me demande-t-il.

— Oui.

— Alors, .venez nous donner un coup de main et nous verrons ensuite.

6

J'arrivais au bon moment. Pour des raisons de santé, Hervé Gagné — congédié de *La Presse* en même temps qu'Adrien Arcand parce que tous deux avaient tenté de former un syndicat de journalistes — avait dû quitter son poste de chef de l'information qu'il n'occupait que depuis quatre ou cinq jours. Et on avait besoin d'un peu d'aide par suite de ce départ imprévu.

La soirée terminée, je demande à M. Dansereau si je dois revenir.

— Revenez dimanche. Je prendrai une décision vendredi prochain, après une semaine d'essai.

J'ai déjà raconté que je me trouvais toujours à l'essai depuis ce temps-là. En effet, le vendredi suivant le patron n'était pas au bureau et je revins le dimanche soir, sans que personne ne me dise si on m'acceptait ou non. C'est ainsi que je débutai dans le journalisme.

Fernand Dansereau mourut en juillet 1964. Je ne l'avais pas revu depuis une trentaine d'années sûrement. J'avoue que j'éprouvai un réel chagrin. Pour moi, c'était l'homme qui m'avait donné le premier coup de pouce dans la carrière qui devait être celle de toute ma vie.

L'Illustration vit le jour au 5357 de l'avenue du Parc, alors l'imprimerie de la compagnie Monitor appartenant à MM. Hugh McCormick et Jack Lyall. Depuis, l'édifice a été passablement transformé. En 1930, le *Monitor* occupait le rez-de-chaussée et le sous-sol de l'immeuble. À l'arrière, l'atelier de composition; à l'avant, un petit bureau pour la correction des épreuves et une salle avec comptoir et cinq ou six pupitres. Cette pièce, à compter du milieu de l'après-midi, devenait la salle de rédaction de *L'Illustration*.

Dans une vitrine — je dis bien une vitrine — notre gérant, administrateur, caissier et unique employé de bureau — un M. Mercier — avait installé un pupitre pour effectuer son travail. Au sous-sol ou, si l'on préfère, dans la cave, se trouvaient les presses sur lesquelles vers 3 ou 4 heures chaque matin, on imprimait les 12 pages de *L'Illustration*.

Maurice Dubrûle

C'est Maurice Dubrûle (le major) qui m'initie à mes fonctions. Il devait d'ailleurs passablement diriger le travail jusqu'à l'arrivée d'un autre directeur de l'information, Samuel Gascon. Maurice Dubrûle fut, au cours des années trente, l'un des chroniqueurs politiques les plus agressifs, les plus virulents, tant sur le front municipal que sur le front provincial. « Sur la Place d'Armes », sa chronique quotidienne, était lue attentivement de tous ceux que la grande et la petite politiques intéressaient. Le major — et c'était un major authentique du Royal 22ᵉ — ne craignait pas à la rigueur de s'en prendre à ses confrères, histoire surtout de les taquiner.

Vers 1930, la mode n'était guère aux cheveux longs pour les hommes. Cependant, il y avait à *La Presse* un chroniqueur politique, aux sympathies libérales, qui laissait allonger ses cheveux d'une longueur inusitée à l'époque mais qui passerait inaperçue aujourd'hui. Et ces cheveux, il les avait constamment dans la figure. Dans un de ses potins « Sur la Place d'Armes », Dubrûle l'appela donc « le barbet ». C'en fut trop. Au bout de peu de temps, le confrère se faisait couper les cheveux en « brosse ».

Maurice Dubrûle était un gai luron, un joueur de tours par excellence. Parmi ces tours, il y en a un qui est demeuré mémorable. C'était en 1918. Comme on se trouvait au 24 mai, jour de la fête de la Reine, l'idée lui vint, se promenant rue Sainte-Catherine, d'acheter un gigantesque pétard qu'il avait aperçu dans la vitrine d'un marchand japonais, aux abords de la rue Guy.

Mais que faire de ce pétard? Ayant rencontré un ami, il lui en parla et, finalement, il fut décidé de le faire éclater nulle part ailleurs qu'aux casernes militaires de la rue Peel (emplacement actuel de l'hôtel Mont-Royal) où il était cantonné. Au beau milieu de la nuit, notre major arrive aux casernes. Personne n'ayant eu connaissance de son arrivée, il put à son aise installer la pièce pyrotechnique, allumer la mèche qui était très longue, puis courir à sa chambre.

Quelques secondes plus tard, une formidable explosion se faisait entendre. Partout aux casernes et dans le quartier, ce fut un émoi bien compréhensible. La rumeur courut que les Allemands avaient fait sauter l'établissement militaire et la police et les pompiers ne tardèrent pas à surgir sur les lieux. Les 1400 recrues qui y couchaient avaient évidemment quitté leur lit, se demandant ce qui pouvait bien se produire.

Mais voici que notre bon major réalisa, soudainement, qu'étant le plus haut gradé sur place, à cette heure-là, il lui fallait prendre la situation en main. Il le fit en un rien de temps et, séance tenante, convoqua le lieutenant de service cette nuit-là. Il s'agissait du lieutenant historiographe du 22ᵉ Régiment.

Devant les recrues, il servit au lieutenant coupable de s'être endormi une semonce qui n'était pas piquée des vers. Puis, il avertit les autorités militaires du district qu'il ouvrait une enquête pour savoir quel était l'idiot qui avait ainsi fait exploser un pétard au beau milieu de la nuit. Évidemment, on ne put éclaircir le mystère.

Et, chose incroyable, ce lieutenant que Maurice avait si durement et si injustement réprimandé, ce n'était nul autre que celui qui, douze ans plus tard, allait devenir son patron à *L'Illustration*, Fernand Dansereau. Maurice avait toujours gardé secret le tour qu'il avait joué cette nuit-là. Mais un beau jour, avenue du Parc, il avoua au directeur de *L'Illustration* qu'en réalité c'était lui le coupable. J'entends encore Fernand Dansereau, qui n'était pas méchant, ni rancunier pour deux sous, dire en souriant: « Sacré Maurice, j'aurais dû m'en douter... »

Quand, vers 1940, Maurice Dubrûle quitte le journalisme, c'est pour devenir un fonctionnaire rangé, discipliné, mais toujours d'une activité inlassable. Plus tard, à sa retraite, à Saint-Sauveur, dans les Laurentides, il œuvre dans différentes organisations locales. C'est dans ce beau village qu'il s'éteignit à l'âge de 81 ans, en décembre 1972.

La première salle de rédaction

La salle de rédaction des premières semaines de l'existence du journal ne comptait qu'une poignée de journalistes: le directeur de l'information, Samuel Gascon, qui devait très tôt quitter le journalisme pour un poste important au service provincial de la statistique, dont il fut d'ailleurs par la suite le directeur; M. Fleuty ou Fluty, expert en minéralogie doublé d'un poète exquis, le doyen de la salle; Maurice Dubrûle, dont je viens de parler; Jean Robitaille, journaliste de grand talent; un docteur Favreau qui rédigeait une chronique médicale et beaucoup d'autres textes; un étudiant en droit ou jeune avocat du nom de Girard; un jeune messager et votre humble serviteur.

Pour travailler, quatre ou cinq tables ou pupitres, mais pas autant de machines à écrire. Il faut même parfois attendre son tour pour taper un article. Fort heureusement, cependant, les typographes acceptent encore les textes écrits à la main.

Un M. Charbonneau dirige l'équipe de distributeurs parmi lesquels on compte Adélard Vézina et Gérard Prud'homme. À l'atelier de composition, parmi les typographes, Louis Pominville est le principal metteur en pages. Un M. Arthur — que nous retrouverons aux ateliers du *Herald* — est le contremaître. Il ne parle pas français mais connaît tellement bien son métier que personne ne s'en plaint. Louis Pominville demeurera longtemps à l'emploi de l'imprimerie Monitor — tout comme M. Arthur — et après la fermeture de cet établissement, il lui arrivera parfois de travailler à nos ateliers du boulevard Saint-Joseph.

Je suis « étrenné » dans le métier le 31 juillet au soir quand on me demande de me rendre à l'aéroport de Saint-Hubert pour y attendre l'arrivée du dirigeable R-100 et communiquer des nouvelles par téléphone. Ce n'est qu'à l'aube, le lendemain matin, que le formidable vaisseau aérien s'accroche au mât d'ancrage spécialement construit pour sa venue. Ayant quitté l'Angleterre, il avait atteint Montréal après une traversée de 78 heures. C'était le premier dirigeable transatlantique à atteindre le Canada. Cette fois, au lieu de terminer ma journée vers 1 heure du matin, ou un peu plus tard, je passe près de deux jours sur les lieux. La semaine suivante, mon enveloppe de paye contenait cinq dollars de plus.

Un soir, alors que la campagne électorale battait encore son plein et que M. Gascon n'était pas encore en fonction, M. Fernand Dansereau lui-même dirigeait le travail. Vers 10 heures, comme à l'accoutumée, le messager arrive avec la première édition de la *Gazette*. Comme il est alors de tradition dans tous les quotidiens français, on s'empresse de « dépouiller » notre confrère anglophone, à la recherche de nouvelles que nous n'avons pu obtenir faute de personnel et de ressources. À M. Fluty, dont j'ai déjà écrit qu'il était un expert en minéralogie, M. Dansereau remet une large coupure. Il s'agit d'un discours de M. Bennett, le chef du parti conservateur. « Traduisez-moi cela. Une couple de bonnes colonnes, » demande-t-il. Notre confrère prend la coupure, l'examine et sourit de satisfaction. Durant une bonne heure au moins, on peut le voir noircir les feuillets de sa petite écriture. Indéniablement, il éprouve une grande

9

satisfaction à faire ce travail. Et c'est le visage rayonnant qu'il remet sa copie à M. Dansereau.

Celui-ci commence à examiner le texte et, soudain, sursaute: « Quoi? Dix feuillets sur les montagnes du Kentucky? ». Pauvre M. Fluty, il avait traduit le mauvais côté de la coupure. Pour lui, la formation géologique des montagnes du Kentucky était apparue chose autrement plus passionnante qu'un grand discours politique.

À l'automne, la petite salle que le *Monitor* met à la disposition de *L'Illustration* devient beaucoup trop exiguë. D'ailleurs, le personnel se fait un peu plus nombreux. Et c'est ainsi que la direction loue un logement au second étage (5355) et que nous nous y installons tous. Parmi les nouveaux confrères, il y a Paul Boisclair, secrétaire à la Cour du coroner, qui consacre ses soirées à faire du journalisme. C'est notre chroniqueur judiciaire. Et c'est un homme qui a beaucoup d'amis dans les corps policiers et déniche facilement la nouvelle. Il a d'ailleurs accompli le même travail au *Canada* auparavant.

C'est à Gérard Laferrière que nous devons nos premières illustrations locales. Nous n'avons pas de chambre noire à mettre à la disposition de ce photographe et il doit développer et imprimer les photos chez lui.

Déménagement au Herald

Cependant, la situation ne tarde pas à se gâcher. La paye nous arrive en retard et, finalement, ne nous arrive plus. Maurice Dubrûle cherche cependant à nous rassurer. Nous devinons certaines démarches en vue de permettre au journal de survivre. Et, finalement, début décembre, nous apprenons que nous serons désormais imprimés sur les presses du *Herald*, 265 ouest, rue Vitré, et que M. Camillien Houde, maire de Montréal et chef du parti conservateur, nous prend sous son aile protectrice. Le samedi 6 décembre paraît notre dernier numéro de l'avenue du Parc. La longue fin de semaine qui suit (les journaux de langue française ne paraissent pas alors le 8 décembre, fête de l'Immaculée-Conception) nous permet d'emménager dans nos nouveaux locaux.

Le lecteur apprend donc le mardi 9 décembre que *L'Illustration* vient de s'installer dans le centre des affaires « dans le but d'assurer un meilleur service de distribution. » Il faut dire qu'à cette époque il paraissait illogique d'établir un quotidien ailleurs qu'aux abords de la rue Saint-Jacques et de la rue McGill, dans ce quartier des affaires où, en cette fin d'année 1930, s'achève la construction de l'édifice Aldred, à la Place d'Armes, et se poursuit celle de l'édifice Sun Life.

Il convient peut-être, avant de relater quelques-uns des événements qui marquent le séjour de *L'Illustration* au *Herald*, rue Vitré, de chercher à décrire un peu le climat politique des années 1930 et 1931. Dans le champ fédéral, M. Bennett et les conservateurs ont décroché le pouvoir, mais ils héritent des problèmes angoissants créés par le chômage grandissant. Sur la scène provinciale, le « p'tit gars de Sainte-Marie »,

M. Camillien Houde, à la tête des forces conservatrices, mène contre le régime Taschereau une guerre implacable. Les libéraux en sont consternés, d'autant plus que des élections générales doivent avoir lieu à l'été de 1931. Enfin, dans le domaine municipal, le même Camillien Houde a été réélu maire de Montréal en 1930 (second mandat), ayant défait M.J.A. Mathewson par 40,000 voix de majorité.

Cela crève les yeux que, pour les libéraux, M. Houde représente la menace de l'heure. Aussi ont-ils pensé qu'il devenait urgent que Le Canada, l'organe de leur parti et notre concurrent du matin, soit dirigé par un homme de premier plan qui livrerait la guerre à la nouvelle idole des foules. En octobre 1930, au grand étonnement de tous, M. Olivar Asselin, qui avait déjà giflé M. Alexandre Taschereau, le premier ministre libéral, en plus de l'avoir combattu, lui et ses ministres, accepte de devenir le rédacteur en chef du Canada. Si M. Houde est en mesure de « ramasser les scandales à la pelle », comme l'écrivait quelqu'un, M. Asselin, de son côté, aura tôt fait de déclencher contre le chef conservateur et maire de Montréal une offensive redoutable.

Installés dans nos nouveaux quartiers, nous ne tardons pas à engager la lutte contre Le Canada et son rédacteur en chef et à défendre l'autonomie de la ville de Montréal que nous croyons mise en danger par les autorités libérales provinciales. Nous ne manquons pas une seule occasion de rappeler à M. Asselin son passé d'anti-libéral. Ainsi, nous reproduisons volontiers quelques-uns des textes les plus violents qu'il écrivit autrefois contre le régime qu'il défend aujourd'hui.

Dès notre arrivée au Herald, l'atmosphère change. Nous ne sommes plus dans une maison privée mais dans de vrais bureaux. Et l'entreprise grandissant, cela veut dire plus d'employés. Un matin, un conflit éclate avec les livreurs, je ne sais trop à quel propos. Et on nous rapporte, à la salle de rédaction, que le journal a été distribué par taxis! Le lendemain, heureusement, tout redevient normal.

Olivar Asselin et Houde

M. Asselin est un grand journaliste mais il se heurte à l'hostilité de l'équipe rédactionnelle du Canada. Tout d'abord, certains ne lui pardonnent pas sa conversion tardive au parti libéral et, surtout, on a beaucoup de mal à subir son caractère coléreux, dit-on.

Quoi qu'il en soit, fin de janvier 1931, au cours d'une séance du soir à l'Assemblée législative, M. Joseph Renaud, député conservateur de Laval (père de M. Olier Renaud), se lève pour annoncer que cinq journalistes du Canada, ne pouvant plus supporter la tutelle de M. Asselin, viennent de donner leur démission. Ces journalistes, dans une lettre remise à M. Charles Bourassa, administrateur de la feuille libérale et qui, seize ans plus tard, deviendra le grand patron de notre journal, écrivent regretter d'avoir à l'aviser qu'ils quitteront Le Canada le 4 février. La raison? Ils ne veulent plus se soumettre à ce « prétentieux individu, ni chair, ni poisson, ni rouge, ni bleu, qui a nom Olivar Asselin. »

Comme on s'en doute bien, ces cinq journalistes vont bientôt renforcer la salle de rédaction de *L'Illustration*.

Romuald Tremblay, directeur de l'information du *Canada*, remplira désormais les mêmes fonctions à notre journal. Il succédera ainsi à Samuel Gascon qui deviendra notre chroniqueur parlementaire à Québec.

J.-E.-A. Pin, chroniqueur municipal, rédigera désormais la page ouvrière de *L'Illustration*.

George Oliver, chroniqueur financier, occupera le même poste à notre journal.

Louis-A. Larivée, éminent rédacteur sportif, poursuivra le même travail à *L'Illustration*. À lui se joindra bientôt Armand Jokisch. Louis-A. Larivée était le fils d'un ancien chroniqueur sportif du *Star*. C'était un expert des courses de chevaux et les amateurs ne manquaient jamais de consulter ses pronostics sous la rubrique « Un cheval par jour ». Sa chronique « À rebrousse poil » englobe tous les autres sports.

Enfin, Dominique Laberge, chroniqueur parlementaire à Québec, devient notre chroniqueur théâtral et musical.

D'autres employés du *Canada* vont bientôt se joindre à nous. Je songe, par exemple, à M. J.-A. Choquet, agent de publicité qui deviendra le directeur de la publicité à notre journal; Gaétan Benoit, qui débutera comme traducteur de dépêches pour devenir plus tard notre directeur de l'information; Georges Galipeau, rusé chroniqueur judiciaire; M. Chevassu et d'autres.

Désormais, on se l'imagine, M. Asselin n'aura plus la lutte facile. Un matin, par exemple, *L'Illustration* paraît avec un article en réponse à celui que M. Asselin publie le même matin dans *Le Canada*. Bien plus, nous poussons l'audace jusqu'à reproduire une photographie du manuscrit de M. Asselin. (M. Asselin n'utilise pas la machine à écrire qu'il considère « un symbole de la dégradation du style ». Et il fait un jour la remarque suivante, relate Marcel-A. Gagnon, dans *La Vie orageuse d'Olivar Asselin:* « Dans nos journaux, tout le monde écrit à la machine. Ça se voit! ») Il va sans dire que l'affaire fait beaucoup de bruit. Au *Canada*, surtout, on se demande qui a pu réussir à subtiliser le manuscrit de M. Asselin, à le faire parvenir à *L'Illustration* pour qu'on le photographie et à le remettre en place avant même qu'aient paru les deux journaux. Il m'arrive encore, parfois, de rencontrer l'auteur de ce vilain tour, un typographe, et nous en rions beaucoup. La politique le passionnait à l'époque et elle ne cessera, d'ailleurs, d'occuper tous ses loisirs.

Mais il ne faut pas croire que seule la politique intéresse alors *L'Illustration*. Notre journal devient de plus en plus populaire. Sa page frontispice sur papier rose, son bas prix (2 cents), ses excellents services d'information générale et d'information sportive en font un quotidien qui, au jour de son 1er anniversaire, tire à 22,000 numéros.

Puisque nous parlons du papier rose (que nous conserverons jusqu'en août 1941) et qui fut longtemps notre « marque de commerce », il est peut-être opportun de rappeler que nous commanditions une émission radiophonique qu'animaient Ernest Loiselle et Lucille Turner. Le thème musical de l'émission que diffusait le poste CFCF Marconi (annonceur, Oscar Bastien) était: « C'est un petit journal rose avec des nouvelles dedans ». Parodie, sans aucun doute, d'une chanson française s'intitulant, je crois: « C'est une chemise rose avec une petite femme dedans. »

Dans tous les foyers, c'est probablement l'émission radiophonique préférée, surtout au cours des mois où elle est transmise entre 6 h. et 6 h. 45 p.m., plutôt qu'en fin de soirée. Lucille Turner, c'est le petit vendeur de journaux tandis qu'Ernest Loiselle personnifie, à la fois, Michel, le restaurateur grec; un gars soûl; un monsieur bien; César, le perroquet, et d'autres. À la fin du sketch, le petit vendeur lit les titres des principales nouvelles du jour. Ce fut peut-être là le premier journal parlé à Montréal.

Le 18 mai 1931 paraît le premier « Billet du jour » de Jovette (Jovette-Alice Bernier). Elle nous arrive de *La Tribune*, de Sherbrooke, et vient de publier un roman à grand succès, *La Chair décevante*. Auparavant, la page féminine c'était un peu l'affaire de tout le monde. Avec Jovette, elle s'améliorera considérablement: patrons, courrier graphologique, etc. Plus tard, ce « Billet du jour » deviendra « En causant avec vous » puis, « Que dis-tu? Que dit-on? », tandis que la page elle-même s'intitulera: « Bonjour, Madame! »

Durant un certain temps, des cabinets d'avocats, Lanctôt et Hamelin, d'abord, puis Lacoste et Lacoste, s'occupent d'une partie des questions administratives de *L'Illustration*.

Mais, nous sommes en pleine crise. M. Houde redouble d'ardeur pour secourir les chômeurs de Montréal tandis que, affirme-t-il, les autorités provinciales cherchent à paralyser l'administration municipale et à porter atteinte à son autonomie. La situation est telle, à travers le pays, que M. Bennett décrète, à Ottawa, une réduction des indemnités parlementaires. C'est également à ce moment là qu'éclate le scandale de la Beauharnois qui devait éclabousser tant de gens du parti libéral.

L'étoile de M. Houde qui brillait à notre arrivée au *Herald* se met soudainement à pâlir. Août 1931, en dépit d'une lutte acharnée de la part de *L'Illustration*, lutte sur laquelle il y aurait des pages et des pages à écrire, le parti conservateur est battu par les libéraux à l'élection provinciale du 24 août. Le matin de l'élection, notre titre de première page se lit comme suit: « Houde sera ce soir premier ministre ». Le lendemain, nous devons annoncer que les libéraux élisent 79 candidats, les conservateurs 11 seulement et que M. Houde, qui briguait les suffrages dans Sainte-Marie et dans Saint-Jacques (c'était alors permis), est défait dans ces deux circonscriptions. Nous parlons de voies de fait, de « hold-up », de vols de boîtes de scrutin, de suppositions de personnes, de suppression de communautés religieuses sur les listes électorales, etc.

M. Houde s'empresse de contester devant les tribunaux les résultats d'une soixantaine de sièges. J'assiste à l'audition de beaucoup de ces causes mais souvent je suis le seul journaliste présent. C'est que le gouvernement Taschereau se prépare à faire adopter la fameuse loi Dillon, à effet rétroactif, qui à un certain moment annulera toutes les procédures prises par M. Houde.

1932

Une ère de chômage

L'année 1932 débute alors que l'on commence à exécuter des « travaux de chômage » à travers la ville: viaducs, vespasiennes, etc. C'est alors, également, qu'un procès retentissant connaît son dénouement. Le juge Lacroix acquitte Me Édouard Masson et le Dr J.-E. Desroches de l'accusation de conspiration pour voler des documents électoraux, accusation portée à la suite d'un vol au comité du candidat libéral Ernest Langlois, en octobre 1928. (Il s'agissait d'une élection provinciale complémentaire que remporta Camillien Houde.) M. J.-H. Laframboise avait déjà lui aussi été acquitté dans cette histoire.

L'*Illustration* publie régulièrement, six jours par semaine, des numéros de seize ou vingt pages. Gaétan Benoit a remplacé M. Chevassu, qui avait succédé à Romuald Tremblay, comme chef de l'information. Il y a toujours un concours en marche, toujours des prix — plutôt modestes, il est vrai — à gagner. Le premier prix d'un concours de mots-croisés consiste en un complet de $50 de chez Charles Laforce. Cinquante dollars en argent iront au gagnant d'un concours de chansons sur le bill Dillon. Pour un autre concours, un appareil radiophonique est offert comme premier prix.

En page éditoriale, nous continuons d'accorder notre appui au maire Houde qui parvient à obtenir des travaux de chômage. Nous louons M. Bennett, premier ministre fédéral, pour sa lutte en faveur des sans-travail et son attitude à la Conférence impériale. Il va de soi que nous livrons toujours une lutte sans merci à l'administration Taschereau. D'ailleurs, nous avons beau jeu.

Le 1er mars 1932, aux Communes, M. Henri Bourassa dénonce la partisannerie politique de M. Taschereau dans l'octroi des travaux aux chômeurs pour le comté de Labelle, en particulier, et dans la province de Québec en général. Le député indépendant fait par contre l'éloge de M. Camillien Houde, « un maire intelligent et habile ». D'autre part, c'est l'époque où le parti libéral fédéral de M. Mackenzie King « traverse la vallée de l'humiliation » avec le scandale de la Beauharnois. Le sénateur Donat Raymond est accusé d'avoir retiré des profits de $529,000 et 14,000 actions de la Beauharnois, dans cette affaire, tandis que le sénateur

14

Wilfrid-Laurier McDougald est accusé d'avoir encaissé $780,000 de profits plus 200,000 actions. Le promoteur du projet, R.O. Sweezy, déclare avoir versé plus d'un million de dollars aux sénateurs libéraux Raymond et Hayden et, sur cette somme, $350,000 auraient été remis au parti libéral du Québec. Un autre sénateur libéral est en mauvaise posture dans l'histoire du « Gypsum Queen ». Tout cela constitue, on le devine, une excellente matière à éditoriaux.

Le 27 février 1932, *L'Illustration* devient membre de l'Audit Bureau of Circulation et notre tirage quotidien, annonce-t-on, dépasse 19,000 numéros par jour. Et dire que durant nos premiers mois d'existence, nous vendions à peine 3,000 exemplaires par jour.

Durant plusieurs semaines, au cours de ce même hiver, nous menons une campagne contre la Bourse de Montréal, plus précisément contre le maintien des prix minima, des prix fictifs. Nous entendons alors protéger le petit spéculateur, soutenant que cette mesure de maintien des prix minima a pour but uniquement de protéger le gros spéculateur. Plusieurs des articles débutent en première page pour se continuer dans les pages financières, alors rédigées par George Oliver.

Suivent des articles sur l'urgence d'améliorer les installations et l'organisation de notre port. Nous attaquons M. Alexandre Taschereau qui considère alors le projet de canalisation du Saint-Laurent comme un « crime national ». Fait peu banal, le jour n'est pas loin où, à notre tour, nous ferons campagne contre ce même projet!

Houde vs Rinfret

Il est évident, depuis plusieurs mois, que les libéraux cherchent à se débarrasser du maire Houde à l'occasion de l'élection municipale d'avril. Finalement, nous connaissons le nom du candidat libéral désigné pour faire la lutte à M. Houde, nul autre que M. Fernand Rinfret, député de Saint-Jacques aux Communes et ancien rédacteur en chef du *Canada*. Vite, nous passons à l'attaque. C'est d'abord un affidavit d'un certain Pasquale De Lisio à l'effet qu'il a obtenu de M. Rinfret, moyennant $2,400, douze permis pour l'admission d'immigrants au Canada. Or, les permis ne se sont pas révélés efficaces et De Lisio aurait réclamé un remboursement qu'il n'aurait obtenu qu'en partie.

Il va sans dire que M. Rinfret nie tout. Il ouvre sa campagne le 15 mars 1932. Il se déclare indépendant des partis politiques mais, comme nous l'écrivons, tout le Reform Club (club des libéraux, rue Sherbrooke ouest) se trouve sur l'estrade, à ses côtés. En éditorial, plusieurs articles contre M. Rinfret sont signés: « Le sculpteur Milo ». Comme tous les éditoriaux sont anonymes, on peut s'étonner de ce pseudonyme surgissant soudainement. En voici la raison. Alors qu'il écrivait dans *Le Canada*, M. Rinfret avait un jour parlé, dans un de ses articles, de la Vénus du sculpteur Milo, alors que Milo est en réalité le nom d'une île grecque.

Bref, nous sommes en pleine bataille. Nos premières pages font écho quotidiennement à la campagne municipale. Ainsi, le 21 mars 1932, un cadre à la une se lit comme suit: « *Jewish voters: Have you noticed that those papers who slander you are those who slander Houde and support Rinfret? Think it over!* »

Le lendemain: « Si la taxe sur les repas vous plaît, montrez-le en votant pour Rinfret. »

Le 24 mars: « Parents, vous devez à Houde les terrains de jeux, vous devez aux autres le Laurier Palace et la typhoïde: ramenez-les et vous aurez la peste. » Il s'agit d'une allusion à l'incendie de 1927 dans lequel périrent près de 80 enfants et de l'épidémie de typhoïde de la même année qui devait causer plusieurs centaines de pertes de vie à Montréal.

M. Houde tient une assemblée au marché Saint-Jacques. Une foule enthousiaste et bruyante l'acclame. La *Gazette* parle alors d'une *«excited east-end populace»*. *L'Illustration* proteste. Mais le duel se livre surtout entre *Le Canada* et notre journal. Nous nous moquons de ce confrère qui fait tirer chaque jour un service à thé de 23 morceaux à ses abonnés qui reçoivent le journal à domicile au prix de 3 cents. (La livraison à domicile se faisait alors par les distributeurs et non les petits porteurs, du moins de façon générale). Nous sommes alors toujours à 2 cents le numéro.

Le 1er avril, sur 20 pages, plus de la moitié sont consacrées à des comptes rendus des assemblées de M. Houde et de ses candidats à l'échevinage, à des éditoriaux et autres articles contre M. Rinfret, sans oublier des caricatures. Nous publions même des poèmes en faveur de M. Houde.

Le 4 avril, en 1re page, sous une caricature de M. Rinfret servant de robot à M. Taschereau, on peut lire ce qui suit: « Rinfret, c'est Taschereau, Houde, c'est Montréal. » Dans ce même numéro, à la 2e page, compte rendu d'une assemblée de M. Houde à l'école Garneau, dans Saint-Jacques, le quartier de l'échevin Henry-L. Auger. Et la déclaration finale de M. Houde dans cette campagne est la suivante: « J'ai le peuple pour moi, vous serez écrasés. » À la radio, M. Tancrède Marsil avait multiplié les discours contre M. Rinfret. Parlant d'Olivar Asselin, devenu rédacteur en chef du *Canada* et qui appuie le candidat Rinfret, il a ce mot qui fera fortune dans le camp houdiste: « Ce petit putois qui pue... »

L'élection a lieu le 4 avril et, le lendemain, la une de *L'Illustration* ne comporte plus de longs textes politiques aux titres flamboyants mais bien des illustrations banales et une manchette aux dimensions anodines qui dit tout simplement: « Résultat des élections. » M. Rinfret est sorti vainqueur de la lutte avec quelque 13,000 voix de majorité. Et nous coiffons l'article contenant le résultat du scrutin du titre suivant: « Québec s'annexe Montréal du coup. »

M. Houde est donc vaincu à Québec et vaincu à Montréal. Désormais, nous le voyons fréquemment, assidûment même, aux bureaux de la rue Vitré, et plus tard à ceux de *La Patrie*. Je me souviens d'avoir passé une soirée avec lui: il désirait me dicter un article. Pour une raison ou une autre, il était question dans son texte de Triboulet, le fou du roi.

Il oublie alors volontiers son sujet pour me donner un véritable cours d'histoire de France. J'en suis à la fois ravi et renversé. L'article qu'il avait entrepris de me dicter est délaissé, un appel téléphonique le réclamant et l'obligeant à partir. Souvent, également, nous voyions Mme Houde à nos bureaux. Elle avait toujours un bon mot pour chacun: c'était une femme vraiment charmante. Sauf erreur — et pour répondre à une question qui m'a déjà été posée — M. Houde n'a écrit dans *L'Illustration* qu'à deux reprises. Une fois, en cette année 1932, alors qu'il livrait un message destiné à toute la population, et deux ans plus tard, à l'occasion de la venue à Montréal d'éminents visiteurs français pour la célébration du troisième centenaire de notre pays.

Malgré ses déboires, M. Houde semble demeurer optimiste. Il avait probablement, je l'imagine, la certitude qu'il redeviendrait, tôt ou tard, un personnage politique d'importance. Et au journal, également, plusieurs de ceux qui l'entouraient ne pouvaient croire terminée la carrière politique de cet homme remarquable.

Désormais, il s'intéresse de très près à la vie de *L'Illustration* (dénommée « Titite » par *Le Canada*, je ne sais trop pourquoi). D'ailleurs, *L'Illustration* demeure un quotidien d'apparence vigoureuse que le public aime.

Service de réveille-matin

La campagne municipale terminée, *L'Illustration* retrouve ses informations locales et étrangères abondantes et illustrées, ainsi que ses chroniques qui ont été temporairement écartées ou abrégées. Un confrère du *Devoir* rédige discrètement nos éditoriaux, certains d'entre eux du moins, tandis que Jean Robitaille et moi y allons de temps à autre de billets que nous signons de pseudonymes.

Le rapt de l'enfant Lindbergh, puis la découverte de son petit cadavre passionnent l'opinion publique. Le personnel demeure à peu près le même, sauf pour la direction de l'information, comme je le note au début de ce chapitre, la maladie ayant obligé Romuald Tremblay à quitter ses fonctions. Au sport, cependant, Jean Bohémier vient prêter main-forte à Louis Larivée et Armand Jokisch.

En guise de relations extérieures, nous possédons un service téléphonique de renseignements de 24 heures par jour. À toute heure du jour ou de la nuit, une téléphoniste vous dit l'heure précise, vous transmet dans la mesure du possible les renseignements désirés sur les événements sportifs et autres. Elle pousse même l'obligeance jusqu'à vous réveiller à l'heure convenue, si vous le lui demandez la veille.

Des coupures de salaire

Le 19 avril 1932, tous les journalistes de *L'Illustration* sont conviés au Club Canadien, pour un lunch. M. Houde nous y attend en compagnie du whip de l'Opposition, M. Aimé Guertin, député de Hull. M. Guertin est au nombre des quelques conservateurs qui demeurent fidèles à M. Houde et ne cherchent pas à le remplacer malgré ses deux défaites. M. Houde nous explique alors que le journal ne pourra survivre que si nous acceptons des coupures de salaire.

Bon gré, mal gré, nous devons nous résigner. Dès le lendemain, d'ailleurs, le journal qui paraissait à 20 pages ou à 16 pages au minimum tombe à 12. De nombreuses rumeurs circulent à l'effet que *L'Illustration* va bientôt disparaître. Si bien que, même dans nos pages, nous offrons un démenti formel à ces bruits. « Du moins, temporairement », l'émission radiophonique si populaire, est contremandée.

Bientôt, toutefois, nous retournerons à un minimum de seize pages et plusieurs chroniques nouvelles apparaîtront: bandes dessinées, concours de dessin, série d'articles sur l'actrice Greta Garbo, sur le boxeur Max Schmelling et autres. En éditorial, nous livrons la lutte à l'administration Rinfret-Gabias, au gouvernement Taschereau et dénonçons le danger de laïcisation que court l'Université de Montréal. Nous réclamons même une enquête royale à ce sujet. Maurice Dubrûle, qui a repris sa chronique si piquante « Sur la Place d'Armes », harcèle d'une façon toute spéciale M. Olivar Asselin. Il s'évertue à rappeler que l'homme qui aujourd'hui, au *Canada*, défend M. Taschereau avait frappé jadis ce dernier. Il évoque de vieux textes du *Nationaliste* et d'autres publications où Asselin juge M. Taschereau comme le plus vil partisan de M. Gouin.

Voici un paragraphe typique de cette chronique:

« Je leur mettrais tous (les libéraux) le derrière en marmelade », écrivait asselin le 10 février 1914. Et dire qu'aujourd'hui asselin mange cette marmelade à sa source. » À noter que le nom « asselin » est écrit sans majuscule. L'expression « le petit putois qui pue » revient souvent sous la plume de Dubrûle. Cela n'empêche pas beaucoup d'entre nous d'admirer M. Asselin pour son français impeccable et pour la vigueur de son style.

Le 17 juin au matin, peu après 3 heures, certains journalistes de *L'Illustration* et du *Canada* se trouvent encore « Chez son père », rue Craig, près Saint-Laurent, le restaurant de la presse à l'époque. Voyant passer de nombreuses voitures à incendie se dirigeant vers l'est, Georges Galipeau, notre chroniqueur judiciaire, s'empresse de communiquer avec le Service des incendies. On lui apprend qu'un incendie vient d'éclater à la cale sèche de la Canadian Vickers et qu'on craint qu'il y ait des victimes.

Hélas, il est beaucoup trop tard pour l'insertion d'une nouvelle de dernière heure et impossible de songer à une édition supplémentaire. Si ma mémoire est fidèle, Galipeau et Dubrûle, ainsi que des confrères du *Canada* et de la *Gazette*, se rendent sur place. C'est une des pires catastrophes dans l'histoire de notre ville. Le feu a pris à bord du navire-citerne « Cymbeline ». Les pompiers et les employés du bateau et de la Vickers sont à combattre les flammes quand une explosion se produit. Quatre pompiers périssent, notamment le chef du service des incendies, M. Raoul Gauthier, et trois autres sapeurs, ainsi qu'une trentaine d'autres personnes. Les blessés sont également au nombre d'une trentaine, dont plusieurs pompiers. On retrouve les corps un et à un et le dernier à être découvert est celui du chef Gauthier. Toute la ville est en deuil. La plupart des casernes sont décorées de noir. Les quatre pompiers sont exposés en chapelle ardente à la caserne des rues Craig et Chenneville. La foule défile sans cesse, jour et nuit, devant les quatre cercueils et des dizaines de milliers de personnes se massent dans les rues alors que le cortège s'achemine vers la cathédrale, lieu des obsèques.

Édition du samedi soir

Et voici qu'à compter du 2 juillet 1932, nous offrons à nos lecteurs un superbe numéro du samedi soir (sept publications par semaine, par conséquent), un numéro comprenant: cahier de rotogravure, cahier de bandes dessinées en couleurs, cahier de chroniques et reportages divers, résultats complets des événements sportifs, dernières nouvelles locales et étrangères, au prix de 5 cents. Un peu pessimiste après le lunch au Club Canadien, l'équipe retrouve son enthousiasme, même si cela signifie, pour la plupart d'entre nous, plus d'heures de travail (sans augmentation de salaire) et bien souvent des semaines de sept jours à la tâche.

Ce n'est pas tout. Nous annonçons le retour sur les ondes, à compter du 4 juillet 1932, de l'émission de Lucille Turner et Ernest Loiselle. Nous donnons toujours par téléphone les résultats des courses et l'heure précise.

Puis, les événements se précipitent un peu. À compter du 8 août 1932, nous serons en vente au prix de 3 cents le numéro chaque matin. Nous expliquons que tous les autres quotidiens sont à trois et cinq cents, que nous donnons un journal plus complet et plus intéressant que jamais (le numéro du samedi soir a atteint un tirage de plus de 40,000 numéros) et que nous préférons compter sur le peuple plutôt que sur les gouvernements pour rencontrer nos dépenses de publication.

La lutte contre l'organe libéral du matin et son rédacteur en chef se poursuit. Nous cherchons constamment à tourner M. Asselin en ridicule. Exemple, notre numéro du 17 août où, sous le titre de « M. Olivar Asselin, pou…ète », nous reproduisons une chansonnette, une romance qu'il avait publiée sous son nom dans *Le Passe-Temps* du 4 juillet 1903. Le refrain débute ainsi:

« Les petits baisers qu'on se donne
« Aux jeunes gens…
« Chantent moqueurs et caressants,
« en notre âme quand vient l'automne… » etc.

Le 13 septembre 1932, *L'Illustration* revient à 2 cents le numéro. Nous expliquons avoir obtenu certains contrats de publicité et, en second lieu, désirons atteindre le plus grand nombre de lecteurs possible. Mais huit jours plus tard,… *L'Illustration* cesse de paraître tous les jours! Ce ne sera plus désormais qu'un hebdomadaire.

Dans ce dernier numéro, celui du 21 septembre 1932, nous offrons l'explication suivante:

19

« Le public a dû constater, par divers changements assez brusques que nous avons dû faire depuis quelques mois, que nous éprouvions quelques difficultés à affronter l'énorme dépense d'un quotidien. Tant que nous avons dû défendre une cause, nous avons soutenu l'effort. Maintenant que cette cause pourra être défendue par le prochain chef de l'Opposition ou tout autre personnage ou association qui voudrait s'y dévouer en consentant les mêmes sacrifices que nous avons dû nous imposer, nous croyons devoir cesser la publication quotidienne de notre journal pour nous en tenir à notre hebdomadaire du samedi soir... »

Ce qui n'apparaît pas dans ces derniers numéros de 1932 de *L'Illustration* quotidienne, c'est qu'une campagne bat son plein depuis quelque temps, notamment dans *Le Devoir*, pour que M. Houde, qui n'est plus député, cède sa place à quelqu'un d'autre à la tête du parti conservateur, par exemple, mentionne-t-on, à M. Duplessis. Le 19 septembre 1932, M. Houde remet sa démission comme chef de l'Opposition au chef parlementaire qui le remplace à la Chambre, M. C. E. Gault.

Avant de clore ce chapitre, quelques mots sur un autre sujet. En juillet 1932 est décédé M. Arthur Berthiaume, président et directeur-gérant de *La Presse*, frère de M. Eugène Berthiaume. Quelques jours plus tard, *La Presse* annonce que l'hon. P.-R. Du Tremblay a été élu président de la compagnie de publication La Presse, en remplacement de M. Arthur Berthiaume qui vient de mourir, et que M. Gilles Berthiaume, fils aîné du défunt, est nommé directeur et donataire fiduciaire à la place de son défunt père.

L'Illustration parle immédiatement de procédures probables. Cela ne tarde guère. Trois ou quatre jours plus tard, M. Eugène Berthiaume, par l'intermédiaire de ses procureurs, Mes Garneau et Hébert, demande un bref de *quo warranto*. Cette requête est prise en délibéré le 8 août suivant. Le 26 août, M. Eugène Berthiaume présente une requête en Cour supérieure pour obtenir la nomination d'un fiduciaire en remplacement de feu Arthur Berthiaume. Des procédures commencent qui se poursuivront jusqu'au décès de M. Eugène Berthiaume et qui, soit dit sans malice, ne devraient pas déplaire à maints bureaux d'avocats.

Journal hebdomadaire

Je ne suis jamais parvenu à mettre la main sur un numéro ou deux de cette *Illustration* du samedi soir imprimée durant quelques mois à *La Patrie*. Car, à la disparition du quotidien nous avons déménagé du *Herald* à *La Patrie*. Il va sans dire que devenue hebdomadaire, *L'Illustration* n'a plus besoin d'un personnel de journalistes considérable. La salle de rédaction se vide presque au complet. J'ai cependant le privilège de ne pas tomber complètement en chômage puisqu'on m'offre de corriger les épreuves pour six dollars par semaine. J'accepte avec plaisir. À cette époque, avoir un emploi, si peu rémunérateur fût-il, c'était être favorisé: la moitié de la population de certaines paroisses montréalaises devait se contenter du secours direct. C'est Gaétan Benoit qui dirige la rédaction. M. James Smith est alors le chef de l'atelier. Un climat sympathique règne dans cet atelier et je m'y fais de nombreux amis. M. Houde s'installe avec nous à l'édifice de *La Patrie* et il y a son bureau. Fréquemment, on peut le voir « faire des chiffres ». Il fait sûrement face à de très graves problèmes financiers. D'ailleurs, on ne sait trop, d'une semaine à l'autre, si la publication va continuer.

On doit passablement de salaire à certains et un journaliste qui n'en peut plus démissionne de la salle de rédaction pour devenir percepteur au service du tirage. De retour après une journée de travail, il dépose sur un bureau ses livrets de perception et, au lieu des sommes recueillies, un reçu pour salaire dû! Il va sans dire qu'il ne revint pas travailler le lendemain. Un peu plus tard, cependant, il reviendra à la salle de rédaction, rue Marie-Anne. M. Houde n'a pas apprécié un tel procédé mais, très humain, il comprend que le confrère se trouvait dans une situation intenable.

1933

De nouveau quotidien

Le 24 avril 1933, *L'Illustration* redevient journal quotidien mais avec sept publications par semaine, c'est-à-dire un septième numéro publié le samedi soir et comprenant des cahiers spéciaux. Prix de vente sur semaine, 3 cents le numéro. Le samedi soir, 5 cents. Cette fois, nous quittons *La Patrie* pour nous installer à l'imprimerie Ménard, rue Marie-Anne, entre de la Roche et Christophe-Colomb.

Chez l'imprimeur Jos. Ménard, on met à notre disposition l'édifice d'une ancienne salaison à demi condamnée, où nous allons tant bien que mal loger les bureaux de l'administration au rez-de-chaussée, et ceux de la rédaction, au second. Mais à l'arrière de cette bâtisse piteuse, à la longue cheminée annonçant la Salaison Banquet, se trouve une imprimerie fort convenable, moderne même, et qui a servi, notamment, à imprimer *Le Goglu* et *Le Miroir*. Les deux journaux, le premier particulièrement, avaient connu vers 1929, sous la direction d'Adrien Arcand, ancien journaliste à *La Presse*, une immense vogue qui, toutefois, ne devait pas durer. *Le Goglu*, un hebdomadaire humoristique, illustré des caricatures de Labelle, faisait la guerre au gouvernement Taschereau et à M. Du Tremblay, de *La Presse*. On s'arracha certains de ses numéros chez les dépositaires. Quant au *Miroir*, c'était un excellent hebdomadaire d'information publié le samedi soir, je présume, et dont les pages sportives étaient dirigées par Jean Barrette.

Heureux de voir notre journal reparaître tous les jours — et même le samedi soir avec des cahiers spéciaux plus modestes que ceux de l'année 1932, mais quand même d'un certain intérêt — nous oublions vite les pupitres fabriqués avec de vieilles caisses d'oranges, un éclairage lamentable et des effondrements de plancher qui nous obligent de temps à autre à déplacer nos pupitres si nous ne voulons pas nous retrouver dans l'ancien entrepôt à viande.

Jean Barrette et Zotique Lespérance, chroniqueurs sportifs au *Miroir*, se joignent à notre équipe sportive (Louis Larivée, Armand Jokisch et Jean Bohémier) dès notre arrivée rue Marie-Anne. Jean Barrette se révèlera par la suite un statisticien émérite. Quant à Zotique, débrouillard et travailleur, il profite de son séjour à *L'Illustration*, non seulement pour se créer une solide réputation de chroniqueur sportif, mais également pour y conquérir le cœur de l'une de nos employées de bureau, Mlle Brigitte Poisson qui devint Mme Lespérance. On sait qu'après une brillante carrière à *La Patrie* et à la radio, Zotique Lespérance devait remplir de hautes fonctions à la Brasserie Molson. Quant à Armand Jokisch et Jean Bohémier, ils doivent fréquemment quitter la rédaction sportive pour donner un coup de main aux nouvelles. C'était l'époque où, dans les journaux, il fallait savoir faire un peu de tout. Ce n'était pas encore l'ère de la spécialisation.

L'atmosphère ne manque aucunement dans cette salle de rédaction où l'on pourra voir à l'œuvre, tour à tour, outre ceux déjà mentionnés: Gaétan Benoit, Jovette-Alice Bernier, Jean Sabourin, Paul Parizeau, Hénault Champagne (il deviendra plus tard le premier directeur de la division française de General Motors), Georges Galipeau, Jean Robitaille, Jacques Robitaille, Adolphe Nantel (Gabadadi, auteur de *À la hache*, prix David), Maurice Dubrûle, Édouard Baudry, René-O. Boivin, J.-E.-A. Pin, Jean-Baptiste Nowlan, Fernand Bilodeau et d'autres. Notre photographe, durant un certain temps, est Charles Weiss.

Au début, rue Marie-Anne, notre journal se vend 3 cents le numéro, comme je l'ai dit, mais, vers la fin de l'année, il ne se vend plus que 2 cents. Le prix pour le numéro complet du samedi soir demeure cependant à 5 cents.

Le congrès pour le choix d'un chef conservateur provincial doit se tenir à Sherbrooke, le 4 octobre 1933. Le 12 septembre, MM. Houde et Guertin se prononcent en faveur de M. Albert Rioux mais, par la suite, en éditorial, nous ferons l'éloge de M. Duplessis. Ce dernier, on le sait, sera choisi chef des conservateurs du Québec par un vote de 333 voix contre 214 pour l'autre candidat, M. Onésime Gagnon, futur trésorier de la province. Nous nous réjouissons de la nomination de M. Duplessis. Nous publions maints articles pour prendre la défense des chômeurs et pour réclamer qu'on leur accorde plus d'assistance. Nous dénonçons de prétendus scandales dans la distribution des secours par certaines organisations de bienfaisance.

Rue de la Roche

À l'automne, les propriétaires de l'immeuble où nous « logeons » — l'Alliance nationale, sauf erreur — décident de le démolir pour construire une structure plus moderne. L'atelier n'est pas affecté, mais journalistes et employés de bureau doivent transporter leurs pénates dans une maison voisine de la rue de la Roche, où l'on trouve deux petits logements. L'administration s'installera au second étage et on aménagera dans ce logis de trois pièces, le standard téléphonique, les bureaux de la comptabilité, de la publicité, etc., sans compter un coin pour MM. Houde, Dansereau et autres. Au logis du rez-de-chaussée, la salle de rédaction; le sport et la « morgue » prennent place dans le salon, les journalistes dans le passage et la cuisine, et le directeur de l'information et un ou deux journalistes, dans la chambre à coucher. Dans un hangar attenant à la maison: la chambre noire du photographe.

Pour parvenir à l'imprimerie, c'est-à-dire pour faire parvenir nos textes à la composition, nous devons traverser la cour arrière de la maison et une ruelle. Tant que la température demeure clémente, nous pouvons assurer le transport de la copie de la rédaction jusqu'à l'atelier au moyen d'une corde à linge à laquelle nous avons suspendu un panier. C'est plus compliqué quand la température devient rigoureuse et alors nous devons livrer nous-mêmes nos textes jusqu'à l'atelier.

À noter que, rue de la Roche, nous avons installé des panneaux où s'inscrit quotidiennement un résumé des plus récentes nouvelles, comme cela se pratiquait alors dans tout journal digne de ce nom. Puis-je rappeler, également, que durant plusieurs années nous devions, avant d'imprimer le journal proprement dit, tirer un « bulletin », soit une feuille de la dimension de deux pages de journal, exposant en gros caractères les plus importantes nouvelles du jour. Ces « bulletins » étaient affichés à la porte des restaurants et autres débits de journaux, ou encore dans leur vitrine. On appelait également « planche » ce « bulletin » parce que plusieurs vendeurs les affichaient quotidiennement sur une planche de bois qu'ils exposaient à la vue du public.

Durant ce temps, les travaux de construction se poursuivaient mais plutôt lentement, probablement à cause de la difficulté éprouvée à les financer. Rue Marie-Anne, une immense affiche annonçait que l'on était à construire le futur immeuble de notre journal. 'Et comme en-tête: « Regardez-le monter! ». Dans le quartier, on s'en amusait un peu parce que l'édifice ne montait pas tellement vite.

Gaétan Benoit, notre directeur de l'information, doit un jour nous quitter pour *La Patrie* et son successeur, durant un certain temps, sera Édouard Chauvin, un fin lettré. C'est lui qui m'initie au travail du « pupitre ». Il lui arrive de me laisser terminer le journal et, le lendemain, nous examinons ensemble le résultat final et j'enregistre soigneusement chacune de ses précieuses remarques. Édouard Chauvin était également un grand humoriste, un excellent poète, mais c'était avant tout un journaliste de talent que l'on retrouvera un peu plus tard secrétaire de la rédaction au journal *Le Canada*. Le 15 octobre 1933, je suis donc appelé à lui succéder, tâche très lourde mais vraiment passionnante.

Un après-midi, après une journée ou deux de congé, probablement au lendemain de Noël ou du Premier de l'An, j'arrive dans mon bureau — la chambre à coucher — pour constater que l'eau a coulé le long des murs jusque sur mon pupitre recouvert de paperasses. Et comme le temps s'est soudainement remis au froid, après une montée du mercure, il me faut briser la glace pour essayer de récupérer papiers et journaux car la fournaise est éteinte depuis plusieurs heures. Nous grelottons tous dans la salle de rédaction car il n'y a plus ni bois, ni charbon. On en attendait mais... pour le lendemain. Il ne nous reste qu'une solution: nous réunir tous dans la même pièce, autour de la fournaise, que nous alimenterons à l'aide de vieux numéros du journal et, il faut bien le confesser, de portes et de tablettes d'armoires que nous arrachions quand le feu baissait.

Malgré tout, la bonne humeur règne dans notre groupe. Cette année-là, le maréchal italien Italo Balbo a entrepris une traversée transatlantique avec une escadrille d'hydravions, envolée qui doit le conduire jusqu'à Montréal. Les paris s'engagent alors sur le nombre d'appareils qui retourneront à leur base sans aucun dommage. J'ignore les chiffres, mais je sais que notre chroniqueur judiciaire, Georges Galipeau, perdit le pari qu'il avait ainsi fait avec Maurice Dubrûle. Or, l'enjeu était, pour le vaincu, de se laisser pousser une barbe à la Balbo durant un certain nombre de semaines. Balbo affichait en effet une barbiche plutôt remarquable. Aujourd'hui, le fait serait banal mais en 1933, les barbus sont rarissimes. Il va sans dire que le pauvre Georges ne pouvait passer inaperçu nulle part, dans les tramways surtout. Les policiers qu'il rencontrait quotidiennement, au quartier général, particulièrement, le taquinaient à qui mieux mieux. Perdre son pari et se laisser pousser une barbe à la Balbo lui valent cependant de se faire connaître et quand, le soir, il téléphone aux divers officiers de police, il n'a qu'à dire: « Ici Balbo!» pour que tout de suite on le renseigne avec empressement.

Durant tout ce temps, cependant, l'avenir du journal demeure incertain, problématique. J'étais un nouveau marié de septembre 1933 et je n'ai pas oublié la semaine de Noël 1933 et celle du Premier de l'An 1934, alors qu'on ne put me remettre, au total, que dix dollars (cinq dollars chaque semaine) en rouleaux de cents. De telles mésaventures, Dieu merci, ne parviennent qu'à cimenter à jamais l'amour de deux êtres. On soupçonne facilement les prodiges d'économie que devait réaliser la nouvelle ménagère de vingt ans.

Même si la paye retarde constamment et que les arrérages s'accumulent, nous organisons des concours, avec prix, pour nos lecteurs. Je pense, par exemple, à celui du castor dessiné avec des chiffres et dont on devait trouver le total. Premier prix, $50, et une vingtaine d'autres prix.

Septembre 1933, concours ouvert aux garçons et fillettes avec, comme prix, des bicyclettes. Me Alexandre Lacoste, probablement conseiller juridique du journal à l'époque, distribue des prix aux vainqueurs en face de l'immeuble du journal, rue de la Roche.

Le 23 septembre 1933, décès, à l'âge de 38 ans seulement, de Romuald Tremblay, notre ancien directeur de l'information. Il avait quitté *Le Canada* dans des circonstances déjà relatées, pour prendre la direction de l'équipe de *L'Illustration*. Quelques heures seulement avant mon mariage, je me rends au salon mortuaire pour prier sur la tombe de ce journaliste remarquable qui m'avait beaucoup aidé.

1934

Stage à « La Patrie »

Devant l'avenir incertain de *L'Illustration*, le 15 janvier 1934 je quitte à mon tour le journal, qui m'était pourtant bien cher, pour aller travailler à *La Patrie*, à l'invitation de Gaétan Benoit, notre ancien directeur de l'information, qui était passé à ce quotidien que dirigeait M. Oswald Mayrand. La situation financière de *L'Illustration* s'aggravait: on me devait passablement d'argent. Parfois, on nous remettait des chèques représentant une semaine de salaire au grand complet, mais ces chèques ne tardaient pas à « rebondir »: ils étaient sans provision. Les fournisseurs du quartier ont tôt fait de les refuser et on imagine la belle réputation que cela nous vaut.

À *La Patrie*, mon travail principal consiste à traduire les dépêches. Donat Kavanagh y est le chef de l'information. *La Patrie* publiant une édition du samedi soir, il m'arrive d'agir comme chef de l'information pour cette édition. Le salaire, cependant, n'est pas extraordinaire: $14 par semaine, au début tout au moins. Cependant, je parvenais à augmenter mes émoluments de cinq dollars par semaine grâce à M. Amédée Roy, chroniqueur financier avec Gilles Desroches, qui, l'après-midi, traduisait de l'anglais au français le feuilleton de *La Patrie*. M. Roy me dictait la traduction et je tapais au fur et à mesure.

Début 1934, *L'Illustration* publie des éditoriaux en faveur de M. Maurice Duplessis. Deux employés du journal, Maurice Dubrûle, journaliste, et Antonio Smith, agent du tirage, prennent la parole à la radio (CHLP) sous les auspices de l'Idée conservatrice.

La situation n'est guère rose à *L'Illustration*. J'y retourne de temps à autre saluer les amis et tenter de recueillir deux ou trois dollars du salaire dû. En paiement partiel, j'obtiens un appareil de radio que le journal paiera en annonces!

La tenue de *L'Illustration* se ressent du malaise financier. Il faut parfois publier dans l'édition du samedi soir des bandes dessinées qui ont paru il y a déjà quelques semaines: on n'a pas assez d'argent pour payer le dédouanement. Les pages sportives et féminines conservent généralement beaucoup d'allure mais la section des nouvelles devient plutôt terne, faute de personnel.

Une campagne municipale s'amorce. M: Houde revient dans la mêlée et *L'Illustration* lui accorde tout son appui. Le Dr Anatole Plante sera son adversaire principal. Le cri de guerre de M. Houde: « Hands off Montréal », cri qu'il lance à l'endroit du gouvernement provincial et également de la haute finance. Les autres candidats à la mairie: Me Salluste Lavery et M. Pierre Desrosiers. *L'Illustration* consacre plusieurs premières pages complètes à cette campagne de M. Houde, « le défenseur de l'autonomie de Montréal », sans compter les colonnes d'information et les éditoriaux qui lui sont consacrés à lui et à ses candidats.

Le soir de la victoire de M. Camillien Houde, en avril 1934, ce dernier vient à *La Patrie* pour adresser la parole à la foule massée devant l'édifice, rue Sainte-Catherine. On me charge de faire le reportage de cette visite. M'apercevant, M. Houde me dit:

« Il faut que tu retournes rue Marie-Anne. La situation va s'améliorer. Tu verras... »

Et j'y retournerai, en effet, dès le mois suivant, mai 1934, cette fois à titre de directeur de l'information. M. Fernand Dansereau est alors encore le directeur de *L'Illustration* et c'est avec lui que je ferai les arrangements pour mon retour.

Louis Francœur

Je viens à peine de retourner à *L'Illustration* pour y exercer les fonctions de chef ou directeur de l'information — on disait aussi chef des nouvelles et « city editor » — quand nous avons la joie d'accueillir Louis Francœur qui devient notre nouveau rédacteur en chef. À noter, également, que le journal a maintenant quitté les deux logements de la rue de la Roche pour s'installer dans le nouvel édifice de trois étages. L'administration et le tirage occupent le rez-de-chaussée, la rédaction et la direction, le second étage, et le tirage, la publicité et la photographie, le troisième.

Louis Francœur, qui avait fait ses études au collège Saint-Laurent, se trouvait dans un monastère bénédictin du Luxembourg belge quand éclata la guerre en 1914. À titre de sujet britannique, il est interné mais profite de quatre années de détention pour étendre sa culture et apprendre l'allemand. Remis en liberté après la signature de l'armistice, il s'établit à Paris. Durant trois ans, il y poursuit ses études tout en travaillant dans des maisons d'édition et dans des journaux pour subvenir à ses besoins. Collaborateur au *Journal des Débats*, il est aussi secrétaire de la *Revue des belles-lettres*.

En 1922, il revient au Canada. Il débute alors à *La Patrie* où il demeure jusqu'en 1927, alors qu'il passe au *Star*. À compter de 1929, il est le directeur du *Journal*, de Québec, organe du parti conservateur. C'est ce poste qu'il quittera pour entrer à *L'Illustration*.

C'est très agréable que de travailler sous la direction de Louis Francœur. Il a le don de dire beaucoup de choses en peu de mots: c'est le vulgarisateur par excellence. Il sait rendre claires les situations les plus compliquées. Le format tabloïd de *L'Illustration* se prête magnifiquement à sa façon d'écrire. La page éditoriale groupe alors, à gauche et à droite, sur 2 colonnes, une moyenne de huit éditoriaux, toujours très courts, tandis qu'au centre, sur 1 colonne, on peut lire des coupures d'autres journaux ou encore des articles « à suivre » qu'écrit notamment Louis Francœur sous la rubrique générale « Maîtres chez nous », ou encore des « billets », ou des extraits d'autres périodiques. Comme l'écrit un jour notre rédacteur en chef, cela permet « de couvrir tout le champ de l'actualité par des articles courts, écrits du seul point de vue canadien-français en particulier. »

Louis Francœur est un vrai patriote et voici un article qui en dit long sur ses sentiments:

« Il est plus nécessaire que jamais de réagir contre ce défaitisme qui nous rend si parfaitement méprisables, dans la pratique et malgré les fleurs qu'on nous jette officiellement, aux yeux des Anglo-canadiens. Le seul moyen efficace de le faire c'est d'organiser, si l'on peut dire, notre affirmation. Et c'est ici que la création d'une ligue nationale s'impose, pour grouper les volontés, permettre à chacun de se sentir les coudes, préparer et accomplir les actes concertés qui frapperont et convaincront. Ligue agissante, où le discours vain n'aura pas de place, mais où des engagements très sérieux lieront les inféodés à un programme énergique, court et clair. Une ligue, somme toute, qui dirigera la résurrection (ou la naissance) d'un patriotisme spécifiquement canadien-français, sans haine contre personne, mais carrément déterminé à faire savoir au reste du pays et aux Anglo-canadiens de la province que nous entendons devenir les maîtres chez nous, nous faire respecter et faire prévaloir notre intérêt collectif sur l'intérêt des autres. Ce qui s'est fait en Irlande, en Tchécoslovaquie, en Pays flamand ne peut-il être tenté ici? Depuis quand des gens de sang français se laissent-ils, chez eux, exploiter et humilier sans rien dire, par une minorité qui sait les distraire et les diviser sur des questions de politiquette? L.F. »

L'incident Rahard

Il lui arrive, parfois, par exception, d'offrir aux lecteurs des textes passablement longs mais c'est alors à l'occasion de polémiques, à l'occasion de questions ou d'événements le faisant sortir de ses gonds. Le plus bel exemple, je crois, c'est la campagne qu'il mena à la suite de l'incident Rahard.

Le pasteur Rahard avait une petite église de culte protestant, rue Sherbrooke (est), entre les rues de Lorimier et Papineau. D'origine française, Rahard s'était établi au Canada vers 1900. Devenu trappiste, il fut même supérieur d'un monastère au Manitoba. Il était attaché au diocèse de Trois-Rivières quand, soudainement, à la suite dit-on d'un voyage en Angleterre, il abandonna le catholicisme pour devenir pasteur protestant et se marier. Le scandale éclata, toutefois, le jour où le « converti » décida de faire un recrutement intense chez les catholiques canadiens-français des environs. Tant que cela se déroule à l'intérieur de sa « mitaine » (Louis Francœur dixit), rien ne se passe. Mais la situation devint tendue quand il se permit d'installer à l'extérieur de son église des affiches, des placards que plusieurs catholiques jugèrent insultants et blasphématoires. Des procédures furent alors intentées par la Police contre le pasteur, non pas à cause de ce qu'il disait à l'intérieur de son église, mais bien de ces placards disposés à l'extérieur, à la vue de tous les passants.

Or, à la suite de l'arrestation du pasteur Rahard, l'évêque anglican de Montréal, le Très Révérend M. Farthing, décida d'adresser une lettre ouverte au premier ministre Taschereau, lettre dans laquelle il se plaignait qu'une cause se trouvait pendante actuellement devant les tribunaux, bien que le prétendu blasphémateur n'eût attaqué ni Dieu, ni Notre-Seigneur. L'évêque se disait surpris du changement d'attitude de l'autorité civile en matière de liberté religieuse, etc. Dans les journaux anglophones qui reproduisirent la lettre, on pouvait lire pour la coiffer les titres suivants: « Religious persecution threats seen by Bishop », « Bishop complains of creed persecutions », etc. L'affaire a beaucoup de retentissement et les articles de Louis Francœur mettent une fois de plus L'Illustration en vedette dans l'opinion publique.

Dans ses textes, Louis Francœur dénonce les « placards, sans syntaxe, ni théologie, qui ne sont qu'une succession de clameurs contre Rome et ses enseignements. » Il ajoute: « Qu'on s'imagine seulement pour une minute les cris qui se seraient élevés si, par exemple, le curé de l'Ascension, ou celui de Sainte-Anne, ou celui de Saint-Patrice, avaient procédé comme l'a fait Rahard! Jamais l'Amérique du Nord n'aurait entendu pareil concert. »

L'affaire connaît son dénouement devant les tribunaux et le juge en chef Gustave Perrault condamne Rahard à une amende, le 25 avril 1935, pour avoir affiché de la littérature blasphématoire. La cause est portée en appel mais, finalement, le pasteur se désiste. Le pasteur Rahard devait mourir le 1er septembre 1940 à 59 ans.

Je me souviens d'un soir où le pasteur Rahard se présenta à la salle de rédaction, avec un autre monsieur. Il demanda à voir M. Francœur. Je le conduisis au bureau de notre rédacteur en chef. L'entretien fut assez long mais, de toute évidence, très courtoise car nous n'entendîmes aucun éclat de voix. Louis Francœur reconduisit lui-même ses visiteurs jusqu'à la sortie et je sais qu'il me fit demander à son bureau pour me raconter ce qui s'était passé. Malheureusement, c'est une de ces nombreuses choses qu'une mémoire peu fidèle m'a fait oublier.

Un jeune historien, Robert Prévost

Louis Francœur est un érudit mais jamais il ne cherche à faire étalage de sa science. Cependant, on a parfois l'occasion de se rendre compte de ses vastes connaissances. Cela se produit, par exemple, quand il entreprend de répondre à l'évêque Farthing et où l'on s'aperçoit combien il connaît à fond les religions et leur évolution.

Il y a un autre trait, chez Louis Francœur, que j'aimerais signaler tout de suite: ce n'est pas un rédacteur en chef cantonné dans son bureau, intéressé uniquement à ses éditoriaux. Son bureau, modeste au possible, il ne l'occupe que pour lire et rédiger ses articles. Le reste du temps, il aime se trouver au milieu de nous dans la salle de rédaction. Il cherche à donner un coup de main et tient à se renseigner sur tout ce qui se passe chez nous et à travers le monde. Ainsi, il a pris l'habitude d'« éditer » (relire, corriger et titrer) la copie, provenant d'Ottawa, de ce brillant courriériste qu'est Paul De Martigny. Il s'intéresse à la mise en page et à tous les aspects techniques de la production du journal. Il reçoit beaucoup d'amis. Je le revois, par exemple, sa visière sur les yeux, accueillant le Dr Roméo Boucher, le Dr Philippe Panneton (Ringuet), le Dr Adrien Plouffe et bien d'autres. Son fils Jacques, alors un garçonnet, élève du collège Notre-Dame, lui rend également parfois visite.

Journaliste conservateur, il ne se montre pas un partisan aveugle. Il n'hésite pas à tancer le gouvernement Bennett, alors au pouvoir. Il publie même une série retentissante d'articles sur la « crise du parti conservateur », articles dans lesquels il prévoit la débandade de 1935. En outre, il aime mettre en vedette ses subalternes. À une époque où à peu près personne ne signe dans les journaux, il fournit à chacun l'occasion de se faire connaître un peu en permettant la signature d'articles qu'il a souvent pris soin de corriger, quand il ne les a pas refaits complètement.

C'est lui qui, en octobre 1934, engage Robert Prévost, alors un élève de l'école Le Plateau, au parc Lafontaine, pour la rédaction d'une rubrique quotidienne intitulée: « L'histoire nationale au jour le jour », intéressante chronique d'éphémérides. Je revois encore Robert Prévost, âgé de 16 ans seulement, s'amenant tous les après-midi rue Marie-Anne, après la classe, pour taper son article à la machine. J'aurais parié dès ce moment-là qu'il ne tarderait pas à faire du journalisme. Sa chronique parut durant quelques semaines puis, il y eut une interruption, je ne sais trop pourquoi. Cependant, il reprend sa collaboration, sous une forme un peu différente, le 1er décembre 1936 et la poursuit jusqu'à la fin de juin 1938. Cette fois, par l'entremise de son courrier historique intitulé: « Une question par jour », il répond aux questions des lecteurs. Sa photo orne le titre de cette chronique.

Il est probable qu'un jour Robert Prévost écrira ses souvenirs (de journaliste, d'historien et de haut fonctionnaire) et qu'il relatera comment il débuta dans le journalisme. Il revenait du Plateau, où l'avait rejoint Arthur, son aîné de huit ans, déjà connu dans les milieux journalistiques et théâtraux. Ils passaient tous deux rue Marie-Anne, aux abords de

L'Illustration, quand Robert éprouva un besoin tout naturel. Toujours débrouillard, le grand frère de dire: « T'en fais pas. Nous allons arrêter dire bonjour à Francœur. » Sitôt dit, sitôt fait. Louis Francœur les ayant aperçus, il salue Arthur qui lui présente son petit frère Robert. Et ce dernier de relater à notre rédacteur en chef qu'il a entrepris, durant ses loisirs, de colliger de la documentation sur l'histoire canadienne et qu'il a ainsi recueilli une éphéméride pour chaque jour de l'année. En deux temps trois mouvements, comme le dit Robert, il se voyait confier la rédaction d'une chronique historique dans *L'Illustration*. La rémunération: sauf erreur, trois dollars par semaine, qu'il ne lui sera pas toujours facile de percevoir.

En juin 1939, Robert Prévost, devenu le plus jeune membre de la Société historique de Montréal, publie son premier ouvrage: *Le Moulin du Gros-Sault*, avec préface de Mgr Olivier Maurault, alors recteur de l'Université de Montréal. Élève de Fernand Denis au *Petit Journal*, journaliste prolifique, il dirigera également, durant un certain temps, une revue mensuelle des plus intéressantes sur les sciences, les voyages, etc. Il a pris au sérieux le dicton voulant que pour réussir dans le journalisme, il faut en sortir. Il en est sorti pour faire une brillante carrière à Québec, au ministère du Tourisme.

Le quatrième centenaire

En août 1934, une imposante délégation d'hommes politiques français vient au Canada à l'occasion du quatrième centenaire de la découverte du Canada par Jacques Cartier. Après avoir participé à des fêtes à Gaspé et à Québec, notamment, ces visiteurs séjournent à Montréal. Louis Francœur s'occupe beaucoup de l'accueil de ces distingués Français ayant à leur tête M. Pierre Flandin, ministre des Travaux publics de France. Parmi les visites organisées pour la circonstance, il y a celle des journaux quotidiens, notamment *L'Illustration*. Il va sans dire que cela provoque beaucoup de brouhaha dans notre petite entreprise. Notre édifice est décoré tant à l'intérieur qu'à l'extérieur et tout le quartier se joint à nous pour accueillir et acclamer les Français.

Notre numéro du vendredi 31 août accorde une importance particulière à l'événement. À la une, un article de Maurice Dubrûle sur « notre visite » de 1915 en France. « La France nous connaît aujourd'hui dans la paix, nous la connûmes dans la guerre », mentionne-t-on.

À peu près tout le monde a signé un article en éditorial pour la circonstance. Même le maire Houde signe un premier-Montréal de bienvenue sous le titre « Ville ouverte ». Les autres textes sont signés: Fernand Dansereau, Louis Francœur, Jacques Robitaille, Jean Bohémier, Maurice Dubrûle, Armand Jokisch, Jean Robitaille, J.-E.-A. Pin, Jovette, J.-B. Nowlan et moi. Si on y ajoute Louis Larivée et Jean Barrette, nous avons là à peu près toute la salle de rédaction de l'époque.

La délégation s'est divisée en deux groupes pour visiter les journaux. Le groupe qui vient à *L'Illustration* a à sa tête M. Marchandeau, député, maire de Reims et directeur d'un journal, *L'Éclaireur de l'Est*. Son Honneur le maire Houde les accompagne tandis que M. Fernand Dansereau, président de notre journal, Me Alexandre Lacoste, administrateur, et Louis Francœur, rédacteur en chef, accueillent les visiteurs.

Notre immeuble, de construction toute récente, paraît vivement intéresser les Français. Les journalistes d'outre-mer, accompagnant la délégation officielle, s'émerveillent devant notre bien modeste installation d'un poste de radio à ondes courtes, permettant de capter les messages de radio-police et de dépêcher sur les lieux reporter et photographe lorsque les circonstances l'exigent. La sonnerie d'alarme du service des incendies les intrigue également. À cette époque, chaque quotidien de Montréal était raccordé par fil à la centrale d'alarme des incendies.

Au moment des discours, M. Houde, avec beaucoup d'esprit, dit à M. Marchandeau:

« J'ai tenu à venir vous saluer ici (à *L'Illustration*), parce que je suis chez des amis. Ce journal voit certaines choses avec les mêmes yeux que moi... »

« C'est tout comme dans mon cas, de répliquer M. Marchandeau. Mais pour être sûr que j'aurais un journal qui verrait avec les mêmes yeux que moi, j'ai pris soin de l'acquérir. »

Notre gérant d'affaires, à ce moment-là, était un anglophone, M. Arthur Polachek. C'était un brave homme, plutôt sympathique, connaissant passablement l'imprimerie et les travaux de ville. Il avait beaucoup de mal à s'exprimer en français et, d'ailleurs, parlait généralement anglais. Quand commence l'organisation des préparatifs pour recevoir ces délégués français, il y a quelqu'un qui se réjouit de constater que M. Polachek est en vacances. Il craint que ce seul nom, apparaissant sur la porte de son bureau, semble étrange à nos visiteurs. On a alors l'idée de camoufler cette porte en la couvrant d'une grande banderolle. Mais le hasard veut que notre gérant revienne de façon inattendue, juste ce matin-là. Apercevant la décoration qui dissimule son nom, il comprend tout et, furieux, l'enlève. Il laisse la porte de son bureau grande ouverte et, digne et souriant, serre la main aux visiteurs.

C'est une journée assez mouvementée, assez épuisante. Le journal de la veille terminé (2 heures du matin, environ), j'ai dû m'occuper jusqu'aux petites heures de certains préparatifs. Vers neuf heures, je suis de retour et les visiteurs partis, il faut se remettre au travail pour l'édition du lendemain. Si le golf fait beaucoup de veuves, il y a également le travail qui, à cette époque particulièrement, prive une famille de la présence du père et une femme, de son compagnon. Mais qui épouse un journaliste doit s'attendre à tout, au pire parfois.

France-Amérique

Nos visiteurs français ne sont pas aussitôt partis que nous publions une série d'articles contre l'organisation France-Amérique que dirige le sénateur Raoul Dandurand. Nous critiquons plusieurs de ses initiatives

31

et, d'une façon particulière, les Légions d'honneur qu'il aurait fait décerner au président de la Régie des alcools, au président de la *Gazette*, à un M. Huntley Drummond, au président de la firme Aldred, etc. Et on a tout bonnement oublié des gens comme les Rivard, les Groulx, les Lavergne, les Camille Roy et autres. D'ailleurs, en geste de protestation contre ces nominations, M. Olivar Asselin, alors directeur du quotidien *L'Ordre*, décoré de la Légion d'honneur à titre militaire, renvoie sa médaille au grand chancelier de la Légion, à Paris. *L'Illustration* consacre presque toute sa première page du 8 septembre 1934 à ce geste peu banal de M. Asselin.

L'échevin J.-Allan Bray, de son côté, blâme le comité France-Amérique qui a oublié qu'il y avait un monument à Jacques Cartier dans Saint-Henri et qui a également négligé de recommander qu'une décoration soit accordée au maire Camillien Houde. Quelques jours plus tard, de nombreuses personnalités, dont le Maire, se réunissent à la place Guay, de Saint-Henri, à l'occasion d'une manifestation patriotique destinée à réparer l'oubli des organisateurs des grandes fêtes du quatrième centenaire de la découverte du Canada.

Sur la scène municipale, M. Houde cause tout un émoi en congédiant le comité d'experts financiers présidé par M. Pamphile Du Tremblay et désigné pour conseiller la Ville de Montréal. Ce matin-là, notre titre est en rouge sur notre papier rose : « M. Houde renvoie le « brain trust ». La Ville ne veut pas de tutelle, même cachée, a expliqué le Maire. Nous consacrons plusieurs pages à l'événement et à la correspondance qui l'a marqué.

Notre confrère Jean Barrette devient secrétaire français de la nouvelle Commission athlétique constituée par M. Houde.

Au début de septembre naît un nouveau parti politique qui se donne le nom de « Franc-parti », qui se veut un parti « blanc », et non rouge ou bleu. Ses fondateurs sont MM. Laurent Barré, Aimé Guertin et Robert L. Calder. On invite le chef de l'Opposition, M. Duplessis, à participer à une assemblée contradictoire. Malgré tout, le Franc-parti ne connaît pas le succès escompté et l'on retrouvera plus tard M. Barré membre du cabinet de M. Duplessis. Ce dernier, d'ailleurs, se rend un peu plus tard à Hull. L'assemblée contradictoire n'a pas lieu mais l'assistance se montre alors plutôt sympathique à M. Guertin qu'elle se rend acclamer à sa résidence.

Des primeurs

En juin 1934, notre atelier subit certaines améliorations. Notre journal est plus vivant que jamais et notre tirage dépasse celui de notre confrère libéral du matin, *Le Canada*. Le rapport du combat Baer-Carnera, disputé à la mi-juin, nous oblige à faire revenir les pressiers pour imprimer 5,300 numéros supplémentaires, tant la demande est grande. Et dès avant midi, tous ces journaux sont vendus. Le 16 juin, en premier-Montréal, nous soulignons que *L'Illustration* est le journal de l'avenir. « Il dit ce que les autres n'osent ou ne peuvent dire. Et, surtout, il est par excellence le journal de Montréal. Et, pourtant, ce ne sont pas les difficultés et les entraves, les problèmes et les échecs qui ont fait défaut depuis les quatre ans qu'existe ce quotidien. »

D'ailleurs, en dépit des promesses qui m'avaient été faites, l'ère des chèques de paye sans provision n'est pas complètement révolue. Le journal connaît donc toujours de graves difficultés financières et si *L'Illustration*, comme nous l'écrivions, est le journal de l'avenir, c'est le journal d'un avenir incertain, douteux.

Notre numéro du 22 août 1934 fera sensation. La veille, dans l'après-midi, j'écoute comme d'habitude radio-police, tout en exécutant mon travail, quand la sonnerie du téléphone se fait entendre.

Je réponds et une voix étrange, nerveuse, m'annonce:

« Feigenbaum vient d'être tué. » Rien de plus.

Je m'apprête à faire des appels téléphoniques à la police (à cette époque un directeur de l'information s'occupait de tout) quand à la radio-police j'entends un appel: « Un homme mort sur l'avenue Esplanade, un peu au nord de Mont-Royal ». J'imagine tout de suite que cet homme mort n'est nul autre que Feigenbaum qui avait déjà eu des démêlés avec la police. Gérard Laferrière, notre photographe, se trouve dans sa chambre noire. Je lui demande de se rendre sur les lieux sans tarder. Nos moyens financiers sont restreints et c'est en tramway que Gérard Laferrière accomplit le trajet. Heureusement, il y arrive en même temps que les gens de la Morgue et prend des photos dont l'une vraiment sensationnelle apparaîtra le lendemain en première page de notre journal. Il est le seul photographe sur les lieux. J'avise également Jean-B. Nowlan, notre chroniqueur judiciaire, et nous sommes en mesure d'offrir un reportage illustré des mieux réussis. Un véritable « scoop ». D'ailleurs, nous constaterons plus tard que des journaux américains ont reproduit, sans même nous en demander la permission, notre photographie de 1re page.

Charles Feigenbaum, au procès duquel j'avais assisté quand j'étais reporter (il s'agissait d'une affaire de contrebande), avait été abattu dans sa voiture. Il se promenait toujours avec un garde du corps depuis sa libération du pénitencier, mais cet après-midi-là il était seul avec son jeune fils qui s'en tira indemne.

Le lendemain, nouvelle primeur photographique. Le père de Son Éminence le cardinal Villeneuve est gravement malade à l'hôpital des Sœurs de la Miséricorde, rue Saint-Hubert. Nous obtenons du malade la permission de le photographier avec son épouse et ses infirmières. Si ma mémoire est fidèle, le cardinal ne prisa guère ce reportage.

Le 25 août, dans notre édition du samedi soir, nous illustrons d'un « composographe » (photomontage truqué, évidemment), les déclarations d'une jeune fille qui croit avoir eu comme voisins, dans une maison de pension, les assassins de Feigenbaum.

Bref, nous avons tous le feu sacré. Personne ne compte les heures de travail et chacun tient à mettre la main à la pâte, à commencer par le rédacteur en chef qui suit de près tous les événements, y compris les faits divers. C'est sans doute lui, d'ailleurs, qui, sous le pseudonyme d'Esope, écrivait en page éditoriale, le 25 août, ce qui suit:

« *L'Illustration* veut être, par excellence, le journal de Montréal. Du train où vont les choses, elle le deviendra. Un personnel de nouvellistes jeunes, alertes, curieux, à qui quelques hommes d'expérience apprennent l'art, la technique et l'amour de leur profession, ne sont animés que d'un seul désir: faire chacun de son mieux pour que le journal du lendemain soit plus intéressant que celui de la veille. On déplorait qu'il n'y eût pas d'école pratique de journalisme depuis le temps où M. Tarte, de 1922 à 1926, (à *La Patrie*), avait réuni ce qui s'appela « la belle équipe ». Ces temps sont revenus. Ici, chacun s'initie au reportage, à la chronique, à la rédaction, à la mise en page, voire à un minimum de typographie. On y croit à la vertu des apprentissages.

« Et c'est la maison de l'enthousiasme, fraîche à l'intérieur comme à l'extérieur.

« Tout cela pour vous, charmants lecteurs. »

D'autres faits divers continuent d'occuper une place prépondérante dans les pages de *L'Illustration* quand les nouvelles politiques n'exigent pas la première place. Je songe, par exemple, au meurtre d'une demoiselle Graziella Viens que le hasard nous permet d'exploiter à fond. Le frère de la victime — peut-être parce que nous avons été élevés dans le même quartier — consent à me laisser piger à ma guise dans l'album familial de photographies. Un matin, notre grosse manchette est la suivante: « Le soulier de Mlle Viens aurait été trouvé. » Accompagnent l'article, une photo de la victime dans son cercueil et une autre de la porte de la maison mortuaire ornée du crêpe traditionnel. (C'était avant l'ère des salons mortuaires).

La même année, le public s'intéresse vivement au meurtre d'un médecin hongrois, le Dr Alexander W. Soulgikoff, avocat, médecin et interprète à la Cour. C'était un personnage assez pittoresque: crâne dénudé, barbiche, conduisant toujours une voiture décapotable luxueuse et habitant avenue du Parc Lafontaine. Je l'avais connu à la Cour des Sessions de la Paix. Des assassins lui avaient vraisemblablement tendu un guet-apens, pour le tuer de deux balles de revolver, à l'intersection des rues Everett et de Lanaudière, alors un endroit complètement désert.

La photographie joue constamment un rôle de premier plan. Nous n'avons qu'un photographe à notre service, Gérard Laferrière. Si toutefois celui-ci est en reportage et que j'ai besoin d'un second photographe, c'est Mme Laferrière elle-même, sa femme, qui fait le travail. Et magnifiquement. D'ailleurs, M. et Mme Laferrière fondèrent plus tard une école de photographie où plusieurs excellents photographes d'aujourd'hui apprirent leur métier.

À la recherche d'une vedette

Le 20 octobre 1934, *L'Illustration* organise un concours ouvert aux jeunes Canadiennes françaises de 18 à 30 ans. Il s'agit de découvrir une nouvelle vedette pour le cinéma ou le théâtre. La gagnante est assurée d'apparaître sur la scène d'un théâtre de New York. Le 9 novembre, proclamation de la gagnante: Mlle Juliette Sylvain.

M. Thomas Maher ayant quitté son poste à la vice-présidence de la Radio d'État, *L'Illustration* fait campagne en faveur de M. Jacques-N. Cartier. Ce dernier, qui deviendra quelques années plus tard notre directeur général, est nommé à ce poste vers le 19 novembre, à la grande satisfaction du journal. M. Cartier a toute la compétence requise pour remplir ces fonctions. On le considère l'un des pionniers de la radio, non seulement au Canada mais même aux États-Unis, où il a travaillé à l'organisation de stations de TSF avec nul autre que le célèbre David Sarnoff. Il s'occupa activement de l'organisation du poste CKAC, au service duquel il demeura trois ans avant de faire du journalisme. C'est un domaine qu'il connaissait également à fond, ayant déjà travaillé pour des journaux américains et une agence d'information de Londres.

La nouvelle Pharmacie Montréal, de M. Charles Duquette, vient d'être inaugurée rue Sainte-Catherine (est). Parmi les innovations qu'elle offre: à l'extérieur de son édifice, au 2ᵉ étage, une affiche avec les dernières nouvelles de *L'Illustration*.

Tout au cours de l'année 1934, il sera à nouveau question des procédures de M. Eugène Berthiaume contre M. Du Tremblay et d'autres. Ainsi, le samedi 27 octobre, toute la première page est consacrée à un exposé des détails de cette affaire. Le titre: « M. Eugène Berthiaume veut continuer l'œuvre de son père. » Et c'est ainsi que fidèlement, jusqu'au décès de M. Berthiaume, nous rapporterons la marche des procédures. Ce même 27 octobre, nous annonçons une édition du samedi soir plus complète, plus volumineuse. La section magazine, en particulier, est très agréable à lire. On y trouve une grande variété d'articles, des pages de bandes dessinées en couleurs, notamment une de notre journaliste et caricaturiste Louis Le Marchand; un feuilleton: *Les Anciens Canadiens*, de Philippe-Aubert De Gaspé, ou encore *La Campagne canadienne*, du R.P. Adélard Dugré, s.j., sans oublier un roman policier écrit par Jean et Jacques Robitaille. Les chroniques sont multiples: coin des correspondants, l'agriculture avec Oscar Gatineau, les timbres avec Jacques Robitaille, etc. Jean Robitaille et Omer Langlois seront tour à tour les têtes dirigeantes de ces éditions hebdomadaires.

Qu'on me permette de rappeler un souvenir au sujet de cette édition du samedi soir. Par suite de l'absence du responsable de cette édition, j'avais dû me résigner à ne pas prendre mon congé du samedi et à diriger l'équipe. Le travail terminé, au milieu de la soirée, je me rends, je ne sais trop pourquoi, rue Mont-Royal où j'aperçois en gros titre de première sur l'édition toute fraîche du *Petit Journal:* « Hitler est mort! ». Je tombe presque en syncope. En 1934, Hitler est le personnage numéro 1 de l'actualité internationale. On ne parle que de lui. Sans hésiter, j'entre dans une cabine téléphonique et m'empresse de communiquer avec un ami à l'emploi d'une agence de presse. Lui non plus ne sait rien de cette nouvelle. Cela me rassure. Le dimanche soir, nous savions que c'était tout simplement un canard à la Fernand Denis, rédacteur en chef du journal des frères Maillet.

Et quand, onze ans plus tard, Hitler mourut vraiment, Fernand écrivit avec son extraordinaire sens de l'humour; « Ainsi que Le Petit Journal l'avait annoncé... »

Triste fin d'année

En décembre 1934, M. H. H. Stevens, ministre de l'Industrie et du Commerce dans le cabinet Bennett — qu'il devait d'ailleurs quitter pour fonder son propre parti, on le verra plus loin — vient à Montréal. Prenant la parole au marché Atwater, il s'en prend au monde de l'industrie et de la finance, aux exploiteurs de tout acabit. À cette occasion, L'Illustration lui consacre un titre en première page et, à l'intérieur, un compte rendu très élaboré. En un mot, M. Stevens réclame une action dans tous les domaines économiques pour protéger les agriculteurs, les ouvriers, les commerçants et les industriels du Canada contre les requins de la finance. Il ne ménage aucunement les banques. M. Stevens ne parle pas français, malheureusement, et son message dans notre langue se limite à ce qui suit:

« J'ai horreur de faire quoi que ce soit qui pourrait être une injure à cette langue qui vous est si chère et que j'admire tant. Je considère comme une courtoisie bien québécoise la permission que vous daignez m'accorder de continuer mon discours dans ma langue maternelle. »

En éditorial, Louis Francœur écrit qu'« applaudi, acclamé, M. Stevens a parlé avec chaleur, comme un apôtre. »

Nous secondons avec empressement le maire Houde et sa politique et nous dénonçons ses adversaires. Le 13 décembre, notre titre de première page est le suivant: « Hands Off! La finance veut pour Montréal une commission administrative. » En 3e page, une nouvelle où l'on explique que le maire de Montréal vient de mettre à jour un complot de la haute finance pour s'emparer du pouvoir à l'hôtel de ville.

Le 15 décembre, notre éditorialiste fait une sainte colère et critique la censure stupide des douanes qui barbouille d'encre noire les illustrations des publications de France qui lui paraissent osées. (C'était le lot de nombre de revues françaises, à l'époque). Aussi, écrit-il, que si cette censure persiste, « il me sera très agréable de faire venir en contrebande les publications dont j'ai besoin pour mon travail et pour mon délassement. Au risque de passer pour un « mauvais bleu », une fois de plus. »

Si nous accueillons avec enthousiasme M. Stevens, nous ne ménageons pas la même réception à M. Tim Buck, le chef du parti communiste. Comme il est annoncé qu'il viendra parler à Montréal, au Stade de la rue de Lorimier, nous prions le procureur général d'intervenir, parce qu'il s'agit d'un « repris de justice, d'un agitateur dangereux ». Nous

nous demandons qui a versé à la direction du Stade la garantie de
$3,000 exigée.

Le Maire est opposé à cette manifestation, le directeur de la police
également, mais l'assemblée se tient et nous écrivons à la une, le lendemain matin, 29 décembre: « Le Stade est-il devenu un sanctuaire communiste? M. Taschereau songerait-il à imiter le triste exemple que donne
la France depuis le 6 février et à mettre sur le même pied ceux qui prê-
chent la sédition et ceux qui veulent que l'État la combatte. »

Sous le pseudonyme de Turpin, Maurice Dubrûle relate de temps
à autre des souvenirs du 22e Régiment.

L'année 1934 se termine sur une note triste pour la petite famille
de L'Illustration. Notre chef-pressier, un homme d'un dévouement
incomparable, Alphonse Sauvageau, est tué par une automobile, le
samedi soir 29 décembre. C'était un brave père de famille dont j'avais
connu les fils à l'école Sainte-Brigide. M. Sauvageau avait travaillé durant
de nombreuses années pour l'imprimerie Ménard et il était demeuré
au service de L'Illustration à notre arrivée rue Marie-Anne. Louis Francœur avait laissé le pauvre homme quelques minutes seulement avant
le tragique accident. Ce drame le bouleverse et il signe un article émouvant qu'il intitule: « On nous a tué notre pressier. »

1935

Le procès Hauptmann

Le grand événement, au début de l'année 1935, c'est le procès au
New-Jersey de Bruno Hauptmann, accusé de l'enlèvement et de l'assassinat du bébé des Lindbergh. Quotidiennement, nous publions des
comptes rendus élaborés de ce procès, grâce à British United Press, de
même que d'abondantes photographies nous parvenant, cela va de soi,
avec un peu de retard, d'agences de Toronto.

En éditorial, nous jugeons que ce procès est « le plus grand cirque
judiciaire de tous les temps », à cause de l'« atmosphère de spectacle
forain » qui y règne. Finalement, le 13 février au soir, Hauptmann est
trouvé coupable par le jury, après de nombreuses heures de délibérations. Il est condamné à mort. Toute la journée durant, nos lignes téléphoniques avaient été paralysées par une multitude d'appels de gens
désirant connaître l'issue du procès. Ce n'est qu'après 10 heures du
soir que le jury devait rendre sa décision.

Nos presses commencent à laisser à désirer et nous n'avons pas
toujours l'argent requis pour acheter de nouveaux blanchets. Si bien

que, durant plusieurs jours, au beau milieu des illustrations des pages centrales on pourra lire, bien distinctement, la phrase suivante: « Ces poêles en vente à nos deux magasins ». Une circulaire, comme nous en imprimons tant entre chaque numéro du journal, a laissé une empreinte trop profonde sur un blanchet trop usé.

Il y a toujours énormément d'activité dans la salle de rédaction. Nous ne sommes alors qu'un petit groupe travaillant souvent de longues heures mais toujours heureux, toujours de bonne humeur. Il n'existe alors — et je ne crois pas, non plus, que cela ait existé par la suite, mais la chose s'est vue dans d'autres salles — aucune coterie, aucun clan. Nous sommes tous honnêtes les uns envers les autres. Une entente admirable règne également entre les journalistes et le personnel des ateliers. Les typos viennent fréquemment dans la salle de rédaction et nous allons nous aussi très souvent dans les ateliers. Quand il arrive que les typos ont reçu leur paye — parce qu'ils sont syndiqués — et que nous sommes informés qu'il n'y a rien pour nous avant lundi, par exemple, il y a toujours des typographes disposés à prêter de l'argent aux journalistes.

Assez souvent, on peut entendre crier dans notre salle de rédaction: « Poison! » « Poison! », c'est le nom donné à celui qui vend à l'intérieur du journal, pour un restaurant du voisinage — le restaurant Gosselin, angle de la Roche et Marie-Anne — les boissons gazeuses, friandises, thés, cafés, sandwiches, etc., dont il se fait, le soir et la nuit surtout, une abondante consommation. Nos « poisons » ne se contentent pas, d'ailleurs, de vendre leurs marchandises. Nous pouvons compter sur eux pour maintes courses à l'intérieur ou à l'extérieur du journal, quand notre messager est occupé ailleurs. Et au bout d'un certain temps, ces petits vendeurs avaient parfois l'occasion de passer aux ateliers pour y apprendre un métier rémunérateur. Quoi qu'il en soit, je n'oublierai jamais le visage d'un visiteur venu me porter une communication quelconque, quand il aperçoit Louis Francœur sortir de son bureau et de sa voix grave crier: « Poison! » Inutile de dire que je dus fournir certaines explications à ce visiteur.

Au printemps, cette année-là, Louis Francœur et Jean Béraud (chroniqueur théâtral à *La Presse*) présentent une revue, un samedi soir, vers minuit, au théâtre Saint-Denis. La salle est comble, mais le spectacle n'enthousiasme pas tellement l'assistance. Toutefois, au cours d'une intermède, on peut voir sur la scène, pour l'une des premières fois sûrement, un jeune monologuiste de grand talent: il se nomme Gratien Gélinas.

Encore « La Presse »

Le samedi 9 février 1935, c'est une première page sensationnelle (texte et cinq photographies) que nous consacrons à la nouvelle suivante: « Du Tremblay destitué de *La Presse* par la Cour ». L'honorable juge Charles Duclos, siégeant en Cour supérieure, vient en effet de destituer

MM. Pamphile-R. Du Tremblay, Zénon Fontaine et Gilles Berthiaume comme fiduciaires du journal *La Presse*, à la suite d'une poursuite intentée par M. Eugène Berthiaume. Me Édouard Masson agit comme procureur de M. Berthiaume. Nous publions in-extenso la décision du juge Duclos, ce qui exige près de sept pages du journal. On trouve en plus, ce jour-là, un éditorial qui s'intitule: « Après 14 ans, la justice a eu son tour. » Et on peut lire: « Tous les honnêtes citoyens applaudiront avec nous à cette victoire remportée par le droit sur l'ambition et la cupidité.

« Après des années d'attente, on verra enfin les volontés dernières de l'honorable Trefflé Berthiaume respectées.

« Les testateurs à l'avenir seront plus rassurés.

« Et *La Presse* redeviendra *La Presse*. »

Mais M. Du Tremblay porte ce jugement en appel. Il obtient d'abord l'autorisation de demeurer en place puis, le 18 juillet, un jugement renverse la décision du juge Duclos. M. Du Tremblay continue d'exercer ses fonctions bien que M. Eugène Berthiaume devienne directeur et président du conseil d'administration de *La Presse*. Une convention, signée cette année-là nomme également M. Lucien Dansereau, frère de Fernand, fiduciaire: il succède à M. Fontaine qui a démissionné.

Au début de mai 1935, décision est prise non seulement par *L'Illustration*, mais également par les deux autres journaux du matin, de ne plus fournir de résultats sportifs par téléphone. Depuis quelques années déjà, nous nous spécialisions dans ce service au public. Malheureusement, le nombre des appels croissant toujours et le service de téléphonistes vingt-quatre heures par jour ayant été abandonné, les journalistes avaient du mal à accomplir leur travail, le téléphone ne cessant de sonner.

En mai, également, débutent en pages féminines nos chroniques dites de « Bonne fête » et « Nos meilleurs vœux » qui demeureront durant de nombreuses années et nous vaudront quotidiennement un courrier assez abondant. Par l'entremise de notre journal, on peut donc offrir ses vœux à des parents ou à des amis. (« Bonne fête », pour les enfants, et « Nos meilleurs vœux » pour les adultes).

À cette époque s'abat sur Montréal une véritable folie: celle des chaînes de lettres. Cela nous vaut passablement d'annonces, bien éphémères, cela va de soi, mais dont la publication indique bien jusqu'à quel point une bonne partie de la population s'intéresse à ces chaînes de lettres. La vogue ne dure pas, car on s'aperçoit vite que si quelques-uns peuvent y trouver leur profit, le plus grand nombre y perd tout simplement.

Mort d'Armand Lavergne

Le 5 mars 1935 meurt Armand Lavergne, vice-président de la Chambre des communes et député de Montmagny. Louis Francœur en est bouleversé et dans les jours qui suivent, il publie une série d'articles renfermant quelques souvenirs intimes sur les dernières années de la vie de ce grand Canadien.

On peut y lire notamment ceci:

« Armand Lavergne est mort.

« C'est plus qu'un deuil, c'est une date. Car, avec lui, c'est une génération qui porte en terre sa propre jeunesse. Il personnifia si longtemps les fougues, les désintéressements, les rêves, les espérances des hommes qui ont aujourd'hui quarante ans que sa mort tire un rideau d'acier entre hier et demain. Armand Lavergne n'a pas de successeur. Il convenait qu'il fût unique.

« N'est-il pas inexplicable que cet homme, malade et presque immobilisé depuis quinze ans, ait vu sa gloire rester entière quand même. Il n'a pas connu l'estompe. Pour les « vingt ans » d'aujourd'hui, il était LE héros. Son écrasante maladie, qui eût relégué tout autre aux limbes d'un graduel oubli, lui conférait une auréole.

« N'en cherchons pas les raisons; elles sont peu nombreuses: deux. La première, c'est qu'il savait se faire aimer; la seconde, c'est que chacun savait que pour lui l'argent et l'intérêt personnel n'existaient pas. Mais bien peu avaient pu apprendre combien il méritait d'être aimé, et bien peu connaissaient de science personnelle jusqu'où allait son mépris des biens de ce monde. »

Louis Francœur avait eu « le magnifique honneur » d'être depuis huit ans du petit cercle des intimes de ce grand patriote. Il raconte que « le dimanche midi, après la grand'messe, il tenait salon, si l'on peut dire, sur la rampe gauche du portique du 144 de la Grande-Allée et quand cinq ou six s'étaient réunis autour de lui, il les invitait à partager son déjeuner, dans ce petit appartement rempli de souvenirs où sa propre biographie surgissait des reliques accumulées. Car il gardait en une vitrine qu'il se plaisait à montrer une collection de cailloux, de tessons de bouteilles, de lettres anonymes, de fragments de briques, les souvenirs de sa carrière. Briques de Saint-Roch, cailloux de Montmagny, flacons de Montmorency, il n'avait rien laissé perdre! Tout lui était agréable, surtout les reliquats des orages d'autrefois, surtout les projectiles, surtout les souvenirs physiquement personnels. »

Les obsèques d'Armand Lavergne ont lieu à Arthabaska et un compte rendu mentionne que le cortège qui suivait le corbillard avait plus d'un demi-mille de longueur.

Peu après, notre rédacteur en chef a l'occasion de croiser le fer avec MM. Albert Lévesque, éditeur, et Jean Bruchési, relativement à la sous-section française de la Canadian Authors' Association, sous-section à laquelle il s'oppose parce qu'il la juge nullement représentative des lettres canadiennes-françaises. M. Francœur rédige, en cette circonstance, quelques-uns de ses plus beaux textes agressifs.

Le 25 mars 1935, un congrès des maires canadiens s'ouvre à Montréal. C'est le premier congrès des maires organisé par un maire canadien-français et le journal loue M. Houde qui a eu l'initiative et le mérite de pareille réunion.

Les rumeurs les plus fantaisistes ont presque constamment cours au sujet de notre journal. Il faut bien comprendre que différents événements peuvent justifier ces bruits, notamment la remise aux employés de chèques de paye qui sont parfois émis sans provision. Quoi qu'il en soit, le 23 mai 1935, en page éditoriale, un article paraît dans le but de démentir deux rumeurs: l'une voulant que *L'Illustration* quitte la rue Marie-Anne pour s'installer dans le centre-ville et la deuxième, qu'un certain journal serait fusionné avec *L'Illustration*. « Il n'y a pas eu, il n'y a pas et il n'y aura pas de changement ni dans la direction, ni dans la rédaction, ni dans le « domicile légal » de *L'Illustration* », lit-on dans ce texte.

Élections fédérales

Le 7 juin 1935, Louis Francœur dénonce le sort fait à nos institutrices de campagne et il écrit: « Madame Pierre Casgrain et la Ligue des droits de la femme ont le grand mérite d'avoir attiré l'attention publique sur le sort écœurant que fait la province de Québec à ses institutrices.

« Par-delà les boniments sur la « glorieuse mission » et les complaintes sentimentalo-politiciennes sur la « petite école du rang », il reste le fait brutal que de pauvres filles sont payées de $80 à $150 par année — par année!! — pour enseigner. Et le plus souvent, elles doivent se chauffer et se nourrir, en plus de se vêtir et de s'habiller.

« On en rougit de honte!

« Le plus grave c'est que les pauvres petites n'osent se plaindre; au premier mot, on les flanque à la porte, sans miséricorde. »

Et son article se termine comme suit:

« Quand la Saint-Jean-Baptiste aura fini d'organiser sa procession, elle pourra peut-être consacrer une soirée à l'étude de cette hideuse affaire des maîtresses d'école. ».

Maurice Dubrûle et Jean-Louis Dussault collaborent assez régulièrement à la page éditoriale à cette époque. *L'Illustration* approuve la politique de M. Bennett, alors au pouvoir à Ottawa, mais affiche une certaine sympathie à l'endroit de l'ancien ministre conservateur du Commerce, M. Stevens, qui livre une lutte sans merci aux monopoles et aux coalitions de toutes sortes. M. Bennett ayant accordé des billets de banque en français, on peut lire en page éditoriale, presque chaque jour, l'entrefilet suivant:

« Exigez des billets français à la banque. Dites: « I want French bills, please », si le caissier n'entend pas le français. » Les billets de banque bilingues de M. Diefenbaker s'avéreront plus tard beaucoup plus pratiques.

Quelques jours plus tard, c'est au tour de Jean-Louis Dussault d'aborder un sujet de « chaude » actualité: l'uniforme d'été pour les policiers. À cette époque, l'agent de police arbore, même alors que le mercure dépasse les 80° F., un pantalon serré, un veston de serge épaisse de ton foncé et boutonné jusqu'au col et il doit se coiffer d'un casque lourd. Son plaidoyer se traduira, au bout d'un certain temps, par une tenue estivale plus adéquate pour nos policiers.

Le 19 août, *L'Événement*, de Québec, alors quotidien conservateur, passe aux mains d'intérêts libéraux. Nos éditorialistes le déplorent, tout en croisant le fer avec les rédacteurs du *Canada*, Pierre Boucher et autres. Durant ce temps, tout crée l'impression que le parti libéral du Québec s'effrite avec la création de l'Action libérale nationale de Paul Gouin et que le parti conservateur d'Ottawa, également, s'effrite avec la création du mouvement steveniste, dit de la Restauration.

Les élections fédérales sont annoncées pour le 14 octobre. *L'Illustration*, c'est entendu, fera la lutte au parti libéral de M. King, mais en éditorial et en nouvelles, on remarquera une sympathie certaine pour le mouvement de l'ancien ministre conservateur H. H. Stevens. M. Jacques-N. Cartier, bras droit de l'organisateur conservateur au Québec et l'un des artisans de la victoire de M. Bennett en 1930, devient l'organisateur du parti de la Restauration pour notre province. M. Stevens prend la parole au marché Maisonneuve le 4 septembre et le lendemain, Louis Francœur commente l'événement comme suit: « Discours sérieux, réfléchi, très riche de substance, qui ne plaira ni aux rouges fanatiques, ni aux bleus bouchés, mais qui ne pourra manquer de produire sur l'électeur qui pense son vote une impression profonde. »

M. Stevens dénonce « les gros intérêts », s'oppose à la participation du Canada aux guerres européennes et soutient que l'immigration doit cesser tant qu'il y aura du chômage au Canada.

M. Bennett prend à son tour la parole et nous publions le texte complet de son discours. Je suis alors, durant cette campagne, pris presque constamment entre deux feux, sinon trois. Le rédacteur en chef tient évidemment à ce que nous secondions M. Stevens (on le verra dans le chapitre qui suit) tandis qu'à la haute direction on opte pour le parti conservateur ou même le parti libéral.

Candidature de Louis Francœur

Le lundi 16 septembre 1935, un fort groupe d'électeurs du comté de Saint-Jacques passent par nos bureaux pour prier notre rédacteur en chef de briguer les suffrages sous la bannière du parti de la Restauration de M. Stevens.

Spirituel comme toujours, il écoute les discours de MM. Pominville et Tremblay et leur répond: « Je ne suis pas comme ces politiciens qui sont toujours surpris lorsqu'on leur demande de se porter candidat et qui savent très bien que semblable demande doit leur être faite. Messieurs, je savais dès cet après-midi que vous vous proposiez de venir ce soir. Aussi, sans être surpris, je suis profondément touché de voir qu'un aussi grand nombre de personnes se soient dérangées pour moi. »

Il loue ensuite le courage de M. Stevens, déplore l'inaction de M. Fernand Rinfret, député de Saint-Jacques depuis 15 ans. « Je suis sans le sou, dit-il, libre de toute attache, mal coté chez la plupart des gens influents. Je ne puis rien vous promettre pour le moment. Donnez-moi une semaine pour y penser. » Et il leur donne rendez-vous à l'aréna

Mont-Royal où on lui a demandé de présenter en français l'hon. H. H. Stevens. M. Roger Provost, président des Jeunes Réformistes, revient à la charge pour que M. Francœur accepte et pour que la population de Saint-Jacques ne laisse pas passer une occasion aussi belle d'avoir un député compétent et dévoué.

Maurice Dubrûle, sous le titre d'« Une histoire imprévue », commente cette démarche peu banale, accomplie aux bureaux mêmes de notre journal, et annonce que d'ici au moment de sa décision, M. Francœur n'écrira plus d'articles politiques dans la page éditoriale. « C'est son désir, mentionne-t-il, et nous le respectons. » Toute l'équipe, Jean-Louis Dussault et Maurice Dubrûle en tête, redoublera d'efforts pour garder la page éditoriale aussi vivante et aussi intéressante que possible, le premier, tout en continuant de couvrir les tribunaux et, le second, de suivre toutes les activités politiques.

M. Francœur sera candidat du parti de la Restauration dans Saint-Jacques. Il affrontera MM. Fernand Rinfret, candidat libéral, et J.-P. Lamarche, candidat conservateur. Ce sera sa seconde aventure politique, ayant été candidat conservateur contre M. Alexandre Taschereau lui-même, dans Montmorency, en 1931.

Le 21 septembre, en tête de la page éditoriale, apparaît un article de trois lignes ainsi rédigé: « En vacances — Notre rédacteur en chef est parti, hier soir, pour des vacances bien méritées. Il sera absent jusqu'à la mi-octobre à L'Illustration. » En outre, le nom de M. Francœur n'apparaît plus en tête de la page éditoriale comme rédacteur en chef. Toutefois, il continue son travail et nous le voyons quotidiennement à son bureau, comme à l'accoutumée, s'intéressant à tout.

Excellent orateur, Louis Francœur n'a guère le sens de l'organisation électorale. Honnête homme, il s'imagine que tous ceux qui l'entourent pour mener cette lutte le sont également. Or, il est plus que probable que les adversaires libéraux ont réussi à s'infiltrer dans sa propre organisation. Toutefois, ses assemblées attirent beaucoup de monde. Les gens de L'Illustration lui prêtent main-forte. Sur les estrades, Jovette-Alice Bernier et J.-E.-A. Pin, par exemple. Pas moins d'une vingtaine de typographes, travaillant de nuit, cherchent le jour à lui donner un coup de main. Le vendredi 11 octobre, des bandits pillent son comité au 903 est, rue Roy.

Le soir du 14 octobre — jour de l'élection — il se trouve avec nous tous, avec sa femme et quelques intimes, dans la salle de rédaction, quand il apprend sa défaite. Je le revois encore se rendant compte, dès les premiers rapports provenant de Saint-Jacques, qu'il allait être battu par M. Fernand Rinfret. Il ne paraît pas trop surpris et la peine qu'il éprouve est surtout pour ceux qui l'ont aidé bénévolement.

Aux milliers de personnes qui envahissent la rue Marie-Anne, face à nos bureaux, nous devons ce soir-là annoncer une victoire libérale complète, la défaite de dix ministres conservateurs, l'élection de seulement six candidats conservateurs dans le Québec et la défaite de M. Henri Bourassa.

Parmi les candidats de la Restauration nationale vaincus — tous l'ont été à travers le pays, sauf un, en Colombie-Britannique — on remarque: Me Robert L. Calder, Aimé Guertin, J.-L.-K. Laflamme, Hector Grenon, Louis Durand, Salluste Lavery, Hector Dupuis et autres. Les candidats de M. Stevens recueillent toutefois 110,000 votes à travers la province.

Cette défaite de Louis Francœur marque également la fin de sa carrière à *L'Illustration*. Bientôt, il nous quitte. Il ne le fait sûrement pas de son plein gré et l'invitation à partir qu'on lui aura transmise le peinera beaucoup plus que son échec politique. Non pas qu'il craignît de se trouver sans situation — son talent lui ouvrait de nombreuses avenues — mais je crois qu'il se plaisait beaucoup rue Marie-Anne où il ne comptait que des amis, non seulement dans la salle de rédaction mais également dans les ateliers et les bureaux. Il aimait se mêler à tous.

Louis Francœur passera à *La Patrie*, puis il sera nommé directeur du service de recherche et d'urbanisme de la Commission métropolitaine de Montréal. Plus tard, il devient l'une des vedettes de la radio. Il est appelé notamment à décrire la visite royale de 1939 et à faire partie du programme « S.V.P. », l'une des émissions radiophoniques les plus en vogue. À la déclaration de la guerre, il donne chaque semaine une « causerie du samedi soir » sur la situation internationale. Devant le succès que connaît cette émission, on lui demande une causerie quotidienne et ce sera « La situation ce soir » qui devient l'une des émissions les plus écoutées de Radio-Canada. Chaque soir, c'est presque toute la population francophone du pays qui est suspendue à ses lèvres. Malheureusement, un accident tragique met fin brutalement à cette belle carrière en 1941. J'en reparlerai.

D'autres changements importants surviennent à *L'Illustration*. Notre édition du samedi soir, avec ses divers cahiers, disparaît pour céder sa place à *L'Illustration sportive*, paraissant le samedi soir également, se vendant 3 cents au lieu de 5 cents. C'est Jean Robitaille qui assume la direction du nouveau « samedi soir ». Jean n'a rien d'un grand sportif mais il est suffisamment souple pour devenir, du jour au lendemain, un excellent rédacteur sportif. Assisté de l'équipe sportive régulière, il réussit à présenter une *Illustration sportive* remarquable. Ce journal hebdomadaire renferme les dernières nouvelles de l'actualité générale et de l'actualité sportive et de nombreux articles spéciaux. Le sport, cependant, domine cette édition. Fait peu banal, la page éditoriale au complet est consacrée ce jour-là aux sports.

C'est Dollard Dansereau, avocat, aujourd'hui juge et alors l'une des principales figures des « Jeunes-Canada » qui succède à Louis Francœur. Son premier article est signé mais les autres, par la suite, seront généralement anonymes. Il en sera ainsi, d'ailleurs, de toute la page. Dollard Dansereau demeurera avec nous jusqu'en février 1936.

Un front uni

Le 30 octobre, on annonce la tenue d'une élection provinciale pour le 25 novembre. L'Union nationale et l'Action libérale nationale opposeront un front uni à M. Taschereau. *L'Illustration* s'engage dans une ardente campagne contre les libéraux. Des mots d'ordre apparaissent en première page: « L'argent du peuple pour le peuple, non pour les amis du régime », ou encore: « M. Taschereau a tout fait pour sa famille, qu'a-t-il fait pour la vôtre? », ou bien: « Les trusts soutiennent Taschereau mais qui soutient le peuple? »

Le 19 novembre au soir, Montréal fait un triomphe à MM. Duplessis et Gouin. Par contre, deux jours plus tard, la venue de M. Taschereau au même marché Saint-Jacques, est marquée de bagarres. Cette assemblée était transmise par la radio et au moment où M. Taschereau prend la parole d'une voix tremblotante, on peut entendre le bruit du bris des carreaux que la foule hostile parvient à fracasser en lançant des projectiles de l'extérieur.

Au matin de l'élection du 25 novembre 1935, nous paraissons avec, en première page, le titre suivant: « Le triomphe du peuple par l'Union nationale ». Entre une photo de M. Duplessis et celle de M. Gouin: « La campagne du régime est un fiasco — Le programme de l'Union nationale rend justice à tous — Le salut de la race ». Suit une analyse de la campagne dont le dénouement approche et qui occupe toute la première page.

À l'intérieur du même numéro, les comptes rendus enthousiastes des dernières assemblées de l'équipe Duplessis-Gouin. Également, une lettre du R.P. Archange, o.f.m., qui devait prendre la parole en faveur du candidat Candide Rochefort, à l'école Souart, mais n'a pu le faire à la suite d'une intervention de l'autorité ecclésiastique. Il s'explique dans les termes que voici:

« J'avais accepté de parler à la salle Souart, ignorant que je devais participer à une assemblée politique.

« Son Excellence Monseigneur Gauthier m'a fait demander ce matin, par M. le chanoine Valois, de m'abstenir de prendre la parole à votre réunion. Devant ce désir de mon supérieur hiérarchique, je n'ai qu'à m'incliner.

« Toutefois, je tiens à faire savoir à ceux qui se sont présentés pour m'entendre que cette intervention de l'autorité ecclésiastique, M. le chanoine Valois me l'a confirmé, a été faite à la requête du parti libéral, qui a craint que je ne réprouve et condamne ouvertement le régime actuel. VOUS POUVEZ ÊTRE DE SON AVIS...

« Ceux qui font le mal, a dit Notre-Seigneur, haïssent la lumière. »

Le soir du 25, nous donnons les résultats sur un écran installé devant notre édifice. La foule applaudit deux des élus venus nous rendre visite, MM. H.-L. Auger et J.-G. Bélanger. Et le lendemain matin, à la une: « Triomphe unioniste — Victoire dans 43 comtés — M. Taschereau est dans un terrible dilemme — L'union nationale contestera plusieurs sièges à la suite de manœuvres odieuses de la part des organisateurs libéraux ».

L'article, qui occupe la première page, parle de l'agonie du régime libéral, du régime qui vient d'échapper de justesse à un écrasement général. Le résultat final démontrera que l'Union nationale a remporté 42 sièges contre 48 seulement pour le parti libéral. Parmi les candidats défaits: MM. Irénée Vautrin et C.-J. Arcand, deux ministres. Leurs photos paraissent en 3e page avec bordure noire, sous le titre: « Nos grands disparus. » Et ce soir-là, le 25 novembre, Dollard Dansereau doit attendre très tard pour rédiger son premier-Montréal, tant la lutte est chaude. Mais il voit fort juste quand il écrit: « Ils (les libéraux) sont battus. » L'effondrement total ne devait pas tarder.

Le 4 octobre 1935, nous avions recours à nos plus gros caractères et à l'encre rouge pour annoncer: LA GUERRE. C'était le début de la guerre entre l'Italie et l'Éthiopie.

À souligner qu'à cette époque, comme par la suite, notre journal est l'un des rares journaux à publier de temps à autre des feuilletons d'auteurs canadiens-français. Décembre 1935, par exemple, c'est *Le Paria*, d'Ubald Paquin.

Au nombre de nos collaborateurs « bénévoles », le sympathique impressario Oscar Richer qui nous fournit de très intéressants articles sur la musique et les concerts.

1936

« L'Illustration Nouvelle »

L'année 1936 m'a toujours paru l'une des plus mouvementées et l'une des plus importantes de l'histoire de notre journal. Qu'on en juge: nous changeons de nom; nous cessons de défendre M. Camillien Houde pour l'attaquer à fond de train; nous menons contre le gouvernement Taschereau, notamment à l'occasion de l'enquête sur les comptes publics, une campagne foudroyante et contribuons sûrement à sa démission, puis à la victoire de M. Duplessis.

Au moment où débute 1936, *L'Illustration* est sous le coup d'une faillite et un liquidateur, M. Georges Duclos, cherche à prendre possession de l'entreprise, tandis qu'un groupe de créanciers, que représente Me Édouard Masson, s'oppose à cette prise de possession. Un jugement est rendu en faveur de la Photogravure Nationale (l'un des créanciers) et du syndic Duclos, mais Me Masson porte la décision en appel.

Le 15 février, le nom de Fernand Dansereau n'apparaît plus, en page éditoriale, comme président et directeur-gérant. Que se produit-il soudainement? Le mercredi 26 février 1936, ce n'est pas *L'Illustration* qui est en vente dans les kiosques et chez les restaurateurs, mais bien *L'Illustration Nouvelle*. Et ce n'est plus un journal sympathique à M. Houde, alors maire de Montréal, mais bien hostile à celui-ci.

Qu'on en juge par notre page frontispice du 26 février 1936. Un texte remplit cette page presque au complet.

En gros titre: « Dehors la clique! Plus vite que ça! Ça presse! »

En sous-titre: « Pourquoi un nouveau journal ».

Et voici la teneur de cet article qui permet de comprendre qu'autour de la nomination d'un liquidateur, il s'agit en réalité de deux groupes se faisant la lutte pour la possession du quotidien.

« *L'Illustration* a été fondée en juillet 1930 d'abord et avant tout pour combattre le régime Taschereau et éclairer le peuple sur ses méfaits.

« Un groupe d'hommes libres et convaincus avaient alors confié les destinées du journal au maire Camillien Houde. On se souvient qu'il était alors un adversaire irréductible du premier ministre Taschereau, un adversaire tout aussi violent en paroles qu'en actes. Le support financier n'a jamais manqué au journal tant et aussi longtemps qu'il s'est agi de poursuivre la lutte contre le régime taschereautiste.

« Pour des raisons que la raison n'a pas, M. Houde semble s'être rallié au régime qu'il combattait hier encore. Il a cessé de le condamner. Il a posé des actes équivoques qui ressemblent fort à une approbation.

« Les promoteurs bienveillants n'ont jamais refusé d'accorder leurs sympathies à *L'Illustration*. Ils ont poursuivi et poursuivent encore leur lutte contre le régime Taschereau, en faveur des intérêts véritables de la population. En butte à des tracasseries sans nombre, venant d'individus ayant tout intérêt à faire taire *L'Illustration*, ils entendent quand même poursuivre leur œuvre.

« Ces tracasseries dont *L'Illustration* était victime se sont affirmées récemment par une demande en liquidation. Les intérêts du maire Houde dans *L'Illustration* étaient évalués par lui-même à $26,000. Par contre, les intérêts des véritables promoteurs se chiffraient à plus de $100,000 représentant 76 créanciers. La Cour a jugé bon de confier au liquidateur choisi par M. Houde, M. G. Duclos, le soin de liquider *L'Illustration*, alors que l'autre groupe réclamait M. Hermas Perras.

« Devant une telle situation, les véritables intéressés, ceux qui n'ont pas varié ni en principe, ni en fait, ni en allégeance politique, ont décidé de consacrer leurs ressources à publier un autre journal qui portera le nom de *L'Illustration Nouvelle* et qui combattra le régime qui cherche à l'heure actuelle à supprimer un journal d'opposition.

« L'imprimerie ne fait pas partie de la liquidation de *L'Illustration* et c'est cette imprimerie qui servira à la publication du journal *L'Illustration Nouvelle*.

« Ce nouveau journal, *L'Illustration Nouvelle*, fait sien le cri lancé en 1930 (par M. Houde) dans des circonstances que personne n'a oubliées: « DEHORS LA CLIQUE, PLUS VITE QUE ÇA, ÇA PRESSE. »

Revirement complet

Mais cette sortie ne suffit pas. En page éditoriale, un premier-Montréal intitulé: « L'attelage Taschereau-Houde à la même charette. »

Le lendemain, 27 février 1936: « Grandeur et décadence de M. Camillien Houde: Adversaire irréductible du gouvernement de M. Taschereau, il est devenu en peu d'années un mouton bêlant dans la bergerie du régime. » Le même jour: « Par deux fois le p'tit gars de Sainte-Marie a trahi le peuple — Un ingrat qu'aveugle sa fatuité ».

Et cela continuera durant des jours et des jours. D'ailleurs, l'offensive ne ralentit que lorsque la majeure partie du journal est consacrée à la lutte contre M. Taschereau, puis contre son successeur, M. Godbout. Un jour, par exemple, (3-3-36), on voit en page éditoriale une caricature représentant Salomé (M. Houde) offrant *L'Illustration* sur un plateau à Hérode (M. Taschereau). Le même jour, en éditorial, on peut lire notamment ceci:

« Coûte que coûte, il faut que *L'Illustration Nouvelle* disparaisse. C'est le mot d'ordre chez les libéraux et chez leurs alliés récents, dont Son Honneur le maire Camillien Houde.

« Pour arriver à ces fins, tous les moyens sont bons. Déjà, les procédures intentées avec une persistance qui ne disait rien qui vaille ont démontré au public qu'il y avait en jeu plus que les intérêts de certains créanciers de l'ancien journal...

« Une importante partie se joue ce matin même. Nul n'en pourrait connaître les résultats. Nous pouvons cependant affirmer que *L'Illustration Nouvelle* sera publiée demain comme aujourd'hui, quoi qu'on fasse... »

Et en effet, devant le juge Boyer, cet après-midi-là, se discutent deux requêtes relatives à la possession du journal. D'une part plaident Mes Philippe Brais et Rosario Genest et, de l'autre, Mes Édouard Masson et Gustave Monette, ces derniers défendant les intérêts de M. Eugène Berthiaume.

Au cours des plaidoiries, Me Masson parle longuement du rôle du maire de Montréal (M. Houde) dans cette liquidation. Me Philippe Brais lui fait alors remarquer qu'il n'a pas toujours attaqué de cette manière M. Camillien Houde.

« C'est vrai, de répondre Me Masson, que j'ai été son avocat. Mais lorsque je me suis rendu compte quel homme c'était, je l'ai laissé. Mais, par malheur, je l'ai laissé trop tard. »

Un autre bras-droit de M. Houde vient également de quitter celui-ci. Il s'agit de M. Hector Dupuis, membre du conseil municipal.

Revenons aux requêtes soumises devant le juge Boyer. Le lendemain, soit le vendredi 6 mars, le juge se prononce en faveur des requêtes du groupe de créanciers sollicitant la liquidation par l'entremise de M. Georges Duclos, c'est-à-dire du groupe Houde. Toutefois, le jour même, Me Édouard Masson s'empresse de produire une inscription en appel du jugement du juge Boyer.

Ce vendredi après-midi, on voit quatre huissiers se présenter au journal de la rue Marie-Anne pour prendre possession de l'immeuble. Mais ils trouvent toutes les portes closes. On a barré toutes les portes et aux fenêtres il y a des visages pour sourire des vains coups de sonnerie des huissiers.

Ce n'est que le 20 avril que la Cour d'appel se prononce sur l'appel de Me Édouard Masson, le rejetant et déclarant que les éditeurs du journal n'ont aucun droit d'en appeler d'un jugement de la Cour supérieure désignant un liquidateur pour prendre possession de l'actif de *L'Illustration* insolvable.

Et la *Gazette* d'écrire, le lendemain, qu'à la suite de la décision de la Cour d'appel « continued publication of the French morning tabloid *L'Illustration Nouvelle* becomes even more uncertain... »

J'avoue ignorer ce qui se passa par la suite mais je sais que rien ne changea à *L'Illustration Nouvelle.*

Situation réglée

Puis, le samedi 9 mai 1936, à la une, un titre de 2 colonnes: « Une situation définitivement réglée ».

Le texte de l'article est le suivant:

« Nous avons le plaisir d'annoncer que tous les procès et autres procédures judiciaires incidentes engagés autour de notre journal ont définitivement été réglés.

« La nouvelle administration, c'est-à-dire la Fédération des Journalistes Canadiens inc., a acquis la propriété et les titres de tous les droits, actifs, matériel et négoce de l'ancien journal *L'Illustration*, qui fut mis en faillite en même temps que la Société des Journalistes Canadiens inc.; que, de plus, la Fédération des Journalistes Canadiens inc., est le seul propriétaire de tout l'actif, matériel, machineries et accessoires servant à l'édition et à l'impression de *L'Illustration Nouvelle*; qu'elle est le seul propriétaire, éditeur et imprimeur de ce journal.

« La nouvelle direction et son journal, *L'Illustration Nouvelle*, sont entièrement indépendants de tout parti ou groupe politique; ils n'ont aucun rapport quelconque avec l'ancienne direction; ils sont libres de toute coterie.

« L'orientation et l'esprit nouveaux qui ont valu à notre journal une augmentation de tirage de plus de trois mille copies par jour depuis huit semaines seront continués. Pour fins commerciales sera continué le numérotage suivant l'ancien folio; c'est tout ce qui est emprunté au passé.

« Nous remercions nos lecteurs et annonceurs pour la confiance qu'ils ont bien voulu nous témoigner dans le passé et nous comptons que nos efforts nous la mériteront encore dans l'avenir.

« La Fédération des Journalistes Canadiens, incorporée. »

Dès lors, nous allons recommencer de plus belle notre lutte contre les libéraux de Québec. À plusieurs reprises, dans l'avenir, *L'Illustration Nouvelle* fera également campagne contre M. Houde et on me rapporte, à l'époque, que celui-ci fait des colères terribles en voyant l'attitude du quotidien qui avait été « son journal ».

Les chèques « N.S.F. »

On devine bien que la situation financière du « petit journal rose » n'est pas rose du tout. On nous paye en chèques mais un bon nombre de ces derniers nous reviennent, porteurs de la mention « sans provision ». Le soir de la paye, c'est à qui trouve un tavernier ou un autre marchand disposé à échanger les chèques pour des dollars. Quiconque découvre un commerçant obligeant va vite avertir tous ses confrères et c'est alors une véritable prise d'assaut. Nul doute que cela nuit grandement au crédit du journal.

Une fin d'après-midi, le vendredi, (avant la réorganisation de 1936), on nous apprend qu'il n'y aura pas de paye, qu'il faudra revenir le samedi, ou peut-être attendre au lundi, sinon plus tard. Le message est transmis aux typographes qui alors prennent place à leurs machines mais, probablement sur ordre de leur syndicat, refusent de commencer la composition du journal.

Les patrons sont alertés et, finalement, ils trouvent l'argent nécessaire pour payer... les typographes seulement. Les journalistes doivent attendre. Cependant, on voit alors les typographes se rendre dans la salle de rédaction pour offrir des avances aux journalistes. Cet esprit de corps est vraiment admirable et il nous permet d'accomplir quotidiennement ce que Rodrigue Thibeault, prote de nuit — Alcide Bessette est alors le prote de jour, c'est-à-dire qu'il dirige surtout les travaux de ville — appelle un « miracle ».

En effet, quand les presses se mettent à rouler à l'heure précise où elles doivent le faire, Rodrigue Thibeault vient me voir avec les premiers numéros du journal en me disant: « Encore un autre miracle: nous sommes à l'heure. » Et pourtant, ce soir-là comme pour beaucoup d'autres, les difficultés se sont multipliées. Mais les typos ont redoublé de vitesse pour que tout se termine à l'heure habituelle, malgré des pannes de machine, malgré une composition plus abondante, etc.

Mario Duliani

En février 1936, Marc Thibeault devient notre chroniqueur de cinéma et de théâtre et, un mois plus tard, Mario Duliani fait ses débuts à *L'Illustration Nouvelle*. Duliani, journaliste et écrivain d'origine italienne, était l'auteur de plusieurs pièces de théâtre déjà jouées à Paris et à Milan, notamment. C'était sans doute l'un des protégés de M. Eugène Berthiaume qui habite alors la Ville-Lumière.

Habituellement, dans n'importe quelle salle de rédaction, le nouveau venu est vu d'un œil méfiant, s'il a été engagé à la demande du patron. Mario Duliani, lui, qui allait passablement transformer et améliorer notre journal, est tout de suite accepté. En un rien de temps, il se fait d'ailleurs des amis partout, dans le monde du journalisme, du théâtre et des lettres. Je n'hésite pas à affirmer que nombre de nos grands du théâtre d'aujourd'hui et de nos littérateurs lui doivent beaucoup.

Au début, il habite l'hôtel Windsor et, chaque jour, vers la fin de l'après-midi, quelqu'un va prendre sa copie. Longtemps, c'est Albert Massicotte qui, de messager et de journaliste à tout faire deviendra, grâce à son travail et à son savoir-faire, directeur de l'information. Nous n'avons pas à l'époque de service de dépêches: nous avons dû abandonner le service de l'agence British United Press, il y a quelque temps déjà, pour faire des économies. Duliani nous propose immédiatement une page intitulée: « Ce qui se passe à l'étranger ». Écoutant la radio étrangère, lisant de multiples journaux, surtout des journaux d'Europe, il rédige en un rien de temps des « dépêches particulières » grâce auxquelles notre journal parvient à renseigner adéquatement ses lecteurs sur la situation internationale. Il ajoute parfois aux informations une chronique où il commente un événement en particulier. Des caricatures, reproduites de journaux étrangers, et des photos de notre morgue ou de notre service d'illustrations rendent cette page on ne peut plus vivante.

C'est lui qui lance dans notre journal une chronique quotidienne intitulée: « L'information littéraire », qu'il signe d'un pseudonyme, « Les Quatre ». C'est, jour après jour, un regard complet sur le monde des lettres et du théâtre au Canada français et en France, mais de façon particulière, à Montréal. Toutes les manifestations littéraires et artistiques y sont signalées et commentées et nombre de poètes y voient publier quelques-uns de leurs vers. Des anecdotes et des traits d'humour complètent cette chronique quotidienne, probablement sans précédent et probablement jamais répétée par la suite. En outre, sous la rubrique « Radio-Programme », où des nouvelles sur les principales émissions précèdent les horaires, il signe de temps à autre un mot de critique sous le pseudonyme du « Critique masqué ».

Mais hors du journal, Duliani s'occupe intensément de théâtre, de soirées artistiques, de conférences. Lui-même se révèle un conférencier très spirituel, toujours intéressant. *L'Illustration Nouvelle*, avec l'assentiment de notre nouveau directeur-gérant, M. Willie Juneau, seconde de façon toute particulière plusieurs de ces initiatives, non seulement en leur accordant une généreuse publicité, mais parfois en imprimant dans ses deux pages centrales le programme de certaines de ces manifestations.

Je pense, notamment, au grand Gala de la poésie française du Québec, qui se déroule au Plateau, sous la présidence de M. Victor Barbeau, président de la Société des écrivains, un organisme dont·M. Gérard Dagenais est le secrétaire.

Parmi les auteurs et interprètes participant à cette soirée, on peut retenir les noms suivants: Paul Charbonneau, Robert Choquette, Albert Ferland, Charles Doyon, Berthe Guertin, Jean Gillet, Clément Marchand, Ulric Gingras, Édouard Chauvin, Paul Morin, Hélène Charbonneau, Saint-Denys Garneau, Jeannine Lavallée, Blanche Lamontagne-Beauregard, Medjé Vézina, Émile Coderre, Jovette-Alice Bernier,

Jeanne Grisé, René Chopin, Alfred DesRochers, Jean Charbonneau, Roger Brien, Albert Cloutier, Yvette Lorrain, Mia Riddez, Olivette Thibeault, Laurette Larocque-Auger, Judith Jasmin, Fernande Grisé, Réjane des Rameaux, Lucile Laporte, François Bertrand, Cécile Labelle, Estelle Maufette et Jacques Auger. Et il y en eut bien d'autres du genre.

Il ne faudrait pas oublier le rôle de premier plan joué par Duliani au M.R.T. Français.

Malheureusement, comme il est sujet italien, il est interné de juin 1940 à octobre 1943. Comme il l'avait fait des centaines de fois, durant le temps où il avait collaboré quotidiennement à *L'Illustration Nouvelle*, il s'empresse de me téléphoner dès sa libération. Je le retrouve avec beaucoup de plaisir et il me confie qu'il attribue sa libération à sainte Rita, la sainte des causes perdues.

Sa collaboration à notre journal ne reprendra pas, du moins pas aussi intensément. En 1945, il publie à la Société des éditions Pascal, *La Ville sans femmes*, un récit vraiment passionnant de ses longs mois de captivité. Même au camp d'internement, Duliani se montre l'homme dévoué et débrouillard par excellence et l'organisateur-né. Il sait remplir pleinement chacune des longues heures de ces longs quarante mois d'internement et il remonte le moral de tous ses compagnons d'infortune. Il donne notamment des cours de littérature française. Arthur Prévost correspond régulièrement avec lui et lui fait parvenir livres, crayons, cahiers, etc. Arthur Prévost écrit même, à sa demande, une pièce de théâtre avec personnages masculins seulement et qui s'intitule: *Trouvez un titre*. (On sait que c'est Duliani qui avait monté au Mont-Royal Théâtre français la pièce *Maldonne*, de Prévost, qui remporta le premier prix au Festival national d'art dramatique, à Winnipeg, en 1938.)

Mario Duliani mourut fin avril 1964, à 78 ans. Il vivait alors dans une bien modeste demeure de la rue Wolfe ou Montcalm. La maladie ne lui permettait plus de faire quoi que ce soit, la dernière fois que je lui rendis visite. Peu avant sa mort, je causai avec lui au téléphone: sa voix n'était plus la même. Il me dit beaucoup de bien de la famille où il logeait et qui prenait grand soin de lui.

(Nous avons publié de Mario Duliani, sous forme de feuilleton, une adaptation de *La Dame de pique*, de Poutchkine et sous forme de feuilleton, également, *Le Crime de la rue Saint-Hubert*, qu'il écrivait d'ailleurs au jour le jour.)

À sa mort, dans *Le Petit Journal*, Jean Laurac réclame qu'on lui élève au moins une stèle et il proteste contre l'Union des artistes qui avait rayé Duliani de la liste de ses membres six ans auparavant, parce que terrassé par une thrombose il n'avait plus de gagne-pain. Charles-Émile Hamel, dans *Le Jour*, avait déjà écrit: « Cet homme de théâtre a été l'un des plus grands artisans de la renaissance théâtrale chez nous et ce serait pure ingratitude que de l'oublier. » Jean Béraud *(La Presse)* le pense également. Dans un article élaboré sur le rôle qu'a joué Duliani

(9-5-64), « rôle d'homme, de journaliste et d'animateur de théâtre », il rappelle que Mario avait décidé de se consacrer presque entièrement au théâtre, en 1937, en acceptant la direction du Montreal Repertory Theatre, section française. Il énumère non seulement les nombreux artistes à qui il a procuré l'occasion de sa manifester et de devenir des vedettes, mais également les auteurs de chez nous qu'il a fait connaître aux fervents du théâtre, notamment: Gabrielle Roy, Germaine Guèvremont, Guy Saint-Pierre, Ernest Pallascio-Morin, Mme Gastice, Léopold Houlé, Arthur Dansereau, Henri Letondal et bien d'autres.

Ses funérailles eurent lieu le samedi 2 mai en la petite église italienne de Notre-Dame du Mont-Carmel.

M. Taschereau démissionne

Notre sympathie pour l'Union nationale, et en particulier pour M. Maurice Duplessis, ne devait aucunement se démentir durant cette année 1936. Dès le début de janvier, nous entreprenons la publication des biographies de tous les députés de l'Union nationale: une page entière pour chacun d'eux. Dès ce moment, également, nous faisons écho à toutes les rumeurs de départ de M. Taschereau et à toutes les rumeurs de bisbilles chez les libéraux. On s'attend à de grands événements sur le front provincial, probablement même à des élections, et rien n'est négligé pour préparer la voie à M. Duplessis.

D'abord, il s'agira de déloger M. Taschereau et L'Illustration Nouvelle y consacrera une multitude d'articles, éditoriaux et autres. Le 13 février, par exemple, sous le titre de « Requiescat in pace », un premier-Montréal qui débute ainsi:

« L'honorable premier ministre est dans une situation extrêmement pénible. Traqué dans ses derniers retranchements par ses meilleurs amis qui réclament sa tête, il la perd. C'est bien le moins qui puisse lui arriver et nous sympathisons profondément avec lui. »

Le texte se poursuit sur ce ton pour aboutir à la conclusion suivante:

« Au moribond à la veille de rendre l'âme, on pardonne bien des choses.

« Au premier ministre qui a déjà un pied dans la retraite, nous voulons aussi pardonner.

« Et lorsque son étoile filante aura disparu du ciel politique de notre province, lorsque son éclat éphémère aura cessé d'incendier le firmament, ceux-là qu'elle aura momentanément aveuglés, diront avec nous et du fond du cœur: « Requiescat in pace ».

Et il en sera ainsi jusqu'au jour où M. Taschereau démissionnera.

La session qui s'ouvre le 24 mars nous procure d'ailleurs l'occasion de redoubler d'ardeur dans cette lutte. Avec Adrien Arcand et probablement Jean-Louis Dussault à la page éditoriale et Maurice Dubrûle au Parlement provincial, nos attaques vont encore augmenter de vigueur. Le 27 mars, M. Duplessis doit prendre la parole à la Chambre et la foule est si grande, si menaçante pour le gouvernement, que l'on doit faire évacuer le Parlement.

En première page du journal du 31 mars 1936, un texte de deux colonnes intitulé: « Les Anglais veulent-ils la sécession du Québec? ». On y explique que la vague puissante de nationalisme qui soulève et agite la province de Québec vient du malaise de toute la jeunesse canadienne-française, à qui on avait enseigné qu'elle avait un grand et bel héritage mais qui ne se trouve plus que devant un désert, au moment où elle entre dans la vie active.

Et on y lit notamment ceci: « Le néo-nationalisme de la jeunesse canadienne-française se traduit par un vague désir de sortir de la Confédération canadienne. Ce serait une erreur, mais une erreur qui va se réaliser si la Confédération actuelle n'a pas d'autre valeur que de faire crever d'anémie et de paralysie une jeunesse saine qui n'a plus aucune initiative dans une province prodigieusement riche en ressources naturelles de toutes sortes. »

Et ces deux autres paragraphes que signeraient des séparatistes d'aujourd'hui:

« Faisant la juste part (et combien grande) des politiciens rouges et bleus qui nous ont si souvent trahis en ne sachant pas défendre assez courageusement nos biens, moutonniers qu'ils étaient sous le fouet toujours menaçant du despotisme de la partisannerie, il faut aussi faire la part non moins grande des Canadiens de l'autre race et des étrangers venus de partout comme des sauterelles, qui ont abusé et abusent encore de notre patiente hospitalité.

« Ces abus se continuent chaque jour dans notre vie économique et politique. À Ottawa, où souffle un vent de centralisation si dangereux pour nos intérêts locaux, on s'apprête à enchaîner le crédit de notre province par de nouveaux amendements à la Constitution, à nous enlever le contrôle local de nos ports maritimes du fleuve Saint-Laurent. En 1867, nous eûmes le maximum rêvé. Depuis, chaque fois qu'on a amendé le Pacte ou légiféré sur ses interprétations nouvelles, nous ne pouvions que perdre. Et nous avons perdu! »

L'enquête des comptes publics nous fournit des colonnes et des colonnes de matière à lire que dévore le lecteur. Nous rapportons le mot à mot des interrogatoires: questions et réponses. Un scandale n'attend pas l'autre, d'ailleurs. L'argent de la colonisation servait à des fins électorales... Des chèques destinés à des fils de fermiers gardés par les députés... M. Bériau, employé du gouvernement, a vendu pour $900,000 de plaques d'autos à la Province... Le gaspillage à la Commission des liqueurs... Orgie des fonds publics au bénéfice du *Soleil*... Moyens honteux employés pour faire parvenir des « retainers » à M. Charles Lanctôt... Antoine Taschereau a démissionné...

Et finalement, après maintes manifestations publiques hostiles au gouvernement, nous pouvons annoncer le jeudi 11 juin que M. Taschereau a démissionné.

Le « coup de poignard »

Durant ce temps, l'Union nationale a ses problèmes. M. Paul Gouin n'approuve aucunement l'attitude de M. Duplessis à l'enquête des comptes publics. Aussi, le 18 juin après-midi, M. Gouin annonce-t-il qu'il se retire de l'Union nationale. Notre manchette à la une, le lendemain, est la suivante: « Coup de poignard de Paul Gouin ». Sous ce titre, Louis Le Marchand a dessiné une main tenant un poignard au bout de la lame duquel pend une goutte de sang.

Puis, c'est la légende que voici:

« L'oncle a dit vrai: « Où le père a passé passera bien l'enfant. » (Hon. Honoré Mercier, Assemblée législative, 28-4-36).

Suit un texte où il est dit qu'il ne faut pas trop blâmer M. Gouin. D'autres ont pris la décision pour lui. Il est jeune, peu blindé pour résister aux innombrables manœuvres politiques dont il vient d'être victime.

On lit enfin ceci:

« Il (Paul Gouin) avait reconnu publiquement M. Maurice Duplessis comme son chef. Il l'a froidement poignardé dans le dos... »

En 3e page, où se continue l'article et où l'on répète la manchette « Coup de poignard de Paul Gouin », on lit en sous-titre: « Il sort le poignard de famille et répète un geste historique — M. Duplessis en sort sans égratignure et c'est M. Gouin qui porte la blessure — Longs silences qu'on comprend mieux — Manœuvre qui a pour but d'aider le régime pourri à reprendre le pouvoir. »

À M. Taschereau succède M. Adélard Godbout qui, le 26 juin, forme un nouveau cabinet. Les attaques de l'Opposition, dont notre journal se fait l'écho fidèle, se poursuivent sans relâche. Le père de M. Godbout a reçu du gouvernement provincial $10,500; la déchéance canadienne-française sous le régime Taschereau-Godbout; la clique Godbout offre au peuple amusé une virginité politique de seconde main, etc.

Le 30 juin 1936, Me Joseph Cohen, député libéral de Saint-Laurent, confesse jugement dans la cause en contestation d'élection intentée contre lui par M. T. J. Coonan, candidat de l'Union nationale, lors des élections du 25 novembre 1935. M. Cohen admet ainsi qu'il n'avait pas été dûment élu et que l'élection doit être annulée par suite de nombreuses manœuvres frauduleuses pratiquées à cette occasion. Annonçant qu'il se retirait de la vie publique, le défendeur doit également s'engager à payer tous les frais de la cause. L'événement n'aide pas les libéraux.

Élections d'août 1936

Puis s'annonce la dissolution des Chambres et les élections pour le 17 août 1936. Cette fois, l'offensive n'a plus de limites. Nous rapportons toutes les grandes assemblées de l'Union nationale ainsi que celles du parti libéral... surtout lorsque des bagarres y éclatent. Au hasard, j'examine trois numéros de L'Illustration Nouvelle de cette époque.

3 août: Le sang coule dans Berthier: des voyous se chargent d'em-

pêcher la foule de huer l'hon. Bastien; 4 août: Une boucherie à l'assemblée du Procureur général: les « spéciaux » de la Police provinciale assomment sans raison de paisibles citoyens; L'hon. E. Rochette insulte un religieux et la police de la Voirie tire des coups de feu à La Malbaie; On prépare la fraude et le banditisme électoraux dans les palais de justice; 5 août: La clique libérale provoque la foule avec ses voyous déguisés en agents de·police; Le fait de crier « Vive Duplessis » maintenant devenu un crime.

Et à peu près quotidiennement aussi, des éditoriaux électoraux, une caricature électorale; des potins d'élection et commentaires de toutes sortes sous les rubriques (d'Adrien Arcand): « L'abeille qui butine » et « En grappillant »; une citation encadrée et répétée jour après jour: « Après 15 ans de pouvoir, un régime politique est pourri! Sir Wilfrid Laurier ». Régulièrement, nous donnons des comptes rendus des causeries de Louis Francœur en faveur de l'Union nationale. Par tranches d'une page complète chacune, nous publions le « Catéchisme des électeurs », que tout le monde s'arrache. (C'est l'œuvre, me dit-on, de Louis Dupire, Louis Francœur, Édouard Masson et Roger Maillet). De temps à autre, des chansons politiques sur des airs populaires et, également, une série d'articles cherchant à démontrer que le ministère Godbout avait combattu des lois proposées par l'Opposition pour ensuite les faire adopter lui-même. Ces articles, quotidiens eux aussi, s'intitulent: « L'Opposition propose, le Régime vote contre. »

Quelques jours avant la tenue du scrutin, un drame survient à Louiseville. Des partisans de l'Union nationale, de retour d'une assemblée et voyageant à bord d'un camion, sont happés par un convoi de chemin de fer à un passage à niveau. Plusieurs morts, plusieurs blessés.

Au matin des élections, le lundi 17 août, notre manchette de première page est la suivante: « Debout les patriotes! Chassez les voleurs! L'heure de la justice pour notre peuple a enfin sonné. » Plus bas, un article approprié. Également, la photographie d'un bulletin de vote en circulation avant l'élection, contrairement à la défense formelle de la loi. Enfin, une caricature de Louis Le Marchand: « Aujourd'hui... le coup de balai. »

Le soir, c'est le triomphe de M. Duplessis et de l'Union nationale. La position des partis: Unionistes, 75; libéraux, 15. La moitié des ministres sont défaits et M. Duplessis a presque triplé sa majorité dans Trois-Rivières.

La veillée est cependant plus que mouvementée. Notre pauvre petite équipe, épuisée par la campagne électorale, se dévoue corps et âme pour offrir aux lecteurs un journal avec des résultats d'élection aussi complets que possible. Ne disposant pas de service de dépêches, ni d'un seul employé surnuméraire, ce n'est pas facile. Non seulement nous avons à compiler les rapports pour publication dans le journal, mais également pour transmission à une téléphoniste renseignant les lecteurs et, enfin, pour diffusion sur un écran dressé en face de notre édifice de la rue Marie-Anne, soit sur le bâtiment du Clos Moderne. Roger Janelle, notre photographe, projette les rapports, ainsi que des films amusants sur l'écran et, en fin de soirée, des députés élus viennent saluer la foule amassée devant nos bureaux. Je me demande encore aujourd'hui comment il nous fut possible, à mes confrères et à moi, de survivre à des expériences aussi épuisantes.

Le pire, c'est qu'au tout début de la soirée éclate à l'intersection des rues Sainte-Catherine et Amherst un gros incendie à la Maison Canadienne, appartenant à un M. Cohen. Le toit en flammes s'étant écroulé, trois pompiers sont tués et vingt-trois autres blessés. Un quatrième meurt d'une crise cardiaque à sa caserne, au retour de l'incendie. Aucun reporter ne peut se rendre sur les lieux, chacun ayant fort à faire à compiler les résultats du scrutin et notre unique photographe, Roger Janelle, est occupé à transmettre les résultats sur l'écran.

Heureusement, j'avais un ami, un ancien compagnon du Plateau, le cadet-policier R. Tremblay, qui se trouvait sur les lieux. C'est lui qui avait sonné l'alarme et avait prêté main-forte aux autres policiers. Finalement, au moment où la couverture s'était effondrée, il avait porté secours aux victimes, se conduisant comme un véritable héros.

Il a l'obligeance, au cours de la soirée, de venir me relater ce qui était arrivé, oubliant cependant de mentionner le rôle qu'il a joué dans le sauvetage de nombreux pompiers. Ses renseignements et d'autres recueillis par téléphone nous permettent finalement d'avoir un compte rendu assez complet mais sans une seule photographie. Aux petites heures du matin, je m'endors heureux des succès électoraux et de la tenue du journal au point de vue du compte rendu de l'élection, mais navré de n'avoir pu obtenir quelques photos de l'explosion de la Maison Canadienne.

Mon ami Tremblay reçoit les félicitations du directeur de la police et de tout l'état-major. On mentionne alors que c'est un sergent qui a dû l'empêcher de retourner dans le brasier, après qu'il eut déjà sauvé plusieurs pompiers. M. Willie Juneau, le patron du temps, un nouveau venu dans le domaine journalistique et j'en reparlerai, avait fait de son mieux ce soir-là pour nous aider et s'était même rendu sur les lieux du sinistre.

Notre rival, « Le Canada »

Il va de soi que *Le Canada*, l'organe du parti libéral, et notre journal ont croisé le fer à plusieurs reprises au cours de la campagne. L'élection terminée, les polémiques se poursuivent. Il semble, notamment, qu'Edmond Turcotte, le rédacteur en chef du journal libéral, ait eu des propos plutôt malveillants à l'égard de notre journal après la défaite du gouvernement Godbout. D'où un Billet du matin, avec « Envoi à Edmond Turcotte » où l'on peut lire:

« Il semble avoir échangé son style de pontife contre celui de laveur de crachoirs. Se servant de sa langue en guise de torchon, il ravale laborieusement tout ce qu'il avait vomi à profusion. Cette petite occupation ne lui donne nullement mal au cœur parce que chez ce petit bout d'homme, cet organe est depuis longtemps insensible... »

Le lendemain, c'est Henri Girard, l'adjoint d'Edmond Turcotte qui écope:

« Comme les petitesses se retrouvent, les tout petits vont ensemble. (Tous deux ne sont pas de grande taille, en effet.) Henri suit Edmond. Asinus, asinum... Ils ont rivalisé de petitesse avec le succès que l'on sait. Ils ont rivalisé d'outrecuidance au point qu'on leur rit au nez. »

Ce n'est pas tout. Nous sommes au beau milieu de la révolution espagnole. La sympathie de *L'Illustration Nouvelle* pour les nationalistes est bien connue et celle du *Canada* pour les loyalistes l'est également. Or, le 25 août, nous publions un éditorial qui se veut tout au moins humoristique, et surtout un brin méchant pour notre confrère de la rue Saint-Jacques:

« Nous avons reçu hier, dans la soirée, le télégramme suivant:

« *L'Illustration Nouvelle*

« Montréal, Qué. (Canada)

« Nous sommes profondément touchés par l'article publié ce matin par le journal *Le Canada*, de votre ville, dans lequel on exalte l'œuvre de notre gouvernement et l'on démontre que si nos vaillants communistes assassinent allègrement les prêtres, massacrent les religieuses, incendient les églises, ils savent, néanmoins, mourir en bons chrétiens...

« Mais en même temps que touchés, nous sommes aussi profondément inquiets, car:

« *Le Canada* a soutenu et défendu avec une vigueur extrême le Négus d'Éthiopie... et vous savez comment ce dernier a fini;

« *Le Canada* a soutenu et défendu avec une vigueur extrême M. Alexandre Taschereau... et vous savez comment ce dernier a fini;

« *Le Canada* a soutenu et défendu avec une vigueur extrême M. Adélard Godbout... et vous savez comment ce dernier a fini.

« Alors... vous comprenez... nous aimerions mieux que *Le Canada* ne s'occupât pas de nous... Car, en somme, réfléchissez! Son article a paru à l'aube, ce matin, et quelques heures après, toute notre flotte — la seule chose qui nous restait encore fidèle — passait aux nationaux. Aucun doute que si ce journal s'avise de nous soutenir et de nous défendre encore un peu, nous sommes tous complètement foutus!

« Signé: Manuel Azana,
        Giral,
        Indelecio Prieto,
        et tous les autres membres du gouvernement espagnol. »

« Maintenant, nous ne garantissons pas l'authenticité de ces signatures.

« Bien qu'à la réflexion... »

Tout cela, évidemment, est dû à la plume d'Adrien Arcand.

Maurice Dubrûle retourne à Québec pour la session parlementaire. Il a jusqu'alors accompli un travail considérable et il ne manquera pas de talent, ni d'agressivité, parce que le parti qu'il avait si bien défendu a pris le pouvoir.

Fin d'août 1936, un candidat de l'Union nationale défait dans Saint-Louis, M. Gédéon Gravel, intente une poursuite au montant de $50,000 au journal libéral *Le Canada*. D'autre part, notre journal est également sous le coup d'une action en dommages au montant de $50,000 intentée par M. Charles-Auguste Bertrand. Au meilleur de ma connaissance, ni l'une ni l'autre de ces causes n'ont été plaidées jusqu'au bout, des ententes ayant été conclues pour que l'une annule l'autre.

Jean-Louis Dussault

Le 1er septembre, Jean-Louis Dussault nous quitte pour devenir secrétaire particulier de l'hon. François Leduc, le ministre de la Voirie dans le cabinet Duplessis. Peu après, il est promu directeur du service des achats: il m'invite alors à lui succéder. Malgré l'attrait qu'exerce alors pour tout journaliste un poste de secrétaire de ministre, je ne puis me décider à quitter le journalisme. Deux ans plus tard, M. Leduc démissionne comme ministre et comme membre de l'Union nationale, et Jean-Louis Dussault doit également abandonner ses fonctions. Celui qui lui a succédé comme secrétaire de M. Leduc, notre ancien confrère Samuel Gascon, l'un de nos premiers directeurs de l'information, demeure toutefois à l'emploi du gouvernement provincial. Il devient par la suite directeur de la Statistique provinciale.

Il était fort agréable de travailler avec Jean-Louis Dussault. Il connaissait parfaitement son métier. Quoique de petite taille, il ne s'en laissait jamais imposer. Il avait un tempérament fougueux. Alors qu'il travaillait pour *Le Devoir*, ce journal dénonça d'une façon quelconque la présentation d'une pièce de théâtre intitulée *Fifi*. Le rédacteur d'une feuille hebdomadaire, qui avait ses bureaux sur l'avenue du Parc Lafontaine, se chargea de donner la réplique au *Devoir*, faisant allusion à ses « fifis » de journalistes. Ayant lu l'article, Jean-Louis Dussault prie Pierre Vigeant, un de ses confrères, de l'accompagner afin d'être témoin de ce qui va se passer au bureau de l'hebdomadaire. Y pénétrant, Jean-Louis Dussault ne fait ni un, ni deux, et décoche une taloche au visage du rédacteur de *L'Autorité*, Gilbert Larue. L'honneur était vengé et Jean-Louis Dussault avait prouvé que lui et ses confrères n'étaient pas des « fifis ».

Les soirées d'élection étaient toujours des soirées harassantes au possible, non seulement à cause du travail dont j'ai déjà parlé, mais également des nombreux visiteurs, la plupart des importuns, qui envahissaient la salle de rédaction. L'un de ces soirs d'élection, un individu d'un certain âge, que je ne connaissais aucunement, réussit à pénétrer dans notre salle. Il allait d'un pupitre à l'autre, haranguant tout le monde. Il était évidemment plus ou moins ivre. Furieux, je lui ordonne de sortir et de nous laisser faire notre ouvrage en paix.

Sa réplique ne se fait pas attendre:

« Si tu penses que c'est un petit — je ne sais trop quoi — qui va m'empêcher de faire ce qui me plaît... »

Il n'avait pas terminé sa phrase que d'un bond, mûs comme par un ressort, Jean-Louis Dussault et Armand Jokisch se levaient et empoignaient l'intrus pour l'expulser. Soudain, la porte vers laquelle ils le dirigeaient se ferma et le pauvre homme, poussé par Jokisch et Dussault, s'y écrasa. Un instant, je crus qu'il avait été assommé. Heureusement, il n'en était rien. La porte s'ouvrit et, cette fois, il eut à descendre l'escalier beaucoup plus rapidement qu'il l'avait monté.

Quoique chef de l'information, je suis probablement le plus jeune de toute la salle. Jamais, cependant, mes subalternes ne me le font sentir. Au contraire, on s'empresse toujours de me seconder et même dans certaines circonstances, comme celle que je viens de relater, de voir à ce qu'on me respecte.

On me permettra un autre souvenir sur Jean-Louis Dussault. Un jour, il revenait d'Europe, en décembre 1934, quand le paquebot à bord duquel il voyageait, L'Ascania, en route pour New York, se porta au secours des naufragés d'un cargo. Débrouillard, Jean-Louis rencontra les survivants et télégraphia un long compte rendu au New York Times. En plus, il acheta toutes les pellicules photographiques des passagers faisant voir les naufragés et, arrivé dans la métropole américaine s'empressa de les vendre à des journaux. Du même coup, une bonne partie de ses dépenses de voyage étaient défrayées.

Il s'intéressa longtemps aux petits avions appelés « poux du ciel » et, tout jeune encore, il devait perdre la vie dans un accident d'aviation.

Victoire de M. Raynault

En décembre 1936, campagne municipale. À la mairie, trois candidats en lice: MM. Adhémar Raynault, Camillien Houde et Candide Rochefort. L'Illustration Nouvelle présente des rapports adéquats sur les activités des trois candidats. Cependant, à la une, le 8 décembre, une manchette se lisant comme suit: « Vives ripostes de Raynault à Houde ». À l'intérieur, les comptes rendus se montrent impartiaux pour les trois candidats. Le 11 décembre: autre manchette en 1re page. Cette fois: « Communisme ou ordre social; un vote pour Houde c'est un vote pour le premier, un vote pour Raynault c'est un vote pour le second. » Le lendemain nouveau déploiement en frontispice: « Camillien Houde a déserté son poste: M. Raynault ne nous a jamais trompés. » Le 15 décembre, M. Raynault triomphe de M. Houde par quelque 4,000 voix de majorité. Louis Francoeur avait dirigé le comité de propagande de M. Raynault.

Les jeux de la politique étant ce qu'ils sont, nous devions un jour revoir M. Houde aux côtés de l'homme qu'il paraissait détester mortellement en 1936, M. Maurice Duplessis.

M. Houde ne garde aucune rancune envers les journalistes de notre maison. Un jour, alors qu'il était encore maire de Montréal, il me fait venir à son bureau, à l'heure du lunch, pour l'aider à rédiger une déclaration quelconque à laquelle il attachait une certaine importance. Quand j'arrivai, M. Robert Rumilly se trouvait déjà sur place. Je me demandai pourquoi, soudainement, il avait besoin de moi avec tout le personnel déjà à sa disposition. Je fis quand même ce qu'il me demandait — ce n'était rien de vraiment compliqué — et nous nous mîmes ensuite à causer de la rue Vitré, de *La Patrie*, de la rue Marie-Anne. Et je pense qu'en réalité il avait tout simplement cherché un prétexte pour me faire venir à son bureau et causer du passé. Il n'en finissait plus de s'informer de l'un et de l'autre.

Comme de temps à autre le téléphone venait interrompre notre conversation, je lui dis:

« Ce doit être vraiment terrible, M. le Maire, d'avoir ainsi sur les épaules la responsabilité de toute une ville. »

Et M. Houde de me répondre:

« Mais non, pas tant que cela. Regarde ces appareils téléphoniques: ils me relient directement au chef de police, au chef des incendies, au directeur des services, etc. Vois mon secrétariat. Tout ce monde est à ma disposition pour me permettre d'accomplir ma tâche. Au fond, ton travail peut te causer autant de soucis que le mien m'en cause... » Il exagérait, évidemment.

Le hasard devait me faire revoir M. Houde peu de temps avant sa mort, au bureau de poste de la rue Papineau, près Mont-Royal. Il paraissait détendu:

« Enfin, j'ai le temps de m'occuper de mes affaires personnelles », me dit-il.

Je m'informai de l'état de santé de Mme Houde. Son visage s'assombrit: les nouvelles n'étaient pas bonnes. Et, pourtant, c'est lui qui partit le premier.

Édouard VIII abdique

Notre journal accorde une toute première importance aux événements entourant l'abdication du roi Édouard VIII. Toujours dépourvus d'un service de dépêches, nous n'en parvenons pas moins à publier des comptes rendus élaborés, accompagnés d'un grand nombre d'excellentes photographies. Je me rappelle encore cet après-midi où la radio nous transmet le message émouvant d'Édouard VIII. J'avais l'oreille collée sur l'appareil pour bien enregistrer chacune des paroles de celui qui venait d'abdiquer: « Je ne pouvais continuer à porter le fardeau des responsabilités sans l'appui de celle que j'aime. Dieu sauve le Roi. » En dépit d'une réception laissant parfois à désirer, nous pouvons reproduire le lendemain un texte complet.

Sur la scène locale, en cette fin d'année 1936, on parle beaucoup de la disparition mystérieuse d'Éliane Saint-Pierre. Tous les journaux cherchent à se « scooper ». La rivalité entre *Le Canada* et *L'Illustration Nouvelle*, les deux journaux de langue française du matin, est particulièrement grande, comme je l'ai déjà dit. Le 28 décembre au soir, j'apprends, je ne sais trop comment, que le *Canada* aura le lendemain une primeur. J'ai beau prévenir chacun de mes journalistes, tous me répondent que leur service est parfaitement couvert.

L'Illustration Nouvelle imprimée, vers 2 heures 15 du matin, (jamais je ne quittais le journal sans avoir vu et approuvé les premiers numéros), je me rends avec un ami typographe à l'intersection Saint-Denis et Sainte-Catherine. Il y a là, près de l'ancienne université, un débit de journaux ouvert toute la nuit. Je demande *Le Canada* et aperçoit en 1re page un gros titre: « Éliane Saint-Pierre vivante ». Et dans le compte rendu, il est relatée qu'elle est en convalescence dans un hôpital privé. Cependant, en scrutant le texte, tout en prenant une bouchée au Northeastern, je constate vite que l'ami Marcel Beauregard, alors reporte judiciaire au *Canada*, avait simplement « brodé » autour d'une vague rumeur qui, d'ailleurs, devait s'avérer sans fondement. Le lendemain, d'ailleurs, il est facile pour notre journal de démentir la nouvelle du confrère.

Si la lutte est chaude entre les deux journaux dans le domaine de la politique, elle l'est également, on vient de le voir, du côté de l'information générale. Les journalistes des deux équipes sont cependant les meilleurs amis qui soient. Nous nous rencontrons fréquemment, une fois le travail terminé, c'est-à-dire aux petites heures de la nuit ou du matin. J'habite alors rue Marie-Anne, angle Christophe-Colomb, et très souvent avec Marcel Beauregard et d'autres, c'est à la maison que se termine la discussion. Ma femme nous supporte tous et souvent quitte son lit pour nous servir un lunch. Pourtant, sa tâche est lourde avec un, ou deux, ou trois petits enfants et, par la suite, jusqu'à huit.

Si notre journal parvient à survivre à ces années difficiles, c'est grâce aux profits de l'imprimerie qui publie de nombreux journaux, circulaires, formulaires, etc. Nous avons probablement été les premiers imprimeurs de la maison Steinberg. Il ne s'agissait alors que d'une épicerie ou deux. Mme Steinberg dirigeait l'entreprise et c'est son fils, Sam, qui venait corriger les épreuves. De cette même imprimerie sortent: *Le Front Ouvrier*, du R.P. Henri Roy, le journal de la Jeunesse ouvrière catholique; *Notre Temps*, de Léopold et Julia Richer; *Le Guide Mont-Royal*, de la belle famille Allard; le *Spectator*, de Len Porteous, hebdomadaire de Rosemont; *Radiomonde* et beaucoup d'autres.

Plus tard, cependant, sous l'administration de M. Charles Bourassa, celui-ci devait se rendre compte que les travaux de ville nuisaient à l'expansion du journal et, d'ailleurs, n'étaient plus devenus nécessaires pour assurer l'existence de notre quotidien qui faisait ses frais. Graduellement, il les élimina donc.

À la salle de rédaction, deux nouvelles figures: Alphonse Loiselle, autrefois de *La Presse*, auteur d'un roman intitulé *Trois femmes*, et qui sera notre chroniqueur municipal durant plusieurs années; Marcel Laliberté, correcteur d'épreuves mais bientôt journaliste. L'équipe sportive passe sous la direction d'Armand Jokisch après le départ de

Louis Larivée (il retourne au *Canada*) et celui de Jean Barrette, qui a opté pour le monde des affaires. Jean Bohémier seconde Armand Jokisch et plus tard, en 1938, Roger Meloche se joindra à eux.

1937

Le Frère André

Le 1er janvier 1937, à Montréal, on se serait cru à Pâques plutôt qu'au Jour de l'An. Dans notre premier numéro au lendemain des fêtes du Premier de l'An, nous publions une photo prise à l'intersection Saint-Denis et Sainte-Catherine: aucune trace de neige, les pavés sont secs. Je signale ce fait à ceux qui s'étonnent toujours des caprices de la température et cherchent à y trouver les effets de la bombe atomique ou des envolées spatiales.

La première nouvelle importante de l'année qui commence, c'est la mort du Frère André, le thaumaturge du Mont-Royal. Des centaines de milliers de personnes défilent jour et nuit à l'Oratoire Saint-Joseph devant le cercueil du religieux décédé à 91 ans, le 6 janvier. Bien rares sont les Montréalais qui ne se rendent pas à l'Oratoire pour la circonstance. Il va sans dire que nous donnons des comptes rendus détaillés de cet événement. En plus des informations nombreuses et des commentaires de notre éditorialiste, Jovette Bernier et J.-E.-A. Pin rédigent des articles émouvants. Jovette écrit, notamment:

« ...Sa peine est finie. Sa peine c'était l'immense pitié qui débordait de ses lèvres, de ses mains, de ses yeux, quand défilaient devant sa vie toutes ces navrances qui font penser: « Ah! ceux-là, comme ils seront bien dans l'au-delà. »

« Il a récolté beaucoup de joie aussi pour en avoir tant donné. Mais sa plus belle part c'est, l'autre nuit qu'il l'a reçue, quand Dieu eut décidé: « C'est assez longtemps être à l'épreuve; qu'on ouvre les portes et qu'on l'accueille pour l'éternité puisqu'il a marché sur les traces de mon fils, le divin Thaumaturge de Judée... »

L'éditorial, accompagné de bordures noires, souligne non seulement l'apport spirituel du Frère André à la ville de Montréal, mais également son apport matériel avec le nombre extraordinaire de pèlerins qu'il a attirés. Et l'article se termine ainsi: « Si nous devons déplorer la mort qui nous prive de sa présence physique, nous avons l'assurance que son Oeuvre reste, qu'elle continuera de se développer sous sa protection, que nous trouverons toujours à son Oratoire les mêmes consolations et les mêmes faveurs. Car, si le corps éphémère du bon religieux n'y sera plus visible, son âme vit toujours, plus puissante pour nous puisqu'elle est plus près de Celui qu'il a tant glorifié. »

M. Duplessis, un ami fidèle du Frère André, tient à assister aux funérailles officielles qui se déroulent en la cathédrale, ainsi qu'à la cérémonie d'inhumation.

Le mois suivant, nous organisons un concours avec, comme primes, des portraits en couleurs et encadrés du bon Frère André.

Des concours

Les chefs de tirage ont toujours réclamé des concours parce que, généralement, ils se traduisent par une hausse de tirage. Ce concours des cadres du Frère André n'est pas le seul cette année-là.

Il y a des concours de mots-croisés mais surtout un concours pour trouver le plus beau bébé de la province. Les parents intéressés à la participation de leurs enfants à ce concours (limites d'âges: six mois à deux ans) n'ont qu'à envoyer une photo de leur petit qui est publiée dans le journal. Puis, à un certain moment, au moyen de coupons, les lecteurs votent. Nous comptons quelque 250 concurrents. Comme nous ne disposons pas de personnel supplémentaire, c'est une tâche très lourde que celle d'organiser la publication des photos et de compiler les votes. Souvent, le matin, après la publication du journal, des parents se présentent pour acheter plusieurs numéros du journal, parfois même des quantités impressionnantes. Ils veulent à tout prix que leur enfant gagne. Il va de soi qu'il y a beaucoup de parents déçus. Le concours a cependant fait connaître encore davantage *L'Illustration Nouvelle* dont le tirage dépasse alors les 30,000 numéros. Né le dernier, notre journal est devenu le second parmi les journaux de langue française à Montréal, après *La Presse*, évidemment, ce qui veut surtout dire que nous triomphons de notre concurrent moins jeune, *Le Canada*.

Durant l'été de cette même année, autre concours (il s'agit encore de nous faire parvenir le plus grand nombre possible de coupons) avec comme prix, cette fois, cent exemplaires du roman *Le Curé de village*, de Robert Choquette. C'était à l'époque où ce roman connaissait beaucoup de succès à la radio.

Enfin, mentionnons ces photographies prises quotidiennement, au hasard des rues. La personne dont la tête a été encerclée n'a qu'à se présenter à notre journal, avec le numéro de *L'Illustration Nouvelle*, pour obtenir un laisser-passer de cinéma.

Décès d'Howie Morenz

Journal sportif par excellence, *L'Illustration Nouvelle* accorde, on se l'imagine, une très grande importance au décès du joueur de hockey Howie Morenz, des Canadiens, survenu le soir du 8 mars à l'hôpital Saint-Luc.

Rappelons que le 28 janvier cette idole des amateurs de hockey de Montréal avait été blessée gravement au cours d'une joute disputée entre le club Chicago et les Canadiens. Entrant en collision avec un joueur de l'équipe adverse, Howie Morenz perd l'équilibre et son patin à bout pointu pénètre dans la clôture. Résultat: double fracture de la jambe gauche au-dessus de la cheville. Morenz n'a que 34 ans mais dès lors on craint que sa carrière soit à jamais compromise. Rien, cependant, ne laisse croire que sa vie soit en danger.

On imagine la commotion par toute la ville quand, le 9 mars, en première page, nous annonçons que « le plus grand joueur de hockey des temps modernes est décédé ». C'est notre chroniqueur judiciaire, probablement Jean-B. Nowlan qui, accomplissant sa ronde régulière d'appels téléphoniques dans les différents hôpitaux, est informé discrètement que Morenz vient de mourir. Alerte à la rédaction, on l'imagine bien, et nos chroniqueurs sportifs éprouvent beaucoup de difficulté à faire confirmer la nouvelle.

Le lendemain, plusieurs colonnes de nouvelles sont consacrées à cette fin dramatique de Morenz. Dans sa chronique « En blanc et en noir », Armand Jokisch retrace la belle carrière du disparu qu'il considère un modèle pour tous les jeunes. La dépouille mortelle est exposée en chapelle ardente au Forum où se déroulent également les funérailles en présence de quelque 12,000 personnes. Le matin du 10 mars, une photographie du chandail de Morenz, chandail portant le numéro 7, occupe toute notre dernière page.

Le professeur Pitkin

Notre journal livrera, en 1937, plusieurs campagnes qui remporteront beaucoup de succès et susciteront énormément d'intérêt. De ce nombre, celle concernant le professeur Walter-B. Pitkin mérite d'être soulignée d'une façon toute particulière.

Le 9 mars 1937, notre manchette de la 3ᵉ page se lit comme suit: « Les Canadiens français sont comparés aux sauvages des Indes et aux nègres de Cuba ».

Voici quelques passages de cet article:

« Walter B. Pitkin, qui a déjà attaqué les Canadiens français, est revenu à la charge comme on le constate dans une nouvelle parue dans le *Toronto Star* du 6 mars 1937. La nouvelle parue dans le *Toronto Star* est un message adressé à New York en date du 2 mars. M. Pitkin est ce sale individu qui a déjà traité les Canadiens français de « rats musqués ». Il dit que le Canada ne devrait pas empêcher les Canadiens français de former un État indépendant.

« Entre autres suavités à l'adresse des nôtres, nous lisons ce qui suit dans le *Toronto Star:*

« Je m'entends très bien avec des Canadiens français, déclare le mielleux professeur d'université. Je les fréquente souvent et il n'y a jamais de malentendu entre nous. Mais ils ne sont pas de mon genre et je ne suis pas de leur trempe. Il n'y a pas de mal à cela. Je puis parfaitement m'immiscer aux nègres de la même façon. Plusieurs représentants de la race noire sont de mes amis. Je me plais en leur compagnie. Nous ne nous faisons pas d'illusion, cependant, car nous savons que nous n'appartenons pas au même monde. »

« M. Pitkin a écrit un volume intitulé *Life Begins at Forty*. Il est professeur de journalisme à l'Université de Columbia. Il déclare qu'il fut furieux de constater que sa lettre sur les Canadiens français, adressée à W. D. Northgrave, de Toronto, avait été publiée. « Ce que j'avais à dire au sujet des Canadiens français, je l'ai dit dans une lettre intime. »

« ...Puis M. Pitkin parle de l'allusion qu'il fit dans sa lettre au correspondant de Toronto, M. Northgrave et où il déclarait qu'il préfèrerait voir des nègres de l'Alabama dans les villes manufacturières de la Nouvelle-Angleterre, de préférence à ces « rats-musqués » que sont les Canadiens français.

« Je suis heureux, dit-il, de constater le mouvement nationaliste dans la province de Québec, continue le professeur Pitkin. C'est la meilleure solution que l'on puisse apporter au problème canadien-français. Elle ne comporte aucun risque.

« Pourquoi ne pas donner à la province de Québec une forme de gouvernement semblable à celle de Terre-Neuve? Une colonie de la Couronne, si elle le désire? Pourquoi, par exemple, ne pas laisser les Canadiens français se gouverner eux-mêmes comme les sauvages des Indes?... »

« Le savant professeur de l'Université Columbia se vante de connaître la province de Québec. Il parle le « patois canadien-français » couramment. Il a vécu avec un Canadien français à Paris, il est originaire du Michigan et a passé plusieurs vacances en Ontario.

« On s'explique très bien, dit le détestable professeur de l'Université Columbia, pourquoi d'autres Canadiens, Anglais, Irlandais ou Écossais n'ont pas respecté les usages et les traditions des Canadiens français.

« Ces Anglais, Irlandais ou Écossais ont voulu s'éloigner des Canadiens français et les laisser seuls, au lieu de les regarder comme tout ou partie des Dominions.

« On s'explique aussi pourquoi les lois sont faites au Canada pour plaire à l'élément de langue anglaise.

« Si le Québec se gouverne seul, croyez-vous que les Canadiens français ne persécuteront pas la minorité de langue anglaise? Oui et ils fermeront les écoles anglaises, annuleront les mariages avec les protestants, etc. »

« En Nouvelle-Angleterre, poursuit le professeur enragé, des milliers de Canadiens français, venant du Québec ont délogé des usines des citoyens de langue anglaise. C'est toujours la même lutte des petits salaires contre les salaires élevés, des maigres moyens d'existence contre le goût du confort... »

Dans le but de servir une leçon à cet intellectuel américain, *L'Illustration Nouvelle*, à la suggestion de lecteurs, organise une peu banale souscription pour l'achat d'une muselière à offrir à ce professeur. Nous ne demandons qu'un timbre-poste d'un cent comme souscription. Et il nous faut bientôt annoncer que le surplus, parce que la souscription dépasse nos espérances, sera remis à une œuvre de charité, en l'occurrence l'Oeuvre de la Soupe des Sœurs de la Providence, rue Saint-Hubert, près Sainte-Catherine.

Nous publions durant plusieurs jours les listes de souscripteurs, des centaines et des centaines de noms. Sans compter que nous recevons un volumineux courrier. Parmi les lettres, il y en a même de lecteurs anglophones, M. Harry S. Quart, par exemple. M. Gérard Brady, directeur de *L'Idée ouvrière*, félicite le journal et nous fait tenir sa souscription.

Un jour, un Canadien français de Windsor, Ontario, nous envoie, montée sur bois, une tête de porc dont le groin est non seulement cousu mais également cadenassé. Même les étudiants de l'Université de Columbia parlent de notre campagne dans leur propre journal. Les autres journaux montréalais, qui avaient à peu près ignoré la déclaration du professeur Pitkin, se voient obligés, à leur tour, de la commenter.

Le 23 mars, nous publions une photo prise au bureau de poste de la rue Sainte-Catherine, près Amherst, alors qu'on y livre un colis recommandé, contenant la fameuse muselière, adressé au Dr Nicholas Murray Butler, le directeur de l'Université de Columbia, afin qu'il la remette à Pitkin. En réalité, jamais la muselière n'est parvenue à son destinataire. Plusieurs mois après l'incident, la Poste américaine nous retournait le colis avec la mention « non réclamé ».

D'autres campagnes

Au début de l'été, cette année là, la Ville de Montréal avait érigé un mât sur le sommet du Mont-Royal et on y voyait flotter l'Union Jack. *L'Illustration Nouvelle* proteste tant et si bien que la Ville fait ériger un second mât arborant, cette fois, le Red Ensign qui, à l'époque, nous sert de drapeau national. « L'Union Jack, écrivons-nous, n'est le drapeau d'aucun pays en particulier: il n'est ni anglais, ni écossais, ni irlandais, ni canadien, ni australien. C'est un drapeau impérial symbolisant l'union morale de divers pays... »

Une autre fois, nous secondons la Société Saint-Jean-Baptiste en publiant des coupons que remplit le lecteur pour exiger du français dans l'annuaire téléphonique Bell et dans le bottin d'adresses Lovell.

Entre temps, en page éditoriale, nous combattons la politique de réarmement du gouvernement fédéral, secondons MM. Duplessis et Hepburn (premier ministre de l'Ontario) dans leur campagne contre la centralisation et pour l'autonomie, dénonçons les menées communistes et l'abolition par Ottawa de l'article 98. Sous la rubrique « En grappillant », Adrien Arcand rédige des entrefilets de quatre ou cinq lignes sur tous les sujets imaginables. Cette année-là, il lance également un petit hebdomadaire humoristique qu'il appelle *Le Siffleux*. Malheureusement, il ne connaîtra pas le succès du *Goglu* et cessera de paraître au bout de peu de temps.

Nous accordons une large publicité aux mouvements et organisations s'opposant au réarmement. Ainsi, nous consacrons plusieurs colonnes à une manifestation des Jeunes Patriotes, de Walter O'Leary, en février, au marché Maisonneuve. Parmi les orateurs: Bernard Lafortune, Claude-Henri Grignon, Roland Guy, Hector Grenon et Paul Lévesque. Sur proposition d'Armand Turcotte et de Ludger Gauthier, il est résolu de demander au gouvernement fédéral d'abroger la loi du service militaire et de prier les ministres et députés québécois, siégeant à Ottawa, de s'opposer formellement au principe même de la participation du Canada, en hommes, en argent ou en armements à toute guerre extra-américaine. Les Jeunes Réformistes de Roger Provost font de même et nous consacrons à leur résolution réclamant l'abrogation de la loi du service militaire de 1917 de nombreuses colonnes. Les Jeunes Réformistes possèdent d'ailleurs un pied-à-terre à *L'Illustration Nouvelle*. M. Willie Juneau, notre directeur-gérant, a en effet mis à leur disposition une pièce de notre édifice où ils se réunissent régulièrement pour poursuivre leurs délibérations.

Quand ces jeunes partent, à la fin de la soirée, certains d'entre eux ne peuvent résister à la tentation de venir respirer l'atmosphère de la salle de rédaction et de se renseigner sur les dernières nouvelles. Lucien Croteau et Raymond Mondor sont du nombre.

Nous suivons de très près la campagne électorale de Lotbinière, alors que M. Paul Bouchard, candidat nationaliste-autonomiste, accuse son adversaire libéral, M. J.-N. Francœur, d'être le candidat de la guerre et du parti des armements. « Je suis, proclame M. Bouchard, le candidat de la paix et des droits du peuple ». Cela ne l'empêche pas, cependant, de subir la défaite.

Le troisième centenaire

Nous sommes à cinq ans seulement du troisième centenaire de Montréal et, en éditorial, nous suggérons que des événements « pas trop modestes » soulignent cet anniversaire. Nous osons même espérer la tenue d'une exposition universelle dans la métropole en 1942!

Une grève éclate dans le textile: nous accordons notre sympathie aux grévistes et M. Duplessis finit par régler lui-même le conflit, tout comme d'ailleurs un autre qui a éclaté à Sorel.

Le 7 juin débute la collaboration (bénévole) de Serge Brousseau à notre journal, sous le pseudonyme d'Essair Bey. Il rédige une chronique intitulée: « Varios » qui lui permet de parler d'un peu de tout. Peu après, on l'invite à *L'Heure provinciale*, une émission radiophonique que dirigent Henri Letondal et Mlle Lucille Desparois (Tante Lucille aujourd'hui) et il en profite pour parler d'Haïti « sans lunettes roses ». Cela lui vaut d'avoir à livrer une polémique avec M. Philippe Cantave, alors consul d'Haïti à Montréal. Il va sans dire que nous y faisons écho.

Maurice Dubrûle, toujours agressif, entreprend une série d'articles sous le titre « Justice pour nos artistes » et qu'il signe du pseudonyme

Onsaiki. Bien renseigné, il s'en prend notamment aux prétendues chapelles de Radio-Canada. Plus tard, « Justice pour nos artistes » deviendra « Justice pour Baptiste ». Paraîtront également, dans le cadre de notre campagne contre les armements, des articles sur « Les ennemis de la paix: révélations sur les munitionnaires. » Durant un certain nombre de mois, nous publions quotidiennement une nouvelle — un conte — signé par des auteurs français mais qu'illustre notre artiste, Louis Le Marchand. De son côté, Fernand Bilodeau, qui passera plus tard à *La Presse*, rédige une fois la semaine un billet toujours spirituel qu'il signe du nom de « Billy ». Alphonse Loiselle, notre chroniqueur municipal, présente une fois la semaine une page sur l'agriculture, la colonisation et le tourisme.

M. Willie Juneau

À son arrivée rue Marie-Anne, pour y remplir les fonctions de directeur-gérant, M. Willie Juneau est tout de suite surpris du nombre d'employés qui y travaillent. M. Juneau est un ancien courtier en valeurs mobilières qui a connu des ennuis avec la justice à l'occasion du krach de 1929. D'autres que lui, également, ont connu de tels ennuis et, fait à noter, la rumeur publique veut alors que l'on ait sévi contre de petits courtiers — conservateurs en politique, par surcroît, — alors que de gros courtiers libéraux n'étaient aucunement inquiétés. Quoi qu'il en soit, M. Juneau ne connaît rien d'un journal, ni d'une imprimerie. Il a cependant l'intention d'apprendre et de mener à bien l'établissement dont on lui confie la direction.

J'entreprends donc de le mettre au courant de l'organisation du journal. Une fois le numéro quotidien sous contrôle, habituellement vers 1 h du matin — nous ne publions alors que vers 2 h ou 2 h 30 du matin — je le rejoins dans son bureau et je lui décris, de mon mieux, et en détail, les tâches de chacun des services et de chacun des membres du personnel, ainsi que le rôle de chacune des machines. Après quelques entretiens de ce genre — qui se poursuivent généralement jusqu'au lever du jour — la présence de chacun lui semble justifiée et il entreprend de diriger le journal avec beaucoup de dynamisme.

C'est un homme doué d'une énergie peu commune. Il dort peu. Souvent, je le vois arriver au moment où les presses se mettent à rouler: il vient me chercher pour aller boire une tasse de café et voir le soleil se lever de l'observatoire de Westmount.

Un jour il me dit: « J'ai des amis qui s'imaginent que *L'Illustration Nouvelle* c'est une toute petite entreprise et que pour produire un journal il suffit de quelques employés. Je voudrais bien leur démontrer que c'est bien autre chose. » Survient alors l'idée d'un cahier spécial consacré au personnel du journal. Avec les moyens de fortune dont nous disposons, la production de ce cahier exige beaucoup de travail — photographique et typographique, surtout — mais il soulèvera beaucoup d'intérêt tant chez le lecteur que chez les employés. Tous les membres du personnel, sans exception, y trouvent leur photo.

Ce cahier spécial paraît le 25 mars 1937. Si je le pouvais, je citerais volontiers les noms de tous ceux dont on reproduit les photos. Malheureusement, c'est impossible et je dois me contenter des chefs de service.

Pour le service de la rédaction, nous n'avons pas, somme toute, de rédacteur en chef à ce moment là. Adrien Arcand rédige les éditoriaux mais, pour toutes sortes de raisons, il demeure dans l'ombre. (Lorsque des vendeurs de journaux juifs apprennent qu'il travaille pour nous, ils menacent de nous boycotter parce que c'est un antisémite reconnu). On me donne donc le titre de rédacteur en chef bien qu'en réalité je sois simplement directeur de l'information. À la typographie du journal, Rodrigue Thibault est le patron, le prote comme on dit en typographie. Le contremaître de la typographie pour les travaux de ville, c'est-à-dire le prote de jour, est Alcide Bessette. Il est alors, comme il le sera jusqu'à sa mort, la cheville ouvrière de notre journal pour tout ce qui concerne l'organisation matérielle. Lionel Hotte est le chef du tirage; Édouard Dion, directeur du service des travaux de ville; Pierre Duclos, chef-pressier; Paul Dorais, chef-comptable; Georges L. Hooker, chef de la publicité; Adélard Vézina, chef de la distribution; William Boileau et Roland Masson, chefs-clicheurs.

Ce cahier spécial renferme aussi plusieurs photographies intéressantes sur les différentes phases de la production du journal.

Trop c'est trop!

Il va de soi que M. Duplessis élu, il bénéficie constamment de notre appui. M. Juneau est d'ailleurs l'un de ses partisans et de ses admirateurs les plus enthousiastes. Le 23 février au soir, je dois m'absenter. Quelle n'est pas ma stupéfaction, le lendemain matin, de constater que toute la première page (sans aucune manchette) est occupée par une photo de M. Duplessis, simplement pour souligner que la session provinciale s'ouvrira ce jour-là!

C'est à cette époque que M. Oscar Drouin quitte M. Duplessis sur la question de l'étatisation de l'électricité. En éditorial, nous blâmons M. Drouin d'exiger que M. Duplessis fasse tout immédiatement, alors que déjà il a tant accompli. M. Drouin, on le sait, démissionne comme ministre des Terres et Forêts et comme organisateur en chef de l'Union nationale. Il vient un jour à L'Illustration Nouvelle pour visiter le journal et causer avec les journalistes. C'était d'ailleurs un homme charmant. Mais comme il est de petite taille, il ne trouve rien de mieux que de s'asseoir sur mon pupitre pour causer avec ceux qui l'entourent.

Sur la scène municipale, notre sympathie va à M. Raynault, sans excès, toutefois. Nous nous réjouissons de ce que le comité exécutif lui soit favorable. Nous appuyons ses démarches auprès des pouvoirs supérieurs pour obtenir une amélioration du sort des chômeurs. Alphonse Loiselle donne quotidiennement d'abondantes nouvelles sur ce qui se passe à l'hôtel de ville.

Mes fonctions étant celles de chef de l'information, je ne quitte à peu près jamais le bureau. Je m'y installe souvent dès 1 heure de l'après-midi pour retourner chez moi seulement une fois les presses en marche, et parfois plus tard. Ainsi, une nuit de janvier 1937, l'alarme sonne pour un incendie à la crèche Saint-François d'Assise, rue Belmont. Il est trop tard pour publier une nouvelle détaillée dans le journal mais je réveille Roger Janelle, notre photographe et avec lui, un journaliste et quelques typographes qui viennent de terminer leur travail, je me rends sur les lieux. Dieu merci, il n'y a pas de victimes et l'incendie sera assez facilement contrôlé. Cependant, il faut en toute hâte transporter ailleurs 250 enfants âgés de six mois. Et c'est ainsi que l'on pourra voir toute une équipe de *L'Illustration Nouvelle* donner un coup de main aux policiers et pompiers pour transporter au Foyer Notre-Dame de la Garde, rue Lagauchetière, tous les enfants évacués de la crèche. En 1937, les journaux dits du soir œuvrent bien peu la nuit, à moins d'événements majeurs. Il m'arrive donc parfois de me rendre avec un photographe sur les lieux d'une tragédie quelconque, au beau milieu de la nuit, ce qui nous permet d'obtenir souvent des photos sensationnelles et des renseignements inédits. Aujourd'hui, la plupart des journaux demeurent presque constamment en état d'alerte.

Évidemment, il n'y a pas que la vie des journalistes qui ait changé depuis 1937: il y a également l'apparence, la présentation et le contenu des journaux. On se surprend à sourire en revoyant de vieux numéros de nos quotidiens. Ce qu'on en trouve des choses qui nous semblent aujourd'hui sans importance. On prête volontiers une certaine naïveté aux journalistes d'alors. Mais tout était tellement différent.

Ainsi, si quelqu'un s'embarque pour l'Europe, il est assuré, une fois sur deux, d'avoir sa photo dans le journal. Bien mieux, à son retour, les journalistes se portent généralement à sa rencontre pour l'interroger. La liste des diplômés de nos maisons d'enseignement fait de l'excellente copie. Même chose pour les événements mondains, les petites soirées d'amis, les prochains mariages, etc. Pour nous, surtout, qui ne possédons pas de service de dépêches, c'est de l'excellente matière. À noter que les compagnies de navigation nous fournissent alors généralement gratuitement des photos de voyageurs prises aux départs et aux arrivées des paquebots.

Le samedi 8 mai 1937, nous avons l'avantage de pouvoir publier des photos inédites sur le désastre du « Hindenburg » qui a coûté la vie à une trentaine de personnes. Des photographes se trouvent sur place, attendant l'arrivée du dirigeable quand soudainement le vaisseau aérien explose sous leurs yeux. Certaines de ces images demeurent mémorables.

En mai, également, nos pages sont remplies de photos relatives au couronnement de Sa Majesté George VI. Même à Montréal, l'événement donne lieu à de nombreuses cérémonies publiques.

Un suicide raté

J'ai à cette époque, au nombre de mes journalistes — on comprendra que je ne veuille pas mentionner son nom — un jeune homme dévoué et compétent. Il a du talent à revendre. Malheureusement, comme d'autres, il aime prendre un verre une fois le travail terminé, surtout le jour de la paye. Et dès qu'il a trop bu, il n'a qu'une idée en tête: s'enlever la vie.

Une nuit, son travail terminé, il part ainsi avec des amis et se met à boire. Soudain, il disparaît. Tout de suite, quelqu'un dit: « Il est peut-être parti se jeter à l'eau. » C'est alors une course affolée de la rue Sainte-Catherine jusque sur les quais, mais aucune trace du compagnon. Chacun s'en retourne chez soi espérant que rien de funeste n'est arrivé.

C'est un vendredi soir, ou plutôt un samedi matin, aux petites heures. Or, entre 10 et 11 heures du matin, ce samedi-là, je reçois un appel téléphonique. Je reconnais la voix de mon journaliste qui, sanglotant, me dit: « Venez me chercher, venez me chercher... »

« Oui, je veux bien, que je lui réponds, mais où es-tu? »

Pour toute réponse: « Venez me chercher, venez me chercher... » et il ferme l'appareil. Je soupçonne, évidemment, une fugue quelconque et j'en avise notre chroniqueur judiciaire. Il me rappelle: aucune trace de notre homme dans les postes de police ou les hôpitaux.

Le dimanche soir, le pauvre jeune homme n'est pas à son travail. J'avise ses parents: ils ne l'ont pas vu depuis vendredi après-midi. Cette fois, j'insiste pour des recherches plus intenses et voici qu'on découvre notre disparu... à la prison de Bordeaux. Motif: tentative de suicide. J'avise le patron, M. Willie Juneau, à ce moment-là, et il entreprend des démarches auprès d'amis influents. C'est un homme de grand cœur il n'épargne rien pour obtenir, d'abord la libération du prévenu dès le lendemain matin et, ensuite, le retrait de l'accusation. Le lundi matin, M. Juneau se rend lui-même à la prison, dans sa voiture, pour y quérir notre homme.

Que s'est-il produit exactement? Comme ses compagnons le craignaient, mon journaliste s'était rendu sur les quais en quittant ses amis et là il s'était tout simplement précipité à l'eau. Mais un marin d'un vaisseau de guerre français en visite dans le port, qui montait la garde, avait été témoin du plongeon et, tout de suite il avait organisé les secours pour repêcher la victime, heureusement bien vivante encore.

Les braves marins, voyant le piteux état du rescapé, crurent qu'il n'y avait rien de mieux pour le ranimer qu'une bonne rasade de rhum, qui devait toutefois avoir l'effet contraire et replonger notre ami dans l'ivresse ou l'inconscience. La police ayant été avertie, ils emmenèrent le jeune rescapé et c'est des cellules de la Cour, où il avait comparu, que X m'avait téléphoné. Malheureusement, il était complètement incapable de discerner où il se trouvait, tant le rhum avait fait effet.

Ayant retrouvé sa liberté, le confrère se présente chez moi, s'excusant, disant regretter son incartade, etc. Il fait vraiment peine à voir et, évidemment, il ne peut se présenter à la salle de rédaction avec des vêtements en aussi piteux état. Ma femme, bonne Samaritaine comme toujours, lui sert d'abord un bon repas — sans vin — puis se met en frais de repasser ses vêtements. Le soir, il n'était plus le même homme quand il se présenta au travail.

Au bout d'un certain temps, c'est avec tristesse que je le vois partir pour un autre journal. Mais il améliore sa situation et il mérite bien ce qui lui échoit.

Malheureusement, il n'était pas devenu un Lacordaire. Un jour, j'appris sa mort. Aux obsèques, ses amis m'apprirent comment il était parvenu à s'enlever la vie. Le gaz s'était révélé plus efficace que l'onde. Il n'en demeure pas moins, pour moi, l'un des confrères que j'estimais le plus et dont je garde le meilleur souvenir. Pauvre X!

1938

La guerre redoutée

Mil neuf cent trente-huit... Il y a encore beaucoup de chômeurs au pays mais on constate une encourageante diminution. Par contre, l'anxiété règne dans tous les milieux parce qu'on redoute une guerre mondiale. On en parle beaucoup et le gouvernement fédéral de M. King est fréquemment blâmé parce qu'il dépense des millions de dollars à acheter des armements. Au Québec, particulièrement, les sentiments s'échauffent car, pour l'instant du moins, à peu près personne ne désire que notre pays se porte à la défense de la Grande-Bretagne ou de quelque autre contrée d'outre-mer.

Les éditoriaux de *L'Illustration Nouvelle* traduisent fréquemment cette opinion du public. D'ailleurs, des manifestations — toujours pacifiques — sont organisées par différents groupements pour s'opposer à la guerre et aux armements. En février, par exemple, au marché Saint Jacques, la Légion nationale réclame un plébiscite sur les armements. La salle est remplie à capacité et applaudit à tout rompre: André Laurendeau, président des Jeunes-Canada; Hector Grenon, avocat, Philippe Ferland, président de la Jeunesse nationale, et Roger Duhamel (notre futur rédacteur en chef), étudiant à l'Université de Montréal. Une semaine ou deux plus tard, au même endroit, c'est au tour des Jeunes Réformistes de dénoncer les armements et la politique fédérale, par la voix de Lucien Croteau, Roger Provost, Armand Laforest et Louis Jetté.

Le groupe que dirige Adrien Arcand se montre particulièrement actif. Il demande tout d'abord une enquête royale sur les fonds électoraux. Au début de juillet, le Parti national social chrétien devient le parti de l'Unité nationale, à l'occasion d'un congrès tenu à Kingston, Ontario. M. Arcand est élu chef national. L'emblème du nouveau parti: une torche enflammée. Sa devise: « Le Canada aux Canadiens ». M. Arcand prêche l'établissement d'un État corporatiste et fait tenir un télégramme de soumission au Roi. Le 17 août, l'Unité nationale tient son premier grand ralliement à Montréal, au marché Maisonneuve.

Adrien Arcand jouit à ce moment-là, dans la région de Montréal, d'une grande popularité. On rapporte, par exemple, que plusieurs membres de son parti ont fait baptiser leur nouveau-né du prénom d'Adrien, tandis qu'un « légionnaire », plus fanatique encore que ses amis, donne à son enfant les prénoms d'Adolphe (pour Hitler), Benito (pour Mussolini) et Adrien (pour Arcand).

Parlons cinéma

Le 3 janvier 1938, Marc Thibeault inaugure dans nos pages sa chronique intitulée: « Parlons cinéma », qu'il rédigera d'ailleurs durant plusieurs années. Avec lui, les artistes locaux et étrangers reçoivent une publicité considérable dans nos pages. Je pense, par exemple, à ce concours de mots-croisés que nous organisons en 1938 avec, comme prix: 50 photos autographiées de Jean Clément, chanteur français de passage chez nous, et six abonnements de trois mois à notre journal.

On peut s'étonner de l'importance accordée au cinéma dans *L'Illustration Nouvelle*. Marc Thibeault dispose habituellement de deux pages et même parfois trois et davantage. On y trouve sa chronique, puis d'abondants communiqués des salles de spectacle. Pourquoi cette importance au cinéma? D'abord parce que cela nous attire un certain nombre de bons annonceurs réguliers, les propriétaires de cinémas. En second lieu, ces entreprises nous fournissent gratuitement une multitude de photographies et de flans-cartons qui nous permettent d'illustrer abondamment notre journal à peu de frais. Et il faut reconnaître que le lecteur semble apprécier tous ces échos et potins sur les films et les vedettes du temps. Marc Thibeault est d'ailleurs un expert dans ce domaine.

Évidemment, il n'y a pas que le cinéma auquel s'intéresse Marc. Le théâtre, le cabaret, le vaudeville, etc., tout retient son attention. Quand une vedette étrangère arrive à Montréal, il a tôt fait de s'en faire un ami. Jean Sablon, par exemple, consent à signer gratuitement, pour *L'Illustration Nouvelle* une série d'articles rédigés évidemment par Marc mais que l'artiste a révisés et corrigés. Marc aura d'ailleurs probablement été notre premier journaliste à emprunter l'avion, dans je ne sais trop quelle circonstance, ce qui prouve que toute l'actualité le passionnait.

Qu'on me permette de m'attarder un peu sur Marc Thibeault et sur sa chronique. À noter, tout d'abord, que c'est la première chronique quotidienne consacrée au cinéma à Montréal. Marc avait fait ses débuts au *Canada* à l'âge de 14 ans seulement, en novembre 1933. Il devait être engagé à *L'Illustration Nouvelle* en 1936. Il aime beaucoup

raconter qu'on l'avait embauché au traitement de $12 par semaine mais que durant longtemps il ne reçut que $10. Chaque fois qu'il se plaignait, dit-il, on parlait d'erreur de la comptabilité, de rajustement prochain, etc., mais toujours sans résultat. Son salaire demeura longtemps à $10 par semaine. Six ans plus tard, s'amuse-t-il également à relater, il gagnait $25 par semaine, tout en continuant à travailler au moins soixante heures par semaine, comme bon nombre de ses collègues, d'ailleurs.

Marc Thibeault m'avait fait part de son projet de chronique après avoir discuté du titre (Parlons cinéma) avec nul autre que Louis Francœur. En outre, une relationniste d'expérience des studios de cinéma Universel lui avait également donné des conseils sur la présentation de la chronique projetée, notamment l'insertion de la photographie de Marc dans l'en-tête: une petite photo d'une demi-colonne. La chronique couvrait généralement deux bonnes colonnes. J'accepte d'emblée le projet, même s'il ne manque pas d'audace. En effet, au bout de quelques jours, le patron me demande de faire disparaître la photographie de Marc et d'en réduire le titre à une seule colonne. Marc est bien malheureux et nous avons alors recours à un petit stratagème. Nous demandons à Louis Le Marchand de dessiner une caricature de Marc, ce qu'il fait. L'en-tête passe donc à une colonne au lieu de deux et la photo est remplacée par la caricature.

Au bout de quelque temps, devant la publicité que nous attire Marc et la faveur qu'il obtient d'un certain nombre de lecteurs, je parviens à obtenir le retour à l'en-tête sur 2 colonnes et la photographie de Marc. Et cela durera jusqu'en 1942 alors que Marc nous quitte pour retourner à ses premières amours, le journal *Le Canada*. Il y rédige à nouveau, et sous le même titre, une chronique quotidienne sur le cinéma. Un jour, son journal le délègue à Hollywood pour une série d'entrevues. Il y rencontre pas moins de 500 vedettes, y compris les étoiles de l'époque: Joan Crawford, Joan Fontaine, Ava Gardner et une multitude d'autres. À son retour, on raconte dans les salles de rédaction qu'il a fait la cour au mannequin Anita Colby (que courtisait également... Clark Gable) et qu'il a failli épouser Anne Baxter!

À cette époque, les journalistes étaient plutôt mal payés, comparativement aux typographes qui, eux, recevaient des salaires que nous, de la salle de rédaction, jugions plantureux. Ils étaient syndiqués et nous ne l'étions pas. Jamais, cependant, à *L'Illustration Nouvelle*, cette différence de traitement ne provoque la moindre animosité d'un groupe envers l'autre. Au contraire, nous formons une seule famille et quelques journalistes, quand ils éprouvent des embarras financiers, n'hésitent pas à aller voir les typographes qui consentent volontiers à leur prêter quelques dollars.

Marc, lui, a pris l'habitude de s'adresser régulièrement aux typographes. Il leur empruntait un ou deux dollars et, régulièrement, les remboursait le vendredi soir, entre 6 h. et 8 h., après avoir reçu son enveloppe de paye. Cependant, avec la même régularité, il revenait à la fin de la soirée pour demander à nouveau un emprunt. Et comme Marc avait remboursé son emprunt de la semaine précédente, on n'osait pas le repousser: c'était un homme de parole.

Mais voici qu'un jour les typographes, histoire de lui jouer un vilain tour, décident de refuser carrément de prêter un sou à Marc, le vendredi soir. Or, cela se produit justement un soir où Marc semble avoir un beau « week-end » en perspective. Il doit rencontrer une jolie demoiselle, etc. Aussi plaide-t-il sa cause presque à genoux: « Ayez pitié de moi, je n'ai plus qu'un seul billet de tramway: pas un seul cent. » Rien à faire. Alors Marc, son sang irlandais fouetté (sa mère, je crois, était d'origine irlandaise) s'écrie au beau milieu de l'atelier: « Vous voulez gâcher ma belle fin de semaine, vous n'avez pas de cœur. Mais vous ne m'aurez pas. Vous voyez ce pauvre billet de tramway. Dimanche après-midi, je reviendrai travailler avec ce même billet et, malgré vous, j'aurai passé une belle fin de semaine. »

Marc part en trombe et, de la rue Marie-Anne, se rend à pied jusqu'au centre-ville pour son rendez-vous. Le dimanche après-midi, de retour au travail, il attend les typos de pied ferme. Constatant qu'ils sont tous au travail, il se dirige vers l'atelier où il s'écrie: « Messieurs, j'ai vécu des heures magnifiques depuis vendredi soir et je suis revenu au bureau avec le même billet de tramway que je vous ai montré. Je vous remercie et je vous dis... le mot de Cambronne. »

C'est un éclat de rire général et, par la suite, on peut voir Marc retourner vers l'atelier pour y effectuer ses emprunts et ses remboursements. Si Marc peut s'offrir sans frais de beaux « week-ends », c'est qu'on est heureux de l'accueillir partout où il se présente, cabarets, théâtres, cinémas, etc., sans qu'il ait un cent à verser. Il va de soi que je ne relate pas ses mésaventures sans son autorisation.

Des élections

Le 17 janvier, dans le comté de Saint-Henri, se tient une élection complémentaire fédérale mettant en lice trois candidats: M. J.-A. Bonnier, candidat officiel du parti libéral; M. Houde, candidat indépendant « opposé aux armements », et M. C.-O. Bousquet, un boulanger, candidat dit « franc libéral ». Toute la province suit attentivement la campagne précédant la votation, à cause de la candidature de l'ancien maire de Montréal et ancien chef du parti conservateur provincial, M. Houde. En outre, les débats de cette campagne intéressent vivement tous les électeurs.

Ainsi, lors de l'un de ses discours, M. Houde affirme qu'il existe un document secret par lequel Ottawa s'engage à mettre sur pied cinq divisions, soit 600,000 soldats, lorsque cela s'avérera nécessaire à la défense de l'Empire. « D'ailleurs, de dire M. Houde, faisant allusion aux achats massifs d'armements, les fusils, les canons, les bombes et les machines de guerre ce n'est pas pour décorer les arbres de Noël ». Et il ajoute: « Je prédis la guerre pour 1940 car l'on ne peut pas s'armer de la sorte sans que la guerre éclate un jour ou l'autre. » Cette fois, notre sympathie revient à M. Houde. Nous l'appuyons en éditorial et, pour nous, M. Bonnier c'est le candidat « pour les armements » et M. Houde, le candidat « contre les armements ». Cela n'empêche pas M. Bonnier d'être élu par une majorité de 4,500 voix, la plus faible majorité accordée à un candidat libéral, dans ce comté, depuis 1921.

Défait, M. Houde déclare: « Les événements me donneront raison d'ici un an. Je reste à la disposition du peuple pour lui être utile au besoin. »

Il ne demeurera pas inactif bien longtemps, d'ailleurs. Mil neuf cent trente-huit, c'est également une année d'élection municipale. M. Raynault, maire sortant, fait face à de multiples problèmes. Les chômeurs sont encore nombreux, les banques ne veulent plus prêter à la Ville et M. Raynault éprouve d'ailleurs des problèmes avec les échevins. Si bien que, fin de novembre, il annonce qu'il ne sera pas candidat. Briguent alors les suffrages à la mairie: M. Charles-Auguste Gascon, industriel et nouveau venu dans la politique; M. Houde et M. Candide Rochefort, député de Sainte-Marie à la Législature provinciale mais en désaccord avec M. Duplessis.

Au début de la campagne, *L'Illustration Nouvelle* adopte une attitude de neutralité mais voici que le 9 décembre nous signalons un revirement au sein de l'opinion publique. D'abord favori, M. Houde perdrait du terrain et M. Gascon aurait une avance sur lui. Le lendemain, c'est une sortie en règle avec la publication d'une photo du journal communiste torontois, le *Daily Clarion*, qui demande aux communistes de battre M. Gascon et de faire élire M. Houde. L'argument est de taille pour un journal qui ne cesse de combattre le communisme. Le matin même de l'élection, nous consacrons toute notre première page à M. Gascon: « Fin triomphale de la campagne de M. Gascon »; une photo de la foule au marché Saint-Jacques, puis une photo de M. Gascon.

Quelques heures plus tard, à la foule réunie devant nos bureaux pour connaître les résultats de l'élection, nous annonçons la victoire de M. Houde par une majorité de quelque 20,000 voix. Non seulement M. Houde a été élu mais il retourne à l'hôtel de ville avec un conseil municipal en majorité « houdiste ». M. J.-M. Savignac devient, peu après, président du comité exécutif de la ville.

Les libéraux d'Ottawa, qui avaient triomphé lors de l'élection complémentaire de Saint-Henri, mordent cependant la poussière, peu après, dans le comté d'Argenteuil où le candidat conservateur, M. Georges Héon, est élu par quelque 200 voix. M. Héon avait préconisé, durant sa campagne, l'harmonie des races et l'autonomie des provinces. Pour nous, sa victoire est « un avertissement à M. King ». M. R. B. Bennett ayant démissionné comme chef du parti conservateur, M. Héon devient le porte-parole des Canadiens français au congrès du 7 juillet, alors que le Dr R. J. Manion est désigné pour lui succéder.

En août, nous annonçons que « Le Canada a été livré au trust des armements ». C'est le scandale de la mitrailleuse Bren qui éclate alors que l'on accusera le gouvernement King d'avoir fait des concessions extraordinaires à un certain major James Hahn. *L'Illustration Nouvelle* réclame une enquête. Il y en aura une mais, on le devine un peu, elle blanchira tout le monde.

Sur le front provincial

Le 26 janvier 1938 s'ouvre la session provinciale: pour un certain temps reprend, également, l'enquête sur les comptes publics. Notre représentant à Québec demeure Maurice Dubrûle, d'ailleurs élu président de la galerie de la presse à l'Assemblée législative. Le 8 juillet, M. François-J. Leduc, ministre de la Voirie dans le cabinet Duplessis, démissionne ou, peut-être plus précisément, est chassé. L'ami Jean-Louis Dussault subit le même sort. Des partisans de l'Union nationale commencent à s'inquiéter: d'abord Gouin, ensuite Drouin, puis Leduc, puis Bélanger, puis d'autres aussi.

Mais dans la région de Montréal, l'Union nationale conserve la faveur du public avec tous ces chantiers bourdonnant d'activité et procurant de l'emploi à des sans-travail: Île Sainte-Hélène, Parc du Mont-Royal, Jardin botanique, pont du boul. Pie IX, pont du Bout de l'Île, etc. M. William Tremblay, ministre du Travail, reçoit une publicité considérable dans toute la presse.

Qu'il me soit permis de relater ici un petit incident qui connut à l'époque un certain retentissement et fit rire beaucoup de gens. M. Tremblay s'entend fort bien avec les journalistes. Tout d'abord, son secrétaire est un ancien journaliste montréalais, André D'Astous, de *La Presse*, et M. Tremblay lui-même est un homme d'un commerce agréable. Un jour où les journalistes se trouvent dans son bureau, pour une quelconque conférence de presse, l'un d'entre eux aperçoit sur le bureau du ministre une boîte de cigares qui vient d'y être déposée.

Pour badiner, ce journaliste dit:

— Monsieur le Ministre, vous devriez nous offrir l'un de ces bons cigares!

Aimable, comme toujours, M. Tremblay s'empresse de décacheter la boîte, de l'ouvrir et de la présenter machinalement aux journalistes. Or, sur le dessus des cinquante cigares apparaît, bien en évidence, un billet de cent dollars avec une petite carte sur laquelle se lisent quelques mots de gratitude de la part d'une personne à qui le ministre avait obtenu de l'emploi.

On imagine l'embarras des journalistes et celle du ministre. Tout le monde rougit et M. Tremblay de se lancer dans une sortie contre celui qui avait l'audace de lui faire ce cadeau. On oublia vite les cigares et les journalistes s'en passèrent mais l'incident fit long feu.

M. Duplessis avait peut-être perdu la confiance de certains députés mais, par contre, l'Union nationale devait triompher dans trois élections complémentaires au cours de l'année.

Munich

Le 18 mars 1938, notre titre de première page est le suivant: « La guerre? — Un ultimatum de la Pologne — La guerre paraît imminente ». À Montréal, les professeurs de l'Université McGill disent prévoir la guerre pour bientôt. Le 1ᵉʳ août, nous commençons la publication d'une grande étude documentaire d'un écrivain français, J.-B. Blanchard, sur « La guerre d'hier et celle de demain ». Alors que tout le monde parle de guerre, que tout le monde craint la guerre, qu'on redoute qu'elle éclate d'un moment à l'autre, le sujet offre beaucoup d'intérêt. Malheureusement, l'étude est trop longue et la publication se poursuit durant plusieurs semaines.

À la mi-septembre, Hitler s'apprête à « libérer » les Sudètes. Des désordres éclatent à la frontière tchéco-allemande. Le conseil de guerre de l'Angleterre se réunit d'urgence tandis que l'Allemagne poursuit avec plus de rigueur que jamais sa « purge antisémite ». C'est alors que Neville Chamberlain va rencontrer Hitler. Le 23 septembre, la situation paraît s'aggraver et le 24, les dernières nouvelles nous obligent à la publication d'un « extra ». Pour la circonstance, nous fouillons dans nos caractères les plus gros — et les plus vieux également, vieux caractères de bois — pour titrer à la une: « La France mobilise ». La guerre semble imminente. Un peu partout, en Europe, c'est la mobilisation. Même l'Armée canadienne annule tous les congés. Suivent les pourparlers de Munich et, le 30 septembre, nous pouvons proclamer: « La paix est sauvée à Munich. ».

C'est à cette époque que nous commençons à publier les premières téléphotos et radiophotos (qu'on jugerait affreuses aujourd'hui) et qui étonnent alors le lecteur. Il va sans dire que nous ne recevons pas ces photos à nos bureaux mais uniquement leur reproduction sous forme de flans-cartons.

De deux à trois cents

En avril 1938, devant la hausse du coût du papier journal, il nous faut porter le prix de L'Illustration Nouvelle à 3 cents le numéro, au lieu de 2. Tous les quotidiens montréalais se vendront d'ailleurs, bientôt, trois cents.

Mai 1938, le Dr Adrien Plouffe, alors directeur adjoint du Service de santé de Montréal, entreprend la publication de sa petite chronique quotidienne: « Une idée saine tous les jours », c'est-à-dire l'art de conserver notre santé et celle des autres. Le Dr Plouffe poursuivra cette collaboration sans interruption durant de nombreuses années. Le Dr Plouffe n'est pas un étroit d'esprit. Il prêche la tempérance, la modération mais invite également ses lecteurs à profiter des bonnes choses de la vie, du bon vin, par exemple, sans cependant verser dans des abus toujours néfastes. Fin lettré, homme spirituel, il fait partie de ce groupe d'intellectuels et de savants canadiens-français auquel appartiennent

Louis Francœur, le Dr Philippe Panneton, le Dr Roméo Boucher et d'autres.

En juillet, nous félicitons chaleureusement M. J.-E.-A. Pin, notre chroniqueur ouvrier (notre journal publie toujours quotidiennement une page complète de nouvelles sur les initiatives syndicales) pour ses quarante années de journalisme, dont trente-cinq comme chroniqueur ouvrier tant à Québec qu'à Montréal. M. Pin est le doyen de la salle de rédaction. Nous l'aimons bien tous mais nous le taquinons également. Ainsi, il m'arrive parfois de me plaindre à haute voix de l'absence de nouvelles sensationnelles. Je déplore qu'il n'y ait pas de gros incendies, de grosses tragédies, des meurtres... Et M. Pin de s'approcher de mon bureau:

« Ne dis pas cela, ne dis pas cela. C'est trop triste quand ces choses arrivent », me fait-il d'un ton paternel.

Il sait bien que j'exagère à dessein. Et pour le rassurer, je lui raconte l'histoire suivante:

« Un jour, il y avait un directeur de l'information qui, comme moi, se plaignait de manquer de cadavres pour son journal. Furieux de l'apathie de son personnel qui ne lui rapportait pas les nouvelles qu'il désirait, il sortit un pistolet de son tiroir et le tendant à un de ses journalistes lui dit:

« Tiens, prends cette arme et fais-moi un meurtre pour la prochaine édition!... »

« Sans dire un mot, le journaliste prend l'arme et fait feu sur... son directeur de l'information. Et le lendemain, les photos sensationnelles ne manquaient pas dans ce journal. »

Le 30 septembre, M. Willie Juneau, notre directeur-gérant nous quitte: le personnel le fête. Il part, dit-il, parce que son contrat avec L'Illustration Nouvelle est expiré. Nous le voyons partir avec regret pour plusieurs raisons, mais l'une d'elles c'est qu'il est parvenu à mettre fin à l'ère si difficile des chèques de paye sans provision. M. Émile Délâge, autrefois du Canada et un ami de M. Eugène Berthiaume, lui succède. Cependant, M. Juneau reviendra durant un certain temps au journal et il régnera alors un conflit d'autorité. Jean-Paul Bégin, futur directeur du tirage mais à ce moment-là messager, a souvent relaté combien il se trouvait dans l'embarras quand, revenant avec le courrier il devait encourir les foudres de l'un, quand il avait remis la correspondance à l'autre, et vice versa.

Un peu banal messager

Mil neuf cent trente-huit, c'est l'année où Maurice Dagenais débute à L'Illustration Nouvelle. Je tiens à le souligner parce qu'il deviendra plus tard le gérant de la rédaction de la Presse. Maurice Dagenais, avec dix-sept années d'études à son crédit, se présente un jour au bureau de M. Émile Délâge, alors le patron, pour obtenir un emploi à la rédaction. Malheureusement, à ce détenteur de plusieurs diplômes, nous ne pouvons offrir qu'un poste, celui de messager. Il accepte et jamais notre journal n'a possédé un messager aussi renseigné, aussi instruit que celui-là. Il accomplit sa tâche minutieusement, sans aucun complexe, étonnant tous ceux qu'il rencontre par son savoir-vivre, son érudition.

Dès que je le peux, je lui confie la morgue (fichier des photographies et flans-cartons), puis le permute à la correction des épreuves, ensuite au reportage et, finalement, quand éclate la guerre et que nous nous abonnons à un service de dépêches, j'en fais mon traducteur de dépêches. En 1941, il débute à *La Presse* où il demeurera vingt-sept ans. Il y gravira les différents échelons pour finalement devenir gérant de la rédaction et conseiller auprès du conseil d'administration. Il meurt en octobre 1974 et je suis heureux de lui rendre hommage aujourd'hui, n'ayant pu le faire au moment de son décès.

À plusieurs reprises, cette année-là, nous combattons un projet de fondation d'un lycée français à Montréal. C'est un projet cher au sénateur Raoul Dandurand et nous craignons l'influence de la franc-maçonnerie et des athées. Sauf erreur, le projet sera modifié, ce qui calmera maintes appréhensions, et aboutira à la fondation du collège Stanislas. Nos éditoriaux dénoncent fréquemment le communisme, forts à ce sujet des mises en garde de *L'Osservatore Romano* et de mandements de Mgr Georges Gauthier, archevêque de Montréal, dénonçant la suppression de l'article 98 par Ottawa, et forts aussi d'appuis provenant de partout en faveur de la loi dite du cadenas.

En septembre, nous lançons un grand concours à l'occasion des prochaines élections. Il s'agit de savoir qui sera élu maire. Un grand prix de $75 et beaucoup d'autres. Mais le concours n'aura jamais lieu. Le 12 octobre, nous annonçons qu'à la suite de changements opérés dans l'administration du journal, ce concours est discontinué. « En retour, écrivons-nous, nous offrirons sous peu à nos lecteurs plusieurs innovations qui ne manqueront pas de plaire. » J'ai bien peur que nous n'ayons guère tenu nos promesses. La seule nouveauté, dans les numéros qui suivent, m'apparaît être une chronique sportive, intitulée « Coups de plume », et signée par Roland Beaudry, autrefois chroniqueur sportif au *Canada* et qui, en 1945, se lancera dans la politique et sera élu député du comté de Saint-Jacques aux Communes.

1939

Le journal de 1939

Au début de janvier 1939, la presse de tout le pays annonce que le roi George VI et la reine Elizabeth viendront au Canada au printemps: ils seront à Montréal en mai. Ce sera la première fois que des souverains régnants viendront au pays. Dès janvier et jusqu'en juin, rares seront les journées où les quotidiens n'auront pas quelques nouvelles à transmettre relativement à cette visite royale qui, d'ailleurs, on le verra plus tard, allait être couronnée de succès à tous les points de vue.

Mais l'année ne commence pas qu'avec des nouvelles de ce genre. Les rumeurs de guerre se font de plus en plus persistantes et, d'ailleurs, plusieurs voient dans la visite royale un geste propre à réchauffer le patriotisme de nos gens et à susciter une certaine affection à l'égard de George VI et d'Elizabeth.

Au pays, c'est le chômage. Le problème demeure grave un peu partout, mais probablement de façon plus particulière au Québec, et surtout dans la ville de Montréal, en dépit des travaux dits « de chômage ». L'administration Houde fait face à des difficultés inouïes et réclame constamment l'aide du gouvernement provincial qui, de son côté, demande en vain que l'on songe moins aux armements et davantage aux travaux qui créeront des emplois.

Enfin, toujours en ce début de l'année 1939, la guerre d'Espagne, déclenchée en juillet 1936, se poursuit et s'achemine vers son dénouement, vers la victoire de Franco. Et Adolf Hitler, lui, continue de défier le monde.

Notre rédacteur en chef, c'est Adrien Arcand, le chef du parti de l'Unité nationale. L'assiste, Gérard Dagenais, éditorialiste, tandis que M. Émile Délâge est le secrétaire-trésorier de l'entreprise. Je suis toujours le directeur de l'information, une tâche qui exige des journées de travail de douze heures, et parfois davantage, vu nos moyens restreints d'information.

L'Illustration Nouvelle, en effet, n'est abonnée à aucun service de dépêches. Ce n'est que le 7 septembre, peu après le début du second conflit mondial, que nous nous réabonnons au service de la British United Press.

Journal de 24 ou de 28 pages, habituellement, *L'Illustration Nouvelle* ne parvient pas moins à couvrir une multitude de secteurs locaux. Tout d'abord, notre journal est abondamment illustré grâce à notre photographe, tantôt Gérard Laferrière, tantôt Roger Janelle, et aux services d'illustrations, sous forme de flans, de Central Press Canadian, une filiale du *Toronto Star*. Dans les deux pages centrales, presque tous les jours, uniquement des photographies. Beaucoup de photos de groupes, des photos « en rangs d'oignons » ou encore, comme disent les Américains, des « firing squad pictures ». Aujourd'hui, c'est périmé, c'est peu accepté. En 1939, toutefois, ces photos de groupes (clubs sociaux, fêtes de famille, etc.) permettent à *L'Illustration Nouvelle* de se faire beaucoup d'amis, beaucoup de nouveaux lecteurs qui, soudainement, nous découvrent et nous apprécient.

Aux pages féminines, Jovette-Alice Bernier et, à quelques reprises, Medjé Vézina; aux sports, Armand Jokisch, Jean Bohémier, Roger Meloche; la politique, Maurice Dubrûle; l'hôtel de ville, Alphonse Loiselle; les tribunaux, Louis Le Marchand (également notre caricaturiste et, de plus, notre cartographe des premiers mois de la guerre); la chronique ouvrière, J.-E.-A. Pin; théâtre et cinéma, Marc Thibeault; les faits-divers, Fernand Bilodeau; à l'information générale, Albert Massicotte, Marcel Laliberté; à l'information étrangère, Mario Duliani; à la correction des épreuves, Maurice Dagenais.

J'ai déjà écrit de quelle façon Mario Duliani parvenait à bien renseigner le lecteur sur « Ce qui se passe à l'étranger ». Mais cette copie m'arrive en fin d'après-midi et il y a toutes les nouvelles de la soirée, de la dernière heure qui, à cette époque particulièrement, ont énormément d'importance. Certes, nous comptons passablement sur la première édition de la *Gazette*, en vente vers 10 heures chaque soir. Nous nous en inspirons un peu. Mais il y a également la radio, et particulièrement la radio américaine. Je passe pas mal de temps à l'écouter, entre minuit et 2 heures du matin, ou même plus tard, alors que fin août et début septembre surviennent les graves événements que l'on sait.

Dans les pages féminines on trouve, outre le billet toujours apprécié de Jovette, « Que dis-tu? Que dit-on? », un courrier graphologique, un feuilleton, des patrons, des vœux d'anniversaire de naissance, des photos de mariages, des recettes, etc. Ailleurs: mots-croisés, bandes dessinées, les chroniques du Dr Adrien Plouffe, de Serge Brousseau, de Pierre Mayrol (Marcel Laliberté), une page financière, l'horaire des émissions radiophoniques, etc.

La visite royale

Comme je viens de l'écrire, dès le début de l'année les journaux commencent à parler des préparatifs en vue de la visite royale du 16 mai à Montréal. Et ils ne cessent de le faire. Sur le parcours des visiteurs royaux à travers la ville, et même un peu partout ailleurs, on décore, on pavoise, on illumine. C'est vraiment joli et durant plusieurs semaines, par la suite, on peut refaire en autobus spéciaux le trajet du couple royal car les décorations n'ont pas été enlevées. Mille tramways ont été joliment décorés pour la circonstance.

Par hasard, le cortège passe à deux pas de notre journal, soit rue Christophe-Colomb, c'est-à-dire devant ma demeure. L'un des grands événements de la journée, cependant, c'est la manifestation au Stadium, rue de Lorimier, où pas moins de 45,000 écoliers accueillent le roi et la reine. Le soir, grand banquet à l'hôtel Windsor où, en compagnie de Son Honneur le maire Camillien Houde, nos souverains paraissent bien s'amuser. (On avait dit la même chose, d'ailleurs, du banquet offert à Québec, alors que les souverains semblaient très heureux, très détendus, en compagnie de l'hon. Maurice Duplessis.)

Dans *L'Illustration Nouvelle* du lendemain, on lit des comptes rendus signés par Jovette Bernier, Fernand Bilodeau, Alphonse Loiselle et Marc Thibeault. Les photos sont également abondantes et jolies. Pour la circonstance, une organisation de mise en commun a été formée chez les photographes. Se trouvent à la tête de l'organisation des services de presse, pour la circonstance, M. Claude Melançon et M. W. S. Thompson, tous deux du Canadien national.

Ce qui enthousiasme particulièrement les Canadiens français au cours de cette visite royale, c'est le fait que le roi parle en anglais et en français également. Aussi dans le journal qui relate l'accueil chaleureux d'un million de Montréalais aux souverains, lit-on un éditorial qui fait allusion au bilinguisme de George VI.

« Le roi du Canada, mentionne-t-on, a parlé en français à ses sujets canadiens de langue française et son discours a été radiodiffusé non seulement dans le Québec, non seulement dans tout le pays, mais il a été relayé dans l'Empire. Aussi la date du 16 mai 1939 restera-t-elle comme celle d'un très heureux événement dans les annales de la nationalité française du Canada.

« Quiconque, désormais, contestera les droits du français au Canada se posera en contradicteur du Roi et les politiciens qui, par fanatisme ou lâcheté, refuseront d'appliquer le bilinguisme dans le royaume se montreront indignes de conseiller la Couronne dans l'exercice de son autorité sur le pays. »

À maintes reprises, d'ailleurs, nos éditorialistes utilisent cet argument du bilinguisme du roi pour réclamer le bilinguisme au pays.

Ainsi, dès le 22 mai, dans *L'Illustration Nouvelle*, autre éditorial intitulé: « Le roi est bilingue ». On y lit que certains craignaient un mauvais accueil pour le roi et la reine, dans le Québec, mais qu'au contraire cet accueil avait été enthousiaste et que le roi avait parlé en anglais et en français, non seulement dans la province de Québec, mais également au Parlement fédéral.

« Et ce pauvre M. King, souligne-t-on, qui ne parle pas français! Et ces « jingoes » de tout acabit qui ont jusqu'à aujourd'hui méprisé le français et les bilingues. C'est nous désormais qui pourrons invoquer contre eux, lorsqu'ils élèveront la voix, les exigences du loyalisme. C'est nous, les bilingues intégraux, qui avons raison. Le Roi l'a dit. »

Ailleurs, on insistera sur le fait que la reine également parle français. Toujours en éditorial, le 25 mai cette fois, on relate que le roi et la reine ont causé en français avec un cultivateur, aux abords de Hull, en présence de M. King qui n'y comprenait rien...

Donc, l'accueil de Montréal aux souverains a été plus que chaleureux. En dépit de cela, le magazine *Life* soulève un tollé de protestation au Canada français, en écrivant qu'à Montréal les monarques avaient circulé en automobile et, à Ottawa, en landau, laissant entendre ainsi que les deux grands personnages couraient moins de risques à Ottawa qu'à Montréal. Pourtant, on constatera par la suite que le roi et la reine ont également circulé en automobile dans plusieurs autres villes du pays. Les protestations contre *Life* ne manquent pas et une résolution de protestation contre ce magazine est adoptée par le Conseil municipal de Montréal le 29 mai 1939.

Vers un second conflit mondial

Dès janvier 1939, *L'Illustration Nouvelle* reprend sa campagne contre le gouvernement fédéral et ses préparatifs de guerre. Lors de l'ouverture de la session, le 12 janvier, le discours du Trône annonce l'expansion du programme de défense militaire du pays avec une attention particulière à la défense aérienne et à la création d'un conseil des achats pour la défense militaire.

Le 19 janvier débute une série d'éditoriaux dont les seuls titres en disent suffisamment long: « Nos préparatifs de guerre: pourquoi nous battrons-nous? »; « Sécurité collective et neutralité, les premiers mensonges »; « Personne ne menace le Canada »; « Quand l'Angleterre est en guerre... » et « Au secours des États-Unis ».

La conclusion peut se résumer dans ce qui suit:

« Il n'y a qu'une chose à faire, devant pareille situation, pour ceux qui pensent au Canada avant toute autre chose et qui ont encore un peu de sens national malgré ce que nos gouvernants font pour le détruire.

« C'est d'exiger que le gouvernement canadien proclame la neutralité du Canada, trop peu populeux et trop endetté pour participer à une nouvelle guerre qui le ruinerait totalement.

« ...Si tous ceux qui pensent exclusivement en Canadiens et qui placent le Canada avant le reste du monde ne se groupent pas tous ensemble pour exiger immédiatement une politique essentiellement canadienne de leurs représentants, députés, ministres, c'en sera bientôt fait de notre autonomie et du droit de disposer de nous-mêmes. Quand un conflit aura éclaté, il sera trop tard. La roue des événements nous aura vite pris dans ses engrenages et tout un peuple victime des politiciens pleurera, mais trop tard, son imprévoyance. »

En février, le maire Houde parlant devant les membres de la Y.M.C.A. déclare que si l'Angleterre entrait en guerre avec l'Italie, la sympathie des Canadiens français irait du côté des Italiens. Le mois suivant, M. Mackenzie King dit que le Canada interviendra si l'Angleterre est attaquée. Le chef de l'Opposition conservatrice, M. Manion, l'appuie, tandis que M. James Woodsworth, le chef du C.C.F., réclame un embargo sur tous les envois d'armements dans les pays totalitaires.

La jeunesse étudiante montréalaise s'inquiète. À deux reprises, en une seule journée, elle manifeste son opposition à la participation du Canada aux guerres de l'Angleterre. M. Houde rencontre les étudiants qui ne parviennent pas à lui arracher une déclaration d'opposition à la participation du Canada aux guerres de l'Angleterre ou d'opposition à la conscription. Sans les contredire, il leur conseille la prudence.

Le dimanche 26 mars, les anciens du Plateau se réunissent pour leur assemblée annuelle. La bonne humeur est de rigueur, les souvenirs s'échangent, les amitiés se renouent. Le banquet est une réussite complète mais voici que chacun doit se rendre à l'auditorium pour l'assemblée générale. Coup de théâtre quand un groupe de jeunes, dont Jean Drapeau, demande que l'association des anciens élèves se prononce contre la conscription. Un certain nombre des aînés sont d'anciens militaires et, d'une façon ou d'une autre, la requête est écartée. Toutefois, six jeunes anciens feront désormais partie du conseil de direction. M. Zéphirin Hébert est réélu président. L'association demeurera inactive durant un certain temps mais connaîtra un nouvel élan quelques années plus tard, notamment avec Jean Drapeau parmi ses officiers.

Un chef libéral, l'hon. J. L. Ralston, ayant dit que le Canada ne pourrait être neutre en cas de guerre, parce que Sa Majesté George VI, roi de Grande-Bretagne, ne saurait être en guerre tandis que Sa Majesté George VI, roi du Canada, serait neutre ou désintéressé à la guerre du premier, *L'Illustration Nouvelle* réplique que le Canada est libre depuis le Statut de Westminster adopté en Angleterre le 11 décembre 1931.

Plusieurs articles sont consacrés à la lutte contre le communisme. Notre journal dénonce l'abolition de l'article 98 qui fait du parti communiste un groupement légal.

Tout en poursuivant son travail à *L'Illustration Nouvelle*, Adrien Arcand demeure très actif comme chef du parti de l'Unité nationale. En juin 1939, lors du deuxième congrès annuel de son parti, il annonce que l'Unité nationale présentera des candidats lors des prochaines élections fédérales. L'Unité nationale réclame l'établissement d'un État corporatiste au Canada.

Le chômage continue de faire ses ravages: les provinces et les municipalités réclament des travaux d'Ottawa qui ne bouge guère. À Montréal, sous les auspices de la Jeunesse ouvrière catholique, le 23 juillet, bénédiction de 105 mariages au Stadium de la rue de Lorimier. Après la messe, mariés et invités se rendent à pied passer l'après-midi à l'Île Sainte-Hélène. Le soir, alors que l'on revient au Stadium, de nombreuses personnes doivent être transportées à l'hôpital, victimes de la chaleur ou d'indigestion. Notre journal accorde à cet événement beaucoup d'importance. D'autant plus que le R.P. Henri Roy, o.m.i., l'âme dirigeante de cette initiative, fait imprimer chez nous son hebdomadaire, *Le Front Ouvrier*.

Plus l'été avance, plus les rumeurs de guerre prochaine se multiplient. De retour d'Europe à la mi-juillet, mon père qui avait été délégué du gouvernement canadien au Bureau international du travail, à Genève, avoue avoir abrégé son séjour outre-mer précisément à cause de cette psychose de guerre. Père de treize enfants vivants — j'étais l'aîné et le seul marié — il ne voulait pas courir le risque d'être interné en Europe durant des mois ou des années.

À mesure que le dénouement approche, nous multiplions les éditoriaux contre la participation canadienne à la guerre: On ne peut jouer avec la vie d'un peuple sans le consulter; Mêlons-nous de nos affaires; Pas de participation à une guerre sans plébiscite; Assassiner le Canada pour satisfaire les étrangers, etc.

Le 29 août, *L'Illustration Nouvelle* publie un reportage photographique: « Sur un pied de guerre ». On peut voir les sentinelles déjà postées aux ponts, aux abords des canaux, etc., à travers le Canada.

Le 1er septembre 1939, j'obtiens l'autorisation de publier un « extra ». Les dernières nouvelles captées à la radio américaine sont en effet de plus en plus inquiétantes: Dantzig annexée... Varsovie bombardée...

Le même matin, en éditorial, le journal affirme que « ce problème n'intéresse que la Pologne et l'Allemagne ». Mais la France et l'Angleterre ont décidé d'intervenir et ont annoncé que si l'Allemagne fait un geste pour reprendre ses territoires, elles attaqueront militairement l'Allemagne.

« En quoi tout cela peut-il intéresser le Canada, directement ou indirectement, de près ou de loin.

« ...Si nos deux mères-patries entrent en guerre, ce ne sera pas pour se défendre, ce sera seulement comme puissances agressives usant de représailles en faveur de la Pologne... Nous n'avons donc aucun intérêt immédiat ou éloigné dans cette querelle, qui est en somme une querelle de troisième ordre pour l'Europe, de vingtième ordre pour le monde...

« ...Si une puissance étrangère ose attaquer le Canada, tous les Canadiens se lèveront en masse pour défendre la patrie canadienne. Mais ce serait criminel que de penser seulement à sacrifier des vies canadiennes et la fortune du Canada pour assurer la suprématie polonaise sur du sol allemand et sur une population allemande... »

Devant la multiplication des nouvelles angoissantes, notre tirage fait un bond extraordinaire, si bien que la direction juge enfin que nous devons nous réabonner au service de dépêches de la British United Press, service abandonné déjà pour des raisons d'économie.

Le 3 septembre, déclaration de guerre de l'Angleterre et de la France à l'Allemagne. Le samedi 9 septembre, le gouvernement canadien, à son tour, déclare la guerre au Reich. La déclaration devient officielle le lendemain dans une édition spéciale de la Gazette du Canada. Dès lors, évidemment, le ton des éditoriaux change. À une fête donnée à nos bureaux en l'honneur de Gérard Dagenais, qui se marie fin septembre, M. Eustache Letellier de Saint-Just, alors au *Canada*, toujours spirituel, prononce un petit boniment dans lequel il souligne, narquois, qu'au lendemain de la déclaration de la guerre par le Canada, notre premier-Montréal était consacré à la lutte contre la tuberculose. Adrien Arcand, que je n'avais pas vu depuis quelques jours, assistait à cette fête.

Grâce à la British United Press, grâce à l'excellent service de photos (sous forme de flans-cartons) de Central Press Canadian, grâce également à Louis Le Marchand, chroniqueur judiciaire et caricaturiste qui s'improvise cartographe, grâce aux « dépêches » de Mario Duliani, nous sommes bien en mesure de renseigner adéquatement nos lecteurs sur les grands événements de l'heure.

Journaliste à la présidence

Un fait peu banal se produit en avril alors que le conseil d'administration élit le doyen de la salle de rédaction, J.-E.-A. Pin, notre chroniqueur ouvrier, à la présidence du journal. Il succède à M. J.-Lucien Dansereau, démissionnaire. M. Adrien Arcand demeure le procureur de l'actionnaire majoritaire et il remplit probablement les fonctions de vice-président du conseil, tandis que M. Émile Délâge est le secrétaire-trésorier. L'actionnaire majoritaire c'est évidemment M. Eugène Berthiaume.

Auparavant, à une assemblée tenue le 25 janvier 1939, M. Lucien Dansereau, alors représentant de M. Berthiaume, avait été élu ou probablement réélu président; M. Arcand, administrateur et secrétaire; M. Délâge, administrateur et gérant général. Présent à cette assemblée et détenteur de 66 actions, Me Édouard Masson avait voté contre ces deux dernières nominations. M. Paul Dorais agissait alors comme comptable de la compagnie. Le compte rendu de cette assemblée révèle également qu'au 31 octobre 1938, la Fédération des journalistes canadiens avait subi, pour l'année terminée à cette date, une perte nette de $11,000. Mentionnons aussi que les avocats de la Fédération, à ce moment-là, sont Mes Gustave Monette et Alexandre Lacoste.

Défaite de l'Union nationale

Le 24 septembre 1939, du bureau du premier ministre Duplessis, on annonce la dissolution des Chambres. Élue en août 1936, l'Union nationale aurait pu se maintenir au pouvoir durant deux autres années. Cependant, son chef juge qu'il devient impossible de gouverner la province sans un nouveau mandat, par suite des mesures de guerre d'Ottawa et d'une centralisation excessive. On peut même se demander si M. Duplessis n'a pas compris que, pour les années de guerre, il vaudrait mieux diriger l'Opposition que de diriger le gouvernement.

L'Illustration Nouvelle, tout en annonçant les assemblées de l'Action libérale nationale et du parti libéral, tout en publiant certains comptes rendus de ces deux groupes, consacre surtout ses colonnes à l'Union nationale de Maurice Duplessis. Pour la circonstance, les éditoriaux à la une se font fréquents.

La question qui domine, c'est celle de la conscription, on s'en doute bien. M. Ernest Lapointe, alors le bras-droit de M. Mackenzie King, premier ministre à Ottawa, se prononce en faveur de M. Adélard

Godbout, le chef du parti libéral provincial. Les serments et les engagements libéraux, à l'effet qu'ils n'imposeront jamais la conscription pour service outre-mer, se multiplient. De son côté, *L'Illustration Nouvelle* soutient que les libéraux n'ont pas tenu leurs promesses relativement à la participation du Canada à une guerre européenne et qu'ils ne tiendront pas davantage leurs assurances d'aujourd'hui sur la conscription. Un thème qui revient souvent: « Écrasons la conscription pour toujours en votant pour les candidats de M. Duplessis. » Les adversaires libéraux tiennent à peu près le même langage en remplaçant le nom de M. Duplessis par celui de M. Godbout.

Toutefois, la question de l'autonomie des provinces n'est pas oubliée. Ainsi, nous publions durant plusieurs jours des tableaux de statistiques très élaborés menant aux conclusions suivantes:

« Ottawa prend 82.1 cents de chaque $1.00 d'impôt perçu dans le Québec; Ottawa ne laisse à Québec que 17.9 cents par $1.00 d'impôt perçu. »

Tiens, on croirait une campagne sur la rentabilité du fédéralisme!

Examinons au hasard l'un de ces tableaux exigeant une page complète du journal:

Titre: Comment Ottawa dévalise Shefford, Montcalm et Beauharnois.

Suit une compilation élaborée des dépenses et recettes du gouvernement fédéral dans chaque comté, en comparaison avec les dépenses globales du gouvernement provincial. Et on en tire la conclusion suivante, pour Shefford, par exemple:

« Les contribuables du comté de Shefford, entre 1914 et 1938, ont fourni au Trésor fédéral $30,867,948 tandis qu'ils ne contribuaient que $6,745,350 au Trésor provincial. M. Duplessis veut mettre fin à cette exploitation et obtenir une plus grande justice pour les Canadiens français. »

Et la même chose se répète pour chacun des comtés du Québec.

Les statistiques en question ne semblent pas avoir été compilées à la légère. Qu'on en juge par l'avertissement suivant: « Tableaux préparés d'après les données de la statistique officielle fédérale par un expert statisticien de réputation internationale dont les travaux ont été reconnus par les gouvernements de Grande-Bretagne, des États-Unis et d'autres pays. »

Malgré cela, les libéraux balayent la province. Sur notre première page: « Québec vote contre l'autonomie — Une victoire pour le parti libéral — Houde élu dans Sainte-Marie ». M. Houde briguait les suffrages comme indépendant.

Dès le soir de l'élection, des rumeurs de querelles et de dissensions graves au sein de l'Union nationale parviennent à nos oreilles. Plusieurs, évidemment, blâment M. Duplessis mais, au fond, les événements prouveront combien sa tactique avait été adroite.

Opposition à la canalisation

La campagne provinciale terminée, *L'Illustration Nouvelle* décide de mener la lutte sur un nouveau front, celui de la canalisation du Saint-Laurent. Il avait été question de ce projet particulièrement au début de l'année 1939 et M. Duplessis avait alors jugé bon de s'y opposer parce qu'il considérait l'initiative prématurée. À son avis, Québec possédait suffisamment d'électricité, déjà, sans avoir besoin de cette canalisation; le fardeau de taxation résultant des travaux serait écrasant pour l'Ontario et le Québec, tandis que le Canadien National, déjà lourdement grevé de dettes, aurait à subir une dangereuse concurrence.

Maintenant, les hostilités en cours en Europe, le projet se révélait, aux yeux de Washington et d'Ottawa, d'une très grande urgence. Le 28 octobre, en premier-Montréal, notre journal annonce que le projet de la canalisation du Saint-Laurent rebondit et, à la mi-novembre, débute une série d'articles qui occuperont généralement la 1re page du journal et se continueront en page éditoriale. Pour l'éditorialiste, la canalisation du Saint-Laurent provoquera de grandes catastrophes économiques. D'ailleurs, rappelle-t-on, MM. Alexandre Taschereau et Athanase David s'y opposaient en 1933. Mais maintenant, devant les pressions américaines et fédérales, M. Godbout cède.

Voici d'ailleurs quelles devaient être, selon notre journal, les conséquences de l'aménagement de la Voie maritime:

« 1. La ruine immédiate plus accentuée du port de Montréal et des ports en aval de Montréal, en éliminant le transbordement du grain dans ces ports;

« 2. L'élimination ultérieure presque complète des ports de Montréal et de Sorel, parce que, au projet de canalisation les Américains ont greffé celui d'un nouveau canal entre le lac Saint-Louis et le lac Champlain; des démarches en expropriation de terrain ont déjà été commencées discrètement pour ce nouveau canal;

« 3. Un danger stratégique pour le Canada, en permettant la mobilisation de forces navales sur les Grands-Lacs;

« 4. L'effondrement de toute la structure de notre industrie hydro-électrique, qui aurait des conséquences plus graves, comme l'écroulement peu lointain de nos industries du papier, par la perte inévitable de nos marchés américains d'énergie électrique;

« 5. La ruine de nos deux grands chemins de fer, en leur imposant une perte de transport qu'ils ne sont pas en état de subir; à ce sujet, il ne faut pas oublier que Québec, pour sa part, a investi un milliard de dollars dans le Chemin de fer national et, chaque année, paie, en plus des frais de service, une moyenne de $20 millions pour combler le déficit de ce réseau... »

Et l'article de conclure:

« Deux seules catégories de gagnants: 1. Les États-Unis, qui ne nous donneront en retour pas plus que nous n'avions reçu pour la reddition du Maine; 2. Des politiciens et contracteurs véreux qui, en prévision du projet, ont arraché à la Couronne canadienne, pour une chanson,

90

tous ses instruments de dragage et travaux maritimes, afin d'avoir la « capacité exclusive » d'exécuter les travaux. » (extraits d'un éditorial du 13-11-39).

Je laisse, à ceux qui s'y connaissent dans ce domaine, le soin d'évaluer jusqu'à quel point *L'Illustration Nouvelle* se trouvait dans l'erreur ou jusqu'à quel point ce journal avait prévu juste.

À mentionner que la Shipping Federation of Canada s'oppose à cette canalisation, tout comme la Dominion Marine Association. Par contre, notre éditorialiste prévoit que la canalisation profitera à l'Ontario, lui permettant de développer 1 million de c.-v. payés par toutes les autres provinces.

Mais bientôt nous cessons cette lutte et vingt ans plus tard la Voie maritime du Saint-Laurent sera ouverte à la navigation.

Adrien Arcand, l'Allemagne et l'Espagne

L'Illustration Nouvelle avait-elle des sympathies pro-allemandes avant le déclenchement des hostilités en septembre 1939?

Il est normal qu'on se pose pareille question. Notre rédacteur en chef, à l'époque, et même à certains moments membre du conseil d'administration, probablement président, n'est nul autre qu'Adrien Arcand, le chef du parti de l'Unité nationale, un groupement que l'on désigne souvent, également, sous le nom de parti fasciste canadien.

J'ai travaillé avec M. Arcand jusqu'au moment de son internement et il serait difficile de nier qu'il eut des sympathies pour l'Allemagne, du moins à ce moment-là. Un peu partout, à travers le monde, il y avait des leaders fascistes et, généralement, on admettait que M. Adrien Arcand était l'un d'entre eux. Nos « chemises noires » recevaient d'ailleurs une abondante publicité dans de nombreuses publications locales et internationales. Nombre de journalistes américains venaient interviewer M. Arcand et ce dernier me montrait parfois des lettres provenant d'à peu près tous les coins du monde.

Notre journal accorde habituellement une certaine publicité aux assemblées du parti de l'Unité nationale (convocations et comptes rendus). Rien de très élaboré, toutefois. Jamais M. Arcand ne cherche le moindrement à se gagner, parmi le personnel du journal, des adhérents à la cause qu'il défend. Certains, sans être sollicités, versent leur petite cotisation à l'Unité nationale mais c'est surtout par sympathie pour M. Arcand, un charmant homme si l'on met de côté ses idées politiques.

Comme journaliste, c'est sûrement l'un des meilleurs de sa génération. Doué d'une mémoire encyclopédique, il peut écrire durant des heures. D'ailleurs, il rédige seul tout le contenu d'un journal mensuel, organe du parti de l'Unité nationale. Je le revois encore, dans son petit bureau, assis devant sa machine à écrire et buvant régulièrement, chaque après-midi, sa tasse de thé qu'il fait venir du restaurant Gosselin. S'il est un orateur fougueux dans ses assemblées, jamais il n'élève la voix à *L'Illustration Nouvelle*. Quand il donne des directives — et c'est bien peu fréquent — il le fait toujours avec beaucoup de politesse et de délicatesse. Il aime avoir des visiteurs et il ouvre la porte de son bureau à n'importe qui. J'ai vu y pénétrer des balayeurs de rue, des abbés, des médecins, des journalistes étrangers à qui il accordera tout son temps. Ayant la responsabilité de l'heure de parution du journal, je m'inquiète parfois, devant ces visites interminables, de l'heure à laquelle il remettra son ou ses articles pour la page éditoriale, et même de temps à autre pour la première. Cependant, infailliblement il remet sa copie à l'heure convenue.

Un après-midi, il sort soudain tout pâle de son bureau. Et m'attirant vers la fenêtre, il me montre une jeune femme traversant la rue Marie-Anne. « Je viens de l'échapper belle. Elle était armée et voulait me tuer! Heureusement, je suis parvenu à la raisonner. » Nul doute que cet homme avait des ennemis chez les communistes, tout d'abord, chez les Juifs et également chez tous ceux qu'il dénonçait dans ses assemblées, capitalistes, gouvernants, etc.

À peu près tous les jours, vers la fin de l'après-midi, on voit arriver ce colosse d'homme qu'est le major Maurice Scott, l'un des bras-droits de M. Arcand dans l'Unité nationale. Parvenu à l'entrée du bureau de ce dernier, il claque les talons, se met au garde-à-vous et salue son « chef » à la fasciste.

Un hebdomadaire torontois, du nom de *Hush*, petite feuille à scandales, écrit un jour que le major Scott est un espion au service de l'Allemagne. M. Scott réplique par une action en dommages et il a gain de cause, la Cour condamnant *Hush* à lui verser $2,000. Cela n'empêchera pas le major Scott d'être interné, tout comme M. Arcand.

En 1938, durant le mois de janvier, probablement, la *Gazette* avait publié un reportage et des photos sur le parti de M. Arcand. Nous avions obtenu l'autorisation de reproduire ces photos où l'on voit M. Scott, vêtu de la chemise noire, saluant à la fasciste, avec en fond de scène le mot Canada, la croix gammée, une couronne de feuilles d'érable et la photo d'Adrien Arcand. On y lit, également, que les Légions du Parti national social chrétien, nom également donné au Parti de l'Unité nationale, se proposent de parader régulièrement dans les rues de Montréal et ailleurs. Le recrutement se poursuit pour organiser huit divisions d'environ 8,000 hommes chacune. « Ce mouvement, écrit-on, prend des proportions gigantesques non seulement dans la province de Québec, mais également en Ontario, au Manitoba, en Colombie-Britannique. Un mouvement semblable est aussi en marche aux États-Unis. »

En novembre 1940, alors que M. Arcand était déjà interné, le rapport Dies sur les activités subversives aux États-Unis, révèle qu'un mémo de l'ancien consul allemand à Montréal, envoyé à l'ambassade allemande à Washington, mentionne qu'Adrien Arcand avait demandé l'usage du Trans-Ocean News Service, service d'information ayant des arrangements quelconques avec le Trans-Ocean de Berlin.

Cet ancien consul, le Dr Eckner, écrit à peu près ceci:

« M. Arcand m'a promis que *L'Illustration Nouvelle* reproduirait certaines nouvelles allemandes sans en mentionner la source... Je sais que ce service de nouvelles, d'après les arrangements généraux de la direction de Trans-Ocean à Berlin, est fourni aux journaux allemands du Canada pour un dollar par mois.

« Je n'ai aucune objection officielle à fournir les services de Trans-Ocean à M. Arcand, ou au journal mentionné, en assumant, cependant, que le consulat demeurera hors de cette transaction et que ce journal de langue française recevra le service de nouvelles de la même manière et dans les mêmes conditions que les journaux américains. »

Le comité mentionne également, dans son rapport, une lettre à Adrien Arcand, provenant de Paris, en date du 27 septembre 1938 et signée par un certain G. Borget. Ce dernier lui suggère de faire au consul général allemand de Montréal la demande du service de nouvelles D.N.B. (bureau de nouvelles allemand). Le comité dit en outre que le Dr Eckner a parlé de L'Illustration Nouvelle comme d'un organe fasciste canadien et local.

Il s'en suit certains démentis, notamment du président de Trans-Ocean News Service. Selon lui, son agence possède, avec les services de nouvelles allemands une entente identique à celles que toutes les agences d'information concluent entre elles. Le même personnage nie que son organisation se soit livrée à de la propagande pro-allemande.

Pour leur part, les dirigeants de notre journal remettent à la Presse canadienne un communiqué rédigé comme suit:

« L'administration qui dirige L'Illustration Nouvelle depuis janvier 1940 a été surprise d'apprendre ce qui fut révélé au comité Dies sur les activités allemandes aux États-Unis.

« La direction est absolument ignorante du fait que quelqu'un ait pris des mesures dans le passé pour faciliter la publication de dépêches du Trans-Ocean News Service. Nous déclarons n'avoir rien à voir avec cette affaire. Tout au contraire, notre journal, depuis sa réorganisation complète n'a cessé de prendre une attitude et une ligne de conduite conformes sous tous les rapports aux plus chers intérêts des citoyens canadiens et de la nation canadienne. »

N'ayant pas les moyens de posséder — avant la déclaration de la guerre — un service de dépêches, il nous fallait évidemment tirer nos informations d'un peu partout. Personnellement, je n'ai pas eu connaissance des démarches de M. Arcand mais j'ai eu entre mes mains des échantillons du service de nouvelles Trans-Ocean et ils m'avaient intéressé. Mais l'affaire n'alla pas plus loin.

Quoi qu'il en soit, le 23 août 1938, à la suite de la signature du pacte de non-agression Berlin-Moscou (pour ce qu'il valait!), on pouvait lire ce qui suit, en éditorial, sous le titre « Adolf Hitler étonne encore l'univers »:

« Les « démocraties » viennent de recevoir, à la face de toute l'humanité, une humiliation sans précédent.

« Leurs déconvenues de la Méditerranée en 1935, du Mandchoukouo, de la guerre civile espagnole, de Munich, de Shanghai et Tientsin ne furent que des caresses en comparaison de la formidable taloche que Moscou vient de leur administrer.

« France et Angleterre avaient promis solennellement de défendre la Pologne, la Roumanie, etc., mais elles voulaient les défendre avec l'armée soviétique, la seule armée voisine de ces pays.

« ...Entre l'offre anglo-française de faire la guerre et la proposition allemande de ne pas faire la guerre, il était évident que le régime communiste de lâcheté devait choisir sans hésitation, dans cette alternative, la neutralité.

« Hitler a le droit de rire à son aise des projets d'encerclement et des tentatives d'étouffement. C'est un fameux joueur d'échecs et ses coups inattendus sont aussi effectifs que sensationnels. Les encercleurs deviennent les encerclés, les paralysateurs deviennent les paralysés... »

Nous avons également, à l'époque, de vives sympathies pour Franco. Fin mars 1939, la victoire du général Franco s'avère complète et voici ce qui paraît dans le journal du 29 mars 1939:

« La guerre d'Espagne et *L'Illustration Nouvelle* (titre)

« Nous tenons à faire remarquer à nos lecteurs que depuis le mois de juillet 1936, nous leur avons indiqué que le conflit espagnol serait très grave et qu'il aboutirait à la victoire complète du général Franco.

« Pendant deux ans, huit mois et onze jours, nous avons toujours soutenu que le général Franco faisait des progrès, qu'il avançait, qu'il gagnait toujours du terrain et que son autorité s'imposait à tous les Espagnols.

« Malgré toutes les nouvelles contraires parues pendant un long laps de temps dans beaucoup de journaux du monde entier, les faits viennent une fois de plus prouver l'excellence des services d'information de *L'Illustration Nouvelle*. »

Il faut dire que nous sommes alors en excellente compagnie et que notre attitude réfléchit celle de la plupart des catholiques du monde entier. En mars 1939, le chanoine français Polimar, de retour d'Espagne, révèle que les rouges y ont « massacré un demi-million de catholiques. Douze évêques ont été tués et, dans un seul diocèse, 350 prêtres sur 500 ont été exécutés! » Peu avant, l'organe du Vatican, *L'Osservatore Romano* avait écrit que les catholiques ne pouvaient que favoriser les nationalistes dans la guerre civile d'Espagne.

(Je suis à rédiger ce texte quand le hasard met entre mes mains un exemplaire de *Serviam*, « organe interne du Parti de l'Unité nationale du Canada publié à l'intention des membres (section du Québec) ». Le Parti de l'Unité nationale fondé par Adrien Arcand existe donc toujours. Ce numéro de *Serviam* (nov. déc. 1976) s'en prend au « gauchiste » René Lévesque dans un article commençant en première page et intitulé: « Sur les décombres putréfiés du libéralisme se dresse le spectre menaçant du socialisme: analyse sommaire des événements qui ont permis au Parti québécois de prendre le pouvoir. » On y parle du « grand Duplessis ». Parmi les autres articles, il s'en trouve un qui s'intitule: « Adrien Arcand, notre maître. »)

La censure de guerre

Avons-nous éprouvé des problèmes avec la Censure au cours de la guerre? Si ma mémoire est fidèle, il n'y a eu que deux accrochages. L'un au début d'octobre, alors qu'une lettre nous parvient nous réprimandant pour avoir rapporté, dans un compte rendu d'assemblée politique, que la foule a crié: « Chou Lapointe! Honte, honte Lapointe! » etc. Je confie la lettre à M. Arcand, qui est encore avec nous, et je n'en entends plus parler. Le second accrochage survient quand, dans une légende au bas d'une illustration, nous parlons de deux vaisseaux (l'un allemand, l'autre français) qui avaient engagé le combat. Nous écrivons alors quelque chose du genre: « Le vaisseau allemand a fait feu sur le bateau *ennemi...* » Le mot « ennemi » nous vaut une longue lettre de reproches. Dans les deux cas, la direction du journal trouve plutôt farfelue une intervention semblable. J'imagine que le premier cas constituait un excès de zèle — qui provoqua d'ailleurs une rebuffade de notre journal en éditorial — tandis que le second était une affaire plutôt banale pouvant se régler facilement par un appel téléphonique.

Par la suite, le personnel de la Censure change et Eddie MacMahon, chroniqueur judiciaire à la *Gazette,* en assume avec beaucoup de succès la direction. Brillant journaliste, parfait bilingue, connaissant le personnel de tous les journaux, il se contente généralement d'un coup de fil: « Je regrette, mais il va falloir passer cet événement sous silence parce que... » M. MacMahon obtient de la plupart des journaux tout ce qu'il désire. Avec *L'Illustration Nouvelle,* dès la nomination d'Eddie, pas le moindre problème sérieux ou pour nous, ou pour lui.

Mil neuf cent trente-neuf est également l'année du décès de Pie XI et de l'accession de Pie XII à la direction spirituelle de l'Église. Or, avant la tenue du conclave, en mars, notre journal avait exprimé l'espoir que le cardinal Villeneuve fut le successeur de Pie XI. « De tous les cardinaux non-italiens, écrivions-nous, Son Éminence le cardinal Villeneuve, de Québec, est indiscutablement celui que le monde entier acclamerait avec le plus d'enthousiasme comme le nouveau pape. Pourquoi? Parce que sujet britannique, parce que de sang français, parce qu'il est de l'Amérique, parce que de culture européenne, parce que non-européen. »

Il faut pas mal d'audace pour parler ainsi, en 1939. Mais nombre de lecteurs nous écrivent pour nous dire leur satisfaction et leur approbation. Cette campagne, comme beaucoup d'autres menées par notre journal, devait évidemment connaître un échec.

Une grève des typographes

' L'année 1940 sera parfois pénible pour notre journal. Ainsi, en mai, une grève éclate chez nos typographes. Apparemment, ils ont entendu parler d'une manœuvre de la direction pour les remplacer par des non-syndiqués. Un bon soir, ils nous quittent tous. Le journal paraît quand même le lendemain. Des typographes non syndiqués ont accepté de remplacer ceux qui étaient partis tandis que des journalistes, conscients que la moindre interruption dans la publication de *L'Illustration Nouvelle* se traduira par sa disparition définitive, vont prêter main-forte à l'atelier de composition. L'un d'entre eux, en particulier, s'affaire durant toute la soirée à la mise en page et s'y révèle d'une rare adresse. Ce premier journal de temps de grève est plus ou moins bâclé, on l'imagine, mais cela n'y paraît pas trop, malgré tout.

À noter qu'il n'y a pas de ligne de piquetage et que les grévistes ne font rien pour empêcher la publication du journal. D'ailleurs, au bout de peu de temps, nos typos nous reviennent un à un et j'imagine que l'Union aura repris sa place pour de bon au bout d'une année. Cependant, dans l'intervalle, nous avons perdu de bons vieux amis: ils sont passés à l'emploi de *La Presse*.

Le conseil d'administration, toujours présidé par M. J.-E.-A. Pin se réunit le 15 février 1940 et l'action que détenait M. Adrien Arcand est transférée à M. Eugène Berthiaume. M. Arcand n'est plus ni actionnaire, ni administrateur, ni vice-président de la compagnie. Me Jean-Paul Verschelden lui succède, M. Délâge soumet ensuite à l'assemblée une procuration par laquelle M. Berthiaume l'autorise à voter en son nom à toutes les assemblées convoquées par la Fédération.

M. R. J. Manion défait

Une élection fédérale a lieu le 26 mars 1940. *L'Illustration Nouvelle* livre une campagne nettement anti-libérale et se prononce en faveur du parti conservateur alors dirigé par M. Robert-J. Manion. Le 6 mars, nous consacrons quatre pages à la publication du texte du discours en français du chef conservateur. Parmi les candidats conservateurs aux côtés de M. Manion, on remarque: MM. J.-J. Penverne, Georges Héon, Eugène Therrien, Hector Grenon, Lévis Lorrain (indépendant), Pierre Desrosiers, Achille Dubeau et autres. M. Manion parle à Montréal le 19 mars et déclare que les libéraux veulent séparer le Québec des autres provinces.

Plusieurs fois, la première page est consacrée à la lutte du parti conservateur (on dit alors parti national-conservateur) contre le régime libéral. Ainsi, le 21 et le 25 mars, toute la une est occupée par une photo de M. Manion et de sa famille. (Mme Manion est canadienne-française). Comme légende: Véritable exemple d'unité nationale: unité dans la famille, unité dans la nation.

Le 26 mars, la foule se masse devant nos bureaux pour entendre les rapports transmis au moyen de haut-parleurs. Les libéraux remportent la victoire: pas un seul candidat conservateur n'est élu dans tout le Québec et M. Manion, lui-même, subit la défaite dans son comté.

Le 21 mars meurt soudainement, dans une salle de cinéma de la ville, le sympathique Louis-A. Larivée. Il n'a que 46 ans. On se rappelle qu'il avait quitté *Le Canada*, avec d'autres confrères, pour venir à *L'Illustration* en 1931. En 1935, toutefois, il était retourné au *Canada*. Ce n'est pas seulement un ancien confrère du journal qui disparaît, mais également le père de deux de nos employés et le beau-père de notre chroniqueur sportif, Armand Jokisch.

En avril 1940, M. Willie Juneau nous revient à titre de directeur général de la compagnie.

Fin mai, alors que les nouvelles de guerre sont loin d'être encourageantes, que la Hollande et la Belgique sont envahies et bombardées depuis plusieurs jours, *L'Illustration Nouvelle* invite les automobilistes à se procurer, aux bureaux de notre journal, des étiquettes imprimées en rouge sur papier blanc et sur lesquelles on lit: « Soyons patriotes! Protégeons-nous contre la 5ᵉ colonne. »

Le samedi 1ᵉʳ juin 1940 s'ouvre, avec le cérémonial habituel et en présence de nombreux invités, l'exposition annuelle des travaux des élèves de l'École du Meuble, institution que dirige M. Jean-Marie Gauvreau. Notre photographe, probablement Gérard Laferrière, prend alors de magnifiques photographies de certaines des pièces (des meubles) exposées pour la circonstance. Or, quelques heures plus tard, le feu ravage l'École du Meuble, consumant non seulement les objets exposés mais de nombreuses pièces précieuses du musée. Notre photographe s'empresse de retourner sur les lieux et, le lundi matin, nous pouvons voir de superbes pièces de mobilier dans toute leur beauté, avant l'incendie, et calcinées, après le feu. C'est vraiment saisissant.

Le 14 juin, nous publions un « extra » pour annoncer que les Allemands sont devenus les maîtres de Paris. La tension est également grande à Montréal par suite de l'arrestation de nombreux Italiens de notre ville et des environs, conséquence de la déclaration de guerre de l'Italie aux Alliés. C'est les larmes aux yeux que le consul de Simone reçoit les journalistes. Comme on lui demande s'il sollicitera la protection de la police pour lui et le consulat, il répond qu'il n'a que des amis à Montréal et qu'il ne fera sûrement pas appel à la police.

La mobilisation

Les nouvelles en provenance d'Europe sont généralement déprimantes. Le 16 juin, c'est l'abandon de la Ligne Maginot: toute une partie de la France va tomber aux mains des nazis. A Ottawa, M. Mackenzie King annonce aux Communes, le 18 juin, qu'un projet de loi sera présenté donnant au gouvernement l'autorisation de mobiliser les forces humaines et matérielles du pays. Notre éditorialiste en conclut:

« C'est la conscription... Les libéraux font donc une subite volte-face. Les libéraux doivent ravaler ce qu'ils nous ont dit depuis 25 ans à l'effet qu'il n'y aurait pas de participation obligatoire aux guerres européennes... Il n'y a pas à revenir... Il faudra oublier les garanties, les engagements formels des chefs libéraux, se soumettre à l'autorité... Mais tout en se soumettant ainsi à l'autorité, il est permis de regretter la conduite de ces chefs libéraux qui ont manqué à leurs promesses en ne disant pas la vérité à la population, en ne préparant pas celle-ci à assumer des responsabilités qu'elle connaît maintenant, mais à la toute dernière minute. »

Au moment du vote sur la loi, seulement deux députés québécois s'opposent à la motion de M. King. Il s'agit de MM. Liguori Lacombe (Laval-Deux-Montagnes) et Wilfrid Lacroix (Québec-Montmorency) qui présentent vainement une motion pour que le service militaire demeure « libre et volontaire. » À l'Assemblée législative du Québec, MM. René Chaloult et Camillien Houde demandent au Parlement de s'opposer au projet de loi fédéral décrétant la mobilisation générale. Le vote y est de 56 à 13, tous les membres de l'Union nationale présents votant avec leur chef, M. Duplessis, en faveur de la motion que repoussent les libéraux.

L'Illustration Nouvelle ne cesse de faire ressortir l'incroyable contradiction entre les libéraux qui, en 1917, accusaient des pires infâmies les conservateurs qui devaient faire face à la guerre et qui, aujourd'hui, moins de vingt-cinq ans plus tard, dénoncent ceux qui s'opposent aux mesures de guerre que leur gouvernement applique. Elle le fera en éditorial et le fera également dans ses pages d'information, répétant durant des semaines des déclarations des libéraux de 1917 et les engagements de libéraux quelques années seulement avant le conflit de 1939.

Au soir de la première Saint-Jean-Baptiste en temps de guerre — plus de cent mille personnes acclament le traditionnel cortège avec chars allégoriques — le gouvernement fédéral impose une taxe de 2 pour cent sur les salaires de $12 et plus par semaine, tandis que les ventes d'autos sont taxées jusqu'à 80 pour cent, sans mentionner toute une kyrielle de nouveaux impôts levés en vue de faire face aux dépenses de guerre.

Durant les quarante-huit heures précédant le lundi 15 juillet, nous assistons à Montréal et ailleurs, dans la province, à la « course au mariage ». Dans toutes les paroisses, on doit célébrer jusque tard le dimanche soir de nombreux mariages. On fait la queue à la porte des presbytères pour faire bénir et légaliser son union et on peut même voir des jeunes garçons à la recherche d'une épouse dans leur voisinage. La raison? C'est que pour la loi de la mobilisation au Canada, seront considérés comme homme mariés seulement ceux qui auront pris femme avant le 15 juillet 1940. À noter qu'il y a « course au mariage » dans chacune des neuf provinces: il n'y avait donc pas que les jeunes gens du Québec qui désiraient échapper le plus longtemps possible à la mobilisation.

Internement de M. Houde

Le mardi 6 août, un gros titre de trois mots seulement, en rouge, occupe toute la première page: « Houde est interné ». Le motif: le Maire, dans un communiqué remis à la presse quelques heures plus tôt, a déclaré qu'il refusait de se conformer à la loi de l'enregistrement national et qu'il demandait à la population de faire de même.

En éditorial, nous dénonçons l'attitude de M. Houde. « Au mois de mars dernier, dit-on, notamment, quand il s'est agi pour le gouvernement libéral de demander au peuple du Canada de ratifier la déclaration de guerre faite par M. King, sans consulter le peuple... M. Houde a appuyé le parti libéral non seulement de son vote, mais de sa personne. À ce moment-là, M. Houde savait que déclarer la guerre c'est décréter par le fait même la conscription et la mobilisation totale de toutes les ressources humaines, morales et matérielles jusqu'au dernier homme et jusqu'au dernier cent. » Nous qualifions la déclaration de M. Houde d'« anti-sociale » et d'« antinationale » et concluons: « À nous de l'ignorer en nous conformant au seul devoir qui nous incombe: nous enregistrer. »

La loi de l'enregistrement national oblige tous les hommes et femmes de plus de 16 ans à s'inscrire entre le 19 et le 21 août 1940. La loi de mobilisation, dont l'enregistrement est une partie, décrète l'entraînement militaire obligatoire pour tous les hommes aptes physiquement, et ce, dans un but de défense intérieure.

L'article 21 des règlements de la Défense du Canada, en vertu duquel M. Houde est interné, autorise le ministre de la Justice à faire interner toute personne qui, par ses actes, peut porter préjudice à la sécurité publique ou à la sécurité de l'État. M. Houde rejoint donc en internement Adrien Arcand et Mario Duliani.

Même s'il n'y a pas d'élection fédérale en perspective, nous ne cessons de faire campagne contre les libéraux et contre leur attitude face à notre participation à la guerre. Ainsi, durant des semaines, sinon des mois, nous aurons en 3e page, à droite, sur 2 colonnes, une chronique divisée en deux parties: « Ce qu'ont dit en 1917 les libéraux » et « Ce qu'ont dit en 1940 les libéraux. » En deux mots, en 1917 les libéraux combattaient avec furie les mesures militaires du gouvernement conservateur, au pouvoir durant la Première Grande-Guerre, alors que maintenant, depuis l'ouverture des hostilités du second conflit mondial, ils adoptent une attitude bien différente.

Lutte au gouvernement Godbout

Le 4 septembre, nous annonçons la nomination d'Albert Plouffe comme correspondant de notre journal à Québec. M. Plouffe est l'ancien secrétaire de M. Duplessis. Trois semaines plus tard, protestation de

L'Illustration Nouvelle parce que son correspondant à Québec, représentant du seul journal d'opposition à la galerie de la presse, n'a pas été invité à se rendre à l'ouverture officielle de la route Mont-Laurier-Senneterre, alors que tous les autres journalistes l'y étaient. Nous affirmons qu'en agissant ainsi, « le gouvernement Godbout s'attaque à la liberté de la presse ».

Autre doléance à l'endroit des autorités provinciales, en éditorial, le 27 septembre:

« Nous apprenons de bonne source que les contremaîtres chargés de la surveillance sur les chantiers de M. Bouchard menacent les chômeurs de leur enlever leur « badge » (leur permettant de travailler) s'ils lisent *L'Illustration Nouvelle* en se rendant aux chantiers, ou s'ils persistent à porter sur eux notre journal, une fois rendus aux chantiers. »

Le 30 septembre, dans un cadre avec bordure mortuaire, surmonté d'un monument funéraire et accompagné des mots « In Memoriam », nous évoquons le « Premier anniversaire d'un engagement mémorable de l'hon. Adélard Godbout. » C'est sa promesse faite à la radio le 30 septembre 1939 à l'effet qu'il s'engageait à démissionner si jamais un seul Canadien français était mobilisé contre son gré.

En éditorial comme en nouvelles, protestations énergiques contre le plan Bouchard, « inhumain » et qui ressemble aux « chain-gangs » des prisons du sud des États-Unis. M. Bouchard oblige en effet les chômeurs à travailler sur certains chantiers s'ils désirent recevoir des prestations. Des miséreux protestent de ce qu'ils n'ont même pas assez d'argent pour s'acheter des billets de tramway et se rendre sur les lieux de leur travail. D'autres chômeurs se disent entassés comme des sardines dans les autobus, etc.

Nous inspirant du journal américain *PM*, nous organisons un concours de prédictions qui connaît du succès. Il s'agit de répondre par un « oui » ou par un « non » à différentes questions concernant des événements à venir. Voici quelques exemples:

« Le club Concordia remportera-t-il la victoire contre le club Canadien, mercredi soir, le 4 décembre, au Forum? »

« *L'Illustration Nouvelle* publiera-t-elle le mardi 3 décembre une annonce de la compagnie KIK? »

« Rapportera-t-on à la Cour du coroner, dans la journée du mercredi 4 décembre, plus d'une mort subite? »

« Le mercure descendra-t-il plus bas que 5 degrés au-dessus de zéro mardi prochain? », etc.

Nous avions promis un beau dollar à tous ceux qui répondraient correctement à onze questions sur douze. Finalement, il faut réduire nos exigences à dix bonnes réponses, tant il s'avère difficile de prédire exactement plus de dix événements.

Des mobilisés

Le 10 octobre, nous annonçons le départ de quatre de nos employés pour leur service militaire, dont Marc Thibeault, chroniqueur théâtral et Roger Meloche, rédacteur sportif. Bien d'autres ne tarderont pas à les imiter et, évidemment, il n'en sera pas toujours fait mention. Une fois la semaine, Marc Thibeault publie durant quelque temps son « Journal d'un mobilisé ».

Jacques DeSerres, qui avait débuté en 1938, au service de la publicité, nous quitte également pour l'Armée. Il sera démobilisé en 1945 avec un grade d'officier. Il entrera alors à l'emploi du *Canada* mais il nous reviendra en 1951 pour, ultérieurement, assumer la direction du service de la publicité.

En janvier 1943, nous serons heureux d'annoncer que Roger Meloche, aviateur de 1re classe, a décroché une médaille d'or et le titre d'« honor student » pour s'être classé bon premier à l'issue du cours de l'instruction technique à l'École d'aviation de Saint-Thomas. Ce cours était donné en anglais et Meloche était le seul élève canadien-français.

Novembre 1940 s'amorce une campagne municipale. Il faut élire un maire tandis que les propriétaires désigneront 33 conseillers, les locataires et propriétaires, 33 autres, et les corps publics, 33 également. Au total, par conséquent, un maire et 99 conseillers municipaux. Briguent les suffrages à la mairie: MM. Oscar Belisle, Raoul Trépanier (chef ouvrier), Adhémar Raynault (ancien maire), J.-Edmond Hamelin, Me Léonard Trépanier, Léon Trépanier, Dave Rochon, Me Charlemagne Landry, Joseph Mercure et J.-J. Penverne.

Vers la fin de la campagne, nous ne dissimulerons pas notre sympathie pour le candidat Raynault en lui accordant plus d'espace qu'aux autres et, au matin de la votation, en publiant un premier-Montréal intitulé: « Pourquoi il faut voter pour Adhémar Raynault? ». Ce dernier sera élu avec quelque 16,000 voix seulement, alors que M. Léon Trépanier, un ancien journaliste, en remportera quelque 15,000. À remarquer qu'il y avait, dans cette élection, trois candidats du nom de Trépanier.

Mises à pied massives

L'année 1940 s'achève sur une note désolante. Devant la situation financière toujours plus critique de l'entreprise, j'aurai à me priver, à titre de directeur de l'information, des services de la plupart des membres de mon personnel. Même le président de *L'Illustration Nouvelle*, M. J.-E.-A. Pin, notre chroniqueur ouvrier, sera congédié. Pour quelque temps, nous ne serons que cinq ou six pour rédiger tout le journal réduit à douze pages: Albert Massicotte, Jovette Bernier, Armand Jokisch, Jean Bohémier, et peut-être un ou deux autres au plus. Il nous faut sacrifier notre page frontispice habituellement entièrement illustrée pour y placer des nouvelles qu'accompagneront généralement deux ou trois photos. La page éditoriale est supprimée, tout comme la page ouvrière. L'éditorial consistera en un bref commentaire en tête de la seconde page. Avec Albert Massicotte, particulièrement, j'aurai à rédiger toute l'information et, en même temps, lui et moi devrons voir à la correction des épreuves. Malgré tout, nous parvenons à présenter aux lecteurs un nombre surprenant de nouvelles et à couvrir les principaux événements.

Si nous en sommes réduits à une situation telle, c'est que de France, où il se trouve encore, M. Eugène Berthiaume a adressé à son avocat, Me Gustave Monette, un câblogramme dont la partie essentielle se lit comme suit: « Préférable suspendre parution journal mais maintenir imprimerie. » M. Willie Juneau reçoit alors l'ordre de suspendre la publication dès qu'il le jugera opportun, mais le conseil l'autorise cependant à réduire le journal à son minimum dans un effort ultime pour le sauver. Les sacrifices de ceux qui partent et de ceux qui demeurent n'auront pas été vains puisque *L'Illustration Nouvelle* devait survivre et, au bout d'un certain temps, publier de façon à peu près régulière seize pages au lieu de douze.

1941

Temps de guerre

Même si notre éditorial, comme je l'ai écrit dans le chapitre précédent, se limite à quelques lignes en tête de deuxième page et aborde généralement des sujets aucunement compromettants, il nous arrive d'être agressifs. Ainsi, devant l'attitude de M. Godbout, premier ministre du Québec, face au rapport Sirois-Dafoe, nous n'hésitons pas à qualifier le chef libéral du Québec de « marionnette ». « Il est indéniable, écrivons-nous, le 15 janvier, que les recommandations Sirois-Dafoe sont préjudiciables aux Canadiens français. Puisque, M. Godbout, vous désirez « coopérer » avec Ottawa, cela veut-il dire qu'il va nous falloir sacrifier certains de nos droits pour faire plaisir à MM. King et Lapointe? Mais pourquoi interroger M. Godbout? C'est toujours le montreur de marionnettes qui parle et non la marionnette elle-même. »

Nous appuyons quand même l'effort de guerre du Canada. D'ailleurs, dans les premiers temps du conflit, une forte partie de notre publicité payante proviendra du gouvernement fédéral et des divers organismes qu'il a créés à l'occasion des hostilités. En février, nous y allons de notre contribution en publiant durant plusieurs jours, au bas de la 1re page, sur toute la largeur de celle-ci, le message suivant:

« Aujourd'hui nous sommes tous au front. (Sa Majesté le Roi)

« Achetez des certificats d'épargne de guerre régulièrement.

« L'Illustration Nouvelle »

Le 9 février 1941, journée de prières à Montréal, pour demander la victoire. Une messe votive est célébrée à l'église Notre-Dame et Son

Éminence le cardinal Villeneuve y adresse la parole. Pour la circonstance, nous publions sept pages complètes de photographies sur la cérémonie religieuse et sur la parade militaire qui suit. Cela nous vaut de paraître sur 20 pages au lieu de 16.

À cette époque, nous vendons à nos bureaux, au prix de 25 cents chacune (ou 30 cents par la poste), une « Carte de guerre » corrigée avec tous les principaux fronts des combats. La vente est excellente car le public suit de très près les événements d'outre-mer.

Je constate avec satisfaction que la plupart des confrères mis à pied vers la fin de l'année 1940 ont vite trouvé du travail.

Le 20 février, nous inaugurons la publication d'une « Revue de la presse mondiale » fort intéressante. L'auteur est un fonctionnaire d'Ottawa qui occupe ses loisirs à la lecture de journaux et revues que l'on trouve en grand nombre à la Bibliothèque du Parlement.

Une offre spéciale d'abonnement est faite aux militaires: quatre mois d'abonnement pour seulement $1.25. En éditorial, *L'Illustration Nouvelle* poursuit sa campagne contre le projet de canalisation du Saint-Laurent et ne cesse de faire la lutte à MM. King et Godbout. Nous multiplions les rappels de déclarations de libéraux éminents contre la conscription et contre le gouvernement Meighen, lors de la Première Grande-Guerre. Ces déclarations remontant à 1917 contrastent grandement avec les propos des mêmes personnages politiques vingt-quatre ans plus tard.

La survivance de *L'Illustration Nouvelle* déçoit passablement certains fanatiques libéraux. *L'Autorité*, un hebdomadaire sympathique au parti libéral, écrit ceci le 22 février 1941:

« *L'Illustration Nouvelle*, organe officiel de M. Duplessis lorsque le Mauricien faisait la pluie et le beau temps à Québec, n'a plus qu'un souffle de vie. Son personnel est devenu squelettique. Ses rédacteurs ne sont plus que des ombres. Aussi cherche-t-on dans leurs articles ou leurs comptes rendus un semblant de consistance sans pouvoir le trouver. C'est que le mécène qui l'aidait à se tenir debout depuis la chute du Mauricien est actuellement nourri par la Croix-Rouge (évidemment, on fait allusion à M. Eugène Berthiaume) quelque part en France, ne pouvant recevoir un sou du Canada, par suite du blocus britannique. L'Union nationale tente vainement d'intéresser ses bâilleurs de fonds ordinaires au sort de la feuille moribonde, mais ceux-ci n'ont cure du journal « rose nénane ». »

Ce n'est pas tellement méchant mais c'est beaucoup exagéré. Nous n'avions jamais été l'organe officiel de M. Duplessis et bien que le personnel fut devenu squelettique, il règne dans notre salle de rédaction un climat d'enthousiasme, un esprit de persévérance et de résistance qui permettent à notre journal de passer glorieusement à travers cette crise. Déjà, avec à peine une dizaine d'années d'existence, ce quotidien en a vu bien d'autres. Et il en verra également bien d'autres.

La mort de Louis Francœur

Le dimanche 1ᵉʳ juin 1941, nous apprenons avec consternation la mort de notre ancien rédacteur en chef, Louis Francœur. À 46 ans, il a succombé à l'hôpital Saint-Luc, à la suite d'un accident d'automobile survenu le jeudi soir précédent, dans les Laurentides. Le même accident a provoqué la mort instantanée de trois autres Canadiens français bien connus: MM. Léo-Pol Morin, l'abbé Wilfrid Morin et Fernand Leclerc. Un cinquième passager, le professeur Louis Bourgoin, sera le seul survivant et s'en tirera avec des blessures peu graves.

Pas moins de cinquante mille personnes défilent devant la tombe de Louis Francœur, à l'Institut des Sourdes-Muettes, rue Saint-Denis. Il faut attendre près d'une demi-heure avant de pénétrer dans la chambre mortuaire où l'on ne peut, d'ailleurs, demeurer que quelques instants.

Les funérailles ont lieu en l'église Saint-Jacques, le 4 juin. On a rarement vu un cortège aussi long, aussi dense, aussi impressionnant. Douze landaus de fleurs précèdent le corbillard. L'église est remplie à capacité et la majeure partie de la foule doit demeurer aux abords de l'église tout le temps de la cérémonie. Tous les grands de la politique et du journalisme sont présents et, immédiatement après les membres de la famille, on remarque, dans le cortège, deux des meilleurs amis du défunt, le Dr Adrien Plouffe et le Dr Roméo Boucher, qui se trouvaient d'ailleurs à son chevet au moment du décès, ainsi que M. Fernand Dostie, l'un de ses collaborateurs au Service de recherche et d'urbanisme.

Au matin des obsèques, nous publions un texte de Jovette Bernier intitulé: « La tragédie des quatre ». On parle avec raison d'un authentique chef-d'œuvre. Le journal s'enlève et nous recevons des appels téléphoniques, de même que des centaines de lettres de lecteurs regrettant n'avoir pu se procurer ce numéro de *L'Illustration Nouvelle*. M. Juneau, notre directeur général, décide alors de publier le même texte une seconde fois, quelques jours plus tard. Comme nous l'avons annoncé à l'avance, les journaux s'enlèvent une seconde fois et, devant l'insistance d'une multitude de correspondants, nous aurons à imprimer des tirés à part qui, à leur tour, disparaîtront en un rien de temps. Voici ce texte de Jovette-Alice Bernier.

« La Tragédie des Quatre
La figure dominante de Louis Francœur

Il y a des visages que l'on ne peut pas concevoir dans l'immobilité de la mort.

Comment trouver tout à coup des yeux d'ombres, dans ce visage mouvant, énergique et illuminé de Louis Francœur...

Comment trouver des yeux d'ombre dans ce visage vif et amusé de Fernand·Leclerc? Et cet autre visage aux yeux éteints: celui de l'abbé Wilfrid Morin...

Et cet autre visage émerveillé que fut Léo-Pol Morin.

Tous ces grands absents ne répondent plus à l'appel de la vie et du soleil. — Ils y répondaient si bien!

Ils ont, — au même tournant de route et de vie — rencontré la face implacable de leur dure destinée, et ce fut La Tragédie des Quatre.

La résistance forte de Louis Francœur nous avait laissé l'espoir pendant trois jours. Pendant trois jours, il a lutté avec nous pour rester parmi nous. Il est parti le dernier, conscient du triple malheur qui précédait son départ.

« On mesure l'homme à ce qu'il entraîne avec lui », a dit l'un des Goncourt. Louis Francœur emporte des regrets universels, il emporte avec lui le cœur de ses amis, la pensée constante jusqu'à l'obsession de milliers d'admirateurs qui prononcent son nom avec le respect que l'on porte à une chose grande et belle qui dépasse les sentiments communs. Il était pour tous, en tous lieux, la fête de l'intelligence!

Aussi lorsque la nouvelle de sa mort a plané dans les airs (où sa voix d'autorité a couru le pays), lorsque sa disparition fut une chose certaine, décrétée, finie... Lorsque tous les cœurs ont battu à mi-mât. Il n'y eut plus, soudain, ni soleil, ni dimanche: il y avait Louis Francœur dans la mort. Car il fut de ceux-là, si grands, qu'en quittant la terre, ils cachent le soleil.

Et cependant, pendant trois jours, l'espoir têtu de toute une population, un espoir général s'obstina jusqu'à la fin.

Tous nous pressentions que la mort avait touché ce grand blessé mais nous ne voulions pas convenir qu'il fut possible qu'il mourût.

Car il était de ceux-là qui ont porté si haut et si loin, et si bien le flambeau... On a dit « Il ne faut pas que Francœur meure! »

Mais la mort est sourde et aveugle.

Nous avons vu faiblir le grand disparu, mais, jusqu'au dernier moment, personne n'a voulu croire à cette fatale possibilité: sa mort.

Il avait la prescience des choses et sa voix apportait au monde la pure résonnance de la vérité. Il savait mettre dans son verbe souple et sûr, cette sagesse, et à la fois cette gaieté simple, claire et limpide comme sa pensée.

Et parce qu'il fut la figure dominante d'une époque tourmentée, son absence laisse un froid étrange et un immense désarroi. Maintenant « on mesure l'homme à tout ce qu'il a entraîné » du sommet où il est descendu calme et fier, et souriant, pour remonter vers l'immortalité.

Il y a deux mots qui illustrent bien la vie énergique et simple de Louis Francœur. C'est la devise qu'il a choisie dans un moment où la Charité publique tendait la main: ces deux mots catégoriques et cordiaux: « QUAND MÊME! » Deux mots concis, nets, francs comme son nom, et invincibles comme le fut son noble cœur dans les vicissitudes de sa vie.

Nous ne verrons plus, sur l'heure de midi, sourdre, au carrefour Peel et Sainte-Catherine, cette démarche décidée, ce pas d'homme qui sait où il va, jamais pressé et jamais en retard. Cette stature solide et reposante, coiffée de l'impressionnant feutre noir. Louis Francœur, porteur-du-flambeau, que les enfants de tous les quartiers saluaient avec respect, alors que lui, avec sa bonhomie coutumière expliquait: « on me prend pour un rabbin polonais. »

Ce grand disparu qu'est Louis Francœur ne promènera plus sur le monde son regard sympathique, souvent mouillé.

La Situation ce soir (émission quotidienne de Louis Francœur à Radio-Canada) est un deuil immense que le temps ne peut pas altérer beaucoup.

C'est que Louis Francœur a aimé la vie avec tout ce qu'elle signifie d'angoisse, de victoires et de défaites, tout ce qu'elle comporte d'instantanés pénibles et amusants, tout ce qu'elle apporte d'aurores et de crépuscules, d'averses et de coups de soleil. Il a tout regardé de ce regard étonné, peiné, amusé, ravi et résigné.

Il a tout aimé. Avec son cœur de poète qu'il dissimulait quelquefois, mais qui paraissait quand même à travers le prisme de sa joie ou de sa peine, avec ce cœur démesuré, il a dû, à ses derniers moments, penser comme son confrère Jean Toulet « ce n'est pas drôle de mourir et d'aimer tant de choses! »

Il disait « après quarante ans, vivre ça va tout seul ».

Ça va tout seul quand le destin ne se met pas en travers de la route d'une façon si péremptoire qu'il faille abdiquer.

Il a hautement et bellement lutté, avec la joie des forts et des simples. Arrêté au sommet de sa glorieuse ascension, rendu au terme de la philosophie souriante, il pouvait dire avec Gœthe:

« J'ai appris à vivre, mon Dieu, maintenant, accordez-moi le temps d'en profiter un peu. »

Il n'a pas eu le temps de se reposer. Il a cherché le repos de trois heures, jeudi dernier loin de la ville et par ce chemin il a trouvé le repos éternel.

Louis Francœur emporte nos regrets mais il a laissé, pour le continuer sur la terre, un fils magnifique et une épouse admirable.

Mais le pas de l'absent — le pas qui décroît de plus en plus dans l'éternité des temps, laisse un bruit mourant dans nos cœurs.

JOVETTE BERNIER »

Invasion de la Russie

Les nouvelles internationales ne cessent d'être déprimantes. Le 19 juin, des rumeurs lancées par la radio nous font annoncer que les nazis ont envahi la Russie. L'information sera confirmée deux ou trois jours plus tard alors que le chancelier Hitler dévoilera au monde qu'il s'en prend à la Russie « pour sauver l'Europe ».

Les communistes canadiens, qui combattaient l'effort de guerre du Canada, vont maintenant réclamer à grands cris un effort de guerre plus intense et l'ouverture d'un second front pour porter secours à l'U.R.S.S.

Le 24 juin, cette année-là, Montréal célèbre la Saint-Jean-Baptiste comme à l'accoutumée. Les chars allégoriques sont beaux et nombreux et les personnages, dits « officiels », continuent de déambuler rue Sherbrooke coiffés du haut-de-forme, vêtus de la redingote et du pantalon rayé et munis de la canne traditionnelle.

Les ralliements et assemblées se multiplient à travers toute la ville pour appuyer la campagne de l'Emprunt de la Victoire. Des parades s'organisent, des films sont montrés et chaque district tient à atteindre son objectif.

Arrivée de M. J.-N. Cartier

Le 1er août 1941 apparaît une figure nouvelle à la direction du journal. Il s'agit de M. Jacques-N. Cartier, président et directeur général: il succède à M. Willie Juneau. M. Cartier songe à donner une orientation nouvelle au journal et même à en changer le nom. Nous écartons la partisanerie politique, nous favorisons l'entreprise privée et l'esprit d'initiative et nous nous attaquons aux idéologies socialistes et communistes.

Dès le lundi 11 août, le nom de *Montréal-Matin* apparaît en exergue de celui de *L'Illustration Nouvelle*. Progressivement, *Montréal-Matin* apparaît en lettres plus grosses tandis que *L'Illustration Nouvelle* va s'estompant jusqu'au jour où ce titre ne sera plus qu'en cinq points et demi pour finalement disparaître complètement.

Autre décision de M. Cartier: le 18 août, le papier rose cède sa place au papier blanc ordinaire. De plus, Me Ernest Simard reçoit la mission de faire enregistrer au bureau des brevets et droits d'auteur à Ottawa, non seulement le nom de *Montréal-Matin*, mais également ceux de *Montréal-Midi*, *Montréal-Soir* et *Montréal-Nuit*. À la même époque, M. Paul Dorais, comptable de la compagnie, devient membre du conseil d'administration par suite du départ de Me J.-P. Verschelden.

M. J.-N. Cartier, qui demeurera avec nous jusqu'en 1947, c'est-à-dire jusqu'à l'acquisition du journal par l'Union nationale, connaît bien le monde de la presse, pour avoir été à l'emploi de quotidiens américains de Hearst ainsi que de Central News, de Londres. C'est également l'un des pionniers canadiens de la radiodiffusion. Il a travaillé pour Marconi aux côtés de David Sarnoff qui devait devenir président de Radio Corporation. Il a installé et organisé plusieurs stations radiophoniques aux États-Unis. Quand éclata la Première Grande-Guerre, en 1914, il fut l'un des premiers à s'enrôler en qualité d'expert en t.s.f. pour l'aviation. Aviateur chevronné, il échappa à la mort à plusieurs reprises et il était membre du service de contre-espionnage de l'armée impériale quand la guerre prit fin.

En 1922, il organise et prend la direction du poste CKAC, de *La Presse*. On m'a déjà raconté, à son sujet, — pas lui, parce que c'était un modeste — qu'un tremblement de terre se produisit à Montréal le 28 février 1925, à 9 h. 21 du soir. Le séisme provoqua des paniques dans les salles de cinéma mais il n'y eut, en tout, semble-t-il, qu'un blessé. Et ce blessé, M. Leonard Spencer, ingénieur au poste CKAC, eut la vie sauve grâce à M. Cartier qui se trouvait alors au poste. L'ingénieur fut en effet victime d'un choc électrique à cause de la secousse. Conservant son sang-froid, M. Cartier coupa immédiatement le courant et interrompit l'émission en cours pour se porter à l'aide de son compagnon.

Par la suite, il s'intéresse à diverses entreprises, notamment à la fondation du *Petit Journal*. À l'élection fédérale de 1930, M. J.-H. Rainville, organisateur conservateur pour la province de Québec, en fait son bras-droit. Il se révèle alors un organisateur hors pair et, à la surprise générale, le parti conservateur dirigé par M. Bennett fait élire 24 députés au Québec, ce qui lui permet de prendre le pouvoir. Sauf erreur, M. Cartier devait être en 1930 le seul Canadien à prendre place à bord du dirigeable R-100 alors que ce dernier quittait Saint-Hubert pour retourner en Allemagne.

En 1933, la maladie oblige M. Cartier à prendre un assez long repos mais en novembre 1934, je l'ai déjà mentionné, le gouvernement fédéral le priait d'accepter la vice-présidence de la Commission canadienne de la radiodiffusion.

Dès son arrivée à *Montréal-Matin*, M. Cartier se voue corps et âme à sa nouvelle tâche. Il se rend à son bureau sept jours par semaine. Il s'y trouve presque tous les soirs et suit de près le fonctionnement de chacun des services. Ses efforts ne sont pas vains car bientôt nous voyons avec satisfaction notre tirage s'accroître et notre journal s'améliorer dans sa tenue et son contenu.

En août, nous commençons la publication des listes de victimes (morts, blessés, portés disparus). Il en sera ainsi jusqu'à la fin de la guerre et chaque jour ces listes seront scrutées attentivement par les lecteurs qui, très souvent, y apprendront la disparition d'un parent, d'un ami, d'une connaissance.

Le vendredi 26 septembre 1941 paraît le dernier des billets quotidiens de Jovette Bernier publiés sous la rubrique: « Que dis-tu? Que dit-on? » Désormais, elle se consacrera davantage à ses émissions radiophoniques (elle sera d'ailleurs, durant une vingtaine d'années, l'un des auteurs radiophoniques les plus appréciés avec *Quelles nouvelles?*) et collaborera à différentes publications. Mme Simone Gélinas lui succède mais elle se contentera tout d'abord du pseudonyme de Jeannette. Journaliste de talent, Mme Gélinas peut, au besoin, faire du reportage général, chose assez rare en 1941, dans nos salles de rédaction, où l'on confine généralement la femme journaliste aux chroniques féminines. Son concours nous sera fort utile en maintes circonstances où il faudra déléguer un reporter et qu'il n'y aura aucun des journalistes réguliers disponible.

En dépit de l'espace restreint dont il dispose, notre journal peut se vanter d'offrir à ses lecteurs un plus grand nombre d'informations que d'autres journaux plus volumineux. Mais chez nous les nouvelles sont brèves, concises, bien qu'il y ait toujours place pour des comptes rendus élaborés quand les circonstances l'exigent. En octobre 1941, on peut lire quotidiennement une chronique intitulée: « Potins de la capitale » (Ottawa). On y trouve, résumées en quelques lignes, une multitude d'informations intéressantes. On fera d'ailleurs un peu la même chose pour Sherbrooke et pour Québec.

En novembre 1941, nomination d'un nouveau directeur de la publicité, M. W. Campbell. Le même mois, MM. Pin et Délâge quittent le conseil d'administration qui, dès lors, sera composé comme suit: président, M. J.-N. Cartier; vice-président, Joseph Bourdon; secrétaire-trésorier, Paul Dorais.

M. Ernest Lapointe disparaît

Le 26 novembre 1941, à Montréal, à l'hôpital Notre-Dame où il se trouvait depuis plusieurs jours déjà, l'hon. Ernest Lapointe, principal lieutenant de M. King et porte-parole de l'élément canadien-français à Ottawa, succombe à une maladie du cœur.

Même si cet homme politique était sévèrement critiqué au Québec depuis le début de la guerre, la population en est attristée. *Montréal-Matin* n'hésite pas à dire que la nation est en deuil. En éditorial, on écrit que les actes de M. Lapointe peuvent « être jugés, condamnés ou loués », mais que la sincérité de ce dernier ne laisse aucun doute. Diplomate averti, il avait fait honneur au Canada à plusieurs reprises, alors qu'il avait été délégué pour représenter le pays à l'étranger.

L'article conclut: « M. Lapointe était fils de cultivateur et s'il est devenu l'un des hommes d'État les plus importants de son pays, c'est qu'il a étudié, c'est qu'il a travaillé sans relâche. Ce seul fait est suffisant pour nous incliner devant la tombe de celui qui vient de nous quitter. »

Le 7 décembre 1941, les États-Unis sont à leur tour plongés dans la guerre. Nous nous trouvons maintenant en face d'un conflit mondial et celui-ci compliquera encore davantage la publication du journal.

Notre tirage pour l'année 1941 n'atteint pas 10,000 numéros par jour, surtout à cause du nombre restreint de nos pages. Tirage précis 9,402.

1942

L'année du plébiscite

L'année 1942 sera une autre année difficile pour *Montréal-Matin*. M. Cartier réussira, malgré tout, à faire survivre l'entreprise et à augmenter le tirage du journal qui, pourtant, ne comptera généralement que seize pages. La première page de notre quotidien, maintenant sur papier blanc et non sur papier rose, demeure presque constamment illustrée, même si nous n'avons pas les moyens de nous offrir un photographe à temps plein pour les événements locaux. Nous nous alimentons à notre service d'illustrations de Toronto et, en outre, les différents ministères fédéraux et certaines entreprises privées nous procurent gratuitement des photographies, dont un certain nombre d'intérêt local.

Les pages une, deux et trois sont consacrées à la nouvelle d'intérêt général; 4ᵉ page, information générale et deux ou trois éditoriaux; 5ᵉ page, information générale; 6ᵉ page, théâtre, cinéma, radio; 7ᵉ page, bandes illustrées (cinq); 8ᵉ et 9ᵉ pages, les deux pages du centre, généralement des photos, bien qu'il arrive qu'il faille les sacrifier, en tout ou en partie, à de l'information importante ou à de la publicité; 10ᵉ et 11ᵉ pages, pages féminines avec chronique de Simone Gélinas (Jeannette), menu quotidien, chronique du Dr Adrien Plouffe, mondanités, feuilleton, horoscope, mots-croisés, dessin à reconstituer, etc.; 12ᵉ page, nouvelles financières; 13ᵉ, 14ᵉ et 15ᵉ pages, les sports; 16ᵉ et dernière page, information générale. Malgré tout, les chroniques sont multiples: nouvelles ouvrières, chronique universitaire, information littéraire, biographie quotidienne, nouvelles municipales, l'opinion des autres, etc. Il faut aussi mentionner les enquêtes auprès des lecteurs, sans oublier une rubrique assez originale qui consiste à parler d'un personnage en vedette en interrogeant ceux qui le connaissent bien. Par exemple, le maire Adhémar Raynault vu par sa femme, son secrétaire, son coiffeur et d'autres.

Bref, revu après toutes ces années, *Montréal-Matin* apparaît comme journal passablement complet en dépit du peu d'espace disponible. Il est vrai que la publicité n'est guère abondante. Toutefois, la formule des nouvelles brèves et nombreuses (brèves, sauf pour les événements très importants, cela va de soi), des chroniques variées, des commentaires courts et concis, une mise en page soignée, — formule qu'affectionnait M. Cartier, un élève des journaux de Hearst aux États-Unis — avait du succès.

Il n'est pas nécessaire de souligner que dans chaque numéro ce sont généralement les nouvelles de guerre qui dominent en 1942. Et ces nouvelles ne sont pas toujours enthousiasmantes. Les informations et renseignements sur le rationnement, sur le recrutement, le contrôle des loyers, la récupération, l'Emprunt de la Victoire et les certificats d'épargne abondent.

Le 22 janvier 1942, à Ottawa, le discours du Trône annonce qu'un plébiscite sera tenu à travers le pays pour obtenir l'autorisation d'imposer la conscription pour service outre-mer, si nécessaire, et cela en dépit des engagements passés de la plupart de nos hommes politiques canadiens-français. Quelques jours plus tard, le Canada fait don d'un milliard de dollars à la Grande-Bretagne. Le premier ministre Adélard Godbout, s'adressant aux libéraux de Saint-Denis-Dorion, à l'école Lamennais, est souvent interrompu par des jeunes gens qui veulent l'interroger sur les engagements qu'il a pris relativement à la conscription.

Aux Communes, nombre de députés québécois ne se sentent pas

du tout à leur aise devant l'attitude de M. King. M. Liguori Lacombe, député de Laval-Deux-Montagnes, annonce en janvier la formation de son Parti canadien. En février, au marché Saint-Jacques, M. Henri Bourassa demande à la population de répondre « Non » au plébiscite. Avec MM. Maxime Raymond, député aux Communes, le Dr J.-B. Prince, MM. Gérard Filion, André Laurendeau et Jean Drapeau, alors étudiant, il parle sous les auspices de la Ligue pour la défense du Canada. Le 22 février, à Montréal, c'est l'exercice d'obscurcissement entre 8 h. 45 et 9 h. 30 du soir. Tout s'arrête dans la ville, y compris le service de tramways.

Le 24 février, en éditorial, *Montréal-Matin* proteste contre l'excès des nouvelles de guerre à la radio. Parfois, les stations demeurent ouvertes 24 heures par jour et l'on a constaté, tant aux États-Unis qu'au Canada, l'existence d'une nouvelle maladie, la « radio fatigue ». La radio, soutenons-nous, par ses émissions prolongées, compromet la santé de nombre de gens, à cause de la tension, du manque de sommeil et de la peur qu'elle engendre. Nous demandons donc que soit limité le nombre de bulletins de nouvelles.

On annonce la date du plébiscite national: 27 avril. Peu après sont adoptées des mesures radicales comme le service militaire pour tous les hommes de 18 à 30 ans, des restrictions dans la fabrication des vêtements, l'impossibilité pour le travailleur de la terre de quitter son emploi sans autorisation, etc. Les assemblées anticonscriptionnistes se multiplient.

Montréal-Matin adopte, au cours de cette période, une attitude de complète neutralité. Quand l'éditorialiste montre un peu les dents, c'est pour dénoncer ceux jugeant insuffisant l'effort de guerre du Québec. Résultat du plébiscite à travers le pays: 1,547,724 citoyens votent « non » au plébiscite de M. King et 2,570,088 votent « oui ». Au Québec, les « non » dominent, soit 971,925 contre 375,650 « oui ».

Plusieurs cérémonies marquent au cours de l'année le troisième centenaire de la ville de Montréal, particulièrement en mai. Il s'agit, nécessairement, de fêtes plutôt modestes. Le 18 mai, la population est appelée à pavoiser et il y a parades, messe en plein air, concert et autres événements du genre, sans oublier un ralliement des écoliers au Stadium de la rue de Lorimier.

Le 11 juin, un ministre de M. King, M. P.-J.-A. Cardin, annonce son opposition formelle au projet de loi libéral sur la conscription, en déclarant: « Il est vrai que le devoir de la minorité est de faire des concessions à la majorité et c'est ce que nous, du Québec, avons fait depuis la Confédération. Mais vient un moment où les concessions d'un homme public ressemblent à des trahisons. Je veux m'arrêter à temps dans cette voie. »

Avec le massacre de Dieppe, le 19 août, les listes de soldats canadiens tués, disparus ou manquant à l'appel se font de plus en plus longues.

À l'éditorial

À l'automne de 1941, la maladie m'oblige à un repos d'un mois. Finalement, j'abandonne pour de bon la tâche de directeur de l'information: je rédigerai les éditoriaux et ferai du reportage. Ce genre de travail me permet de sortir rapidement vainqueur d'une dépression nerveuse. M. Cartier se montre en la circonstance d'une très grande bonté pour moi, voyant à limiter le plus possible mes heures de travail.

Sauf en quelques rares circonstances, je ne retournerai plus au « pupitre ». Albert Massicotte me succédera, puis Jean-Aubert Loranger et, par la suite, tout au cours des années, Bernard Turcot, Christian Verdon, Marc-René de Cotret, Lucien Langlois, Paul Rochon, Paul Gros d'Aillon, Yvon Dubois, Marcel Vleminckx, Urgel Lefebvre, Jerry Trudel et d'autres.

J'aimerais souligner ici que, jusque vers 1960, le travail de directeur de l'information ou « city editor » était des plus ingrats. Celui qui remplissait ces fonctions devait, surtout dans un petit journal comme le nôtre, diriger le travail de toute une salle de rédaction (sports exceptés), voir à la mise en page, relire les textes et, fréquemment, rédiger les titres. La situation, je le crois, n'était pas alors tellement différente chez nos concurrents. Ce qui veut dire demeurer aux aguets 24 heures par jour, sept jours par semaine. À ce rythme, une santé s'épuise vite. Aujourd'hui, Dieu merci, les choses ont bien changé.

M. Cartier m'initie à la rédaction des éditoriaux, travail que j'avais exécuté depuis quelque temps mais en amateur. Nous aimons tous deux la formule du *Daily News* et du *Daily Mirror*, de New York, tant pour l'éditorial que pour le reste du journal et nous faisons de notre mieux pour l'appliquer à *Montréal-Matin*, compte tenu des moyens à notre disposition. Les éditoriaux sont donc plutôt courts (à la façon de Louis Francœur, brio en moins) et parfois illustrés. Rédigeant les éditoriaux et faisant en même temps du reportage, je constate qu'il y a grand avantage à ce qu'un éditorialiste se rende « sur place » avant de commenter certains événements. L'éditorialiste peut, assurément, demeurer confiné à son bureau, mais tant mieux s'il lui est également possible d'aller ici et là, de prendre le pouls du public et de respirer l'atmosphère des milieux auxquels il s'intéresse.

Jean-Aubert Loranger

Début septembre, engagement d'un nouveau directeur de l'information, Jean-Aubert Loranger. Malheureusement, ce dernier meurt quelques jours plus tard emporté par une maladie soudaine. Loranger, âgé de 46 ans, avait fait du journalisme à *La Patrie* et à *La Presse*, pour devenir ensuite secrétaire privé de l'honorable Alfred Duranleau, alors ministre de la Marine à Ottawa. Il devait cependant revenir au journalisme, il avait quitté un poste à *La Patrie* pour assumer ses nouvelles responsabilités à *Montréal-Matin*. Jean-Aubert Loranger était également poète et l'auteur de plusieurs ouvrages. L'un de ses fils, alors lieutenant dans l'Armée canadienne, avait été peu auparavant à l'emploi de notre journal.

En peu de temps, Montréal avait perdu trois de ses journalistes les plus éminents. D'abord Louis Francœur, ensuite Louis Dupire, du *Devoir*, et enfin Jean-Aubert Loranger.

Le samedi 3 octobre 1942, dévoilement d'un monument à la mémoire de Louis Francœur, notre ancien rédacteur en chef, au parc Lafontaine, non loin de l'école Le Plateau. Le monument est l'œuvre du sculpteur Henri Hébert. La cérémonie se déroule en présence de la veuve, de la mère et du fils du disparu. C'est le jeune Jacques Francœur qui dévoile le monument en présence d'une foule de journalistes et d'hommes politiques. Prennent la parole, outre Gaétan Benoit, président du comité du monument, MM. Oswald Mayrand, rédacteur en chef de *La Patrie*; le maire de Montréal, M. Adhémar Raynault; Ernest Pallascio-Morin, Henri Hébert et Louis Bourgoin. Sauf erreur, une plaque était également dévoilée, un peu plus tard, à la galerie de la presse du Parlement, à Québec.

Alors que l'année 1942 commence, il y a de nouvelles figures à la salle de rédaction: Salluste Duval-Lemyre et Armand Gélinas (auparavant journaliste franco-américain) sont du nombre. En avril 1942, Maurice Huot se joint à notre équipe. Il s'occupe d'une façon particulière de théâtre et de cinéma. Il nous quitte à l'automne. Jean De Laplante se joint à nous en novembre 1942. Il s'occupe de la chronique judiciaire, de l'éducation, etc. En 1962, Jean De Laplante écrira un roman fort apprécié, *Le Petit Juif*.

Jean Bohémier, chroniqueur sportif à notre service depuis juin 1931, nous quitte en 1942. Il passera à l'emploi du Forum. Novembre 1942, Jean-Marie Morin débute à *Montréal-Matin*. Plus tard, à *La Presse*, il deviendra le président du Syndicat des journalistes et, encore jeune, mourra subitement, laissant outre son épouse, deux ou trois enfants adoptifs. C'était un homme de grand cœur.

La campagne d'Outremont

Le 6 octobre, le gouvernement fédéral annonce pour le 30 novembre, une élection complémentaire dans la division d'Outremont. M. Thomas Vien, député de ce comté, est appelé à siéger au Sénat et le général L.-R. LaFlèche, qui vient d'être nommé ministre des Services nationaux de guerre (de sous-ministre qu'il était) brigue les suffrages dans Outremont pour le parti libéral.

Au début d'octobre, également, M. Maxime Raymond annonce que le nouveau mouvement politique qu'il préside portera le nom de « Bloc populaire canadien »: il œuvrera aussi bien dans le champ fédéral que dans le champ provincial.

Le Bloc ayant cependant décidé de ne pas faire la lutte dans Outremont, Me Jean Drapeau, directeur de la Ligue pour la défense du Canada, annonce qu'il briguera les suffrages à titre de « candidat des conscrits ».

113

Ce sera une campagne passablement mouvementée que j'aurai l'avantage de couvrir à peu près en son entier.

Les assemblées de M. Drapeau attireront des foules considérables car on viendra des quatre coins de la ville pour l'entendre. Mais voici que quelques heures après l'ouverture de la campagne du « candidat des conscrits », la Gendarmerie royale met aux arrêts l'un des lieutenants de M. Drapeau, Marc Carrière, un jeune homme de 22 ans, lui reprochant certaines déclarations faites lors de la première assemblée. (Des procédures seront entamées afin d'obtenir la libération de M. Carrière mais l'année prendra fin sans qu'elles aient du succès. Les audiences se déroulent dans une salle du vieux palais de justice et au nombre des personnes qui s'intéressent à la cause, on remarque Mme Camillien Houde).

Me Jean-J. Penverne, conservateur bien connu, fait la lutte aux côtés du général LaFlèche. Au nombre des principaux orateurs de M. Drapeau, M. Michel Chartrand, déjà un fougueux tribun. La campagne n'est pas toujours facile à couvrir, surtout pour les journalistes des quotidiens de langue anglaise. Les orateurs s'en prennent fréquemment, en effet, à la *Gazette* et au *Star*. Un soir, le professeur Jean-Louis Arbique dénonce avec tellement d'éloquence les « journaux reptiles » qu'on s'écrie dans la foule: « Sortez les journalistes! » M. Arbique intervient immédiatement pour calmer les esprits et expliquer que ce ne sont pas les journalistes qui sont visés, qu'ils sont de « bons garçons », etc. M. Henri Bourassa prend la parole en faveur de M. Drapeau à l'une des dernières assemblées de ce dernier. Le général LaFlèche sort vainqueur avec douze mille voix tandis que le futur maire de Montréal en récolte quelque sept mille. Le même jour, dans Charlevoix-Saguenay, un candidat indépendant, M. Frédéric Dorion obtient quelque trois mille voix de majorité contre Mme Pierre-F. Casgrain, candidate du parti libéral.

« **Commandos de l'Emprunt** »

Dans le but de favoriser l'Emprunt de la Victoire, nous accordons fréquemment une manchette de première page à cette campagne. On pourra lire, par exemple, des mots d'ordre comme ceux-ci: « Le soldat donne sa vie, prêtons notre argent », « Soyons tous des commandos de l'Emprunt » et autres du genre.

En novembre, fidèle à la politique adoptée dès l'arrivée de M. Jacques-N. Cartier, nous publions une série d'articles intitulée: « La vérité sur le capitalisme. » Elle est l'œuvre d'un économiste canadien qui garde l'anonymat.

Autre trait de cette époque de guerre: nous demandons à nos lecteurs de toujours se procurer leur numéro de *Montréal-Matin* chez le même dépositaire. « De cette façon, mentionnons-nous, votre marchand de journaux ou restaurateur pourra commander le nombre exact de numéros dont il a besoin pour satisfaire sa clientèle. Le nombre des exemplaires non vendus étant ainsi diminué, vous aiderez à économiser le papier, ce que recommande le gouvernement. Participez à la récupération en ne détruisant pas vos vieux journaux. »

Le 14 décembre, élection municipale. M. Adhémar Raynault brigue à nouveau les suffrages. Il reçoit l'appui « du seul ex-maire à habiter Montréal », M. Médéric Martin, conseiller législatif. MM. Hector Dupuis, Joseph Benoit et Raoul Périllard sont ses adversaires. À noter que pour pouvoir voter, il faut présenter sa carte d'inscription nationale. « Une mauvaise nouvelle pour les « télégraphes », soutenons-nous.

Nous renseignons sur les principales assemblées de la campagne municipale sans favoriser un candidat plutôt qu'un autre. La question de l'élection municipale ne sera abordée en éditorial qu'au matin de la votation: un vote pour M. Raynault sera un vote pour le maintien du régime des 99 (trois classes de conseillers) et un vote pour M. Dupuis, un vote contre le régime électoral actuel et en faveur du retour à l'ancien système. M. Raynault est réélu avec 13,000 voix de majorité, M. Dupuis étant son seul adversaire à conserver son dépôt.

1943

Toujours un format restreint

Il n'est pas banal que notre journal ait survécu aux années de guerre, peut-être particulièrement à l'année 1943 au cours de laquelle nous devrons presque constamment limiter le nombre de nos pages à seize. Quoique sans service de photographe local, *Montréal-Matin* demeure abondamment illustré, bien renseigné et continue de publier des chroniques aussi variées qu'intéressantes. La publicité se fait toujours passablement rare. Notre principal annonceur, c'est l'État.

Le 26 janvier de cette année-là, nous apprenons la mort d'Édouard Baudry, 33 ans, qui avait collaboré à *L'Illustration*, sur l'avenue du Parc. Il avait ensuite opté pour la radio où il s'était créé une réputation enviable, notamment en créant l'émission *Rue Principale*. Correspondant de guerre de Radio-Canada, « Eddy » avait pris place dans un avion transportant d'autres journalistes et qui, s'étant égaré, avait été abattu par la DCA, quelque part au Maroc.

Gérard Déry, du *Montreal Star*, collabore durant quelque temps à notre journal et c'est probablement à cette époque, également, que Jean Langlois, autrefois chroniqueur politique du *Canada*, et Lucien Champeau, reporter à *La Presse*, nous prêtent leur concours. Albert

Massicotte agit alors avec beaucoup de zèle et de talent comme directeur de l'information.

(Je me permets d'ouvrir ici une parenthèse pour m'excuser à l'avance auprès des confrères que je ne mentionnerai pas au cours de ces différents chapitres et qui ont cependant collaboré eux aussi, durant un certain temps, à la rédaction du journal. En outre, par suite des nombreux changements d'administration, je n'ai pu retrouver de documents qui m'auraient permis de dresser une liste complète de tous ceux ayant fait partie de notre personnel. Malgré mes efforts, je sais que j'aurai à déplorer de regrettables oublis.)

En dépit de toutes les restrictions de guerre et de la hausse du prix du papier journal, nous parvenons à offrir un journal qui plaît puisque, fin juillet 1943, nous sommes heureux d'annoncer que notre tirage a fait un bond de mille numéros en une seule semaine.

Un communiste élu

Le 9 août 1943, quatre élections complémentaires fédérales se tiennent, dont deux dans la province de Québec. Résultat: quatre défaites pour les libéraux. Hors du Québec, deux candidats du CCF remportent la victoire, tandis que Cartier (Montréal) élit un communiste, M. Fred Rose, et Stanstead, un candidat du Bloc populaire, M. Armand Choquette, en faveur de qui M. Jean Drapeau a fait campagne.

Au lendemain de cette élection, notre commentaire est le suivant:

« M. Fred Rose, communiste avéré, interné par le gouvernement fédéral lors de la déclaration de la guerre en 1939, parce qu'il agissait au détriment des intérêts de notre pays, libéré par la suite avec tous les autres chefs communistes, est maintenant le représentant de la population de Montréal-Cartier à la Chambre des communes.

« C'est une magnifique victoire pour ceux qui condamnèrent notre lutte contre l'Allemagne jusqu'à ce que cette dernière s'attaque à la Russie soviétique. C'est une magnifique victoire pour ceux qui, durant des années, prêchèrent le renversement de l'ordre établi par le recours aux moyens radicaux.

« Rose a été élu parce que les partis de l'ordre, quels que soient leurs noms, n'ont pas réalisé le danger communiste et ont préféré se battre entre eux: espérons que la leçon profitera. »

Pour les libéraux, c'est la deuxième grosse défaite en cinq jours, vu la victoire des conservateurs contre les libéraux dans l'Ontario. À noter que, dans Montréal-Cartier, le candidat libéral, M. Lazarus Phillips, s'est classé troisième seulement, venant après M. Paul Massé, ancien journaliste, candidat du Bloc populaire, qui est arrivé bon deuxième.

Le 24 août, revenant sur l'élection de M. Rose, nous maintenons que les communistes ou « progressistes-travaillistes » ou « ouvriers-progressifs » « sont plus dangereux que jamais ». Les révélations lors de l'enquête Kellock-Taschereau, quelque temps plus tard, allaient nous donner raison.

116

Discrétion de la presse canadienne

Le fait suivant, qui fait l'objet d'un éditorial le 12 août 1943, à la veille de la Conférence de Québec, donnera peut-être une idée de l'attitude de la presse canadienne en cette période de guerre. Il y avait plusieurs jours que des journalistes canadiens — ceux de Québec et de Montréal, tout au moins — étaient au courant de la venue de M. Churchill à Québec. La censure avait cependant donné des directives très précises et personne n'en souffla mot. Cependant, un journal d'Angleterre et un autre des États-Unis se mirent à parler de rumeurs au sujet d'une conférence prochaine entre MM. Roosevelt et Churchill au Canada. Il va sans dire que tous les journaux canadiens étaient furieux d'avoir été ainsi « scoopés » parce qu'ils se conformaient aux ordres de la censure canadienne. Nous concluons notre commentaire comme suit:

« Nous préférons, toutefois, qu'il en soit ainsi et que l'honneur de notre presse soit sauf. Ce n'est pas la première fois, depuis le commencement de la guerre qu'on « mobilise » nos journaux et qu'ils répondent à l'appel comme de bons soldats. »

Une série d'articles intitulée: « Naufrageur du journalisme », puis une autre, « Le début des grandes intrigues au journal *La Presse* » (elle consiste en des reproductions d'articles déjà parus dans *La Presse* en 1916, au sujet des disputes autour du testament de feu M. Trefflé Berthiaume) et une troisième portant le titre: « La suite des grandes intrigues au journal *La Presse* » indiquent bien que M. Eugène Berthiaume s'intéresse toujours à notre journal. C'est probablement à cette époque, d'ailleurs, qu'il habite rue Simpson, à Montréal. Il vient de temps à autre rue Marie-Anne. J'aime beaucoup causer avec lui. C'est un homme tout simple, toujours vêtu bien modestement et ne donnant nullement l'apparence extérieure de quelqu'un ayant des intérêts dans deux journaux quotidiens. Sa marotte, sa hantise, devrais-je dire, c'est M. Pamphile Du Tremblay, son beau-frère. C'est de ce dernier qu'il aime surtout parler.

En « extra », le vendredi 3 septembre 1943, nous annonçons que l'invasion de l'Europe est commencée et que celle de l'Italie est chose faite.

Le 25 septembre, nous recourons à l'encre rouge en première page pour annoncer qu'on demande à la Cour supérieure la destitution de M. Pamphile Du Tremblay comme fiduciaire du journal *La Presse*. On accuse M. Du Tremblay, sénateur et conseiller législatif, de s'être servi de l'influence de *La Presse* pour son intérêt personnel. Il va sans dire que c'est M. Eugène Berthiaume qui intente cette poursuite. Cette fois, Me Émery Beaulieu agit comme son procureur.

M. Godbout ayant annoncé en octobre que le gouvernement exproprierait la compagnie Montreal Light Heat and Power, *Montréal-Matin* publie un long éditorial, en gros caractères, pour dénoncer cette mesure. Le journal juge ce précédent dangereux car « la socialisation entraîne la socialisation, l'étatisation entraîne l'étatisation, le contrôle amène d'autres

117

contrôles. » En second lieu, si M.L.H. and P., exploite vraiment le peuple, pourquoi ne pas avoir agi plus tôt?

À cette époque, en éditorial, nous appuyons M. P.-J.-A. Cardin, ancien ministre libéral, qui exige que le parti libéral respecte ses engagements envers le Québec quant à la conscription et à la mobilisation. M. Cardin s'oppose également au don d'un milliard de dollars à l'Angleterre.

Nous réclamons l'administration de Montréal par les gens de Montréal et non de Québec, et condamnons le régime de « 99 » échevins. Les grèves, malgré la gravité de la situation, se font nombreuses tant chez nous qu'aux États-Unis. Nous condamnons la plupart d'entre elles, surtout celles qui sévissent dans les services publics comme le tramway, ou encore les charbonneries, les aciéries, etc.

Un peu plus tard, nous protestons contre le fait que l'on impose des restrictions sur l'éclairage des rues et des vitrines à Montréal, alors qu'il n'y a aucune disette d'électricité, selon M.L.H. and P., et alors qu'il n'existe aucune restriction à Westmount et à Outremont et, d'ailleurs, nulle restriction non plus dans les autres provinces. Nous blâmons les autorités provinciales devenues les maîtres de Montréal. Et nous ne manquons pas, non plus, de nous en prendre à la bureaucratie qui multiplie les impairs à la faveur de la guerre. Nous nous consolons, cependant, à la pensée que la bureaucratie australienne bat tous les records de sottise en interdisant qu'on utilise de quelque façon que ce soit l'image du Père Noël!

Mario Duliani libéré

De temps à autre, nous faisons allusion à la détention de M. Camillien Houde, notamment en publiant les lettres que son épouse fait parvenir aux autorités fédérales, par exemple pour demander sa libération ou, tout au moins, sa détention dans un camp moins éloigné. Évidemment, sans aucun résultat.

Le 4 novembre, nous reproduisons un article du *Vancouver Daily Province*, en date du 26 octobre, réclamant à son tour la libération de M. Houde parce que d'autres détenus (les communistes, par exemple), ont été élargis depuis longtemps et que d'autres personnages qui auraient mérité la détention n'ont jamais été importunés.

L'article du quotidien de Vancouver se termine comme suit:

« Camillien Houde devrait être libéré et si une mesure de grâce peut être accompagnée de justice, des excuses devraient lui être offertes pour sa détention prolongée. Il est un bien petit pécheur parmi les pécheurs qui, depuis son arrestation, ont perpétré de plus grandes transgressions de la loi sans encourir les peines de celle-ci. »

Plus heureux, notre ancien collaborateur Mario Duliani est libéré au cours d'octobre 1943. Quand je le revois pour la première fois, il n'a guère changé. C'est l'enthousiaste d'autrefois. Des projets plein la tête. Ses premiers mots sont pour me dire qu'il doit sa libération à sainte Rita,

« la sainte des causes impossibles » et « l'avocate des désespérés » qu'il avait invoquée alors qu'il sentait que la détention prolongée risquait d'affaiblir son moral. Il ne devait plus collaborer régulièrement à *Montréal-Matin*, mais à d'autres journaux, *La Patrie*, notamment, et il devait s'occuper de théâtre plus que jamais.

Le 26 novembre au soir, à la gare Bonaventure, se déroulent des scènes émouvantes qui, d'ailleurs, se répéteront maintes et maintes fois durant les mois qui suivront. Un train-hôpital nous ramène, non seulement des dizaines de soldats blessés ou malades — certains sont transportés dans des paniers vers l'hôpital militaire — mais également neuf héros de Dieppe. Il s'agit de neuf militaires faits prisonniers par les Allemands, à Dieppe, et ayant à leur tête le lieutenant Maurice Allard, fils de M. Louis-Joseph Allard, l'éditeur du *Guide Mont-Royal* imprimé dans nos ateliers. Inutile de dire qu'après les années d'inquiétude vécues par les parents de ces militaires, ceux-ci sont accueillis à bras ouverts. Il y a foule, d'ailleurs, pour acclamer ceux que nous nommons alors, et à juste titre, des « héros » mais qui, hélas, seront vite oubliés.

À la mi-décembre, déclenchement d'une grève des pompiers et des policiers et des employés des travaux publics à Montréal. M. Adhémar Raynault, premier magistrat, dit qu'il ne peut rien faire parce que la ville est sous la tutelle du gouvernement provincial. *Montréal-Matin* rage contre cette attitude:

« Son Honneur le maire Adhémar Raynault a pu être un excellent barbier, un excellent courtier d'assurance, mais il est un bien piètre maire et la population que l'on taxe pour lui payer un salaire ne reçoit en retour aucune protection de ce personnage, aucun service qui en vaille vraiment la peine.

« N'ayons pas peur de dire tout ce que nous pensons. Est-ce qu'un Camillien Houde, par exemple, aurait agi, en pareilles circonstances, comme Adhémar Raynault?. »

1944

Bagarres dans les rues

Au printemps 1944, des bagarres éclatent à plusieurs reprises dans les rues de Montréal. Il s'agit d'abord de combats entre des centaines d'enfants et d'adolescents. Puis, par la suite, ce sera entre militaires et civils, particulièrement entre militaires et « zoot-suiters ». Le « zoot-suiter » porte un veston très ample lui descendant jusqu'aux genoux, une large boucle en guise de cravate, une chemise aux couleurs voyantes et une chaîne de montre longue parfois de cinq pieds. Les affrontements se déroulent surtout dans le quadrilatère Saint-Denis, Sherbrooke, Bleury et Craig.

Ces batailles de rue, ces « visites » de militaires dans divers cabarets seront vite reléguées au second plan à l'annonce, le 6 juin au matin, du début véritable de l'invasion de l'Europe. Nous publions un « extra » qui s'enlève comme de petits pains chauds. Au même moment, M. Godbout révèle qu'il ira devant le peuple et que les élections auront lieu le 8 août.

Le 7 juillet 1944, nous annonçons la mort, en Normandie, en service actif, de celui qui avait été notre pressier durant une dizaine d'années, Pierre Duclos. Âgé de 34 ans, il avait été promu lieutenant après un cours à Brockville, mais il ne pouvait aller combattre outre-mer à cause de son âge. Il avait alors décidé de s'engager dans l'Armée impériale. Le hasard veut que je reçoive une lettre de lui plusieurs jours après que nous eûmes annoncé son décès. Il me relate que le « padre » de son unité l'a chargé, en son absence, de faire réciter des prières en certaines occasions. La lettre était empreinte d'un sérieux et d'une gravité auxquels ce pauvre Pierre ne nous avait guère habitués. Sa missive fait le tour de la salle de rédaction et des ateliers. Pierre avait l'habitude, chaque soir, quand il arrivait, de venir saluer les journalistes. C'était un boute-en-train, un esprit jovial et sympathique. Il aimait taquiner et nous l'estimions beaucoup. D'ailleurs, il cherchait à rendre service et il lui arrivait même de s'improviser journaliste ou photographe quand je n'avais pas de rédacteur ou de photographe sous la main et qu'il surgissait une urgence quelconque.

En juillet 1944, nous sommes toujours limités à seize pages. Notre formule n'a pas changé. En dépit du peu d'espace à sa disposition, Albert Massicotte, alors chef de l'information, réussit à faire un journal complet. L'anonymat y domine toujours. Le sport est limité à deux pages, trois en de rares occasions.

Victoire de l'Union nationale

Le 20 juillet, dix mille personnes assistent à une assemblée organisée par M. Paul-Émile Marquette pour réclamer la libération de M. Camillien Houde. Mme Houde est accueillie au chant de: « Sans Camillien, pensez-y bien, tout ne nous servira de rien » (air d'un cantique connu). Nous accordons un titre de première page à ce ralliement.

Nous suivons de près la campagne provinciale, accordant maints comptes rendus d'assemblées à tous les partis en présence: Union nationale, libéraux, Bloc populaire et CCF. Une grève du tramway — la troisième en dix-sept mois — éclate au beau milieu de la campagne électorale, ce qui complique singulièrement la tâche des journalistes et des journaux. À cette époque, les journaux ne permettent l'utilisation du taxi qu'en de très rares occasions et fort peu de journalistes possèdent une voiture.

Les électeurs de Sainte-Marie prient Mme Camillien Houde de briguer les suffrages dans ce comté en l'absence de son mari. Mme Houde, après avoir consulté l'ancien maire, décline cet honneur. Cela lui procure l'occasion d'adresser aux électeurs du comté un message touchant dans lequel elle dénonce le « grand crime perpétré contre un grand homme » et condamne ceux qui, aujourd'hui, le défendent sur les hustings, dans l'espoir de se faire élire, vu la sympathie du peuple envers M. Houde, alors que ces mêmes personnages avaient accordé au moins leur consentement tacite à l'internement, quatre ans auparavant, du premier citoyen de la ville.

Montréal acclame M. Duplessis au marché Saint-Jacques. Le chef de l'Union nationale commence son discours en disant: « N'est-ce pas que ça ressemble à 1936? N'est-ce pas que vous regrettez 1939? ». M. Henri Bourassa prend la parole en faveur de M. André Laurendeau, le chef du Bloc populaire dans cette campagne.

Nous couvrons la plupart des assemblées politiques mais nos comptes rendus des ralliements des candidats de l'Union nationale et du Bloc populaire sont particulièrement nombreux. En éditorial, nous demandons aux gens de voter mais nous ne favorisons aucun parti. *Montréal-Matin* offre de transmettre le résultat du vote aux électeurs qui téléphoneront à ses bureaux.

Le matin du 9 août 1944, nous sommes heureux d'annoncer qu'un vote écrasant a été donné contre le régime libéral et que l'Union nationale a remporté le plus grand nombre de sièges, soit 48 sur 91, alors que les libéraux ont obtenu 37 sièges, le Bloc populaire 4 et le CCF, un. Le 91e candidat élu est un indépendant.

Libération de M. Houde

Le jeudi 17 août, c'est avec de l'encre rouge que nous annonçons: « Houde libéré — Il arrivera à la Gare centrale vendredi soir à 6 heures 55 », un titre qui occupe les trois quarts de la première page. En éditorial, nous nous réjouissons de cette libération et nous nous demandons quelle direction politique M. Houde prendra dans les prochains mois. Nous concluons: « Une nouvelle pièce vient de se poser sur l'échiquier de la politique canadienne et de Vancouver à Halifax on suivra avec une vive attention ses premiers déplacements car ils pourraient bouleverser totalement la partie telle qu'elle s'est engagée jusqu'ici. » En pages d'information, nous publions quelques photos importantes de la carrière de l'ancien maire.

M. Lucien Croteau, secrétaire de M. Houde, annonce l'itinéraire que suivra ce dernier de la Gare centrale, jusqu'à son domicile rue Saint-Hubert, près Mont-Royal.

Je suis chargé du compte rendu du retour de M. Houde que je retrouve avec beaucoup de plaisir et le terme d'« accueil triomphal » utilisé à la une le lendemain matin n'est aucunement exagéré. Partout, le long des rues qu'il emprunte, une foule considérable l'acclame tandis que rue Saint-Hubert c'est une mer de monde qui bloque toute la circulation. M. Houde ne parvient qu'avec beaucoup de difficultés à se frayer un chemin pour parvenir jusqu'à son domicile, d'où il adressera la parole et devra, à plusieurs reprises, aller saluer les gens qui le réclament. Fait incroyable, à peu près aucun service d'ordre, ni à la Gare centrale où il y avait foule, ni le long du trajet, ni rue Saint-Hubert où, je le répète, toute circulation est bloquée. Plusieurs femmes s'évanouissent tant la foule est dense et Mme Houde, elle-même, a une faiblesse. Il est incroyable que rien de grave ne soit arrivé ce soir-là. (Inutile de dire qu'on ne se gênait aucunement pour blâmer les autorités municipales.) Ce sont de jeunes cyclistes qui se chargeaient d'ouvrir la route à l'automobile de M. Houde, tout le long du trajet. Deux ou trois agents de police, en service rue Mont-Royal, étaient complètement débordés. À l'intérieur de la maison, tous les intimes et les membres de la famille sont présents et accueillent avec émotion celui qui était détenu depuis quatre ans. Le moment le plus palpitant survient, toutefois, quand M. Houde prend dans ses bras son petit-fils, Robert-Camillien, qu'il n'avait jamais vu. Des larmes perlent dans les yeux du grand-père, tandis que l'enfant l'embrasse tendrement.

Dans son allocution à la foule, M. Houde déclare: « La plus utile leçon qui se dégage de cette immense démonstration c'est que les dirigeants doivent, plus que jamais, tenir compte de l'opinion publique. Ce soir, c'est la voix de tout un peuple qui se fait entendre. Quel avertissement! »

Durant ce temps, les nouvelles de guerre sont de plus en plus encourageantes. Fin août, c'est la prise de Paris par les Alliés. Ici, au même moment, M. Duplessis prend la direction du gouvernement provincial. Pour la première fois dans l'histoire du Québec, ce n'est pas un anglophone qui agit comme Trésorier provincial mais bien l'hon. Onésime Gagnon. Nous nous réjouissons de la composition du nouveau cabinet. Pour l'instant, notre appui à l'Union nationale ne va pas plus loin et nous maintenons une attitude de neutralité ou d'impartialité en éditorial.

Septembre marque de nouveaux progrès des Alliés à travers toute l'Europe. Quotidiennement, cependant, il nous faut publier les listes des victimes de guerre: les tués en service actif, les disparus en service actif, les blessés, etc.

La conscription

Le 23 novembre, Ottawa annonce l'extension du service outre-mer pour 16,000 hommes ce qui signifie, en somme, la conscription de 16,000 hommes pour les champs de bataille d'Europe. En quelques heures, seulement, démission de l'hon. C. G. Power, ministre de l'Air dans le cabinet King, tandis que le député Jean-François Pouliot, qui a toujours eu son franc parler, quitte le parti libéral.

Un peu partout, à Montréal et à travers la province, des bagarres et même des émeutes devant cette mesure de la conscription à laquelle le gouvernement libéral recourt en dépit d'une multitude de promesses et d'engagements. On brise les carreaux du journal libéral *Le Canada*, rue Saint-Jacques.

Le 24 novembre, dans un premier-Montréal, nous écrivons: « Il est certain que M. King ne se trouverait pas dans cette impasse si son parti avait eu, au cours des vingt-cinq dernières années, le courage de parler franchement à la population, de lui dire qu'il n'y a pas de guerre en dentelle, pas de guerre sans mesure de conscription qu'il s'agisse du service outre-mer ou autre chose. »

Bientôt, ce sont les élections à Montréal. À la mairie, seulement deux candidats en lice: M. Adhémar Raynault, maire sortant, et M. Camillien Houde. Notre journal se montre passablement neutre dans cette lutte bien qu'en y regardant de près on peut sentir une certaine sympathie pour M. Houde. Le lundi 11 décembre 1944, ce dernier triomphe de son adversaire par une majorité de quelque quinze mille voix. Nous nous réjouissons de cette victoire et faisons remarquer que « le maire sortant a appris à ses dépens combien fictive était la puissance d'un sénateur Pamphile Tremblay, de l'Abord-à-Plouffe, et combien nul était le prestige de celui-ci. »

Pourquoi « Pamphile Tremblay » et non « Du Tremblay »? C'est parce que dans l'un des nombreux articles publiés sur *La Presse* — deux ou trois par semaine durant presque toute cette année 1944 — nous avons soutenu que le sénateur Du Tremblay avait été baptisé sous le nom de Tremblay. M. Du Tremblay malade, nous publions de temps à autre des nouvelles sur son état de santé, nouvelles toujours empreintes d'une certaine méchanceté.

L'année 1944 sera sûrement la première à la fin de laquelle nous aurons enregistré un profit. Les chiffres du bilan du 1er janvier au 31 décembre 1944 révèlent, en effet, un profit net de $2,209.21, attribuable au profit de $2,624.61 réalisé par l'imprimerie. À la publicité, les revenus se sont élevés à $52,000 et au tirage à $85,000.

Cette année-là, au moins trois nouvelles figures dans le personnel de la rédaction: Monise Robitaille, excellente traductrice, musicienne, qui rédigera également durant un certain temps les pages féminines; Christian Verdon, un bien bon reporter qui deviendra plus tard directeur de l'information, et nul autre que Jacques Beauchamp, cet éternel enthousiaste des sports.

M. Du Tremblay toujours au pilori

Le 2 janvier 1945, nouveau rebondissement de l'affaire Berthiaume-Du Tremblay. Une action intentée par M. Eugène Berthiaume est signifiée à M. P.-R. Du Tremblay personnellement. L'action, probablement la dernière inscrite en Cour supérieure en 1944, concerne une poursuite par laquelle le demandeur exige la destitution de M. Du Tremblay comme légataire fiduciaire et donataire fiduciaire de feu l'hon. Trefflé Berthiaume, et réclame en outre une reddition des comptes. Nous assurons nos lecteurs qu'ils seront « parfaitement tenus au courant de tous les développements qui surviendront dans cette cause. » Me Édouard Masson représente M. Eugène Berthiaume. À compter du 8 janvier, nous consacrons au moins une page, en petits caractères, à la publication de la déclaration soumise à la Cour par le demandeur. Le feuilleton se continue jour après jour jusqu'au 15 janvier inclusivement.

Et durant ce temps, nous continuons également la publication de nos articles sur « Les Histoires de Tremblay à *La Presse* » et autres du genre. À noter, en passant, que cette série d'articles n'est pas rédigée par un journaliste de notre salle de rédaction.

En éditorial, nous nous réjouissons de ce que, notamment, à la suite d'une campagne conduite par notre journal, on ait décidé d'acheter des chemises d'été pour nos agents de police. Durant plusieurs mois, en page éditoriale, une chronique intitulée: « Une question — six réponses ». Six citoyens, dont nous publions la photo, répondent à des questions sur les sujets d'actualité.

Le 22 janvier, nous entreprenons, en page éditoriale, la publication d'une série d'articles en faveur de loteries dont pourraient bénéficier, le gouvernement fédéral, le gouvernement provincial, ou les municipalités. Je les rédige au moyen d'une documentation assez volumineuse acquise de M. Léon Trépanier, ancien journaliste et ancien leader du conseil municipal de Montréal. La série se poursuivra jusqu'à la fin du mois suivant.

Au début de mars, nouvelle offensive de M. Eugène Berthiaume, cette fois contre sa sœur, Dame Angelina Du Tremblay, dans le but d'obtenir l'annulation d'une donation de 750 actions privilégiées qui lui a été consentie en décembre 1914.

L'entreprise privée

M. Jacques-N. Cartier est un partisan de la liberté d'entreprise ou, si l'on préfère, de l'entreprise privée. Il se trouve, d'ailleurs, à la tête de la Ligue pour la survivance de l'industrie libre qui, de temps à autre, publie

Jacques-N. Cartier, président
et directeur général du journal
de 1941 à 1947.

Eugène Berthiaume, fondateur de
L'Illustration, et principal actionnaire
de Montréal-Matin jusqu'à son décès
en 1946.

Charles Bourassa, administrateur
t président de Montréal-Matin de 1947
à 1960.

Quelques membres de la rédaction, au temps de Louis Francœur. A leurs pupitres, de gauche à droite: J.-E.-A. Pin, Jean-Baptiste Nowlan, Maurice Dubrûle, Jacques Robitaille, Fernand Bilodeau, Armand Jokisch et Joseph Bourdon. Debout, visière au front, Louis Francœur; auprès du téléscripteur, dos à la

La première salle de rédaction. En août 1930, l'équipe de L'Illustration, alors imprimée au Monitor, comprend, de gauche à droite: Samuel Gascon, directeur de l'information, MM. Fluty, Barolet (correcteur d'épreuves), Joseph Bourdon, Maurice Dubrûle, Jean Robitaille, le docteur Favreau, un étudiant du nom de Girard, sauf erreur, et le jeune messager Riendeau.

Des membres de la rédaction de L'Illustration Nouvelle photographiés en 1938 ou 1939. Assis, de gauche à droite: Medjé Vézina, collaboratrice occasionnelle, Fernand Bilodeau, Jean Bohémier, Adrien Arcand, Joseph Bourdon, Emile Délâge et Jovette-Alice Bernier. (MM. Arcand et Délâge faisaient alors partie du conseil d'administration de la société éditrice.) A l'arrière, même ordre, M. Pommier, J.-E.-A. Pin, Gérard Dagenais, Roger Meloche, Armand Jokisch, Marc Thibeault, Albert Massicotte, Mario Duliani, Marcel Laliberté, Alphonse Loiselle et Louis Le Marchand. Cette photo a probablement été prise par Gérard Laferrière, qui fut au service du journal durant plusieurs années.

L'ILLUSTRATION

PRIX 2¢

VOL. VI—No 193—Tél. Falkirk 1171*   MONTREAL, MARDI, 21 JANVIER 1936   20 PAGES   CASE POSTALE 1480

TEMPERATURE

BEAU ET
PLUS FROID

LE ROI EST MORT

George V rend le dernier soupir à 6 h. 55 hier soir

Pour annoncer la mort de George V, en janvier 1936, nous avions recouru à de très vieux caractères de bois, les caractères réguliers de notre « Ludlow » ne dépassant pas 84 points.

au palais de Sandringham à l'âge de 70 ans, après quatre jours de maladie.

Le prince de Galles, à l'âge de 41 ans, devient automatiquement le souverain de l'Empire britannique. Il était au chevet de son père ainsi que la Reine Marie, la Princesse Royale, le duc de York, le duc et la duchesse de Kent. Le nouveau roi régnera sous le titre d'Edouard VIII. Il est le premier célibataire à monter sur le trône anglais depuis 176 ans.

Vendredi dernier les dépêches annonçaient la maladie du roi défunt. Un premier bulletin publié par les médecins apprit au public que Sa Majesté George V

L'ILLUSTRATION
NOUVELLE

Vol. VI—No 320—Tél. FA. 1171*
20 pages — Case Postale 1480

MONTREAL, VENDREDI, 19 JUIN 1936

TEMPERATURE

Partiellement nuageux

PRIX 2¢

COUP DE POIGNARD
DE PAUL GOUIN

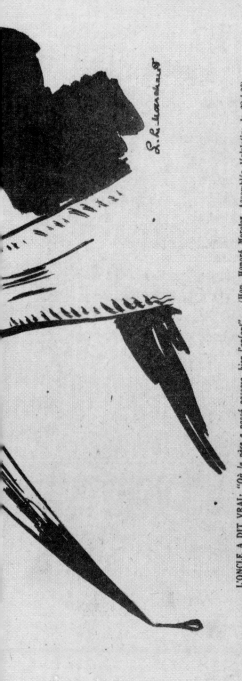

L'ONCLE A DIT VRAI: *"Où le père a passé passera bien l'enfant".* (Hon. Honoré Mercier, Assemblée législative le 28-1-98).

M. Paul Gouin a décidé, hier après-midi, de se retirer de l'Union Nationale. Vingt-quatre heures avant que sa décision soit rendue publique, elle était prise.

Cette décision, il faut le dire, ne fut pas prise par M. Gouin lui-même. Elle fut prise par le clan libéral fédéral sympathique à M. Taschereau, il y a assez longtemps, puis finalement imposée à M. Gouin par une série de pressions inouïes qui ont duré assez longtemps. Comme toujours, c'est l'immixtion de la coterie fédérale qui a toujours fait tant de mal à notre race, qui est la cause directe de cette scission.

Il ne faut pas trop blâmer M. Gouin. Il est jeune, peu blindé encore pour résister aux innombrables manoeuvres politiques dont il vient d'être victime. Et puis, comme ce fut la pensée de tout le monde au même moment, il y a... l'atavisme.

M. Gouin avait fusionné son groupe avec celui de M. Maurice Duplessis, pour ne faire qu'un seul parti bien uni: L'Union Nationale. Il avait reconnu publiquement M. Maurice Duplessis comme son chef. Il l'a froidement poignardé dans le dos. Geste bien familial, car un autre Gouin avait aussi poignardé celui qu'il avait reconnu comme chef. Mais, comme ce Gouin-là était politicien très rusé, il n'avait pas voulu aller trop vite. Il avait attendu le bon moment. M. Paul Gouin, lui, a agi avec une précipitation intempestive, dans sa trop grande hâte. D'après l'effet instantané qu'on a constaté dans le public, M. Duplessis a subi le coup sans une égratignure, et c'est M. Gouin qui porte la blessure. C'est à lui qu'elle sera fatale. (Suite à la page 3)|

Une première page historique: la scission entre Maurice Duplessis et Paul Gouin.

EXTRA

L'ILLUSTRATION
NOUVELLE

3¢

MONTRÉAL, SAMEDI
2 SEPTEMBRE 1939

VOL X — No 53 — 24 PAGES
Téléphone FAlkirk 1171 •

DÉCLARATION
DE GUERRE
IMMINENTE

...PAR L'ALLEMAGNE PROGRESSE

PARIS, 2 (samedi). — On apprend de source autorisée que le Parlement français qui se réunira dans quelques heures décidera, à l'unanimité, de déclarer la guerre à l'Allemagne et de se porter au secours de la Pologne. Les membres du personnel de l'ambassade allemande à Paris ne semblent douter aucunement de l'issue de la présente crise ils ont passé la nuit à préparer leurs malles et ils s'attendent à quitter la capitale française à très brève échéance.

VARSOVIE, 2 (samedi). — La bataille faisait rage ce matin sur plusieurs fronts. On signale de nombreux bombardements aériens et on réclame des victoires d'un côté et de l'autre.

OTTAWA, 2, (samedi). — Le cabinet canadien étudiera au cours de sa séance, cet avant-midi, un projet en vertu duquel des milliers d'enfants des îles britanniques seraient transportés d'urgence au Canada et hébergés dans des familles canadiennes. Ce projet serait fortement préconisé par la Société d'enregistrement volontaire des femmes canadiennes afin d'épargner à ces enfants les atrocités des raids aériens.

NEW-YORK, 1er. — Plusieurs centaines de personnes ont fait la queue ce soir devant le consulat d'Allemagne afin d'offrir leurs services à l'armée allemande.

La première page du journal du samedi, 2 septembre 1939, édition « extra ». A noter que nous ne sommes alors abonnés à aucun service de dépêches. Les textes sont basés sur les informations diffusées par la radio.

Lucien Langlois, *rédacteur en chef de 1962 à 1970, année où il mourut subitement à l'âge de 54 ans. Il était entré à* Montréal-Matin *en 1947.*

De 1936 jusqu'au début de la Seconde Guerre mondiale, Mario Duliani fut l'un de nos principaux collaborateurs. Il fit beaucoup pour le théâtre et les artistes montréalais. (Photo gracieusement fournie par Arthur Prévost)

M. Régent Desjardins, qui a présidé aux destinées de Montréal-Matin *de 1963 à 1973.*

Roger Duhamel quitte La Patrie, *en 1947, pour devenir notre rédacteur en chef, après l'acquisition de* Montréal-Matin *par un groupe de partisans et d'amis de l'Union nationale.*

*C'est dans cet immeuble de l'avenue du Parc, aujourd'hui le 5357,
qui appartenait alors à l'imprimerie Monitor, que L'Illustration vit
le jour en juillet 1930.*

Au cours de l'été 1932, nous quittons nos locaux du Herald *pour emménager dans l'édifice de* La Patrie, *situé rue Sainte-Catherine, à l'angle de l'avenue de l'Hôtel-de-ville.* Montréal-Matin *devient un journal hebdomadaire, imprimé sur les presses de* La Patrie. *(Photo Henri Rémillard)*

L'édifice de Montréal-Matin, rue Marie-Anne, entre les rues Christophe-Colomb et de la Roche, que nous quittions en octobre 1964 pour nous installer dans le nouvel immeuble du boulevard Saint-Joseph. (Photo Henri Rémillard)

L'édifice de Montréal-Matin, sur le boulevard Saint-Joseph, quelque temps avant le déménagement rue Saint-Antoine. (Photo Jacques Bourdon)

des plaquettes sur ce sujet. Aussi, sous sa direction, en page éditoriale, nous ferons constamment la lutte au socialisme, à l'étatisme, au communisme et à la bureaucratie. Cette ligne de conduite, *Montréal-Matin* la suivra également une fois devenue la propriété de l'Union nationale. M. Duplessis et ses successeurs favorisent la liberté d'entreprise et eux aussi s'opposent au socialisme. Aucun changement non plus, à ce sujet, durant les mois où le journal appartiendra à M. Desjardins et à ses associés.

Alors que M. D. W. Campbell est le directeur de notre service de la publicité, nous publions un dépliant à l'intention des annonceurs de langue anglaise. On peut y lire ce qui suit en gros caractères: « We sell FREE ENTERPRISE to the Montrealers who vote ». Et à l'intérieur de ce dépliant, il est fait état des éditoriaux rédigés en faveur de la liberté d'entreprise. On y mentionne également les faits suivants:

« *Montréal-Matin* est un journal complet avec des articles en exclusivité pour Madame et pour Monsieur, avec des bandes dessinées en exclusivité et avec des photographies en exclusivité.

« *Montréal-Matin* se vend avant l'ouverture des magasins. Ce sont des hommes et des femmes de la classe ouvrière et de la classe moyenne qui l'achètent.

« *Montréal-Matin* se vend uniquement à cause de l'intérêt qu'il offre: pas de concours, pas de promotion sensationnelle d'une valeur douteuse.

« *Montréal-Matin* pénètre l'un des marchés les plus riches, 97 pour cent de son tirage se répartissant sur l'île de Montréal.

« *Montréal-Matin* offre de la publicité à des taux avantageux... etc. »

L'entreprise privée accorde-t-elle en retour, à notre journal, l'encouragement qu'il mérite dans les circonstances? Je pense bien que non. Sauf deux ou trois exceptions, nous n'obtenons de la publicité que parce que l'annonceur juge notre journal profitable. Je pense bien, à ce sujet, que nous vivons un peu l'expérience d'un grand quotidien américain, défendant lui aussi l'entreprise privée, qui se plaignit un jour de ce que les grosses compagnies préféraient annoncer dans des journaux socialistes, dans des journaux leur étant nettement hostiles, plutôt que dans cette publication sympathique à la liberté d'entreprise.

Personnellement, si c'était à recommencer, je ne changerais rien à mes textes. Cependant, j'ai souvent pensé que si l'entreprise privée ne jouissait pas toujours de beaucoup d'estime, elle en était généralement l'une des premières responsables: elle n'a jamais su se défendre et se faire valoir auprès du public et elle n'a que bien rarement secondé ceux qui l'appuyaient. À bien y songer, il vaut mieux qu'il en ait été ainsi. Nous défendions tout simplement ce que nous considérions être l'intérêt public sans escompter la moindre reconnaissance.

Les nouvelles de guerre ne cessent maintenant d'être agréables et, le 2 mai, on peut lire en première page, en rouge: « Hitler est mort ». Durant ce temps, beaucoup de branle-bas dans le domaine politique. Des élections fédérales auront lieu le 11 juin. On parle d'un mouvement qui aurait à sa tête M. P.-J.-A. Cardin et le Bloc populaire, que dirige M. Maxime Raymond, reçoit l'appui de nul autre que M. Camillien Houde. Le Bloc fait une campagne de souscription publique. C'est maintenant M. John Bracken qui dirige le parti progressiste-conservateur.

La victoire

Le lundi 7 mai, à l'exemple de plusieurs villes canadiennes, Montréal célèbre la victoire. Les bureaux et les usines ferment tôt, on inonde de papier les rues du quartier des affaires et, en plein avant-midi, on danse dans les rues. Partout, à Montréal, c'est la joie. Pour la circonstance, notre numéro du mardi 8 mai comptera 20 pages au lieu des traditionnelles 16 pages. Malgré les événements et vu le nombre considérable de numéros à imprimer, nous « fermerons » tôt ce soir-là pour nous retrouver, en fin de soirée, avec nos épouses, chez Mme Simone Gélinas, à Côte-des-Neiges. Nous éprouvons beaucoup de bonheur à la pensée que la guerre est enfin terminée mais nous ne pouvons nous empêcher de songer à ceux que nous ne reverrons plus jamais à cause de ce maudit conflit. La population continue de se réjouir durant plusieurs heures et, le mardi soir 8 mai, des idiots se mettent à briser les vitres des tramways, rue Sainte-Catherine surtout. Il faut alors remiser les véhicules et, finalement, toute circulation est interdite rue Sainte-Catherine, entre Bleury et Guy, afin de permettre aux promeneurs de s'en donner à cœur-joie.

Dans les semaines et dans les mois qui suivront, on pourra voir un peu partout, aux portes et aux fenêtres des maisons, l'inscription: « Bienvenue dans ton foyer ». Un père, un fils, un frère sera de retour de la guerre sain et sauf.

Réélection des libéraux

En éditorial, nous ne manquons pas une seule occasion de réclamer pour le pays un drapeau vraiment canadien.

Le 8 mai, M. Cardin annonce qu'il abandonne son projet de Front national.

À la mise en nomination, le 17 mai, on compte un nombre sans précédent de candidats à travers le pays. Dans Saint-Jacques, notre futur rédacteur en chef, Roger Duhamel, brigue les suffrages comme candidat du Bloc populaire. Me Jean-Pierre Houle est son organisateur. Il fait la lutte à un autre journaliste, Roland Beaudry, ancien chroniqueur sportif du *Canada* et qui a également collaboré à *L'Illustration Nouvelle*. D'autres journalistes montréalais sont candidats, notamment Dostaler O'Leary, de *La Patrie*, et Paul Massé, auparavant de *La Presse*. Dans Sainte-Marie, M. Camillien Houde se présente comme candidat « Bloc populaire canadien-indépendant ».

Les listes des victimes de guerre se font de plus en plus longues et nous recourons depuis plusieurs mois déjà au 5 points et demi (petit caractère) tant elles sont considérables. Le 15 mai, par exemple, c'est la 872e liste que nous publions: on y relève probablement quelque 200 noms de Québecois et de Canadiens de langue française des autres provinces. À la fin de l'année, nous en serons à la 906e de ces funestes listes.

Pour la campagne électorale, nous adoptons une attitude complètement neutre. Nos colonnes sont ouvertes le plus possible aux candidats de tous les partis. En mai, au lendemain de la victoire conservatrice dans l'élection provinciale de l'Ontario, nous écrivons en éditorial ce qui suit:

« Tout cela doit bien peiner les conservateurs du Québec qui constatent que l'organisation de leur parti est désuète et défaitiste, qu'elle ignore totalement la mentalité de la population de cette province et qu'elle va même jusqu'à appuyer des candidats briguant les suffrages sous toutes sortes d'étiquettes au lieu de présenter à l'électorat des candidats francs conservateurs.

« Il n'est pas impossible que le 11 au soir, M. Bracken s'aperçoive que s'il est battu c'est uniquement à cause de ses lieutenants du Québec. »

Le mardi 12 juin, c'est une victoire libérale décisive que nous annonçons. Le Bloc populaire a mordu la poussière, ne faisant élire que deux candidats, MM. Maxime Raymond et René Hamel. Le Dr Gaspard Fauteux, libéral, a défait M. Camillien Houde. Un seul conservateur a été élu, M. J.-T. Hackett, dans Stanstead, tandis que quatre conservateurs indépendants ou indépendants tout court parvenaient également à se faire élire.

Nous écrivons ce matin-là que « si le parti libéral retourne aujourd'hui au pouvoir, c'est parce que sa politique a été suffisamment « élastique » pour s'adapter aux volontés du peuple alors que les autres partis cherchaient à imposer leur programme et leur doctrine. » Nous concluons de la façon suivante.

« Dans Québec, en ce qui concerne l'opposition, tout est à refaire. Depuis l'avénement de John Bracken à la tête du parti progressiste-conservateur, l'organisation de ce parti a été aux mains de porteurs de drapeaux blancs pour ne pas dire de saboteurs politiques. Peut-être conviendra-t-on qu'il est temps que cela change. »

Le Japon se rend

Le 15 août, notre première page renferme trois gros titres d'importance. D'abord: « Officiel — Enfin, la paix: Truman et Attlee annoncent que le Japon accepte les termes alliés. » En second lieu: « Le maréchal Pétain a été condamné à mort. » Et enfin: « M. King imposerait le service militaire obligatoire. »

En réalité, ce n'est pas seulement la fin de la Seconde Grande Guerre mais également la fin d'une guerre de huit ans déclenchée lorsque le Japon envahit la Chine en juillet 1937. En éditorial, nous regrettons le verdict rendu contre Pétain: « Pétain, écrivons-nous, a été brillamment défendu.

127

On a prouvé qu'il avait fait tout ce qu'il avait pu pour nuire aux Allemands, mais n'avait rien fait pour nuire aux Alliés. Alors que des politiciens se réfugiaient à l'étranger, pour y vivre grassement, Pétain demeurait auprès du peuple français, cherchant à lui éviter le pire. »

De nouveau, la foule montréalaise fête, moins bruyamment cette fois, cependant, et les réjouissances se poursuivent surtout dans le quartier chinois où les Fils du Ciel ont organisé une parade.

En septembre, un accident survient aux appartements Drummond Court, alors qu'une femme est coïncée par un ascenseur. La famille Du Tremblay est considérée propriétaire de cette maison d'appartements. La Cour du coroner ayant tenu criminellement responsable « le ou les propriétaires de la bâtisse Drummond Court », nous écrivons en première page: « L'hon. Pamphile Du Tremblay tenu criminellement responsable de la mort de Mme Florence Bradford », le tout à l'encre rouge!

En mai 1945, Marc-René de Cotret entre à notre emploi. Il nous quittera au bout de six ans. Bernard Saint-Aubin entre également à notre service et demeurera plus de vingt ans à *Montréal-Matin*.

1946

L'après-guerre

Le 5 janvier 1946, nous faisons grand état d'une nouvelle poursuite intentée par M. Eugène Berthiaume contre M. Pamphile Du Tremblay, sénateur et conseiller législatif, « afin d'obtenir le rétablissement de la donation que signa feu Trefflé Berthiaume le 26 décembre 1914 ». Plus d'une page est consacrée au texte de l'action intentée en Cour supérieure par l'intermédiaire de Me Édouard Masson.

Vers la fin du même mois, une procédure déjà vieille de plus d'un an, prise contre M. Du Tremblay, rebondit. Cette fois, il s'agit d'accusations devant les tribunaux criminels, notamment d'avoir « volé une somme d'au moins $9,076.66, propriété de la succession et des légataires et bénéficiaires de feu l'hon. Trefflé Berthiaume ». Lors de sa comparution le 3 avril 1945, l'accusé avait opté pour un procès devant jury. Le 27 avril, cependant, l'une des accusations était rejetée dès l'enquête préliminaire. Il s'en suit alors une série d'autres procédures et, le 28 janvier 1945, voulant régler cette vieille histoire, M. Du Tremblay tente d'obtenir cette fois un procès devant un juge seul au lieu d'un procès devant jury. Le 1er février, cependant, le juge T.-A Fontaine décide que seul le procureur général ou son substitut peut envoyer M. Du Tremblay devant jury, en pareil cas, donnant ainsi gain de cause à l'accusé.

Les erreurs typographiques de tous genres, les photographies publiées tête-bêche et les articles coiffés du mauvais titre sont monnaie passablement courante dans les journaux, et même les meilleurs. Il va sans dire qu'il y aurait un chapitre à écrire uniquement sur les erreurs commises involontairement dans notre journal. Je garde cependant souvenir d'un incident assez cocasse. Fin janvier ou début de février 1946, nous publions à l'envers la photographie d'un patineur artistique. Quelques jours plus tard, notre concurrent du matin, *Le Canada* publie la même photo, à l'endroit évidemment, mais tout en taquinant *Montréal-Matin* pour avoir publié cette photo à l'envers. Or, cruauté du hasard, dans le même numéro où le confrère se moque de nous — sans méchanceté, d'ailleurs — il fait paraître tête-bêche la photo d'un hôtel des Laurentides! Nous rions bien de tout cela à *Montréal-Matin* et j'en souffle même un mot en page éditoriale.

Le 15 février, bombe à Ottawa: le gouvernement King ordonne une enquête royale sur l'activité d'espions dans la capitale. On ne cache pas que ces espions aient travaillé pour l'U.R.S.S. Nous suivons l'affaire de très près et, dès le 18 février, en éditorial, nous réclamons « la plus grande sévérité à l'égard des Canadiens coupables d'avoir trahi leur patrie et leurs compatriotes. »

Nous ajoutons que l'incident démontre combien nous avions raison de mettre le public et le gouvernement en garde contre la propagande communiste, contre la propagande russe et, surtout, contre les propagandistes de la révolution mondiale que nous rencontrons dans « maints milieux canadiens, particulièrement dans certains partis politiques et groupements ouvriers. »

L'enquête, on le sait, devait aboutir à la détention, à la mise en accusation et à la condamnation de plusieurs personnages, dont Fred Rose, seul député communiste aux Communes, représentant de la division montréalaise de Cartier. *Montréal-Matin* publie des comptes rendus élaborés de tous les procès en marge de ce scandale. À la même époque, nombreux articles suscitant beaucoup d'intérêt en marge des aventures de deux « desperados », « Ti-Mine » et « Ti-Louis », finalement appréhendés après de nombreux coups de force.

En éditorial, nous dénonçons le scandale des chaussures et bottes de l'Armée que l'on a jetés au dépotoir de Pointe-Saint-Charles, après avoir pris soin de les taillader pour qu'ils ne puissent être utilisés. Même chose pour des machines à écrire. (L'enquête fédérale qui suit ne permet pas de connaître les responsables d'un tel gaspillage: l'Armée et les Biens de guerre sont exonérés.) Nous réclamons à nouveau un métro, nous nous disons toujours en faveur d'une loterie nationale ou provinciale, nous demandons la nomination d'un ambassadeur canadien au Vatican, nous prévoyons l'établissement du système métrique par le monde entier et continuons à dénoncer les grèves injustifiées, coûteuses pour les entreprises, coûteuses pour les travailleurs et coûteuses pour toute la société.

Je rédige les éditoriaux — généralement quatre par jour — ,

« couvre » certains événements au palais de justice, sur le front politique et ailleurs et rédige, également, un reportage ou « feature » par semaine sur les sujets les plus divers.

Sur le banc, à New York!

Un jour, M. Cartier me suggère un reportage sur les tribunaux criminels de la ville de New York, en particulier les cours de nuit. Quelle surprise quand le magistrat en chef, M. Edgar Bromberger, à qui j'avais demandé un entretien, m'invite à m'asseoir sur le banc avec lui, pour assister à ses côtés à l'audition d'une cause. Il fait davantage. S'adressant à l'audience, il me souhaite la bienvenue à la Cour des magistrats de New York, à titre de journaliste canadien — le Canada, un grand pays ami, dit-il — et l'avocat de l'État et celui de la défense font de même. Je remercie, dans mon meilleur anglais, de cet accueil vraiment chaleureux, trop chaleureux. À Montréal, je n'ai vu que des juges — en visite — prendre ainsi place aux côtés d'un magistrat entendant une cause. En-suite, le magistrat en chef m'accompagne dans d'autres salles de cour pour me présenter différents juges, dont deux ou trois femmes, — chose éton-nante à l'époque, — puis nous retournons à son bureau où il veut bien répondre à toutes les questions que je lui pose.

Le juge Bromberger avait fait la guerre (la première, évidemment) aux côtés de Fiorello La Guardia, ce petit Italien qui devint maire de la ville de New York et qui, coiffé d'un casque de pompier, ne manquait jamais de se rendre sur les lieux d'un incendie de quelque importance. À ce moment-là, on parlait beaucoup du juge Bromberger dans les journaux de New York pour la lutte sans merci qu'il livrait aux « cautionneurs » professionnels, errant dans le palais de justice et prêts à cautionner pour n'importe qui mais, évidemment, à gros frais. Devant moi, alors que nous franchissons le grand hall d'entrée, il ordonne à un policier de chasser immédiatement de l'édifice un individu qu'il sait être l'un de ces « cautionneurs ».

Durant tout le mois d'août 1946, l'épidémie de paralysie infantile fait l'objet d'un rapport quotidien. Chaque jour, en effet, nous mentionnons le nombre de nouvelles victimes, de Montréal et de l'extérieur, et indiquons le total depuis le début de l'épidémie. Cette année-là, la situation sera suffisamment grave pour qu'on remette au 16 septembre — plutôt qu'au tout début de ce mois — l'ouverture des écoles à Montréal.

Décès de M. Eugène Berthiaume

Le 31 août 1946, alors qu'il se trouve en repos à Spring Lake, près de New York, décède soudainement M. Eugène Berthiaume, président du conseil d'administration de *La Presse* et fondateur de *Montréal-Matin*. M. Berthiaume avait 65 ans et il était le seul fils survivant du fondateur de *La Presse*, feu l'hon. Trefflé Berthiaume. Il laisse dans le deuil, outre ses neveux et une nièce, trois sœurs, Mme L.-J. Rivet, Mlle Anne Berthiaume et Mme P.-R. Du Tremblay, ainsi que son beau-frère, l'hon. P.-R. Du Tremblay qu'il a combattu avec tant d'ardeur depuis des années.

130

M. Berthiaume avait d'innombrables amis en Europe, aux Etats-Unis et ici et, pour bon nombre d'entre eux, il avait été d'une grande générosité. Combien lui devaient une carrière dans le journalisme, un refuge en Amérique au temps de la guerre? etc.

C'est M. Du Tremblay qui conduit le deuil, suivi des autres membres de la famille. Tous les journaux sont représentés par de fortes délégations.

La 5ᵉ colonne au Canada

Le 10 septembre 1946, nous entreprenons une série d'articles intitulée: « La 5ᵉ colonne au Canada », travail basé sur les révélations faites à l'enquête Kellock-Taschereau et ayant abouti à une suite de procès sensationnels. Inaugurant cette série d'articles nous écrivons ceci:

« La 5ᵉ colonne au Canada.

« Fred Rose, agent recruteur d'espions et espion lui-même.

« En 1943, les kiosques de journaux de Montréal offraient en vente une plaquette intitulée: « La 5ᵉ colonne d'Hitler dans Québec ». Et c'était signé, Fred Rose. Dans cette brochure, Rose dénonçait ceux qu'il prétendait être, dans notre province, les agents du chancelier nazi.

« Les événements ont prouvé, depuis qu'en réalité Fred Rose désirait simplement distraire l'attention du public de ses propres trahisons, de sa propre félonie. La 5ᵉ colonne dans Québec, c'était la sienne; le traître dans Québec, c'était lui surtout.

« Du sort de Québec, Rose ne se préoccupait guère. Il songeait avant tout à l'U.R.S.S. et au communisme. Fort heureusement, la justice est intervenue à temps et aujourd'hui, à la prison commune de Montréal, Rose peut réfléchir non pas tant sur ses crimes (il ne les regrette probablement pas) que sur la clémence de sa patrie d'adoption.

« Rose est emprisonné, c'est vrai, mais la « 5ᵉ colonne » est toujours à l'œuvre, au Canada comme ailleurs. Dans l'intérêt du public, nous commençons, aujourd'hui, la publication d'une série d'articles dans lesquels nous exposerons les œuvres passées, présentes et projetées de cette « 5ᵉ colonne soviétique ». Nous parlerons tout d'abord du traître Fred Rose, le colonnard par excellence... »

Suivront des articles sur: Sam Carr, élève de l'école Lénine de Moscou et expert en faux passeports; le Komintern, toujours à l'œuvre; le recrutement des espions dans les cercles d'étude; le déclenchement des grèves et des actes de violence, une manœuvre communiste; le communisme, doctrine anti-démocratique et anti-catholique; etc.

Le 16 septembre 1946, M. Réal Caouette est élu pour la première fois député créditiste de Pontiac, au fédéral, à l'occasion d'une élection complémentaire. Cette victoire créditiste était inattendue et, pour *Montréal-Matin*, « il s'agit de la part de l'électorat, non pas tant d'une victoire pour le Crédit social que d'une défaite pour les deux grands partis qui ne répondent plus aux exigences de la population. »

En octobre 1946, notre journal suit de très près les activités des « squatters », ces gens qui décident d'occuper des habitations vides. Cela était pratiqué dans d'autres endroits du pays et à l'étranger mais ce n'est que le 23 octobre que l'on vit apparaître les « squatters », dans notre ville. La première invasion, sous les auspices d'une association quelconque de vétérans se déroule au 2054 de la rue McGill College. La police intervient et procède à des arrestations. Mais ce n'était qu'un début. Nous prétendons alors que des chefs communistes bien connus dirigent ce mouvement.

Congrès des journalistes

En novembre, se tient le premier congrès des journalistes de la province de Québec. Organisé par un rédacteur de *La Presse*, Jean-Baptiste Nowlan (autrefois de notre journal), il attire, en plus de nombreuses personnalités de l'époque, quelque trois cent cinquante journalistes venus de tous les coins du Québec. Le vœu principal émis lors des délibérations: la formation d'une association professionnelle des journalistes de la province. Le maire de Montréal, M. Houde, est évidemment présent et dans une de ses allocutions souligne, avec une pointe d'ironie, que c'était peut-être la première fois qu'il voyait des journalistes disposés à écouter des discours.

Le journal continue toujours de se limiter à seize pages, sauf en de rares occasions. Il a également été décidé de ne pas reprendre chez les dépositaires les exemplaires non vendus. Déjà, à cette époque, la papier journal coûte cher et nous en profitons pour exhorter nos lecteurs à réserver leur numéro d'avance chez leur vendeur pour éviter d'être désappointés. Qu'il me soit permis de noter, en passant, qu'à cette époque, également, nous ne faisons pas de distribution à domicile. Ce service est considéré beaucoup trop coûteux. *Le Canada* (la *Gazette*, également) livre à domicile. À retenir le fait que les restaurateurs et autres marchands ouvrent alors leurs portes très tôt, ce qui ne se fait plus. C'est ainsi que quelques années plus tard nous nous verrons dans l'obligation de posséder à notre tour un service de livraison à domicile.

Décembre 1946, nous pouvons proclamer que notre tirage n'est surpassé, parmi tous les quotidiens français de Montréal, que par *La Presse*. Un rapport pour les trois derniers mois révèle, en effet, un tirage net vendu de 27,400 numéros par jour, et cela presque exclusivement à Montréal.

L'année s'achève sur une note triste. Nous apprenons la mort soudaine, à 76 ans, de notre ancien chroniqueur ouvrier, M. J.-E.-A. Pin. Après avoir quitté notre journal dans des circonstances que j'ai déjà relatées, il était devenu rédacteur d'un journal mensuel des Syndicats catholiques et, depuis quelque temps, il était membre du personnel de la Régie des alcools. Son décès me touche beaucoup. Quelques jours après sa mort, sa sœur, me remet un petit colis qu'il avait préparé pour me l'offrir à l'occasion du Jour de l'An. J'avais eu le plaisir de lui rendre quelques menus services et il avait voulu m'offrir un magnifique couvre-livre que j'ai toujours conservé. Mon nom, écrit de sa main, apparaissait sur le colis et, à l'intérieur, une carte avec un mot de reconnaissance et des vœux.

Élection de Me Daniel Johnson

Le 18 décembre 1946, victoire du candidat de l'Union nationale à l'occasion d'une élection complémentaire dans Bagot, ce qui porte à 51 le nombre des députés de l'Union nationale. Les libéraux sont au nombre de 34 et le Bloc populaire, 3. On compte aussi deux indépendants et il reste un siège vacant. Le nouveau venu: un jeune homme que connaissent tous les journalistes, parce qu'il a évolué dans de nombreux cercles de jeunes, parce qu'il s'occupe depuis quelques années déjà de politique et parce qu'à titre de président général de l'Association des étudiants il a fait une tournée de conférences à travers le pays. Ce jeune homme, brillant et populaire, c'est Me Daniel Johnson.

L'année 1946 apporte une multitude de problèmes légaux au conseil d'administration. Les réclamations de tous genres abondent et le journal devient tiers-saisi dans des poursuites intentées à M. Eugène Berthiaume, notamment par ses anciens procureurs. Dans un cas ou deux, la Fédération des journalistes canadiens aura à payer certaines sommes « pour acheter la paix ». La mort de M. Berthiaume complique davantage les choses et ses héritiers ont également des revendications à faire valoir. Au cours de cette même année, le capital de la compagnie est augmenté de $200,000. M. Cartier est devenu l'actionnaire majoritaire. Le profit net de la Fédération pour 1946 sera de $12,568.42, toujours grâce à l'imprimerie commerciale.

En octobre, Yvon Groulx, plus tard notaire et président de la Société Saint-Jean-Baptiste, sera au nombre de nos collaborateurs. L'excellent journaliste Arthur Prévost, dramaturge à ses heures, rédige pour nous un certain nombre de reportages. Il nous parle ainsi des sujets des plus variés, notamment de la fabrication du gant, du hibou blanc, en passant par l'histoire de notre Monument national.

1947

Pour abolir l'impôt

Le 12 mars 1947, par conséquent à l'époque où la plupart des gens s'affairent à remplir leur formule d'impôt sur le revenu, *Montréal-Matin* annonce un concours peu banal: « Faites-nous tenir une suggestion sur le moyen à prendre pour abolir l'impôt sur le revenu et gagnez un prix de $25! » Les concurrents sont invités à rédiger, sur ce sujet, un exposé de 500 mots au maximum.

Suggestions et concurrents se font nombreux et nous distribuons plusieurs prix de $25. Parmi les suggestions soumises, mentionnons les suivantes: un droit d'entrée de $1,000 imposé à chaque immigrant; une loterie nationale; une taxe sur les machineries; une diminution des dépenses gouvernementales, etc. Ce concours bat son plein quand, rue Casgrain, on découvre le corps d'un homme de 55 ans qui s'est pendu. À ses pieds: un formulaire d'impôt sur le revenu!

Me Jean-François Pouliot, le fougueux député de Témiscouata, reconnu pour ses talents d'écrivain, d'orateur et surtout pour son franc parler et sa sincérité, s'intéresse vivement à ce concours et il offre de rédiger une série d'articles sur l'impôt sur le revenu. M. Cartier consent. Cette série d'articles débute le 24 mars 1947 et se continue durant quelques jours. M. Pouliot a une suggestion pour faire disparaître cet impôt: une taxe sur les crédits bancaires. Souvent appelé « l'enfant terrible du parti libéral », il s'est toujours vivement intéressé à notre journal et *Montréal-Matin*, de son côté, suivait de près les allées et venues de cet homme politique remarquable. C'était d'ailleurs un ami personnel de M. Duplessis et, également, de notre directeur général, M. Cartier.

À la fin de mars 1947, Ottawa annonce l'abolition du rationnement de la viande tout en maintenant les « mardis sans viande » dans tous les restaurants du pays. Ainsi bientôt disparaîtront ces petits encadrements publiés quotidiennement dans la page féminine et où l'on trouve la liste des coupons de rationnement valides. Un exemple: COUPONS VALIDES: Beurre, B-35 à B-40; sucre et conserves, S-26 à S-40; viande, M-64 à M-71, etc.

Les « Enfants du paradis »

Nos éditoriaux, je l'ai déjà mentionné, sont généralement courts. Cependant, il nous arrive, en certaines occasions, de présenter au lecteur des éditoriaux un peu plus élaborés. Il s'agit alors de commentaires sur des événements assez inusités. L'affaire des « Enfants du paradis », par exemple.

Nous sommes en février 1947. Les étudiants de l'Université de Montréal, avec l'appui de leur recteur, Mgr Olivier Maurault, ont fait des démarches auprès du consulat général de France pour obtenir l'autorisation de présenter en grande première au pays, à l'occasion d'une soirée de gala, le film intitulé: *Les Enfants du paradis*. C'est une production cinématographique dont la presse française dit beaucoup de bien. Après un certain nombre de démarches, l'autorisation est obtenue et le 7 février, l'ambassadeur délègue à l'Université de Montréal, pour l'y représenter au gala, M. René de Messière, conseiller culturel.

Or, en arrivant à l'Université de Montréal, M. de Messière apprend que le film intitulé *Les Enfants du paradis* ne sera pas montré parce que la Censure provinciale a refusé d'en autoriser la projection. Déçu, M. de Messière quitte les lieux et refuse d'assister à la soirée. *Montréal-Matin* déplore l'attitude de M. de Messière qui s'est conduit « à la manière russe », bien que nous reconnaissions la déception de chacun devant l'impossibilité de présenter le film en question.

Cependant, l'incident n'est pas clos et le 21 février, à Ottawa, M. le comte Jean de Hauteclocque, ambassadeur de France au Canada, accuse la province de Québec d'avoir manqué d'égards envers le représentant de la France, en ne permettant pas la présentation des *Enfants du Paradis*, après avoir réclamé la faveur de présenter le film en première. *Montréal-Matin* publie en première page le texte de cette protestation de l'ambassadeur français. Et le surlendemain, lundi 24 février, en éditorial, c'est une longue réplique à l'ambassadeur et à M. de Messière.

L'article s'intitule: « De Voltaire à Hauteclocque ». Il rappelle d'abord que Voltaire se réjouissait de ce qu'enfin on s'était débarrassé de ces « quelques arpents de neige » (le Canada) et il ajoutait: « La France peut être heureuse sans Québec. »

« La France, poursuit l'article, fut-elle heureuse depuis la Révolution et aujourd'hui avec Blum, Thorez et Doriot?

« En 1914 comme en 1939, les nôtres n'ont pas hésité à aller se faire « casser la gueule » en France, tandis qu'à Montréal on pouvait voir de nombreux réfugiés français mener la belle vie dans les plus grands hôtels et nocer dans les cabarets les plus chics!

« En reconnaissance de tous ces sacrifices, en reconnaissance de notre fidélité au verbe français et aux us de la vieille France, la France moderne nous envoya des conférenciers à qui nous payâmes de forts cachets, des artistes à qui nous fîmes ovation, souvent au détriment des talents de chez nous. Et tout ce monde, de retour sur les bords de la Seine, ne trouva rien de mieux, dans bien des cas, que de s'amuser de notre prétendue ignorance et de notre naïveté. Quelques-uns, seulement, osèrent parler du miracle de notre survivance, de la chaleur de notre hospitalité. »

Et l'article continue:

« Charbonnier est maître chez soi », a dit un jour l'ambassadeur de France à la Société Saint-Jean-Baptiste. (L'incident s'était produit quand un journaliste montréalais avait demandé à l'ambassadeur pourquoi on avait exécuté de Brasillach). En cette circonstance, nous avons applaudi à la déclaration du représentant de la France. Mille fois il avait raison de parler ainsi. Mais, aujourd'hui, c'est à nous de tenir le même langage... »

Pour clore:

« Si Son Excellence juge comme un manque d'égards le fait d'appliquer un règlement, même s'il déplaît à un conseiller culturel et à un ambassadeur, il peut être convaincu que nous continuerons, dans Québec, de manquer d'égards vis-à-vis de tous ceux qui se comportent comme M. de Messière.

« Le « fair-play » britannique et la diplomatie anglaise nous ont habitués à autre chose qu'à ces ouragans diplomatiques au moindre incident désagréable et la conduite de M. de Hauteclocque nous étonne, nous déplaît, nous dégoûte.

« Excellence, Québec peut continuer d'être heureux sans la France d'aujourd'hui... »

Suit un mot d'excuse au lecteur pour la longueur de cet article. Notre journal fait alors beaucoup parler de lui et, pour la première fois, nous recevons plusieurs télégrammes de félicitations pour une attitude que d'aucuns jugent courageuse.

Il y a quelques années, à la télévision de Radio-Canada, si j'ai bonne mémoire, on présenta ce film *Les Enfants du paradis*. La mentalité québécoise avait sans doute changé car personne n'y trouva matière à protester. À noter que M. Duplessis avait approuvé l'attitude du Bureau de censure. Il avait notamment déclaré: « …Les censeurs ont bien fait leur devoir. Il peut y avoir des films qui conviennent à d'autres pays, à d'autres provinces, qui ne conviennent pas à Québec, et vice versa. Nous respectons l'opinion de ceux qui croient que ce film leur convient, mais c'est notre droit et notre devoir de ne pas la partager. »

M. Charles Bourassa

Officiellement, c'est le 20 juin 1947 que M. Charles Bourassa devient président et directeur général de *Montréal-Matin*. Le livre des procès-verbaux de la Fédération des journalistes canadiens indique qu'une assemblée du conseil d'administration (M. Paul Dorais, secrétaire, et moi-même, président pour la circonstance) s'est tenue à cette date et que nous avons pris connaissance du fait que M. J.-N. Cartier avait vendu toutes ses parts dans la compagnie aux Éditions Laviolette Inc.

Seconde assemblée le même jour. Cette fois, à M. Dorais et à moi se sont joints: M. J.-Arthur Savoie, notaire, détenteur d'une procuration des Éditions Laviolette, et M. Charles Bourassa, détenteur d'une action. Après un vote de remerciements à M. Cartier, M. Bourassa devient directeur de la compagnie. Enfin, troisième assemblée, M. Charles Bourassa est élu président du conseil d'administration et gérant général de la compagnie.

Je me souviens d'une réunion qui se tint, sauf erreur, dans le bureau de Me Édouard Asselin, à l'édifice Aldred, et à laquelle assistaient M. Cartier, les personnes dont j'ai déjà mentionné les noms et quelques autres. C'est alors que s'accomplit la transaction par laquelle *Montréal-Matin* passait aux mains de l'Union nationale, plus précisément des Éditions Laviolette. (Les Éditions Laviolette ont comme administrateurs MM. Jean-Paul St-Germain, avocat; Lévis Lorrain, publiciste; Paul Dansereau administrateur; le notaire Arthur Savoie et le Dr Albert Surprenant, dentiste.) Le prix de vente? J'ai toujours pensé qu'il était de $250,000 bien que d'autres aient déjà mentionné le montant de $270,000. M. Jean Barrette, pour sa part, me dira avoir recueilli près de $200,000 pour que l'Union nationale achète *Montréal-Matin*. Lui-même y alla d'un montant appréciable mais les petits souscripteurs étaient nombreux. Il ne semble pas qu'il y eut d'actions émises en faveur des souscripteurs, gros ou petits. L'argent fut alors confié à Me Édouard Asselin pour que s'accomplisse la transaction.

C'est avec regret que je vois partir M. Cartier à qui j'attribue mon retour à la santé. Il m'assure que son successeur, M. Bourassa, me traitera bien. C'est d'ailleurs exactement ce qui se produira.

Ici devait survenir un fait plutôt cocasse. M. Charles Bourassa avait été administrateur du journal libéral *Le Canada* de 1929 à 1932: quinze ans plus tard, il prend la direction non seulement du quotidien concurrent mais d'un quotidien anti-libéral. M. Cartier, de son côté, chef conservateur reconnu, ancien organisateur de M. Bennett, ancien directeur de *Montréal-Matin*, journal anti-libéral, allait bientôt accepter la direction du *Canada*, le journal libéral, soit en juillet 1947, alors qu'il succédera à M. Herman Diehl.

M. Bourassa, qui avait été durant de nombreuses années secrétaire de l'Union des municipalités, échevin de la ville d'Outremont et secrétaire d'une association de propriétaires de salles de cinéma, possédait une expérience étendue dans la publication d'un journal, ayant travaillé à *La Presse* avant de passer au *Canada*. Durant les treize années qui suivirent, il devait s'efforcer de rendre notre entreprise rentable, de la placer à l'abri des coups durs, à l'abri particulièrement des assauts des hommes politiques. Jamais il ne permit qu'un député ou même un ministre intervienne auprès du personnel ou des cadres du journal. Il se considérait, avant tout, le représentant personnel de M. Duplessis — un ami d'enfance — et il n'entendait rendre de compte qu'à ce dernier.

Furieux, je ne sais trop à quel sujet, un député de l'Union nationale s'amène un jour dans mon bureau. Il est en proie à une vive colère et, malheureusement, vu la nature de son grief, il m'est impossible de lui promettre satisfaction. Séance tenante, je téléphone à M. Bourassa et lui raconte ce qui se passe. M. Bourassa me demande de le faire venir au téléphone. J'ignore ce qu'il dit à mon visiteur, mais ce dernier se contente d'un: « Correct, correct, Charlie ». Il ferme l'appareil et tout penaud me dit:

— Excusez-moi! et sort de mon bureau.

M. Roger Duhamel

Même si la transaction officielle entre l'Union nationale et M. Cartier n'a pas encore eu lieu, c'est le 15 juin 1947 que Roger Duhamel, brillant journaliste et écrivain distingué, fait ses débuts à notre journal. Je le connais depuis assez longtemps déjà car il a été à l'emploi du *Devoir*, de *La Patrie* et du *Canada*. Quelques jours avant son entrée rue Marie-Anne, il me demande de le rencontrer et m'apprend alors qu'il a accepté le poste de directeur de *Montréal-Matin*.

Désormais, nous allons rédiger ensemble la page éditoriale et nous occuper conjointement des questions concernant la rédaction. J'avais beaucoup appris d'Adrien Arcand et de Louis Francœur et j'allais également beaucoup apprendre auprès de Roger Duhamel. Il écrit, j'oserais dire, à la perfection et avec beaucoup de facilité. C'est un homme d'une solide culture. La page éditoriale demeure variée, très vivante. Elle se compose généralement d'un ou deux articles principaux, de « marges » (courts commentaires), d'une revue quotidienne de la presse et d'articles de collaborateurs. Il rédige également une fois par semaine une page littéraire, « Écrivains et liseurs », une page « Théâtre-Cinéma-Musique » et une troisième d'information internationale: « Regards sur le monde ». Ce sera d'ailleurs le souci constant de Duhamel d'étoffer le journal, d'en rehausser la tenue. Nous utilisons assez régulièrement nombre d'articles littéraires et autres provenant du Service de l'information française de l'Ambassade de France. En plus de son travail quotidien rue Marie-Anne, Roger Duhamel collabore à Radio-Canada et donne des cours à l'Université de Montréal. Conférencier recherché, il deviendra président du Cercle Universitaire de Montréal et président de la Société Saint-Jean-Baptiste.

Au meilleur de mes souvenirs, à son arrivée à *Montréal-Matin*, la salle de rédaction comprend: Christian Verdon, directeur de l'information, (il a succédé à Bernard Turcot), Albert Massicotte, Marc René de Cotret, Jean Marion, Jacques Delisle, Jean De Laplante, Bernard Saint-Aubin, Simone Gélinas, Jean-Marie Morin, Monise Robitaille, Claude Lavergne, Germain Lavigne, Armand Jokisch, Jacques Beauchamp, Armand Gélinas, le caricaturiste H. Boivin. À cette équipe se joindront bientôt: Jean Vallerand, Rolland Boulanger, Maurice Bernier (notre chroniqueur parlementaire à Québec), Lucien Langlois, Ivan Pigeon, Gérald Lefebvre, sans oublier des collaborateurs réguliers ou occasionnels comme: Alexis Tremblay, Solange Chaput-Rolland, Jacques De Grandpré, Lucienne Champoux (lettres d'Europe), et Rex Desmarchais. Collaborateurs occasionnels aux pages sportives: René-S. Lefebvre, André Beauchamp et Bernard Valois.

L'une des premières décisions de M. Bourassa qui voit à toutes les questions financières, c'est de conclure une entente pour un abonnement au fil complet des sports de United Press. Ce service et la compétence de nos chroniqueurs sportifs ne tardent pas à nous attirer des milliers de nouveaux lecteurs parmi la gent sportive.

1948

Un drapeau québecois

Le 21 janvier 1948, toute la province est en liesse. Par suite d'un arrêté ministériel surprise signé dans l'avant-midi par M. Duplessis, le drapeau fleur de lis flotte à la tour du Parlement, à 3 h. cet après-midi-là. Les ministériels et les membres de l'Opposition s'en réjouissent, toute la presse est heureuse. Une seule voix discordante, celle d'un conseiller législatif libéral, l'hon. Élysée Thériault. Pour sa part, Roger Duhamel écrit ce qui suit dans son premier-Montréal du 23 janvier:

« Il va sans dire que le drapeau québécois ne s'oppose pas, bien au contraire, à l'éventuel drapeau canadien que nos gouvernants fédéraux finiront peut-être un jour par nous accorder, quand ils seront parvenus à étouffer leurs élans sentimentaux pour un emblème étranger, l'Union Jack. Après la Nouvelle-Écosse, la province de Québec, comme en beaucoup d'autres domaines, trace la voie aux autorités d'Ottawa. Tous les véritables Canadiens souhaitent que nous possédions un drapeau national, c'est-à-dire représentant les aspirations de toute la patrie canadienne, un drapeau aussi sobre que possible, parfaitement distinctif et qui ne témoignerait d'aucune sujétion désuète et suspecte envers une nation étrangère.

« En attendant ce jour qui peut être lointain, car l'autonomisme de M. King n'est qu'un mythe déplorable à rejeter au pays des vieilles lunes, réjouissons-nous qu'un gouvernement conscient de sa mission historique ait traduit éloquemment le sentiment légitime de toute notre province. »

Le déconcertant M. King

La veille de ce jour qui allait passer à l'histoire, la population canadienne assiste à un événement que je n'oublierai jamais. M. Mackenzie King est alors le premier ministre du Canada. Il a 73 ans, il est chef de son parti depuis près de trente ans et beaucoup croient que le moment est venu pour lui de partir afin de laisser à un autre plus jeune la direction du parti et du pays.

Quand on annonce que le 20 janvier M. King va prononcer un grand discours devant la Fédération nationale libérale à Ottawa, on en tire tout de suite la conclusion qu'il en profitera pour révéler qu'il prend sa retraite.

Aussi, est-ce avec étonnement que le lendemain matin, le pays tout entier prend connaissance des comptes rendus des différents journaux.

Le Canada, organe libéral à Montréal, dit bien: « King démissionne. Qui lui succédera? ». Mais l'Ottawa Journal, si bien renseigné à l'ordinaire, se contente du titre suivant: « Prime Minister King's Retirement Is Still Undecided ». Le Devoir, de son côté, soutient: « Le premier ministre n'annonce pas sa démission ». Le Soleil écrit avec prudence: « Mackenzie King demande à un congrès libéral de lui choisir un successeur le plus tôt possible », et La Patrie suit son exemple en recourant à une formule nullement compromettante: « Le T. H. Mackenzie King quitte la direction du parti libéral à la nomination de son successeur. » Toutefois, La Presse y va d'un sous-entendu propre à agiter les mauvaises langues: « Retraite volontaire de M. King ».

Et il en est ainsi pour les journaux de Toronto, de Vancouver et partout ailleurs au pays: personne ne peut dire exactement ce qu'a décidé ou ce qu'a annoncé M. King. Certains ont compris qu'il demeure, d'autres qu'il s'en va. À lire tous ces titres, toutes ces interprétations, on est enclin à se demander si, par hasard, la Fédération nationale n'a pas trop bien accueilli ces messieurs de la presse. Il n'en est rien. Ils ont tous, au meilleur de leur connaissance et de leur jugement, cherché à « interpréter » le discours de M. King et l'interprétation des uns vaut celle des autres.

D'ailleurs, les journalistes ne sont pas les seuls, ce soir-là, à ne pas trop savoir ce qu'a dit M. King. Le remerciant, Mme Nancy Hodges le fait tout comme si celui-ci a irrévocablement décidé de partir. « Il n'y aura pas, dans l'histoire du parti libéral, d'événement plus triste que celui dont nous sommes ce soir les témoins. » Elle prononce l'éloge de cet « homme que nous perdrons bientôt comme chef. » Et très émue, elle va même jusqu'à l'embrasser. Or, la moitié des personnes présentes dans la salle ont bien compris que M. King ne s'en va pas: elles ne s'expliquent pas l'attitude de Mme Hodges. Par contre, l'autre moitié des convives se sentent aussi émus que Mme Hodges: eux aussi croient que M. King s'en va!

Selon l'*Ottawa Journal*, « le pauvre homme (M. King) avait simplement dit qu'il ne partirait pas nécessairement, mais qu'il partirait si cela était nécessaire. Il était fatigué, etc., mais il aimait bien son parti... et que si l'on pensait qu'il devait demeurer... »

Il ne fut pas facile à deux confrères libéraux, Maurice Nantel, du *Canada*, et Paul Paradis, du *Soleil*, de donner un sens précis au grand discours de M. King. C'était du vrai patinage de fantaisie. Et à ceux qui en ont le loisir, je recommande la lecture des journaux du temps.

Évidemment, tout parti pris écarté, ce discours était bien à l'image de toute la carrière de M. King. Jamais d'affirmation catégorique, jamais d'engagement définitif. Toujours des sous-entendus, toujours des conditions. Jamais de proclamation solennelle indiquant une orientation dans une direction bien déterminée: constamment du flou, du nébuleux, de l'équivoque et de la contradiction.

Plus tard, bien que le congrès libéral eut désigné M. Louis Saint-Laurent pour succéder à M. King, celui-ci trouva toutes sortes de prétextes pour ne pas partir. Un journal ontarien publia une caricature montrant M. King comme l'un de ces visiteurs qui négligent de s'en aller, alors même que l'on a remonté l'horloge, que l'on a bâillé à s'en décrocher les mâchoires et que les bouteilles de lait ont depuis longtemps été mises sur le perron. Toujours ce visiteur en a une autre bonne à raconter.

Ce n'est que le 15 novembre 1948 que M. King se décide enfin à partir. Et Roger Duhamel écrit ce jour-là: « On peut même dire que le premier ministre s'en va à reculons, en multipliant les hésitations. Il lui est difficile de s'arracher à ce qui a été la grande passion de sa vie: le pouvoir. Quand arrive le moment de la rupture, il parvient malaisément à se décider. On évoque à ce sujet le dernier mot de la du Barry, rendue à l'échafaud: « Encore un petit instant, monsieur le bourreau... » M. King est alors âgé de 73 ans.

Le cas Plante

Montréal-Matin est passé entre les mains de l'Union nationale depuis quelques mois déjà quand l'Opposition libérale à l'Assemblée législative s'intéresse soudainement à nous. Ainsi, M. Léon Casgrain, libéral de Rivière-du-Loup, interrompt l'examen d'un projet de loi pour demander au Premier ministre s'il est vrai que *Montréal-Matin* a été acquis en son nom personnel.

Le Premier ministre de riposter que c'est l'Union nationale et non lui qui a acheté *Montréal-Matin*. Et M. Duplessis d'en profiter pour dire que notre tirage double celui du *Canada* et celui du *Devoir* et pour ajouter, également, que *Montréal-Matin* aura avant longtemps deux éditions et, en outre, un journal du dimanche. C'est la première fois, rue Marie-Anne, que nous entendons parler de cette édition dominicale.

En page éditoriale surtout, nous poursuivons nos attaques contre les libéraux d'Ottawa et du Québec, contre les communistes et leurs compagnons de voyage libéraux. Les problèmes municipaux attirent également notre attention et Roger Duhamel, au lendemain de la suspension de Me Pacifique Plante de son poste de directeur adjoint de la Police de Montréal, écrit ceci:

« On ne devra pas toutefois perdre de vue que pendant son bref stage à la Moralité, M. Plante a accompli une œuvre d'assainissement dont ses prédécesseurs étaient apparemment incapables. Qu'il se soit montré parfois maladroit, qu'il ait pu commettre, dans une tâche extrêmement difficile, certaines erreurs de détails, cela était inévitable et il serait injuste de lui en tenir trop sévèrement rigueur. Ce qui nous frappe, surtout, c'est la joie indécente dont témoignent certains éléments douteux dès qu'il est question de la démission de M. Plante. Pourquoi le redoute-t-on à ce point? C'est un aspect du problème qu'il y a lieu de retenir. En tout cas, une prompte clarification des faits s'impose: l'opinion publique l'exige. »

L'affaire Plante connaît un dénouement le 7 mai 1948, alors que M. J.-O. Asselin, président du comité exécutif, annonce le congédiement de l'avocat Pacifique Plante comme directeur adjoint du service de la police et la nomination de l'inspecteur Pleau pour lui succéder.

Pour Roger Duhamel (premier-Montréal du 10 mai), cette décision paraît à la fois regrettable et inévitable. « Regrettable, parce que personne ne peut nier que M. Plante, depuis qu'il est au service de la Police, a abattu beaucoup de besogne. Il s'est mis courageusement à l'œuvre, ne négligeant aucun effort pour enrayer le déferlement du vice commercialisé dans notre ville. Qu'il ait toujours agi avec le tact et la prudence nécessaires, c'est une autre affaire. Mais il a témoigné de belles qualités d'énergie et de dévouement que même ses adversaires doivent reconnaître.

« Il n'en reste pas moins vrai que la décision de l'Exécutif était également inévitable. Il s'agit, comme il arrive souvent, d'une simple question de régie interne et de discipline, qui avait pris dans l'opinion des proportions considérables. Il fallait que des deux hommes, de M.

141

Langlois ou de M. Plante, l'un disparût. La réinstallation de Me Plante ou sa permutation dans un autre service ne pouvant rien régler, dans le premier cas, c'était signifier au directeur Langlois son congé; dans le second, c'était pour les autorités de perdre la face. »

Au même moment, *Le Devoir*, avec Gérard Filion, redouble ses attaques contre l'administration municipale et va jusqu'à dénoncer deux recorders. Pour notre confrère, il s'agit d'une conspiration. Les recorders concernés nient catégoriquement les accusations que porte *Le Devoir*. Quant au *Canada*, il s'acharne contre Me Plante.

Le parti libéral écrasé

Le 9 juin 1948, M. Duplessis annonce que les élections provinciales se tiendront le 28 juillet. M. Duhamel, à l'exemple d'à peu près toute la province, ne doute aucunement du triomphe de l'Union nationale et il intitule son commentaire: « À la victoire le 28 juillet ». Il écrit notamment: « Après quatre années au pouvoir, le gouvernement de l'Union nationale se présente devant le peuple avec la certitude d'avoir donné à la province une administration excellente, supérieure à tout ce que nous avons connu dans le passé. »

La campagne électorale ne tarde pas à battre son plein et de nouveau toute la salle de rédaction est mobilisée pour couvrir les assemblées. C'est généralement la semaine de travail de sept jours, sans paye de surtemps, cela va de soi. Mais personne ne songe à se plaindre. Nos comptes rendus et informations politiques abondent. Lucien Langlois, avec nous depuis quelques mois seulement, se signale par la rapidité avec laquelle, enfourchant sa motocyclette, il va d'un endroit à l'autre. C'est l'homme à qui on peut confier deux ou trois « services » à la même heure: jamais il ne manque une nouvelle.

Montréal-Matin se plaint régulièrement de l'intervention des autorités fédérales dans la campagne provinciale. Aussi, Roger Duhamel qualifie-t-il de « rebuffade amplement méritée » la critique que fait la Délégation apostolique à Ottawa d'une annonce publiée dans les journaux à l'appui du parti libéral. Le texte de la réclame en question cite des paroles du Pape et la Délégation apostolique regrette qu'on utilise celles-ci en faveur d'un parti politique déterminé, « quand l'on sait comment la doctrine sociale du Souverain-Pontife est bien au-dessus de toute divergence de parti. »

L'optimisme règne dans le camp de l'Union nationale car les nouvelles en provenance de partout sont on ne peut plus encourageantes. Et voici que le 21 juillet, le maire Camillien Houde s'empresse d'aller prêter main-forte à M. Duplessis qui prend la parole au marché Saint-Jacques. M. Houde, aux acclamations d'une foule enthousiaste qui a envahi tout le quadrilatère du marché, demande à Montréal d'envoyer à Québec, le 28 juillet, des députés de l'Union nationale, afin de bien démontrer au reste du pays, au reste du continent, et même plus loin encore, que dans la province de Québec nous livrons une lutte constitutionnelle, une lutte constitutionnelle menée par un héros et un champion, l'honorable Maurice Duplessis.

Avec humour et esprit, M. Houde parle des quatre phases de sa vie politique: ses débuts à la Législature provinciale comme député de Sainte-Marie; la seconde, celle de la dépression, des secours directs, alors qu'il fit l'impossible pour secourir les Montréalais; la troisième, celle de la guerre, alors qu'il devenait pensionnaire de l'État et enfin la phase présente, que l'on pourrait appeler, dit-il, la « phase des renégats », celle de l'autonomie provinciale qu'Ottawa veut saboter pour mettre la main sur la province, pour nous diriger vers la gauche et vers l'extrême gauche.

En éditorial, nous suivons de très près tous les grands moments de la campagne. Nous ridiculisons les promesses du parti libéral en rappelant, notamment, les engagements de M. Godbout au sujet de la guerre. Quelques heures avant l'élection paraît une annonce libérale relative à la route de Chicoutimi. Des accusations sont portées contre l'hon. Antonio Talbot. Séance tenante, M. Talbot rétorque par des mises en demeure. Tous les journaux concernés se rétractent et répudient tout ce qui, dans l'annonce en question, aurait pu mettre en doute l'intégrité du ministre de la Voirie.

Le 29 juillet 1948, *Montréal-Matin* annonce que l'Union nationale a remporté 82 sièges et les libéraux, 7 seulement. Gros titre de notre page frontispice: « Duplessis écrase les libéraux ». Et dans cette même page, un commentaire de Roger Duhamel: « Le peuple a compris. » Le soir de l'élection, s'adressant à la foule réunie devant l'édifice du journal *La Patrie*, le maire Houde déclare: « M. Saint-Laurent, cette victoire de M. Duplessis, c'est votre défaite. La leçon est cruelle, M. Saint-Laurent, mais les trahisons chez nous ne se punissent pas autrement. »

L'affaire de Bernonville

Septembre débute à peine quand éclate l'affaire de Bernonville. Les autorités de l'immigration canadienne arrêtent le comte Jacques Dugé de Bernonville, condamné à mort par les tribunaux français pour collaboration avec le régime de Vichy.

On assiste immédiatement à une levée de boucliers. En première page, Roger Duhamel se demande: « Le Canada est-il une nation civilisée? ». Le maire Houde et beaucoup d'autres protestent et demandent qu'on accorde à de Bernonville l'asile politique qu'il demande. Un comité montréalais se forme « pour la défense des réfugiés politiques français ». Me Paul Massé en assume la présidence. Un ancien officier des Fusiliers Mont-Royal, le major Antoine Masson, révèle que de Bernonville l'avait aidé à s'enfuir de France où il était prisonnier des Allemands. De son côté, prenant la parole à la radio, M. Robert Rumilly, historien, déclare: « Si le Canada ne se conduit pas en pays chrétien, s'il n'accorde

143

pas le droit d'asile à M. de Bernonville, si celui-ci est déporté, sa famille réduite à la misère, M. Louis Saint-Laurent en portera la responsabilité devant le peuple, l'histoire et devant Dieu. »

Il est révélé que des amis du comte accomplissent des démarches en faveur de ce dernier, à Ottawa, depuis deux ans. Or, on leur a fait des promesses et on leur a dit que tout s'arrangerait s'il n'y avait pas d'agitation autour de cette histoire. M. Keenleyside, le sous-ministre responsable, en prend pour son rhume. De son côté, M. Francisque Gay, ambassadeur de France au Canada, nie que les autorités françaises aient réclamé la déportation du comte et soutient que ce sont les autorités canadiennes qui ont demandé le dossier de ce dernier.

Le Canada, l'organe du parti libéral, défend évidemment l'attitude du gouvernement fédéral. « Le simple bon sens, soutient-il veut qu'Ottawa laisse la justice française suivre son cours normal. » Finalement, l'affaire passe devant les tribunaux et de Bernonville sera déporté en 1949.

Le 2 octobre 1948, le parti conservateur se choisit un nouveau chef en la personne de M. George Drew. Il succède à M. John Bracken.

Le 6 décembre, notre directeur, Roger Duhamel, est élu membre de l'Académie canadienne-française, en même temps que Mme Germaine Guèvremont.

Ses finances maintenant rétablies, l'Angleterre a cessé d'acheter du Canada ce qu'elle obtenait à crédit, ou gratuitement, ou souvent à un prix désavantageux pour le producteur. Notre journal en profite pour tancer ce « mendiant ingrat » et pour prendre à partie les libéraux d'Ottawa qui, durant les hostilités, tentaient de justifier un effort de guerre exagéré, des dons et des prêts à la Grande-Bretagne, en affirmant que si nous demeurions à l'écart, nous perdrions, une fois la paix revenue, la précieuse clientèle de l'Angleterre!

Candidat autonomiste républicain

Le 20 décembre, élection fédérale complémentaire dans Laval-Deux-Montagnes. L'un des candidats est M. Honoré Désy, industriel de Sainte-Dorothée qui brigue les suffrages sous l'étiquette d'« autonomiste républicain ». À la salle de rédaction, nous suivrons cette campagne avec beaucoup d'intérêt, non seulement à cause de la présence d'un candidat « républicain » dans la lutte, fait sans précédent, mais parce que c'est un de nos bons amis, M. Edgar Guérard, qui a convaincu M. Désy de se présenter comme candidat du Parti républicain. M. Guérard est depuis longtemps un habitué de notre salle de rédaction. Il dirige un service d'informations sportives et quotidiennement nous communique maints renseignements que nous ne pouvons obtenir de notre agence de presse. M. Guérard a des correspondants partout qui lui fournissent les résultats de joutes sportives de tous genres. À son tour, par l'intermédiaire d'une équipe de téléphonistes, il transmet ces résultats à tout un groupe de clients, notamment les tavernes où, à cette époque, beaucoup se réunissent attendant avec impatience de voir sur un tableau les résultats des différentes épreuves sportives.

Aux côtés de M. Désy, on peut voir: MM. Gérard Filion, André Laurendeau et Jean Drapeau. C'est la démission de Me Liguori Lacombe, nommé juge, qui avait provoqué cette élection complémentaire. Le candidat libéral, Léopold Demers, en sort vainqueur avec une majorité de près de trois mille voix. Le parti conservateur n'avait pas de candidat dans la lutte.

Se rendant compte que les travaux de ville qui, durant plusieurs années, ont permis au journal de survivre, sont maintenant devenus une entrave à l'expansion de notre quotidien — qui fait ses frais et n'a plus besoin de ces revenus — M. Bourassa élimine graduellement ces travaux. Il le fait cependant petit à petit, ne voulant pas causer de désagréments à de vieux clients à qui, au fond, le journal doit d'exister encore.

Le salaire d'un journaliste à *Montréal-Matin*, à cette époque, se situe entre 35 et 50 dollars par semaine.

1949

Grève des professeurs

Comme je l'ai déjà écrit, tout en rédigeant les éditoriaux conjointement avec Roger Duhamel, je continue à faire du reportage afin de donner un coup de main à la salle de rédaction dont les effectifs ne sont pas tellement considérables. Et c'est ainsi que m'occupant alors du domaine de l'éducation, je vivrai toutes les péripéties de la grève des enseignants catholiques de Montréal, en janvier 1949.

Dans la nuit du 12 au 13 janvier, réunis en assemblée à la salle de l'Assistance publique, rue Lagauchetière, sous la présidence de M. Léo Guindon, président de l'Alliance des professeurs, les instituteurs déclenchent une grève, grève que Roger Duhamel déplore en éditorial: « L'Alliance a pris, écrit-il, une très lourde responsabilité dont elle devra subir les conséquences. »

Il est facile de se rendre compte, dès le début de cette grève, que la plupart des enseignants ne réclament qu'un prétexte pour retourner au travail. Je me suis souvent demandé, d'ailleurs, si ce n'est pas par erreur qu'un membre se leva soudain pour demander un vote de grève. M. Guindon se confiait beaucoup aux journalistes qui, d'ailleurs, admiraient son cran car, quoi qu'on en dise, il aura beaucoup fait pour améliorer le sort des instituteurs. Mais désirait-il vraiment la grève ce jour-là, j'en doute.

Le prétexte attendu semble se présenter quand Mgr Joseph Charbonneau, archevêque de Montréal, consent à intervenir. Dans la nuit du 18 au 19 se prend un vote en faveur du retour au travail. Cependant, les grévistes exigent qu'aucune sanction ne soit exercée contre qui que ce soit. À cela, Me Eugène Simard, président de la Commission des écoles catholiques de Montréal s'opposa catégoriquement. La grève se poursuit donc. Mais en dépit de l'enthousiasme, des chants en chœur et des discours éloquents, on se rend facilement compte à la salle de l'Assistance publique, quartier général de la grève, que beaucoup désirent retourner au travail. Beaucoup d'institutrices avouent s'ennuyer et s'inquiéter de leurs élèves. Une nouvelle occasion de mettre fin à la grève se présente lorsque l'École des parents — pourtant bien peu représentative — promet d'obtenir qu'il n'y ait pas de sanctions. À 3 heures du matin, le 24 janvier, les professeurs sautent sur cette perche qu'on leur tend et ils décident un retour au travail dès le même jour à 1 h. 10 de l'après-midi. (Le 20 mai suivant, l'Alliance acceptera la nouvelle échelle de salaires proposée, sauf erreur, par un comité que dirige le chanoine Raoul Drouin.)

Moins d'un mois plus tard, Me Eugène Simard meurt soudainement à 54 ans. Lui ayant parlé à plusieurs reprises au cours de la grève, je peux dire que celle-ci l'avait vivement ébranlé. C'était un homme autoritaire, un homme d'action, toujours très actif dans les mouvements catholiques. Le 3 mars 1949, M. Eugène Doucet, déjà membre de la Commission des écoles, lui succède à la présidence.

Grève de l'amiante

Février 1949, la grève de l'amiante éclate. Le 26 mars, la Sûreté provinciale fait une mise au point. Elle soutient que ce sont ses membres qui ont été brutalement et criminellement assaillis et non les grévistes. De son côté, M. Duplessis fait la déclaration suivante: « Je regrette, non pas pour moi et non pas pour l'Union nationale, qu'un certain journal de Montréal (*Le Devoir*, je présume) dans cette malheureuse grève de l'industrie de l'amiante, s'ingénie à dénaturer les faits, à faire de la basse démagogie et à imiter, même en la dépassant, la campagne des communistes qui procèdent toujours suivant une tactique bien connue: celle de tenter de déprécier les lois et l'autorité et encourager le désordre et le sabotage... Il n'y a aucun doute, et personne de bonne foi ne peut le nier, que la grève actuellement en cours dans certaines industries de l'amiante est fondamentalement illégale parce que les chefs grévistes ont refusé de se conformer à la loi en ne soumettant pas leur cas à l'arbitre. Il est évident que le mépris des lois engendre l'anarchie et le désordre. Il est non moins évident et certain que le mépris des lois civiles, édictées par l'autorité civile, engendre le mépris de toutes les autres lois. »

Une couple de jours plus tard, un ralliement est organisé à Montréal contre le Pacte de l'Atlantique. Il doit se tenir à la salle des Charpentiers, boulevard Saint-Laurent, près Prince-Arthur. Cependant, à la dernière minute, l'Union des charpentiers refuse la location de la salle sous prétexte que le groupe est dirigé par des communistes. Les manifestants, incapables de pénétrer dans la salle, décident de tenir l'assemblée à l'extérieur. La police intervient et parmi ceux que l'on conduit au poste, on cite: Gui Caron, 28 ans, leader provincial du parti communiste, et le Dr Jacques Ferron, 37 ans.

Par la suite, les événements se gâtent davantage à Asbestos. Le 6 mai, nous publions un « extra » annonçant: « La loi de l'émeute est lue à Asbestos ». Le lendemain, à la une, reproduction d'un éditorial de la *Gazette* commentant le règne de terreur qui sévit dans la région et qui, d'ailleurs, a abouti à quelque 200 arrestations. Il va sans dire que la *Gazette* déplore notamment l'attitude d'un certain clergé en opposition avec l'attitude prise par les autorités provinciales.

Fait peu banal, malgré la grève de l'amiante, malgré la lutte que les Syndicats catholiques lui ont livré, l'hon. Tancrède Labbé, député de Mégantic et ministre d'État, est réélu maire de Thetford Mines, avec six des huit membres de son conseil. Le 10 mai, M. Hilaire Beauregard, directeur de la Sûreté provinciale, nie que Me Jean Drapeau ait été empêché de voir les 59 grévistes détenus dans les cellules au nouveau palais de justice. En éditorial, nous publions plusieurs articles sur les conséquences néfastes des grèves, en particulier des grèves illégales. Au début de juillet, la grève d'Asbestos prendra fin à la suite d'un compromis soumis par Mgr Maurice Roy, archevêque de Québec, accepté par les grévistes.

« Keep Canada British »

Avec juin débute la campagne électorale fédérale. Plusieurs partisans reconnus de l'Union nationale comptent parmi les candidats du parti conservateur que dirige M. Drew. Durant toute la campagne, ils reçoivent du journal une abondante publicité. Parmi ces candidats, mentionnons: MM. Jacques Auger, Bernard Goulet, Roméo McDuff, Maurice-S. Hébert, Léopold Pouliot et d'autres. Il y a également des candidats indépendants, notamment MM. Camillien Houde, maire de Montréal, Jean-Marie Savignac et Jacques Sauriol. M. Georges Héon dirige les forces conservatrices dans le Québec. À la radio, M. Robert Rumilly prononce des causeries sous les auspices de la Ligue de l'autonomie des provinces.

Dans un commentaire sur la candidature du maire Houde, Roger Duhamel écrit:

« Les libéraux font un battage de tous les diables dans la province de Québec autour de la personne de M. Saint-Laurent. Ce n'est pas cet homme qui doit être l'enjeu de la contestation. Ce que nous avons à juger c'est toute la politique du gouvernement libéral depuis quatorze années, ce sont surtout les idées qui l'inspirent et qui orientent l'administration dans de fausses directions. Ce procès, M. Houde l'a magistralement intenté au gouvernement d'Ottawa, démontrant par son argumentation qu'il veut être l'un des champions de cette autonomie sans laquelle le courage de nos devanciers aurait été vain. »

Le *Toronto Star* livre, en faveur des libéraux, une lutte des plus éhontées contre M. Houde et contre les candidats progressistes-conservateurs de notre province. Un jour, il reproduit du maire de Montréal une photographie prise sous l'angle le plus mauvais possible — dans une tentative de ridiculiser M. Houde — photographie qui occupe presque toute une grande page du journal. Le cri de guerre du *Toronto Star* c'est: « Keep Canada British ».

Le 8 juin, notre titre de première page est le suivant: « Vague libérale au pays — Aucun conservateur élu dans Québec — M. Houde élu. » Ce titre est erroné. En réalité, deux conservateurs ont été élus: dans Labelle, M. Henri Courtemanche, par 703 voix, et dans Trois-Rivières, M. Balcer, par 51 voix. M. Houde a triomphé lui avec une majorité de 75 voix seulement. Les adversaires de l'Union nationale y voient, évidemment, une baisse de la popularité de M. Duplessis.

Une nouvelle presse

Fin d'août 1949, M. Charles Bourassa signe un contrat pour l'achat d'une nouvelle presse Goss au montant de $66,469 et débutent les travaux d'agrandissement nécessités par l'acquisition de cette nouvelle presse et l'essor que connaît l'entreprise. Les travaux sont confiés à la firme Dansereau Limitée, dont M. Honoré Dansereau, père de M. Pierre Dansereau qui devait plus tard diriger *La Presse*, était le président. Plusieurs années durant, *Montréal-Matin* peut désormais encaisser des profits appréciables et la prospérité connue sous l'administration de M. Bourassa permettra plus tard, à ses successeurs, d'entreprendre à leur tour de nouvelles améliorations.

Le 1er octobre, notre petite presse est en panne: preuve de plus qu'il faut la remplacer. *La Patrie* n'hésite pas à nous imprimer et, au beau milieu de la nuit, elle rappelle son personnel de pressiers et de clicheurs pour nous permettre de publier comme à l'accoutumée, mais avec un peu de retard, cela va de soi.

Nos éditoriaux dénoncent toujours la centralisation, prônent la nécessité d'une loterie et mettent en relief l'immense travail accompli par l'Union nationale en dépit des difficultés que lui suscite le pouvoir central.

Une fin tragique

Le 28 octobre 1949, c'est jour de deuil dans toutes les salles de rédaction de Montréal. Guy Jasmin, l'un des journalistes les plus brillants de sa génération, rédacteur en chef du *Canada*, après en avoir été le correspondant parlementaire à Québec, périt avec sa mère dans un accident d'avion. Il revenait avec des notes pour un reportage sur les préparatifs en vue de l'Année sainte (1950) quand l'avion d'Air-France à bord duquel il prend place s'écrase sur une montagne des Açores: l'équipage et tous les passagers — 48 personnes — périssent.

J'estimais beaucoup Guy Jasmin. En dépit de son talent et de son érudition, il n'avait rien d'un fat. Il aimait me rappeler son premier reportage: un pèlerinage des zouaves pontificaux à la chapelle Notre-Dame de Bonsecours, un dimanche matin. J'avais également été délégué à cet événement par mon journal et comme Guy était novice, je m'offris de lui aider. Et c'est ainsi que la cérémonie terminée, nous nous retrouvâmes chez Géracimo, rue Sainte-Catherine est, près Saint-Denis, pour échanger des notes et parler journalisme.

Roger Duhamel, on l'imagine bien, croisait souvent le fer avec lui, mais ils étaient de grands amis. Ironie des choses: le jour de son décès, *La Patrie* publie de Guy Jasmin une photo prise lors de sa nomination au poste de rédacteur en chef du *Canada*. Sur sa table de travail est étalé un journal où l'on peut très bien lire en gros titre: « L'avion fait dix morts ». Guy Jasmin n'avait que 41 ans.

Cinq cents le numéro

Le 1ᵉʳ décembre 1949, nous passons de trois à cinq cents le numéro. Soudainement, le 24 décembre de la même année, nos éditoriaux deviennent anonymes. Le nom de Roger Duhamel apparaît toujours comme directeur et il ne signe que ses « Notes de lecture ».

Le tirage pour le dernier trimestre de l'année s'avère très encourageant. Au début de 1945, *Le Canada* nous devançait par 4,000 numéros par jour (19,677 pour *Le Canada* et 15,396 pour *Montréal-Matin*). L'année suivante, nous parvenions à dépasser l'organe du parti libéral et, fin 1949, *Le Canada* avait atteint un tirage de 22,226 numéros tandis que nous le devancions confortablement avec 36,109. À la même époque, *Le Devoir* ne tirait pas 20,000 numéros vendus, et *La Patrie*, alors quotidien du soir, n'atteignait pas 19,000.

À l'automne 1949, Robert Chicoine se joint à notre équipe sportive.

Quelques départs

L'année 1950 marque le départ de plusieurs confrères. Jean Marion nous laisse à la fin de janvier pour devenir officier des relations extérieures des services français d'Air-Canada, après quatre ans à *Montréal-Matin*. En juin, ce sera au tour d'Armand Jokisch, chroniqueur sportif depuis mars 1931 et successeur de Louis Larivée à la direction de nos pages sportives de nous quitter. Jacques Beauchamp lui succède. M. Paul Dorais, secrétaire-trésorier et chef-comptable, accepte un autre emploi, tandis que M. Adélard Vézina fait de même, en décembre la même année, après avoir été le chef de la livraison du journal depuis le premier numéro de *L'Illustration*. M. Maurice Laflèche remplace M. Dorais et M. Paul-Émile Ouellette, M. Vézina.

Cette année-là en sera une de grands désastres au pays. Ainsi, dans la nuit du 6 au 7 mai, un incendie éclate à Rimouski qui, en un rien de temps, ravage le tiers de la ville: 250 demeures, 16 magasins, 2 hôtels, un hospice, etc. *Montréal-Matin* nolise un avion et Lucien Langlois et Jacques Delisle se rendent sur les lieux du sinistre. Nous pouvons offrir à nos lecteurs d'excellents reportages et plusieurs photos. Jacques Delisle est encore à Rimouski quand nous lui demandons de se rendre à Cabano où une partie du village est également détruite par le feu. En mai, l'inondation oblige des dizaines de milliers de personnes à fuir leur foyer à Winnipeg et à Saint-Boniface. Peu après, les feux de forêt de la Nouvelle-Écosse occuperont les manchettes.

Guerre de Corée

Mil neuf cent cinquante, c'est également l'année de la guerre en Corée. Le 7 juillet, établissement de la conscription chez nos voisins. Les événements de Corée inquiètent les Canadiens et M. Saint-Laurent déplore l'attaque des Coréens du Nord contre ceux du Sud, à l'instigation de l'U.R.S.S. On devine aisément que bientôt le Canada contribuera d'une façon quelconque aux activités de la force de l'O.N.U. Le 13 juillet, *Montréal-Matin* écrit: « Une fois de plus le Canada se prépare à tirer les marrons du feu au bénéfice de la politique mercantile des Anglo-Saxons. »

M. Saint-Laurent ayant annoncé la formation d'une brigade spéciale pour venir en aide aux Nations Unies, particulièrement en Corée, *Montréal-Matin* présente le 9 août le commentaire suivant: « Le communisme aujourd'hui, c'est chez nous d'abord qu'il faut le combattre. Nous ne comprenons pas qu'on veuille envoyer en Corée des marins, des aviateurs et des soldats canadiens alors qu'on laisse toute liberté d'action

— d'action subversive, d'action révolutionnaire, bref de trahison — aux chefs du parti communiste dans notre pays. Nous ne comprenons pas qu'il faille aller défendre la Corée alors qu'au Canada nous refusons de nous protéger contre une cinquième colonne qui prépare les voies de Moscou. »

Nous ne cessons de faire une propagande intense en faveur de l'Union nationale. Il ne se passe guère de journée sans comptes rendus de cérémonies marquant l'inauguration de ponts, d'écoles, de routes, d'hôpitaux, d'œuvres de loisirs, d'établissements industriels, etc. Ce sont des photographies de ces cérémonies, sans oublier celles des réunions de tous genres des partisans de l'Union nationale qui illustrent bon nombre de pages du journal, y compris fréquemment la première. Il faut reconnaître qu'en dépit de ce que plusieurs pensent aujourd'hui, ce fut une époque où l'on vit la province se transformer complètement.

C'est Bernard Saint-Aubin qui relate quotidiennement le déroulement de l'enquête sur le vice commercialisé, conduite par Mes Pacifique Plante et Jean Drapeau et que préside le juge François Caron.

Le « Pèlerin canadien »

Le 13 novembre 1950, au lendemain des fêtes de la béatification de Mère Marguerite Bourgeois, une cinquantaine de pèlerins canadiens-français trouvent la mort en revenant de Rome, alors que leur avion s'écrase sur le mont Obiou, dans les Alpes. J'avais assisté, le 31 octobre, au départ de l'avion Curtiss-Reid appelé « Pèlerin canadien ». Dollard Morin, confrère et ami du *Petit Journal*, allait représenter son journal à Rome. Il devait revenir précisément à bord de l'avion partant de la Ville Éternelle le 13. À la toute dernière minute, il cède sa place à un religieux qui désire revenir plus tôt à Montréal. Durant quelques heures, cependant, dans les salles de rédaction, on croit Dollard Morin au nombre des victimes. Fort heureusement, des confrères parviennent à le rejoindre à Rome et l'on peut ainsi rassurer sa famille.

Le 11 décembre, élection municipale à Montréal. Deux candidats à la mairie: M. Camillien Houde, qui sollicite son septième mandat, et M. Sarto Fournier. Notre journal se contente de demander que l'on vote: il n'appuie aucun candidat. Seulement 25 p.c. des électeurs se rendent aux urnes et M. Fournier vient près de perdre son dépôt: la victoire de M. Houde est décisive. Au nombre des nouveaux conseillers municipaux, un habitué de la salle de rédaction de *Montréal-Matin*, toujours prêt à nous rendre service, M. Jean-Paul Hamelin, élu dans la classe « B » du district 11.

Nos pages sportives sont toujours aussi vivantes avec: Jacques Beauchamp, Jean Séguin, et Bob Chicoine et certains collaborateurs occasionnels, dont Jacques Laporte et René-S. Lefebvre et le caricaturiste Boivin. En novembre, Jean Barrette nous revient avec un courrier très intéressant deux fois par semaine. Marcel Deschamps et Roméo Gariépy sont nos principaux photographes à cette époque.

1951

Plus de pages

En 1951, le nombre de pages du journal a tendance à augmenter par suite de l'augmentation du volume de la publicité et de l'installation d'une nouvelle presse. Cela permet, notamment, d'accorder plus d'espace à la populaire section sportive.

La politique suivie en page éditoriale n'a pas changé. Nous défendons l'Union nationale, engageons des polémiques avec *Le Canada*, organe du parti libéral, et *Le Devoir* devenu nettement hostile à M. Duplessis, tandis que maintes fois nous revenons sur des sujets qui nous sont chers: un drapeau national, une loterie d'État, une meilleure part aux Canadiens français dans les emplois fédéraux, etc.

Dans la nuit du 31 janvier 1951, effondrement du pont Maurice-Duplessis à Trois-Rivières: on compte quatre pertes de vie. M. Duplessis parle de sabotage, de complot communiste. Aucun commentaire sur ce sujet en page éditoriale.

En avril, Simone Gélinas (« Entre nous, Madame ») participe à l'envolée inaugurale Montréal-Paris d'Air-Canada. Arrêts à Goose-Bay, Shannon et Londres. Altitude: 15,000 pieds; vitesse, 200-220 milles à l'heure. Au retour, elle rédige une série d'articles intitulée: « Une Canadienne sous l'Arc de triomphe ».

Le 15 juin survient à Montréal la pire hécatombe depuis 1927: une trentaine de personnes meurent dans l'incendie de l'hospice Sainte-Cunégonde. Lucien Langlois et Jacques Delisle sont dépêchés sur les lieux et nous consacrons plusieurs colonnes de texte et de nombreuses photos à cette tragédie.

Service photographique

C'est vers cette époque que débute une fructueuse association d'une dizaine d'années avec le photographe David Bier et son équipe dont les bureaux sont situés dans l'édifice du *Herald*, rue Vitré ouest. Durant toutes ces années, il nous suffit de communiquer avec les studios David Bier pour qu'un photographe soit dépêché là où nous le désirons. La photo imprimée nous parvient en un temps record et il s'agit toujours d'une photographie de première qualité. D'ailleurs, notre hall d'entrée et l'escalier conduisant aux deux étages supérieurs, ainsi que la salle de rédaction seront décorés de quelques-unes des photos les mieux réussies agrandies plusieurs fois. Pour un journal, c'est une décoration idéale, sans compter que certaines de ces photos constituent d'authentiques chefs-d'œuvre d'information par l'image.

La guerre de Corée fait fréquemment l'objet de nos manchettes mais le 10 octobre, notre première page arbore le titre suivant: « Le cri de toute la ville: « Vive la Princesse », à l'occasion de la visite de la princesse Elizabeth (future reine) et de son mari, le duc d'Edimbourg. Les visiteurs princiers reçoivent également un accueil enthousiaste à Québec, à Hull et ailleurs au Québec. Les entretiens de la princesse en français avec des gens de chez nous font l'objet de gros titres.

Nous voyons partir avec regret Mme Simone Gélinas, préposée aux pages féminines, que remplace Mme Suzanne Piuze, « Les confidences de Danielle ». Jean-Marc Desrochers se joint au personnel de la rédaction.

En septembre 1951, M. Honoré Dansereau achète de M. Jacob Nicol Le Nouvelliste, quotidien de Trois-Rivières. La nouvelle étonne quelques-uns car à la direction du journal il avait été question, à plusieurs reprises, de l'acquisition du quotidien trifluvien par M. Dansereau conjointement avec M. Charles Bourassa, à titre de directeur de Montréal-Matin ou à titre personnel. À la toute dernière minute, semble-t-il, M. Dansereau décide d'accomplir seul la transaction.

Le 21 octobre 1951, à 65 ans, décède un ancien directeur général de notre journal, M. Willie Juneau. Adrien Arcand sera au nombre de ceux qui suivront le cortège funèbre.

1952

Départ de Roger Duhamel

Le 29 mars, le nom de Roger Duhamel n'apparaît plus, en page éditoriale, comme directeur du journal. Bien qu'il continue de remplir ces fonctions, le Devoir, deux jours plus tard, publie un entrefilet qui s'intitule: « Un journal sans directeur ». Et en sous-titre: « Le poste occupé par M. Roger Duhamel à Montréal-Matin a été aboli. » En réalité, M. Duhamel ne nous quitte que le 23 août. S'il a pu connaître certains démêlés avec la direction, il laisse dans la salle de rédaction, et même dans les ateliers, beaucoup d'amis. Il retourne alors à La Patrie. D'ailleurs, il a une émission radiophonique quotidienne, collabore à différentes publications et poursuit sa carrière dans l'enseignement universitaire. C'est un autre de mes supérieurs avec qui j'aurai éprouvé beaucoup de satisfaction à travailler.

Roger Duhamel parti, je serai à nouveau seul pour rédiger la page éditoriale. Quotidiennement, j'y traiterai de cinq ou six sujets. La politique y sera évidemment presque toujours au premier plan, mais je m'efforcerai d'aborder tous les autres domaines de l'actualité. Du côté de l'information générale et sous la direction de Christian Verdon, les initiatives en vue d'améliorer la tenue du journal ne manquent pas: nouvelles bandes dessinées, téléphotos de United Press, service local de photographies de David Bier, etc. La collaboration de M. Raymond Bourassa nous est alors très précieuse: il est jeune, enthousiaste et nous épaule volontiers quand nous faisons preuve d'un peu d'audace.

Le 5 mars 1952, M. Charles Bourassa est heureux d'annoncer au conseil d'administration (toujours composé de MM. Charles et Raymond Bourassa et Joseph Bourdon) que l'hypothèque de $20,000 due à l'Alliance a été remboursée le 15 décembre de l'année précédente. Des obligations en cours de la Fédération ont également été rachetées. Désormais, celle-ci sera en mesure de faire des placements et de se constituer un portefeuille de débentures.

L'une des grosses nouvelles de l'année 1952 sera la disparition mystérieure de l'épouse de M. Georges Lemay (Huguette Daoust) à quelque cent milles au sud de Miami. Il va sans dire que notre journal suit l'affaire de très près durant des semaines.

Vif émoi, à la veille du 24 juin, alors que quelques heures seulement avant la traditionnelle parade, le feu détruit 19 des 22 chars allégoriques. On parle de « combustion spontanée ». Il y a défilé quand même. Près d'un million de personnes acclament les figurants dont les chars ont été détruits et qui vont à pied ou prennent place dans des véhicules de fortune. Lucien Langlois signe le compte rendu et parle d'une « explosion de vitalité et d'enthousiasme ».

Nouvelle victoire

Au début de l'été s'amorce une campagne électorale. Nous aurons en effet des élections provinciales le 16 juillet. Lucien Langlois et Albert Massicotte s'occupent activement des comptes rendus d'assemblées. La page éditoriale a été réduite d'un tiers mais la lutte en faveur de M. Duplessis se poursuit toujours. Il est facile de faire valoir tout le travail qu'il a accompli au cours du mandat qui a débuté en 1948 et de demander à la population de lui permettre de continuer son œuvre.

Ce ne sera certes pas un balayage comme quatre ans auparavant mais sur 92 sièges, l'Union nationale en décrochera 68. Le soir du scrutin, M. Henri Grou, députant sortant et réélu dans Outremont, meurt soudainement après avoir remercié ses électeurs. M. Georges-Émile Lapalme, défait dans Joliette par M. Antonio Barrette, se présentera dans cette circonscription, lors de l'élection complémentaire, et sera élu.

Montréal-Matin qui, à maintes reprises, a réclamé d'Ottawa une meilleure surveillance de l'utilisation des fonds publics, commente largement le Rapport Currie. Ce rapport met à jour une multitude de scandales au sein de l'Armée canadienne. Au camp de Petawawa, par exemple, on a découvert des chevaux sur la liste de paye du personnel. On a

154

vendu comme « ferrailles » des poêles de cuisine (cuisinières), des chauf-ferettes, des douches, des lavabos, etc., en excellente condition. Au total, 550 tonnes de « ferrailles » cédées à vil prix et, cependant, dans les livres, on en a inscrit seulement 45 tonnes, l'argent versé pour les quel-que 500 autres tonnes ayant pris le chemin de la poche d'employés de l'État. Et l'énumération se continue de plus en plus scandaleuse à cha-que paragraphe. L'événement montre, soutenons-nous, combien certai-nes de nos critiques étaient justifiées.

M. Drew, alors chef de l'Opposition, réclame la démission du gou-vernement Saint-Laurent et toute la presse du pays dénonce les malver-sations dévoilées par l'enquête Currie.

Le 27 juillet, à 58 ans, meurt soudainement le confrère Eustache Letellier de Saint-Just, éditorialiste en chef à *La Patrie*, et précédem-ment du *Canada*, de *La Presse* et du *Soleil*. M. Letellier était estimé de tous et comptait 36 années de métier.

Un mois plus tard, le 31 août exactement, décède, à 84 ans, M. Henri Bourassa, fondateur et ancien directeur du *Devoir*.

L'année 1952 s'achève alors que Jean Béliveau, la nouvelle recrue du club de hockey Canadien, fait sensation. *Montréal-Matin* accorde une importance de plus en plus grande aux événements sportifs.

Nous clôturons l'année avec en première page ce magnifique dessin d'Edmond-J. Massicotte: *Les Visites du jour de l'An*.

1953

Disparition du « Canada »

L'année 1953 sera celle où nous verrons disparaître notre concurrent libéral, *Le Canada*. Ce journal aura tout tenté pour survivre: il aura même adopté le format tabloïd, il aura déménagé de la rue Saint-Jacques à la rue De Gaspé, mais les changements n'auront aucun résultat heu-reux. On peut, tout au moins, le présumer puisqu'après cinquante ans d'existence, il doit fermer ses portes.

À *Montréal-Matin*, ce n'est pas avec joie que nous accueillons cette nouvelle. Des confrères et des amis auront à se chercher de nouvelles situations et notre journal n'y gagnera que très peu au point de vue tirage. *Le Devoir*, à son tour, deviendra journal du matin mais nous ne le con-sidérerons jamais comme un concurrent dangereux. Au contraire, il nous arrive en maintes circonstances de nous entr'aider, particulière-ment une fois que M. Claude Ryan en sera devenu le directeur.

L'éditorial du dernier numéro du *Canada*, 26 novembre 1953, qui s'intitule « 30 », se termine comme suit:

« ...Comme les vieux bateaux des cimetières marins, *Le Canada*, après 50 ans, a bien mérité de replier ses voiles. Mais encore habitués aux coups de roulis, ce n'est pas sans regret que les marins du bord renoncent à l'appareillage du matin... »

De vaines tentatives seront faites de ressusciter le journal dans les semaines ou les mois qui suivent. Quelques numéros d'une nouvelle feuille paraissent mais ce sera pour peu de temps.

En 1953, nous atteignons un tirage de 57,000 numéros et nous attribuons cet essor à deux innovations surtout: le service des nouvelles de sport UPI et les téléphotos de cette agence qui nous permettent de « scooper » tous les autres journaux, y compris les grands.

Trois élections complémentaires provinciales se déroulent le 9 juillet. Il s'agit des circonscriptions d'Outremont, de Portneuf et de Matapédia. Dans Outremont, M. Georges-Émile Lapalme, chef du parti libéral, cherche à se faire élire après sa défaite aux mains de M. Barrette, dans Joliette. C'est Me Bernard Couvrette qui lui livre la lutte pour l'Union nationale.

Nous taquinons beaucoup M. Lapalme qui avait dit, après avoir été choisi chef de son parti: « Je n'irai pas me présenter dans un comté occupé par un libéral. J'irai battre un gros canon de l'Union nationale dans la région de Joliette. » Or, M. Lapalme se présente aujourd'hui dans un château fort libéral. Il aspire au siège rendu vacant, on le sait, par la mort soudaine de M. Henri Grou, ancien ministre libéral, au soir de l'élection générale.

Nous accordons à cette élection complémentaire d'Outremont une importance inusitée. Nous multiplions les éditoriaux contre M. Lapalme et contre le parti libéral. Nous accordons énormément de publicité à toutes les manifestations en faveur du candidat Couvrette et M. Duplessis, lui-même, présente un plaidoyer éloquent et élaboré en faveur de son candidat dans Outremont.

Le 9 juillet au soir, l'Union nationale connaît la victoire dans Portneuf et Matapédia mais, dans Outremont, M. Lapalme parvient à se faire élire par quelque 4,000 voix de majorité.

1954

De progrès en progrès

L'année 1954 se déroule sans événements bien marquants à l'intérieur de notre journal. *Le Canada* disparu, nous progressons encore plus rapidement qu'auparavant sous la direction de MM. Charles et Raymond Bourassa. Les travaux de ville qui, en certaines circonstances, entravaient quelque peu la production du journal disparaissent graduellement. M. Paul Morin, le directeur de ce service, nous a d'ailleurs quittés après 20 années de travail intense. Il avait succédé à M. Édouard Dion, imprimeur de métier.

Lucien Langlois, Albert Massicotte et Bernard Saint-Aubin signent de nombreux reportages. Au début de l'année, par exemple, alors qu'un « maniaque au rasoir » fait des siennes, ils seront constamment à l'affût de développements dans cette histoire qui, pour quelques jours, créera une véritable psychose chez bon nombre de Montréalaises. Christian Verdon dirige toujours la salle de rédaction.

L'éditorial demeure limité à deux tiers de page, ce qui me permet de continuer à rendre de petits services à la rédaction de temps à autre. Aux pages féminines, Madeleine (Mme Christian Verdon) présente son billet quotidien, tandis que dans son courrier, Jeanne (Mme Lucien Langlois) répond avec beaucoup d'à-propos à un nombre assez considérable de correspondants et correspondantes.

C'est en 1954 que Jean-Paul Sarault fait ses débuts de chroniqueur sportif à notre journal. Il avait travaillé pour nous durant une semaine, à l'été 1947: il n'avait alors que 16 ans mais déjà promettait beaucoup. Aussi, nous n'avons pas été surpris de le voir entrer au service de *La Patrie*, lors du décès du rédacteur sportif Horace Lavigne. Il y travailla durant trois ans, alors que ce journal publiait sept éditions par semaine. On le voit ensuite au *Canada*, puis à Broadcast News (service des nouvelles radiophoniques de la Presse Canadienne) et, enfin, durant dix ans, scripteur pour Zotique Lespérance et Jerry Trudel à l'émission *Bonsoir les sportifs*, sur les ondes de CKAC. Finalement, il héritait du micro.

Puisque nous en sommes aux sports, j'aimerais souligner les magnifiques reportages de Jerry Trudel sur les grands du hockey. Ces articles paraissaient une fois la semaine sous le titre de « L'album des immortels ».

Le 25 octobre 1954, élection municipale. Me Jean Drapeau est élu facilement, triomphant de huit adversaires: MM. C.-O. Bousquet, Camille Dionne, Hector Dupuis, Sarto Fournier, Charles Lafontaine, Adhémar Raynault, Dave Rochon et Jacques Sauriol, journaliste. Tous y laissent leur dépôt. Le journal adopte une attitude de stricte neutralité au cours de la campagne électorale.

En 1954, notre tirage touche le chiffre de 65,000 numéros par jour.

Vu la vogue de la télévision, nous commençons la publication des horaires de la TV, comme nous l'avions fait autrefois pour la radio. L'avènement de la télévision contribue probablement à notre succès, beaucoup de gens dédaignant le journal du soir — ils sont trop occupés à regarder le petit écran — et comptant sur le journal du matin pour se renseigner.

Jean Lemont, autrefois de *La Presse,* nous apporte sa collaboration durant quelques mois.

1955

L'incident Richard

L'année 1955 apporte bien peu de changements dans la formule et dans le personnel du journal. Nos illustrations demeurent nombreuses et vivantes grâce à David Bier et son équipe. Bernard Beauvais et Bernard Lauzé, deux autres photographes de talent, nous prêtent également leur concours. Les primeurs, dans ce domaine, ne manquent pas.

Nous nous intéressons grandement à tout ce qui se déroule sur la scène locale, en particulier les faits divers, et l'on peut toujours lire de nombreux textes signés: Lucien Langlois, Albert Massicotte, Bernard Saint-Aubin, Jean Rivest et autres. Lucien Langlois, lui, se déplace toujours en motocyclette. Germain Lavigne est au nombre de ceux qui œuvrent à l'intérieur de la salle, tandis que Christian Verdon remplit les fonctions de chef de l'information.

L'éditorial occupe encore les deux tiers de la quatrième page. Je cherche à rédiger des articles courts et variés. Outre la défense de la politique de l'Union nationale, nos principaux thèmes demeurent à peu près les mêmes: opposition à la centralisation fédérale, articles en faveur d'une loterie d'État, d'un drapeau canadien (promis par M. Saint-Laurent en 1949) et de la nomination d'un ambassadeur canadien près le Saint-Siège.

En février, Lionel Hotte, directeur du tirage depuis une vingtaine d'années nous quitte. Jean-Paul Bégin lui succède et il remplira à son tour les mêmes fonctions durant une vingtaine d'années.

En mars 1955, à la suite de négociations avec M. John Chartier, de l'agence United Press, nous nous abonnons au service de photographies Unifax. Il s'agit de la transmission par fil téléphonique, directement dans notre salle de rédaction, de photographies provenant des quatre coins du monde.

En mars 1955, également, une punition trop sévère imposée par M. Clarence Campbell à Maurice Richard provoque une émeute à l'inté-

158

rieur et à l'extérieur du Forum. La foule manifeste, brise des carreaux aux abords du Forum, pour protester contre ce qu'elle croit être une « provocation » de la part de M. Campbell. Notre journal multiplie les colonnes de comptes rendus et les photographies sur cet événement. En éditorial, un commentaire accuse M. Campbell et les gouverneurs de la Ligue de Hockey nationale d'être responsables des incidents malheureux. De son côté, Jacques Beauchamp réclame la démission de ce M. Campbell.

La signature du contrat entre les Chemins de fer nationaux et Hilton, pour l'exploitation du nouvel hôtel Reine-Elizabeth, provoque également l'ire de *Montréal-Matin*.

Comme on parle beaucoup de projets pour se rendre sur la Lune, je rédige un article pour faire écho au pessimisme de certains et à l'optimisme de beaucoup d'autres. C'est ainsi que j'écris, le 5 août 1955: « ...Au train où vont les choses, nos petits-enfants auront peut-être l'occasion d'assister au premier voyage réussi ou raté vers la lune... » Non seulement mes petits-enfants ont vu cela, mais également mes enfants, et même moi, puisque l'exploit allait être accompli moins de quinze ans plus tard, soit exactement en 1969.

Une autre émeute

Début décembre, la ville de Montréal connaît une seconde émeute. Cette fois, des étudiants sont allés protester contre la hausse des billets de tramway à deux pour 25 cents. Ils se sont d'abord rendus à l'Hôtel de ville de façon pacifique, mais le soir, vendredi 9 décembre, l'émeute éclate pour de bon et il faut mobiliser tous les policiers disponibles. On s'en prend surtout aux véhicules de la Commission des transports et, à 10 heures, ordre est donné de retirer de la circulation tous les tramways et autobus. Les dégâts matériels sont très élevés et la police procède le soir même à une centaine d'arrestations. Lucien Langlois fait rapport de ces événements malheureux.

En éditorial, *Montréal-Matin* condamne ces émeutes qui ne font qu'accroître les fardeaux de dépenses que le contribuable doit supporter. Nous rappelons que « Concordia Salus » est la devise de la ville de Montréal qui, dans le moment, voit surgir partout des arbres de Noël illuminés et portant en lettres d'or le message: « Paix sur terre aux hommes de bonne volonté. »

Le lendemain, samedi, la circulation redevient normale dans les rues de la ville.

Trois disparus

Trois décès qui nous touchent surviendront au cours de l'année 1955. Le 10 mars, à 61 ans, meurt Armand Gélinas. Journaliste franco-américain, nous l'avions engagé en septembre 1941. Il avait été correcteur d'épreuves, préposé à la morgue et avait également fait du reportage. Malheureusement, la maladie devait l'obliger à nous quitter plusieurs mois avant sa mort survenue à l'hôpital Notre-Dame de la Merci. Le 20 juillet, M. Jacques-N. Cartier, notre ancien directeur général, meurt à Chambly (municipalité dont il était le maire) à 65 ans. Le 6 octobre, décès du sénateur P. Du Tremblay, à l'âge de 77 ans. Notre journal l'avait attaqué avec véhémence, on le sait, durant toutes ces années où M. Eugène Berthiaume lui faisait la lutte.

Une agréable nouvelle, cependant: la nomination de Jean Barrette, notre ancien chroniqueur sportif (et notre collaborateur occasionnel) au Conseil législatif, le 19 octobre.

À l'occasion de Noël, notre première page du 24 décembre s'orne de la reproduction d'une toile du peintre bien connu John Little. Le tableau fait voir l'extérieur de l'édifice de *Montréal-Matin* et les abords au moment où les presses commencent l'impression du journal, au début de la nuit. C'est une scène d'hiver remarquable. J'ai hérité de ce tableau qui m'est très cher.

1956

L'Union nationale réélue

L'élection provinciale du 20 juin sera l'un des événements marquants de cette année 1956. En dépit d'une campagne vigoureuse menée par *Le Devoir*, les étudiants, certains universitaires et même des membres du clergé — sans oublier, évidemment, le parti libéral — l'Union nationale reprend le pouvoir avec quatre députés de plus qu'en 1952. Cette fois encore, on peut voir M. Maurice Duplessis et M. Camillien Houde sur la même estrade, défendant la même cause.

Commentant cette élection de 1956, Robert Rumilly écrit dans son ouvrage « Maurice Duplessis et son temps » (2e vol. p. 567): « Ce sont des journalistes, des universitaires et des dirigeants syndicalistes qui ont reproché à Duplessis sa poigne. Le peuple aime que ses chefs, revêtus de l'autorité légitime, l'exercent fermement. Le peuple aime les chefs qui se font obéir. »

Montréal-Matin continue dans la même voie — une voie fructueuse — cherchant constamment à apporter des améliorations dans ses services d'information et d'illustration. En éditorial, toujours la même ligne de conduite.

Le 19 mars, Jean Robitaille, un confrère des débuts de *Montréal-Matin*, meurt subitement à Mont-Laurier.

Nouveau bond dans le tirage: nous dépassons le chiffre de 76,000.

Un conflit de travail éclate au *Devoir* et M. Gérard Filion décrète un lock-out. Les typographes de l'Union internationale quittent les ateliers mais le journal continue sa publication. M. Gérard Picard démissionne alors comme membre du conseil d'administration de ce journal.

En novembre 1956 commence l'arrivée des réfugiés hongrois et le parti conservateur se choisit un nouveau chef, M. John G. Diefenbaker. Nous nous réjouissons de l'adoption de la loi sur le Plan Dozois et de plusieurs autres mesures progressives de l'Union nationale.

1957

Grève des cheminots

Une grève d'employés de chemins de fer éclate le 2 janvier: elle paralyse les services du Pacifique-Canadien. En éditorial, *Montréal-Matin* dénonce M. W. E. Gamble, le président de la Firemen's Brotherhood, devenu « roi et maître de la nation... en mesure de paralyser la moitié du transport ferroviaire au pays ». L'avertissement suivant est servi dans le premier-Montréal du 4 janvier: « Nous craignons, malheureusement, que les employés de chemins de fer soient les premiers à souffrir de cette grève, pas seulement à cause du salaire qu'ils perdent, mais parce que de plus en plus on se tournera vers les compétiteurs du chemin de fer et que celui-ci ne jouira plus du prestige qu'il possédait autrefois. On a fini, un peu partout, par se passer de charbon parce que l'on ne pouvait jamais se fier sur la livraison de celui-ci, vu que M. John-L. Lewis, aujourd'hui l'un des plus gros capitalistes américains, déclenchait des grèves à propos de tout et de rien. »

Nous adoptons au reste une attitude identique chaque fois que se produit un arrêt de travail mettant en danger l'économie du pays ou la sécurité de la population. Le journal n'est pas antisyndical mais il ne manque jamais l'occasion de dénoncer ce qu'il appelle les abus de certains chefs syndicaux.

Au début de l'année, alors que les journaux montréalais se vendent encore 5 cents le numéro, nous relatons en page éditoriale que le président de l'Association américaine des éditeurs de journaux a révélé, à Boston, que la tendance vers le journal à sept cents le numéro au lieu de cinq, se faisait de plus en plus sentir chez nos voisins. Non seulement bon nombre de journaux se vendent déjà ce prix, mais d'autres songeraient même à une augmentation supérieure.

En éditorial, nous commentons à maintes reprises l'affaire du « William Carson », ce bateau qu'Ottawa a fait construire au coût de plusieurs millions de dollars mais qui ne peut accoster à Port-aux-Basques, où il doit entrer en service, parce que les installations ne sont pas adéquates, malgré des dépenses considérables précédemment effectuées par le ministère des Transports.

Nous revenons de temps à autre sur le favoritisme qui s'exercerait à Radio-Canada.

En février 1957, Léopold Legroulx, professeur aux Arts graphiques et correcteur d'épreuves à *Montréal-Matin*, et moi-même sommes appelés à participer à un cours abrégé de journalisme organisé par l'Association des hebdomadaires de langue française du Canada, à l'édifice de l'Aviation internationale. Plusieurs autres journalistes y donnent des cours, notamment Pierre Laporte, alors courriériste parlementaire du *Devoir*, et Léo Cadieux, à l'époque directeur de *L'Avenir du Nord*, de St-Jérôme.

La Loi du cadenas

En mars, la Cour suprême du Canada déclare *ultra vires* la Loi du cadenas de M. Duplessis, avec cependant une dissidence.

La Cour d'appel avait déjà déclaré la Loi *ultra vires*, comme l'avaient fait des tribunaux inférieurs, sans compter qu'au Sénat, les hon. Léon Mercier-Gouin et Athanase David, des libéraux, avaient également soutenu la légalité et la nécessité de cette Loi du cadenas. Les autorités religieuses avaient d'ailleurs loué cette législation.

En éditorial, nous commentons la décision et tentons de justifier l'attitude adoptée par M. Duplessis en édictant cette loi. D'ailleurs, nous avons l'assurance que « l'hon. Maurice Duplessis, avec l'appui de toute la population — sauf, évidemment, les communistes et leurs amis — continuera de mener une lutte énergique contre les révolutionnaires. » Et nous ajoutons: « La tâche sera plus compliquée pour l'autorité et plus facile pour les communistes, mais les honnêtes gens s'ingénieront à redoubler de zèle pour chasser de chez nous les agents de Moscou et les marxistes de tout acabit. »

Défaite de M. Saint-Laurent

Des élections fédérales se déroulent le 10 juin 1957. Nous prenons fait et cause contre les libéraux, en éditorial, et consacrons de nombreuses colonnes d'information à l'activité du parti conservateur. C'est à longueur d'années que nous combattons le gouvernement libéral mais nous redoublons d'ardeur à la veille de l'appel au peuple. Le 10 juin, le gouvernement Saint-Laurent est renversé: une dizaine de ministres sont défaits. M. John Diefenbaker prend le pouvoir avec 112 députés, dont neuf du Québec. Comme les libéraux ont élu 105 candidats, le CCF, 25, et le Crédit social 19, la majorité du gouvernement Diefenbaker est précaire. Il tiendra bon, malgré tout, jusqu'au printemps suivant.

Les éditoriaux sont toujours anonymes et j'utilise constamment le « nous ». J'étais seul à rédiger les éditoriaux et quand arrivaient mes deux semaines de vacances, toujours prises alors que les événements semblaient vouloir être des plus calmes, il me fallait rédiger d'avance une quinzaine de pages. Au total, quatre ou cinq articles et une coupure de journal ou de revue par jour. J'ai procédé ainsi à trois ou quatre reprises. Évidemment, même en vacances, je devais demeurer aux aguets au cas où un gros événement exigerait un commentaire de *Montréal-Matin*. Fait étonnant, je constatais chaque année que ces articles, qui n'étaient pas, évidemment, de la plus brûlante actualité, étaient malgré tout ceux qui me valaient le plus de courrier. Comment rédiger tous ces textes en deux ou trois jours seulement? J'accumulais constamment des notes pour des articles de « réserve » et il m'était facile d'y piger des sujets de constante actualité.

Le 18 septembre se tiennent quatre élections complémentaires provinciales. Victoire pour les candidats de l'Union nationale: un siège de plus pour le parti ministériel. Le lendemain, *Montréal-Matin* se réjouit: « M. Georges-Émile Lapalme (alors à la tête du parti libéral) encaisse une défaite de plus. Pourtant, il n'a rien négligé. Il a cherché à faire flèche de tout bois, même le bois le plus pourri. » L'une de ces quatre élections se déroulait dans Vaudreuil-Soulanges et nul autre que Me Gérin-Lajoie y connaissait la défaite comme candidat libéral.

« Herald » et « Patrie »

En octobre 1957, le *Herald* disparaît après 146 années au service de la population anglaise de la métropole. Journal grand format à sa fondation, il avait adopté le format tabloïd en 1944 et il paraissait à l'heure du lunch.

Le mois suivant, c'est au tour de *La Patrie* de cesser sa publication quotidienne, après trois quarts de siècle d'existence. Montréal, en trois ans, a perdu trois quotidiens dont deux de langue française. À travers le pays, trois quotidiens sont disparus au cours des cinq derniers mois seulement. Avec la disparition de *La Patrie*, Montréal ne compte plus que cinq quotidiens, deux de langue anglaise et trois de langue française. De ce nombre, un seul quotidien français de l'après-midi, *La Presse*.

Élection municipale le 28 octobre 1957. L'administration Drapeau-Desmarais-Plante (la Ligue d'action civique) affronte MM. Sarto Fournier et Lucien Croteau et leur équipe du Ralliement du Grand Montréal. Nous adoptons généralement une attitude plutôt neutre jusqu'au moment où certains individus insèrent dans des numéros de *Montréal-Matin* des exemplaires d'une feuille de propagande de la Ligue d'action civique. Cette fois, le 24 octobre 1957, en premier-Montréal, nous dénonçons une « manœuvre criminelle de la clique Drapeau-DesMarais-

Plante » et qualifions de « torchon communisant » et de « feuille boueuse » le journal en question. Il est soutenu, dans ce journal de propagande, que « seule la Ligue peut sauver Montréal de la pègre ». Bref, nous dénonçons énergiquement le « procédé ignoble ». Finalement, M. Drapeau est défait et la population élit le sénateur Fournier. Le Ralliement du Grand Montréal détient la majorité des sièges. M. Fournier a triomphé de M. Drapeau par quelque 4,300 voix.

La hausse du tirage se continue en 1957 et nous atteignons quelque 83,000 numéros vendus par jour.

1958

M. Diefenbaker triomphe

Au début de janvier, Albert Massicotte — 21 ans de service — nous quitte pour devenir chef du cabinet du président du comité exécutif de la ville de Montréal, M. J.-M. Savignac. Plus tard, il remplira les mêmes fonctions auprès de M. Lucien Saulnier.

En février, M. Diefenbaker annonce qu'il ira devant le peuple le 31 mars. Nous faisons la lutte pour les conservateurs et dénonçons la propagande libérale qui se livre aux pires excès, laissant croire par exemple que le premier ministre conservateur est opposé au catholicisme, etc. À la campagne précédente, on avait même soutenu que les crucifix allaient disparaître de nos écoles si M. Diefenbaker était porté au pouvoir. Il devait l'être mais sa majorité était insuffisante, d'où sa décision de faire des élections en mars 1958.

Cette fois, ce sera un véritable triomphe pour lui et pour son parti. Il y aura 208 candidats conservateurs élus contre seulement 48 libéraux et 8 pour le CCF. Fait sans précédent, le Québec élit cinquante députés conservateurs. Il faut reconnaître, toutefois, que cette victoire eût été impossible au Québec sans le concours de personnages-clés de l'Union nationale. J'avais suivi cette campagne d'assez près pour me rendre compte que, cette fois, l'organisation ne prenait pas ses ordres de l'extérieur du Québec. La campagne était menée par des Québécois pour des Québécois. Me Dollard Dansereau, un ancien rédacteur en chef de notre journal, brigue les suffrages comme candidat conservateur dans Lafontaine, mais il est défait.

Dans le premier-Montréal, au lendemain de la victoire conservatrice, on peut lire notamment ceci:

« L'hon. M. Duplessis s'est tenu entièrement à l'écart de la campagne fédérale. Il y a de ses ministres et de ses députés qui ont appuyé des candidats conservateurs — c'était leur droit — alors que d'autres s'en abstenaient parce que c'était également leur droit. L'Union nationale n'a jamais voulu s'immiscer dans les questions fédérales et tout gouvernement, qu'il soit bleu ou qu'il soit rouge, qui osera empiéter sur les droits du Québec sera combattu sans ménagement par M. Duplessis.

« Pourtant, malgré cette attitude, des journaux libéraux ont parlé de lui plus souvent encore que de M. Diefenbaker. Et ce matin, à regarder certaines caricatures et certains articles de ces journaux de l'extérieur du Québec (ces numéros précédaient la votation), nous nous demandons si les partisans de M. Duplessis ne peuvent pas se dire que leur chef vient de recevoir, du Canada tout entier, un témoignage incontestable de confiance et d'admiration... »

En avril 1958, le Dr Adrien Plouffe cesse sa collaboration à notre journal après quelque 6,300 petites chroniques quotidiennes intitulées: « Une idée saine par jour ». Le Dr Plouffe prend sa retraite comme publiciste, pourrait-on dire, du Service de santé de la Ville de Montréal après trente ans de service. Le Dr Plouffe a toujours été un apôtre ardent de l'hygiène et de la médecine préventive dans ses différentes chroniques. D'autre part, il s'est montré un ardent défenseur de la langue française et du bilinguisme et un partisan de la bonne entente entre les deux grandes races. Il a écrit, sur les maladies vénériennes, un livre à grand succès, *Hygie contre Vénus*.

En avril également, la Fédération des journalistes canadiens fait l'acquisition, au coût de quelque $12,000, d'une maison à quatre logements sise rue De Laroche, à la lisière du terrain que nous possédons déjà dans cette rue (4332 à 4336, rue De Laroche). La bâtisse sera démolie et permettra l'agrandissement du terrain de stationnement.

En juin, *Le Devoir* fait éclater le scandale du Gaz naturel, accusant le lieutenant-gouverneur, cinq ministres, des conseillers législatifs et de hauts fonctionnaires d'avoir acheté des parts de la Corporation de gaz naturel du Québec, société qui a fait l'acquisition d'une partie de l'actif d'une compagnie de la Couronne. *Le Devoir* parle d'un coup de bourse de $20 millions. En éditorial, nous faisons écho aux répliques cinglantes de M. Duplessis et aux déclarations des personnages accusés. Nous soulignons, notamment, qu'il n'y a pas que des gens de l'Union nationale qui ont acheté de ces parts mais, également, des sommités du parti libéral, et que la vente de l'entreprise est « juste, équitable et conforme à l'intérêt public », comme le déclarent d'ailleurs les commissaires de l'Hydro-Québec.

« Monsieur Montréal » n'est plus

Le jeudi 11 septembre, tout Montréal est en deuil: M. Camillien Houde, appelé à juste titre « Monsieur Montréal », meurt à l'âge de 69 ans. Sa dépouille mortelle est exposée en chapelle ardente dans le hall d'honneur de l'Hôtel de ville et les obsèques se déroulent en l'église Notre-Dame. Une foule immense lui rend un dernier hommage. M. Houde laisse dans le deuil son épouse et trois filles. Mme Houde, qui s'était montrée si courageuse durant les années difficiles qu'avait connues son mari, mourra quelques années plus tard après une longue maladie. Et, malheureusement, on ne verra à ses funérailles qu'une poignée d'amis de M. Houde. « Bill » Bantey, dans la *Gazette*, déplorera alors l'attitude de ceux qui devaient tant à M. Houde et qui, déjà, l'ont oublié ou, tout au moins, oublié la compagne de sa vie.

Dans le domaine municipal, nous faisons la lutte au *Devoir*, à la Ligue d'action civique, à M. Léon Patenaude et à M. Jean Drapeau. Nous cherchons à ridiculiser *Le Devoir* (« la bonne presse ») et nous en prenons en particulier à Gérard Filion, André Laurendeau et Pierre Laporte. Nous réclamons toujours une loterie, un drapeau national, un hymne national, etc.

En octobre 1958, une grève éclate à *La Presse*. M. Charles Bourassa décide de restreindre l'expansion que *Montréal-Matin* pourrait prendre à cette occasion, redoutant de se lancer dans des dépenses que ne compenseront pas les bénéfices réalisés durant l'arrêt de travail au grand quotidien.

Sa Sainteté Pie XII meurt le 8 octobre et notre numéro du lendemain, avec une première page à bordures noires et ornée d'une photo du défunt sur cinq colonnes, soulève d'élogieux commentaires.

1959

Intervention redoutée

En février cette année-là, M. Charles Bourassa et son fils, Raymond, se rendent à Québec. J'ai nettement l'impression que des ministres et des députés de l'Union nationale aimeraient bien mettre le nez dans les affaires de *Montréal-Matin*, chose qui leur a été impossible jusqu'à maintenant. M. Bourassa dirige la barque sans tolérer d'intrusion de qui que ce soit et, semble-t-il, cette façon d'agir ne déplaît aucunement à M. Duplessis. Elle sert d'ailleurs probablement ses fins. Mais la santé du Premier ministre laisse à désirer depuis quelque temps. Il serait moins en mesure de résister aux pressions de son entourage. À *Montréal-Matin*, nous sommes quelques-uns à appréhender l'intervention des hommes politiques. Une rumeur nous parvient même à l'effet qu'un comité de la députation serait formé pour s'occuper des affaires de *Mont-*

réal-Matin, pour exiger des rapports qui ne parviennent sûrement qu'à M. Duplessis personnellement. M. Charles Bourassa n'est pas homme à s'en laisser imposer: il l'a prouvé maintes fois à l'Union des municipalités, dont il fut le secrétaire, à la ville d'Outremont, alors qu'il était le bras droit du maire Beaubien, et également au *Canada*. Nous savons, au reste, que la plupart des députés et ministres ne connaissent rien aux problèmes de la publication d'un journal et qu'ils songent, avant tout, à ce qu'ils croient être l'intérêt du parti. Ils ne songent pas que le quotidien doit d'abord bien servir, bien renseigner et bien intéresser ses lecteurs s'il veut que ses messages politiques soient pris au sérieux. *Montréal-Matin* a pu sûrement rendre d'immenses services à M. Duplessis et à l'Union nationale parce qu'il évitait, dans la mesure du possible, de se comporter en feuille fanatique comme l'avait été le *Canada*.

Toutefois, malgré ces craintes, rien ne se produisit et M. Bourassa continua d'agir comme auparavant.

En juin 1959, la reine Elizabeth et le prince Philippe séjournent à Montréal et reçoivent partout un accueil triomphal, au Stade de la rue Delorimier, tout particulièrement, où ont été groupés des milliers d'écoliers.

Durant un certain temps, nos attaques contre Radio-Canada que défend *Le Devoir* (quelques-uns de ses rédacteurs travaillent d'ailleurs fréquemment pour Radio-Canada) sont presque quotidiennes. Nous nous élevons également contre une campagne insidieuse menée en vue de saboter notre système scolaire.

M. Duplessis meurt subitement

Le lundi 7 septembre, émoi par toute la province et par tout le pays. En visite au centre minier de Schefferville, dans l'Ungava, M. Maurice Duplessis meurt soudainement, victime d'une hémorragie cérébrale. « Le Québec est en deuil », c'est notre titre de première page, 8 septembre: photo de M. Duplessis à la une, également, et bordure noire. J'inviterais volontiers les détracteurs de cet homme d'État à relire tout ce qui s'écrivit, non pas dans *Montréal-Matin*, mais dans les autres journaux lorsque fut connue la nouvelle de ce tragique décès.

Même ses adversaires sont bouleversés, atterrés, devant la mort du Chef. Dans *Le Devoir* qui l'a combattu sans aucun ménagement, Gérard Filion y parle de l'amour profond de M. Duplessis pour la vie rurale et de sa grande estime pour la classe agricole. André Laurendeau dit, de son côté, que « sans avoir connu l'amertume de la défaite, M. Duplessis tombe comme un combattant ». Pierre Laporte souligne que M. Duplessis « est mort comme il le souhaitait: premier ministre et en plein travail. ». Ce concert d'éloges, on le retrouve dans tous les journaux du pays.

Montréal-Matin, il va de soi, accorde à cet événement toute l'importance qu'il mérite. Un premier-Montréal, avec bordures noires et photo du fleurdelisé, lui est consacré. J'y écris notamment ceci:

« Maurice Duplessis n'est plus! On ne réussit pas à s'en convaincre tant ce chef d'État incarnait la vigueur, le dynamisme, l'action et le travail.

« Pourtant, c'est bien vrai: le Canada français porte aujourd'hui le deuil de celui que l'on a proclamé, à juste titre, son chef. La province de Québec pleure le plus grand premier ministre de toute son histoire, tandis que le Canada entier déplore la disparition de celui que beaucoup considèrent le plus grand Canadien de notre époque.

« Durant trente-deux ans, Maurice Duplessis a servi sa province et sa race avec un dévouement, un patriotisme et une clairvoyance inégalables. Il a su placer l'intérêt national avant l'intérêt politique. D'ailleurs, ne réussit-il pas, il y a plus de vingt ans, à grouper autour de lui des hommes de convictions politiques différentes pour former l'Union nationale, c'est-à-dire l'union de toutes les bonnes volontés. »

Et plus loin: « Maurice Duplessis est probablement mort comme il le désirait: à la tâche. Plusieurs lui avaient conseillé de prendre sa retraite, il y a quelque temps, ou encore de travailler un peu moins. Spirituel comme pas un, il trouvait toujours une réponse qui n'admettait pas de réplique et il continuait à travailler comme trois. Non seulement il est mort à la tâche, mais il a été frappé par la mort au milieu d'une région jadis délaissée et qu'il avait réussi à transformer en un royaume industriel sans pareil au monde.

« ...Aujourd'hui, le Québec pleure sur la tombe de ce grand disparu et prie le Ciel d'accorder le repos éternel à celui qui a tant mérité des siens.

« Avec Henri de Bornier, répétons: « Inclinons-nous devant celui qui est parti, il est plus grand que nous. »

Durant quelques jours, nous reproduisons en page éditoriale les articles des autres journaux sur M. Duplessis.

Dans sa chronique « Bonjour, les sportifs », Jerry Trudel y va également de son commentaire rédigé à Trois-Rivières même. Son texte, émouvant au possible, s'intitule: « Un peuple est venu... »

En voici les derniers paragraphes:

« ...Un peuple est venu... dire adieu à son père. Et le sens profond de ces obsèques nationales demeurera à jamais gravé au cœur de la nation canadienne-française.

« Tout un peuple s'est incliné... et même si l'en-tête de cette rubrique est d'un ton sportif... il était impossible qu'aujourd'hui elle ne traite que de sport. En effet... en ce grand jour de deuil national, le peuple canadien-français a oublié un instant ses différences politiques comme ses affiliations coutumières pour s'unir d'un même cœur sur la tombe du plus illustre de ses grands disparus.

« Un peuple est venu... prier. »

Maurice Bernier et Lucien Langlois rédigeront des colonnes de texte tandis que Dave Bier et Roger Bédard nous fourniront des photographies nombreuses et touchantes des obsèques. À Trois-Rivières, précédant le corbillard, on comptait 47 landaus transportant 1,600 tributs floraux.

Peu banales coïncidences

Abel Vineberg, le correspondant de la *Gazette* à Québec, était considéré l'un des principaux confidents de M. Duplessis. Il faut dire que ce journaliste avait également joui de la confiance et de l'amitié des prédécesseurs de celui-ci. On le considérait l'un des journalistes les mieux renseignés dans le domaine de la politique provinciale, ayant œuvré presque constamment dans ce champ d'action durant les 38 années de sa carrière avec le quotidien anglophone du matin de Montréal. J'ai eu souvent l'occasion de me rendre à des assemblées politiques avec Abel Vineberg. Il était très aimable, ne refusait jamais un service, mais parlait peu. Si, montant dans la voiture avec lui j'avais dans mes poches ou à la main un journal ou un livre, il s'empressait de me le demander. Et tout le long du trajet, si c'était le jour, il lisait. Le soir, après une assemblée, il ne parlait pas davantage. À deux ou trois reprises, parmi mes compagnons de route j'eus Éloi de Grandmont, alors à ses débuts au *Devoir*. Avec lui, au retour surtout, le soir, ou au milieu de la nuit, c'était son plaisir de chanter. Il avait une belle voix et semblait posséder un vaste répertoire.

Au moment de la mort de M. Duplessis, Abel Vineberg se trouvait à sa retraite depuis cinq ou six ans, mais il retournait fréquemment à Québec et allait causer avec le premier ministre et d'autres grands de la politique. Selon les membres de sa famille, ce décès soudain affecta beaucoup l'ancien journaliste et, quelques heures plus tard seulement, il mourait subitement.

Ses funérailles et celles de M. Duplessis eurent lieu à peu près au même moment et les deux hommes mouraient au même âge, 69 ans.

Le successeur

Mais le roi est mort, vive le roi! On parle bien vite de la succession de M. Duplessis et un nom est sur toutes les bouches: Paul Sauvé. Aussi, sa nomination au lendemain des obsèques ne surprend personne. Le 12 septembre, notre journal se réjouit de ce choix et j'écris notamment: « M. Sauvé est pleinement doué de ces qualités et talents indispensables à un chef de gouvernement. À une personnalité dynamique qui fait de lui un leader de première force, il allie une compétence extraordinaire pour l'administration des affaires publiques. Les deux ministères de la Jeunesse et du Bien-être social, qu'il dirige depuis 1946, avec un succès immense, englobent, à eux seuls, un tiers du budget de la province. »

Le 16 septembre se déroulent deux élections complémentaires, l'une au Lac Saint-Jean et l'autre dans Labelle. La première campagne attire particulièrement notre attention parce que M. Michel Chartrand, qualifié de « fort-en-gueule » par *Montréal-Matin*, y brigue les suffrages comme candidat du parti socialiste, dont il était d'ailleurs le chef au Québec, à ce moment-là, et qu'un autre candidat, M. Raymond Lapointe, y fait la lutte avec l'appui de nul autre que M. Jean Drapeau. Le nouveau premier ministre demande aux électeurs une marque de confiance et elle lui est accordée: les deux candidats de l'Union nationale sont élus.

Nous profitons de cette occasion pour reprocher à M. Jean Lesage, ancien ministre à Ottawa devenu le chef du parti libéral provincial, mais sans siéger à la Chambre, d'avoir méprisé deux belles occasions de solliciter un mandat du peuple.

Le 28 octobre, le major Fernand Dostie, du personnel de notre journal plusieurs années auparavant, devient chef de cabinet de l'hon. Paul Sauvé.

1960

Tragique début d'année

L'année 1960 débute de façon tragique pour le Québec: la mort soudaine du premier ministre Paul Sauvé aux premières heures de l'An nouveau. Le décès, également subit, de M. Duplessis avait assurément ému toute la province. Mais dans le cas de M. Sauvé c'était, j'oserais dire, pire encore. Il était jeune (52 ans seulement) et son avènement au poste de premier ministre avait été accueilli avec enthousiasme partout. Même les adversaires de l'Union nationale ne dissimulaient pas leur confiance dans le nouveau premier ministre. Les jeunes, en particulier, avaient proclamé leur optimisme: Paul Sauvé incarnait véritablement les aspirations de tout le Québec et l'on avait confiance qu'il allait faire connaître à la province un renouveau vivement attendu de plusieurs.

Le vendredi 18 décembre 1959, alors que les députés s'apprêtaient à quitter le Parlement pour les vacances des Fêtes, jusqu'à l'ajournement au 11 janvier, l'hon. Paul Sauvé s'était levé et, d'une voix visiblement émue, avait remercié tous et chacun pour le bon travail accompli. « Nous partons tous l'âme sereine, » avait-il dit à ses collègues avant de leur offrir ses vœux.

Ces paroles me reviennent à l'esprit au moment de sa mort et l'éditorial du lundi 4 janvier 1960 porte le titre: « Il part l'âme sereine... »
On peut y lire, notamment, ce qui suit:

« Il est parti l'âme sereine... au milieu des siens qu'il aimait tant, près de son épouse qui n'avait cessé d'être la compagne et l'inspiratrice de ce grand homme d'État, près de ses enfants qui étaient demeurés modestes en dépit des honneurs rejaillissant sur leur belle famille.

« Il est parti l'âme sereine... avec la satisfaction d'avoir accompli tout son devoir envers ses compatriotes et ses concitoyens de la province et du pays. Appelé à remplacer celui qui avait littéralement transformé le Québec et lui avait fait connaître un essor et une prospérité extraordinaires, Paul Sauvé, en quelques semaines seulement, s'était révélé non seulement un digne successeur, mais lui-même un chef et un homme d'État de première envergure, un grand patriote.

« Il est parti l'âme sereine... car il a eu le temps, au cours de ces courtes semaines, d'appliquer des rénovations et des réformes qui étaient devenues nécessaires, que ce soit dans le domaine de l'éducation, du travail ou de la santé.

« Il est parti l'âme sereine... en grand chrétien qu'il était. Plusieurs fois il avait échappé à la mort sur les champs de bataille. La Providence a voulu le ravir à la province alors qu'il goûtait les joies familiales et un repos bien mérité... »

La province, comme l'écrit Lucien Langlois dans son compte rendu, est véritablement jetée « dans la consternation » au matin du samedi 2 janvier quand la radio annonce la triste nouvelle.

Et quelques heures après les obsèques célébrées à Saint-Eustache, et auxquelles nous consacrons plusieurs pages, l'Union nationale, pour la seconde fois en quatre mois, fait l'unanimité dans le choix d'un nouveau chef, cette fois M. Antonio Barrette, député de Joliette et ministre du Travail.

Le premier-Montréal du 8 janvier lui est consacré: « ...Nommé ministre du Travail, il a su, en quelques années, élaborer une législation qui fait l'envie des autres provinces et qu'il ne cesse d'ailleurs de perfectionner. C'est que M. Barrette a été un travailleur manuel avant d'être un homme politique. Autodidacte, il a beaucoup étudié et, aujourd'hui, on le considère l'un de nos dirigeants possédant le jugement le plus sûr, le plus pondéré... »

Montréal-Matin n'est pas seul, d'ailleurs, à se réjouir de cette nomination et pour *Le Soleil*, par exemple, c'est « probablement le plus classique de nos parlementaires, en dépit de sa formation. Il a une éloquence naturelle servie par une belle prestance, car il faut avouer qu'il a beaucoup d'élégance. C'est pour notre milieu, une sorte d'Anthony Eden sorti des rangs du peuple... » (8-1-60).

Montréal-Matin accorde un appui total à ce nouveau chef et nous continuons la lutte contre les libéraux, fédéraux et provinciaux, en plus de livrer notre propre petite guerre au *Devoir*, de M. Gérard Filion, toujours opposé à l'Union nationale.

Défaite de l'Union nationale

Nous aurons des élections provinciales le 22 juin 1960. Lucien Langlois accompagne le premier ministre Barrette tandis que Bernard Saint-

Aubin, Albert Ostiguy et d'autres s'occupent de rédiger les comptes rendus de nombreuses assemblées. En éditorial, nous dénonçons énergiquement l'odieuse exploitation de la religion par les libéraux qui font état, de toutes sortes de façons, du nombre de religieux et de religieuses dans les familles de leurs candidats.

Le journal ne néglige rien, dans ses pages d'information comme dans sa page éditoriale, pour convaincre l'électorat d'appuyer l'Union nationale. Toutefois, il n'est pas facile d'être optimiste. Il m'arrive à quelques reprises de rencontrer certains des principaux organisateurs de M. Barrette et de l'Union nationale et j'ai l'impression que l'unanimité ne règne pas. Ce n'est pas l'enthousiasme des campagnes précédentes.

L'équipe du « tonnerre » triomphe mais seulement avec une majorité de dix sièges (52 lib. 42 Un.). Il eût suffi du renversement d'une poignée de votes, dans certaines circonscriptions, pour que l'Union nationale conserve le pouvoir. Notre première page au lendemain de l'élection: « Les résultats de l'élection — Une lutte serrée — L'hon. Barrette réélu avec une majorité accrue dans Joliette ». Réélection des hon. Thibeault, Barré, Dozois, Bertrand, Johnson, Maltais, Leclerc et Custeau.

En éditorial, le 25 juin, le commentaire suivant: « L'hon. Jean Lesage prend donc le pouvoir dans des circonstances plus qu'idéales. Le public s'attend à ce qu'il maintienne le progrès et la prospérité que nous connaissons depuis 1944... »

M. Barrette a accepté la défaite en « gentleman » et notre journal ne manque pas de le souligner.

M. Antonio Barrette démissionne

Durant tout l'été, les bruits nous parviennent d'une grave dissension entre M. Barrette et certaines factions de l'Union nationale et, en particulier, le trésorier du parti, M. Gérald Martineau. Le 13 septembre, M. Barrette, un ami de longue date de notre président, M. Charles Bourassa, met ce dernier au courant de la décision qu'il a prise de démissionner. La nouvelle devient officielle le lendemain. M. Barrette démissionne non seulement comme chef de l'Union nationale mais également comme député. Dans *Montréal-Matin* du 15 septembre, en éditorial:

« On regrettera profondément son départ de la scène politique. Nous ne voulons pas discuter ici des motifs qui l'ont amené à poser son geste. Même ceux qui ne sont pas d'accord avec lui admireront qu'un homme se sacrifie personnellement pour des idées qu'il croit essentielles à l'avenir de son parti et au progrès de notre province.

« M. Barrette est bien dans la ligne de ces hommes droits, intègres et au caractère fortement trempé qui se sont unis, il y a un quart de siècle, pour fonder un parti nouveau incarnant les aspirations profondes de notre peuple et entièrement dévoué à ses intérêts supérieurs... »

Or, M. Barrette se trouve en possession des actions de *Montréal-*

Matin. Et, au moment de sa démission, il n'a nullement l'intention de s'en départir avant l'élection d'un nouveau chef.

Dans ses *Mémoires* M. Barrette explique que M. Duplessis avait gardé ces actions dans son bureau au Parlement et donné pleine autorité au directeur du journal, sans intervention possible de qui que ce soit. À la mort de M. Duplessis, M. Sauvé maintint le statu quo et, explique-t-il, « je fis de même pendant six mois tout en rencontrant très souvent le directeur de *Montréal-Matin*, M. Charles Bourassa. »

À noter ce passage assez intéressant:

« Je suivais avec intérêt l'augmentation du tirage de semaine en semaine et, vers la fin de mars, à la suggestion de Paul Dozois, j'envisageai l'achat d'un autre quotidien important avec le portefeuille de *Montréal-Matin*, sans que le trésorier de l'Union nationale fût consulté et que l'on eût besoin de la caisse du parti.

« Si le projet s'était réalisé, l'Union nationale aurait été entièrement libérée de toutes les contingences d'une caisse alimentée par des contributions diverses.

« Avec les revenus de deux journaux, *Montréal-Matin* et celui dont nous projetions l'achat, ajoutés aux revenus des placements que nous aurions faits avec les fonds en caisse, nous nous assurions les sommes nécessaires pour maintenir les bureaux de l'organisation, alimenter la publicité au niveau régional autant que sur le plan provincial, offrir aux candidats tout ce qu'une bonne administration peut apporter en publicité, programmes de télévision, deux secrétariats permanents, etc. »

M. Barrette relate ensuite que l'inventaire de la sacoche renfermant les actions avait été fait avec l'aide de Me Armand Lavallée, n.p., et de M. Roger Messier, c.a., en présence de l'hon. Jean Raymond et de M. Charles Bourassa. Les actions avaient ensuite été déposées dans une voûte.

Peu après, M. Bourassa tombe malade et se trouve dans l'impossibilité de se rendre au bureau. Chez lui, cependant, il doit accueillir plusieurs visiteurs, membres influents de l'Union nationale. D'après M. Barrette, toujours selon ses « Mémoires », « chaque semaine, Charles Bourassa, retenu chez lui par la maladie, subissait des pressions pour l'obliger à remettre les actions sans mon consentement; en même temps, les menaces pleuvaient de mon côté. »

C'est M. Yves Prévost qui succède temporairement à M. Antonio Barrette. En octobre, nous publions le texte d'un réquisitoire de M. Barrette contre les hon. Gérald Martineau, J.-D. Bégin et Jean Barrette. Beaucoup se posent donc des questions au sujet de l'attitude de notre journal. Dans son numéro du 23 octobre, *Dimanche-Matin*, sous le titre de: « Qui a le contrôle de *Montréal-Matin?* », publie ce qui suit sous la signature de Jacques Francœur:

« C'est là une question que se posent tous les politiciens, quel que soit leur parti, surtout depuis une semaine. Ce journal a été acheté par l'hon. Maurice Duplessis, il y a une douzaine d'années, mais personne n'a jamais été mis au courant de sa structure financière. En d'autres mots, même les ministres de l'Union nationale n'ont jamais su exactement qui détenait les parts majoritaires. La question est doublement d'actualité depuis samedi, alors que ce journal a donné un compte rendu complet et détaillé, avec grandes manchettes, de la dernière attaque de l'hon. Antonio Barrette contre les hon. Gérald Martineau, Jos.-D. Bégin et Jean Barrette. On aurait cru que ces trois hommes, de par leurs fonctions dans l'Union nationale, auraient leur mot à dire dans l'administration de ce quotidien. Mais on se demande maintenant plus que jamais qui détient les parts... Par contre, sur le plan strictement commercial, c'est probablement le journal politique le mieux administré au Canada. Quand l'Union nationale l'a acheté, le premier ministre Duplessis en a confié l'administration à M. Charles Bourassa, lui donnant tous les pouvoirs. Et sous l'administration de ce dernier, le journal a prospéré et le changement de gouvernement n'a eu aucun effet sur son avenir comme entreprise... Mais qui a le « contrôle »? « That's the question. »

Vol de la paye

Le 22 avril 1960, émoi au journal. M. Lucien Guilmette, notre chef-comptable, revient de la banque avec la somme nécessaire à la paye hebdomadaire des employés quand, au moment où il s'apprête à pénétrer à l'intérieur de notre édifice, il se fait enlever la précieuse enveloppe par un bandit armé. Le personnel n'aura pas, cependant, à en souffrir. Le jour même, nos assureurs nous remboursent la somme dérobée.

À la mi-juillet, Christian Verdon, directeur de l'information, à notre service depuis janvier 1944, nous quitte. Lucien Langlois abandonnera le reportage général pour lui succéder.

Le 24 octobre se déroulent à Montréal des élections municipales. Nous ne faisons la lutte ni pour ni contre qui que ce soit. M. Sarto Fournier, le maire sortant de charge, est défait par M. Jean Drapeau qui triomphe avec une majorité de près de trente mille voix.

La population montréalaise, par la même occasion, par voie d'un referendum, se prononce en faveur de l'abolition de la classe « C » des conseillers municipaux (représentants des corps publics) par une majorité de quelque 78,000 voix. C'est Albert Ostiguy qui rédige les principaux comptes rendus de cette campagne dont le dénouement a été la victoire du Parti civique.

Au cours du mois de décembre, nous publions la photo d'une pièce d'un cent de 1943 qui, selon son propriétaire, vaudrait plusieurs milliers de dollars. Le journal n'a pas aussitôt paru que nos lignes téléphoniques sont bloquées, que des dizaines de personnes se présentent au journal et que le propriétaire du fameux sou est également assiégé d'appels téléphoniques. En effet, on trouve à peu près partout de ces cents de 1943, mais il arrive que celui dont il était question était de dimensions différentes et qu'il n'y en avait que cent de cette série sur le marché. Il n'est pas toujours facile, alors, de convaincre tous ces lecteurs que le sou auquel il a été fait allusion possédait en réalité la minceur et la circonférence d'une pièce de 10 cents. Ce n'est pas la première fois, au reste, que semblable incident se produit, nous causant beaucoup d'ennuis, paralysant le personnel dans son travail mais nous procurant une preuve indéniable de la fidélité avec laquelle on nous lit.

1961

M. Raymond Bourassa succède à son père

Le 26 janvier 1961 se tient une assemblée des directeurs et actionnaires de la Fédération des journalistes canadiens, Inc., à la résidence de M. Charles Bourassa, avenue Dunlop. L'hon. Jean Raymond assiste à cette réunion au cours de laquelle on apprend que: a) les états financiers au 31 décembre 1960 reflètent l'année la plus prospère depuis la fondation du journal; b) M. Raymond Bourassa succède à son père comme gérant général et M. Charles Bourassa prend sa retraite; c) Messier, Jacques et Cie deviennent les vérificateurs de la compagnie.

Quelques jours plus tard, à l'occasion d'une autre assemblée chez M. Charles Bourassa, l'action que je détiens est transférée à l'hon. Jean Raymond, bien que j'assumerai les fonctions de secrétaire-trésorier jusqu'à la fin de l'année courante.

Durant un certain temps, j'en ai déjà parlé, l'hon. Antonio Barrette, qui venait de démissionner, refuse de se départir des actions de *Montréal-Matin*.

Je cite à nouveau ses *Mémoires* (qui parurent aux Editions Beauchemin en 1966) où il écrit:

« À la suite de ma démission, malgré les menaces, j'ai refusé obstinément de faire le transfèrement des actions (de *Montréal-Matin*) jusqu'au congrès de l'automne 1961... Je voulais que le nouveau chef ait à sa disposition les moyens nécessaires, s'il voulait lutter pour assurer l'indépendance du parti.

« Un portefeuille, considérablement augmenté depuis mon arrivée à la direction de l'Union nationale, grâce à une excellente administration, accompagnait les actions. J'espère que tout a été maintenu dans le même état et que les valeurs sont intactes; elles provenaient des bénéfices accumulés du journal et n'appartenaient pas à l'organisation, encore moins à l'organisateur. Ces fonds devaient servir à acheter un quotidien régional. »

Dans une lettre que M. Barrette adresse à l'hon. Jean Raymond, le 9 janvier 1961, on peut lire notamment ceci:

« Je crois que le moment est venu de te dire qu'à ma connaissance personnelle, l'honorable Maurice Duplessis a toujours refusé à certains individus le contrôle de *Montréal-Matin* en donnant toujours raison à M. Charles Bourassa, lorsque la question revenait sur le tapis et en lui recommandant fortement de continuer le travail de la façon qui lui convenait, à cause, sans doute, de l'efficacité politique et du succès financier du journal. »

Plus tard, le 15 mai 1962, il écrit à M. Raymond Bourassa. (Lettre également citée dans le livre de M. Barrette). Il lui fait part de la lettre adressée à l'hon. Jean Raymond en janvier l'année précédente, puis ajoute ce qui suit:

« Vous le savez, j'ai dû faire avec votre père une lutte très dure pendant plusieurs mois pour empêcher que *Montréal-Matin* tombe entre les mains d'une personne qui contrôlait déjà trop de choses et de gens au sein du parti. (C'est sans aucun doute l'hon. Gérald Martineau qu'il vise dans ces propos.) J'ai fait cette lutte, comme le dit d'ailleurs cette lettre du 9 janvier 1961, dans l'intérêt du parti et dans l'intérêt aussi de celui qui deviendrait le chef de l'Union nationale. Si je m'étais rendu aux demandes et aux menaces faites de remettre les actions de *Montréal-Matin* à des gens qui n'avaient aucun mandat pour les recevoir et qui étaient mûs par des considérations personnelles, des gens qui voulaient, par ce moyen, augmenter leur emprise sur l'Union nationale, puisqu'ils auraient ainsi contrôlé toutes les ressources, tous les moyens d'action de l'Union nationale, ces gens, et un en particulier, auraient été en position de pouvoir imposer leur volonté au chef de l'Union nationale. »

Choix d'un nouveau chef

La maladie ayant obligé M. Yves Prévost à abandonner le poste de chef de l'Opposition, l'Union nationale se rallie autour de M. Antonio Talbot, ancien ministre de la Voirie et député de Chicoutimi à la Législature.

Le 13 janvier, notre journal se réjouit de ce choix. M. Talbot avait d'ailleurs, du jour au lendemain, pris la direction de l'Union nationale au Parlement et avait démontré qu'il était un excellent « debater ». « Sous sa conduite, écrit notre journal, l'équipe de l'Union nationale a semé la panique dans les rangs du parti libéral en plus d'une circonstance. »

Dès le mois d'août débute la campagne en vue du congrès pour le choix d'un chef de l'Union nationale. Le vendredi 22 septembre, alors que débutent ces assises, six candidats demeurent en lice: MM. Jean-Jacques Bertrand, Daniel Johnson, Raymond Maher, Armand Nadeau, Yves Gabias et Maurice Hébert. Les deux premiers ont été particulièrement actifs durant plusieurs semaines, parcourant les comtés les uns après les autres. Nous sommes impartiaux dans cette campagne. Au moment où s'ouvre le congrès, notre titre de première page est le suivant: « Aujourd'hui, le congrès; demain, victoire! » C'est d'ailleurs le mot d'ordre lancé par Me Antonio Talbot.

À la veille du congrès, le *Montreal Star* (9-9-61) se demande ce qu'il adviendra de *Montréal-Matin* une fois le nouveau chef choisi, car on mentionne que MM. Daniel Johnson et J.-J. Bertrand, les deux principaux aspirants à la direction du parti, ont tous deux l'intention de faire de gros changements à notre quotidien.

Notre confrère mentionne, toutefois, que les rapports financiers ont démontré depuis longtemps que *Montréal-Matin* est une véritable « mine d'or » et que cette situation peut empêcher des changements trop radicaux. On y explique que le personnel est très restreint avec une douzaine et demie de journalistes s'occupant de tout, sauf le sport, et qu'avec un tirage de 120,000 numéros par jour, *Montréal-Matin* est réputé prospère. Le *Montreal Star* ajoute que nombre de gens achètent ce journal spécialement parce que la moitié de ses pages concernent les sports.

Maurice Bernier nous représente à ce congrès qui se déroule à Québec. Paul Rochon l'assiste et les photographies abonderont durant trois jours. Le lundi 25 septembre, nous annonçons la victoire de M. Daniel Johnson élu par 1,006 voix contre 912 pour M. Jean-Jacques Bertrand.

En éditorial, je conclus:

« Il y a près de deux ans, prenant la parole au Club Renaissance à Québec, M. Daniel Johnson avait associé dans un même hommage le fondateur de l'Union nationale, feu l'hon. Maurice Duplessis, et son héritier politique, l'hon. Paul Sauvé, alors le nouveau premier ministre de la province. Et avec l'éloquence qu'on lui connaît, il avait proclamé ces deux hommes: « deux géants de la vie publique ».

« Aujourd'hui, la vie publique du Québec compte un troisième géant et c'est lui, Daniel Johnson qui, désormais, avec le dévouement, l'esprit de travail et l'esprit de justice qu'on lui connaît, conduira l'Union nationale vers de brillantes destinées et bientôt dirigera toute la province vers l'avenir de progrès et de grandeur que lui assurera le retour au pouvoir de l'Union nationale. »

Le congrès terminé, M. Johnson visite à nouveau la plupart des comtés de la province et, à nouveau, nous l'accompagnons et multiplions les comptes rendus et les photographies, ce qui nous vaut de temps à autre les reproches de lecteurs et les reproches, également, de partisans de l'Union nationale et non des moindres. Les premiers, nos lecteurs, se lassent de toutes ces colonnes consacrées à la politique alors que les seconds ne sont jamais satisfaits: ils voudraient toujours plus de publicité pour le parti. Un administrateur m'affirmait un jour, bien candidement, que plus il y avait d'articles politiques dans le journal, plus il se vendait. Le directeur du tirage, M. Jean-Paul Bégin, aurait sûrement pu lui démontrer le contraire.

L'éditorialiste

Je poursuis toujours le même travail: page éditoriale et reportages divers. Je suis d'ailleurs convaincu qu'il est excellent que les éditorialistes, dans la mesure du possible, quittent leurs bureaux pour prendre des bains de foule, pour assister aux événements, pour tâter le pouls du public. Il fut un temps où, à la *Gazette*, Blair Fraser pouvait être vu à la plupart des grandes assemblées politiques, se mêlant à la foule et ne s'occupant aucunement de rédiger un compte rendu, un autre journaliste de la *Gazette* se trouvant sur les lieux pour accomplir ce travail. Mais, Blair Fraser observait, écoutait, et il pouvait ainsi rédiger des éditoriaux sûrement mieux étoffés. D'ailleurs, il m'arrive presque quotidiennement, à cette époque, de recueillir des sujets d'éditoriaux dans le cours de mes reportages ici et là. Ces éditoriaux sont toujours anonymes et le demeureront encore quelque temps.

Je veux signaler en passant, qu'à ce moment-là, du moins, des hebdomadaires pigent assez régulièrement dans nos pages éditoriales, particulièrement les feuilles favorables à l'Union nationale. Généralement, on a la délicatesse de mentionner la provenance de l'article mais il arrive parfois qu'on l'oublie.

Ainsi, au début de l'année 1961, je reçois une lettre d'un citoyen de Noranda qui avait lu un hebdo s'appelant *Le Berthelais*. Il y avait remarqué un article sur Miriam Chapin, écrivain de langue anglaise, et M. Jean Lesage, qui lui avait grandement plu. Comme il était un partisan de l'Union nationale il suggérait que nous reproduisions cet article du *Berthelais* sur Miriam Chapin et d'autres du même journal car, écrivait-il, il arrive « que votre journal laisse à désirer au point de vue d'éditorial politique. » Or, l'article du *Berthelais* en question était tout simplement la reproduction textuelle, sans indication de provenance, d'un article que j'avais rédigé et publié quelques jours auparavant dans la page éditoriale de *Montréal-Matin!*

À compter du 13 février, j'obtiens la quatrième page au complet pour les éditoriaux. Cela me permet d'aborder un plus grand nombre de sujets, de publier régulièrement un billet signé du pseudonyme de Maître Pierre, sous la rubrique « Propos du matin », et, au bout de quelques jours, de faire paraître quotidiennement une caricature. G. Tracy sera notre premier caricaturiste à qui Payac succédera au bout de peu de temps. C'est à cette époque, également, que Lucien Langlois commence à collaborer de temps à autre à la page éditoriale avec des billets qu'il signe Luc. *Montréal-Matin* fait toujours la guerre à M. Jean Lesage et à ses ministres, dénonce les campagnes pour la laïcisation de l'école et les projets de transformation de l'enseignement dont on parle beaucoup, projets qui, à notre avis, ouvrent tout simplement la porte à l'école neutre. Les caricatures secondent évidemment les articles. C'est Payac qui donnera à M. René Lévesque le surnom de « Ti-Poil ».

178

Feu Léopold Richer

L'année 1961 vient à peine de débuter que disparaît un estimé confrère, Léopold Richer, directeur de *Notre Temps*, journal longtemps imprimé dans nos ateliers. Je le connaissais bien et, également, Mme Richer, si dévouée, qui généralement s'occupait de la mise en page de l'hebdomadaire. Je rends hommage au défunt en éditorial, le 4 janvier, et reproduis en entier le dernier article qu'il avait signé dans *Notre Temps* (livraison du 31 décembre 1960). On a l'impression que M. Richer pressentait sa fin prochaine. Il avait intitulé cet article: « Le temps qui m'est compté. » Qu'on en juge par ces quatre paragraphes qui terminaient ce texte:

« ...Aujourd'hui je ne regrette pas le temps passé. Je regrette seulement l'emploi que j'en ai fait. Par des retours, par des comparaisons qui s'imposent de toute évidence, par les visages qui m'entourent, par l'usure des forces vives, je sais, d'une connaissance tranquille et affolée à la fois, que le temps m'est dorénavant compté.

« Ce temps sera plus ou moins prolongé. Cela importe-t-il beaucoup? Je ne le crois pas. Il y a eu de brèves existences d'une splendeur inouïe, comme il y a eu des vies longues qui avaient perdu très tôt l'éclat de leurs premières années.

« Non, tout n'est pas vanité. Qu'il me soit donné un seul moment de pleine vie spirituelle, que la grâce me soit accordée d'un instant d'Amour parfait, d'un Amour qui me détache de tout et de moi-même, qui m'élève au-dessus de tout et de moi, et la Vie aura eu un sens et une valeur d'éternité.

« C'est cette pensée qui m'accompagne en cette fin d'année. Qu'elle ne me quitte plus désormais. Et alors le temps qui m'est compté ne sera pas perdu. »

Le 5 septembre, grand événement dans le monde journalistique: avec l'appui de Mme Pamphile Du Tremblay, Jean-Louis Gagnon lance *Le Nouveau Journal*, un quotidien de l'après-midi. Un excellent journal, certes, mais nous sommes nombreux à nous demander combien de temps il survivra et combien d'argent il coûtera.

1962

Une presse et un édifice

Au début de l'année 1962, M. Charles Bourassa transmet à Me Reginald Tormey l'action qu'il détenait encore. Il démissionne en outre comme directeur et président. Me Jean Raymond lui succède à ce dernier poste. M. Raymond Bourassa demeure vice-président tandis que Me Tormey devient secrétaire-trésorier.

C'est lors d'une assemblée des directeurs tenue le 12 avril 1962 qu'il est décidé d'acheter de la compagnie Goss une presse de $563,810 (64 pages), presse qui sera installée deux ans plus tard dans le nouvel édifice du boulevard Saint-Joseph, à l'intersection de la rue Molson. (À ce moment-là, toutefois, l'emplacement n'a pas encore été choisi). À cette assemblée, il est également décidé de confier à M. J.-Marcel Desjardins le poste de trésorier de la compagnie.

Une semaine plus tard, le conseil d'administration se réunit et Me Tormey, qui en fait partie avec MM. Jean Raymond et Raymond Bourassa, annonce que conjointement avec M. Eugène Doucet, agissant tous les deux « in trust », se sont portés acquéreurs des 197 actions ordinaires et des 1,000 actions privilégiées détenues par les Éditions Laviolette, Inc.

Le 8 mai, le nombre des administrateurs est porté de trois à cinq. Les deux nouveaux membres du conseil sont: MM. Gérard Favreau et Eugène Doucet. Un comité de construction, en vue de l'édification d'un immeuble où sera installée la nouvelle presse, est formé comme suit: MM. Eugène Doucet, Charles-E. Doucet, Raymond Bourassa, Régent Desjardins et Réginald Tormey. M. Raymond Bourassa remet sa démission comme membre du conseil d'administration. Elle est acceptée mais il consent à demeurer gérant général. M. Eugène Doucet lui succédera à la vice-présidence.

Le 22 août, M. Charles-E. Doucet est nommé trésorier de la compagnie et M. Gérard Favreau, trésorier adjoint. La nomination de M. Régent Desjardins, à titre d'expert pour la construction du nouvel immeuble, depuis le 1er août, est ratifiée. Me Tormey devient notre conseiller juridique.

Quand arrive la période des négociations en vue de la signature de nouvelles conventions collectives de travail, MM. Tormey et Bourassa me chargent de procéder à ces négociations, mais en vue de contrats d'une année seulement. Ces négociations de travail, les premières de ma carrière, auront été également les plus faciles. En peu de temps, toutes les conventions sont renouvelées à la satisfactions des deux parties. Un coup de chance, quoi!

À la défense de M. Diefenbaker

Mil neuf cent soixante-deux est une année d'élections: élection provinciale, élection municipale et élection fédérale.

Dans le domaine fédéral, *Montréal-Matin* défend généralement la politique du gouvernement conservateur, mais sans aucun fanatisme. Ainsi, en février 1962, André Laurendeau commentant dans *Le Devoir* la décision d'Ottawa d'émettre désormais des chèques bilingues écrit: « C'est trop tard, et trop peu... » Il considère cette concession au bilinguisme comme des « miettes ». Je réplique alors que « ce qu'il convient de retenir, dans le Québec, c'est que ces « miettes », les libéraux — dont M. Jean Lesage, qui fut ministre à Ottawa — n'ont même pas voulu nous les donner. » Et je soutiens que le gouvernement Diefenbaker a fait beaucoup plus et beaucoup mieux que les administrations libérales pour rendre justice aux Canadiens français. Et je mentionne, outre les chèques bilingues, les timbres historiques, la traduction simultanée, le français sur les cartes géographiques, etc. « C'est pourquoi nous répétons: « C'est beaucoup plus et c'est beaucoup mieux... avec l'administration Diefenbaker. »

Malheureusement, le soir de l'élection, le 18 juin, bien que les conservateurs gardent le pouvoir comme gouvernement minoritaire, la province de Québec qui avait élu 50 conservateurs en 1958 n'en a élu, cette fois, que 14. Sur l'Île de Montréal, un seul conservateur, M. Georges Valade, dans Sainte-Marie. Et parmi les vaincus, Clément Brown, dans Dollard, qui deviendra peu après notre chroniqueur parlementaire à Ottawa et qui collaborera également durant de nombreuses années à la page éditoriale.

À l'administration

À l'automne, M. Raymond Bourassa me demande de devenir son adjoint. C'est ma première expérience dans ce domaine. Le conseil d'administration ne confirme ma nomination qu'au bout de quelques semaines. Lucien Langlois me remplace comme rédacteur en chef et éditorialiste, dès septembre. Marcel Vleminckx, puis Paul Rochon lui succéderont.

Après avoir écrit des centaines d'éditoriaux sur les sujets les plus importants comme les plus anodins, je ne tarde pas à me rendre compte qu'il m'était beaucoup plus facile de suggérer une solution à un problème politique national ou local, que de trouver des solutions à toutes les petites et grosses difficultés que soulève chaque jour la publication d'un journal quotidien. J'apprendrai beaucoup de choses au cours des années qui suivront, notamment qu'il existe une grande différence entre être aux prises soi-même avec un problème et juger de loin et simplement par l'observation un problème qui ne nous affecte pas en tant qu'individu. Bref, j'ai constaté que l'éditorialiste, comme bien d'autres commentateurs, ne devait pas trop se leurrer sur la valeur de ses jugements.

La page éditoriale de Lucien Langlois sera très intéressante et très variée. Tout d'abord, il cherche à en modifier la présentation typographique, à la rajeunir, ce qu'il réussit d'ailleurs. À part un premier-Montréal qu'il signera de son nom, on pourra lire: de brefs commentaires qu'il signe du pseudonyme de Montaigne (« Au jour le jour »); un propos toujours spirituel sur l'actualité, propos qu'il signe « Madame Untel » et qu'il intitule: « Ce qu'en pense ma voisine »; enfin, généralement, un billet du matin qu'il signera « Luc ». Il m'arrivera de temps à autre de collaborer à cette rubrique. La caricature de Payac complète la page.

Cette page éditoriale, Lucien doit la remplir six jours par semaine. En outre, il a la responsabilité totale de l'information générale et, parfois, rédige pour la section des sports une chronique intitulée: « En pleine nature ».

Disparition du « Nouveau Journal »

Le 21 juin 1962, *Le Nouveau Journal* ferme ses portes après moins de dix mois d'existence, le premier numéro ayant paru le 5 septembre 1961. Dans son premier-Montréal de ce premier jour, Jean-Louis Gagnon écrivait, en faisant état — à juste titre — de la merveilleuse équipe qu'il venait de former: « Il n'y a de bons journaux que ceux qui sont faits par de bons journalistes. » Il avait raison mais oubliait que de bons journalistes ne peuvent rédiger un bon journal que s'il y a un journal et qu'un journal a besoin non seulement de journalistes mais également d'administrateurs compétents. Or, la rumeur court que *Le Nouveau Journal* devait déjà plus de $2 millions et demi!

On venait souvent me raconter que les confrères du *Nouveau Journal* travaillaient dans l'opulence, comparativement aux journalistes des autres quotidiens. Ils ne manquaient de rien, ils ne se privaient de rien. Bref, c'était le journal « rêvé », à ce qu'on me disait. Et « rêvé » était sûrement le terme juste.

Le 28 octobre, M. Jean Drapeau triomphe de M. Sarto Fournier, ainsi que de Mme Louise Parent et de M. Paul Lambert. Pour la première fois, les Montréalais votent un dimanche. Nous n'avions guère pris position dans cette campagne mais, en éditorial, nous nous réjouissons de la victoire de l'équipe Drapeau-Saulnier. Comment expliquer cette réélection? Lucien Langlois écrit ceci: « MM. Drapeau et Saulnier avaient bien administré Montréal depuis deux ans, sans hausser les taxes, sans gaspillage, tout en mettant en branle des projets tels que le métro et en faisant en sorte que la métropole hérite de l'exposition universelle de 1967. » C'est Maurice Archambault qui avait signé les principaux reportages de cette campagne.

Cette année-là, 1962, on peut lire des reportages signés Maurice Bernier, Paul Rochon, Laurent Grenier, Maurice Archambault, Marcel Vleminckx, Claude Loiselle, Yvon Dubois, Gilles Cloutier, Roger Guil, Albert Ostiguy, Clément Brown, Jacques Trépanier, Gérard Asselin et autres. Aux pages féminines: Marie-Madeleine (pseudonyme d'un bon abbé) et Jeanne (Mme Lucien Langlois). Mentionnons également les photos de Bernard Beauvais (L'œil inquisiteur), Bernard Lauzé, Henri Rémillard, Gilles Hayden, André Hébert et Jacques Zuurbier. À la fin de l'année, l'équipe des sports comprend, outre Jacques Beauchamp: Robert Chicoine, Jean-Paul Sarault, Jerry Trudel, Jean-Pierre Sanche et des collaborateurs comme Chantal Gravel et Pierre Bourdon.

Cette année 1962, également, débuts de Raphaël Jutras au service de la correction des épreuves. Durant plusieurs années, M. Jutras dirige ce service, important par le travail qu'on y accomplit et important, également, parce qu'il devient une véritable pépinière de journalistes. Longtemps, nous n'avons embauché à la correction des épreuves que des étudiants et des étudiantes. La plupart ne travaillent qu'à temps partiel, deux ou trois soirs par semaine, par exemple. Certains d'entre eux ont tôt fait de contracter le virus du journalisme et plusieurs des membres actuels de la salle de rédaction de *Montréal-Matin* sont d'anciens correcteurs d'épreuves. D'autres, évidemment, partent un jour pour exercer la profession à laquelle ils se destinaient.

Les libéraux gardent le pouvoir

Voici qu'au beau milieu de la campagne provinciale, à l'automne, la situation risque tout simplement de se gâter, rue Marie-Anne. Tout d'abord, les hommes politiques nous harcèlent de demandes de toutes sortes et il y a des journalistes qui perdent patience tandis que d'autres ne semblent plus avoir le feu sacré. On parle de démissions possibles et, surtout, une rumeur nous parvient à l'effet que de nos gens songeraient à lancer un nouveau journal, groupant des journalistes de *Montréal-Matin*, et qui ferait campagne pour M. Jean Lesage. Avec beaucoup de tact, M. Raymond Bourassa réussit à demeurer le maître de la situation et à prévenir tout geste qui aurait pu nuire à l'Union nationale.

Finalement, *Montréal-Matin* redouble de zèle en faveur de M. Daniel Johnson et de ses candidats. Nous multiplions les reportages et les photographies, si bien qu'à certains jours 90 pour cent de l'information générale concerne la politique provinciale. À noter que plus notre journal se politise, plus nous recevons de plaintes de lecteurs qui « nous aiment bien » mais se lassent des nouvelles politiques et de la constante répétition de photos des chefs de l'Union nationale.

Survient l'affaire des faux certificats. Roger Guil signe des comptes rendus sensationnels. On sait que M. André Lagarde, appréhendé dans cette affaire, désire être jugé avant l'élection provinciale mais que des procédures inusitées seront prises afin de retarder la cause. Et ce n'est qu'après l'élection que M. Lagarde sera acquitté.

Nous répétons des slogans comme: « Jamais un régime n'a autant taxé en si peu de temps que le gouvernement Lesage », ou encore: « Un vote libéral c'est un vote en faveur de nouvelles taxes. » Au matin du 14 novembre, jour de la votation, Lucien Langlois écrit: « Si j'étais à votre place, M. l'ouvrier, M. l'employé, M. l'homme-moyen, je voterais pour l'équipe Johnson-Bertrand... » En première page, ce même jour, un gros titre: « Vers la victoire ».

En dépit de tous nos efforts et, évidemment, surtout ceux des candidats et des organisateurs de l'Union nationale, ce parti ne parvient pas à reprendre le pouvoir, le parti libéral décrochant 63 sièges sur un total de 95. Dès le lendemain, M. Daniel Johnson se remet à la tâche. Entre les sessions, il parcourt la province et nous le suivons sans cesse, multipliant à nouveau comptes rendus et photographies.

Autres petits faits de l'année 1962: Le 13 février au soir, alerte à la bombe au journal. La police fait évacuer la bâtisse mais au bout de quelques minutes chacun peut reprendre son poste. Le 23 mai 1962, débuts des travaux de construction du métro. Il y a longtemps que *Montréal-Matin* le réclamait ce métro. Le 8 octobre, jour de l'Action de grâce, nous paraissons, contrairement à notre habitude, afin de pouvoir publier les comptes rendus des assemblées politiques. La vente sera nulle, toutefois.

Décembre 1962, assassinat de deux policiers à Ville-Saint-Laurent, par des bandits armés, dont l'un est costumé en Père Noël. Lucien Langlois réclame le maintien de la peine de mort pour les auteurs d'un crime aussi odieux. Ailleurs, *Montréal-Matin* relate que des enfants fuient le Père Noël depuis ce double meurtre.

Cette année encore, des confrères nous quittent pour toujours: Albert Ostiguy, major au Régiment de Maisonneuve, qui avait été notre chroniqueur municipal et même, durant un certain temps, notre directeur de l'information, meurt à 42 ans seulement, après quelques mois de maladie. Également, Philippe Beauchamp, père de Jacques, qui avait été à l'emploi de *L'Illustration* dans les années trente. Je ne voudrais pas oublier, non plus, Jean-B. Nowlan, 67 ans, mort à l'emploi de *La Presse* après avoir été durant plusieurs années notre chroniqueur judiciaire. M. Nowlan, on s'en souvient, avait organisé le premier congrès des journalistes en 1946.

1963

Nomination de M. Régent Desjardins

C'est le 23 mai 1963 que M. Raymond Bourassa quitte son poste de directeur de *Montréal-Matin*. Dès le mois suivant, M. Régent Desjardins lui succède. Ce n'est pas un inconnu. Déjà il a fait ses preuves à titre de commissaire de l'Office de l'Autoroute des Laurentides, de membre du Conseil municipal de Montréal, de membre de la Corporation du centre Sir Georges-Étienne Cartier, etc. Très actif au sein de la Chambre de commerce des jeunes de Montréal, il y a assumé les postes les plus importants, y compris la présidence. En 1954, il était devenu sénateur international des Chambres de commerce des jeunes.

Nous annonçons cette nouvelle dans notre numéro du 18 juin. M. Eugène Doucet, président de la Fédération des journalistes canadiens, fait également savoir que M. Desjardins sera en outre secrétaire de la Fédération.

Le 23 juillet, un groupe d'amis de M. Desjardins, des amis de toutes les allégeances politiques, se réunissent au Club Renaissance pour lui rendre hommage à l'occasion de sa nomination à la direction de notre journal. À ses côtés, M. Daniel Johnson qui fait son éloge et lui présente une superbe peinture au nom de tous ses amis. Dans son allocution, M. Desjardins dit sa confiance dans l'avenir de *Montréal-Matin* et dans la compétence de l'équipe qui s'y trouve déjà à l'œuvre. À noter qu'on a eu la délicatesse d'inviter tous les directeurs de service à cette manifestation.

Le nouveau directeur général, on s'en rendra compte dans les pages qui suivent, caresse de grands projets pour *Montréal-Matin*. Il insiste, cependant, pour que demeurent à leur poste les cadres déjà en place. Il n'est pas question de « nettoyage » ou de bouleversement. Il accorde entière confiance à tous les directeurs de service et n'en déplace aucun.

Ce qui veut dire que Lucien Langlois demeure rédacteur en chef; Jacques DeSerres, directeur de la publicité; Alcide Bessette, directeur de la production; Jean-Paul Bégin, directeur du tirage; Lucien Guilmette, directeur des services administratifs et, l'auteur de ces lignes, directeur général adjoint. Ces cadres formeront ensemble le conseil de direction du journal. Il faut reconnaître que tous, sans exception, nous seconderons sans relâche ce nouveau patron. Au reste, c'est tout le personnel qui lui offre sa collaboration, M. Desjardins ayant immédiatement acquis l'estime de chacun et suscité beaucoup d'enthousiasme.

La situation financière du journal est assez intéressante. Notre tirage grimpe constamment, le volume de publicité s'accroît également et nous allons terminer l'année 1963 avec $418,274 de revenus d'opération, soit

185

le solde des revenus moins les dépenses. L'année précédente avait également été excellente, mais celle-ci allait être encore plus profitable.

À la suite de la nomination de M. Desjardins, le conseil d'administration est alors composé comme suit: président, M. Eugène Doucet; vice-président, M. Gérard Favreau; secrétaire, M. Régent Desjardins; membre du conseil, l'hon. Jean Raymond; trésorier, M. Charles Doucet; conseiller juridique, Me Reginald Tormey.

Au cours de l'année, M. Desjardins fait préparer un dépliant destiné aux agences de publicité pour illustrer les progrès de *Montréal-Matin* et pour dévoiler les projets de la nouvelle administration. Au centre de ce dépliant, dont la couverture imite le flan-carton d'une page de journal, se trouve une maquette en couleurs de l'édifice en construction sur le boulevard Saint-Joseph. Un tableau indique les progrès réalisés dans le domaine du tirage et voici quelques-uns des chiffres mentionnés:

1941	18.178 numéros
1945	30,352 "
1955	95,634 "
1961	104,882 "
1962	115,601 "

Moyenne quotidienne pour les six mois prenant fin en mars 1963: 123,634. Tous ces chiffres ont été vérifiés par l'Audit Bureau of Circulation. Tirage brut le 3 octobre 1963, 156,856.

Une page est consacrée aux chefs de service, c'est-à-dire « ceux qui dirigent *Montréal-Matin* vers de nouveaux sommets... »

Au mois d'octobre, M. Desjardins réunit pour un colloque de deux jours, à Saint-Adolphe d'Howard, le conseil de direction et les membres du personnel de la publicité. Les discussions sont animées et fructueuses et MM. Eugène et Charles Doucet et Reginald Tormey viennent nous rendre visite.

À cette époque, tout au moins, un journal politique — un journal comme le nôtre ayant un parti à défendre et à mettre en valeur — coûtait généralement beaucoup d'argent au parti qui en était le propriétaire. Or, il importe de souligner ici qu'une fois acquis par l'Union nationale, *Montréal-Matin* n'a jamais coûté un seul cent à ce parti ou à tout autre parti politique. Bien au contraire, en maintes circonstances, nous avons souscrit directement ou indirectement à des campagnes électorales et à des dépenses du parti politique que nous défendions, et même du parti conservateur fédéral. J'insiste sur ce fait passablement unique et tout à l'honneur de ceux qui, durant cette période, dirigeaient les destinées du journal, à savoir MM. Charles et Raymond Bourassa et Régent Desjardins.

En dépit de ce que certains ont pu prétendre, notre appartenance à un parti politique nous nuisait considérablement. Malgré tout, en rendant le journal dans son ensemble aussi attrayant que possible, nous réussissions à intéresser une multitude de lecteurs n'appuyant aucunement ou l'Union nationale ou le parti conservateur.

186

M. André Lagarde acquitté

Le 29 janvier 1963, nous accordons un titre et une photo à la une à l'acquittement de M. André Lagarde, dès son enquête préliminaire, dans la fameuse affaire des faux certificats. M. Lagarde, on le sait, deviendra ultérieurement président du conseil d'administration de *Montréal-Matin*. Son commentaire à la suite de son acquittement: « Je regrette que les libéraux n'aient pas permis que je subisse mon procès avant l'élection du 14 novembre 1962. » En premier-Montréal, Lucien Langlois se réjouit: « La vérité enfin éclate! » et, pour lui, cette histoire était tout simplement une manœuvre politique en vue de discréditer l'Union nationale. D'ailleurs, nous parlerons de cette affaire des faux certificats — un vrai roman policier, comme l'écrivait un jour Lucien Langlois — durant de nombreuses semaines.

En mai, par exemple, nous annonçons que la « Gestapo » du Québec est allée jusqu'à fouiller les poubelles de M. Lagarde. On a vu en effet quelqu'un s'emparer de ces poubelles et en vider le contenu dans le coffre d'une voiture qui a démarré en vitesse.

Le F.L.Q.

Inutile de dire qu'au printemps 1963, et par les mois qui suivront, ce seront les attentats du Front de libération du Québec, puis les arrestations et les procès des inculpés qui feront fréquemment le sujet de nos manchettes et de multiples colonnes de nouvelles. Le lendemain de l'explosion qui blesse gravement un sergent-major de l'Armée canadienne, notre titre en première page est le suivant: « À Montréal, jour de terreur. »

Le 20 août, c'est un modeste chauffeur de fournaise qui est tué alors que le F.L.Q. fait exploser une bombe au centre de recrutement de l'Armée canadienne, rue Sherbrooke ouest. M. Marcel Chaput, chef du Parti républicain du Québec, s'empresse de déclarer: « Les meurtriers ne sont pas des séparatistes. » Lucien Langlois écrit: « C'est révoltant! Un lâche anonyme jette une bombe pour promouvoir un idéal qui n'est même pas clair à ses yeux et il en coûte la vie d'un innocent. » Des arrestations suivent, puis des comparutions et des procès que relatent Roger Guil et Paul Rochon.

Ce dernier fait parler de lui, en septembre, alors qu'il se porte garant pour l'un des accusés dans une affaire du F.L.Q. Paul Rochon explique qu'il a trouvé dégoûtante l'attitude de Marcel Chaput lorsque ce dernier a refusé de fournir le cautionnement qui aurait permis à l'accusé de recouvrer sa liberté. « C'est à ce moment, dit-il, que j'ai décidé, moi, de me porter caution. » En novembre, notre confrère brigue les suffrages à la mairie de Montréal-Nord, comme candidat « séparatiste ». C'est cependant M. Yves Ryan qui l'emporte sans peine.

Chroniqueur et nageur

Août 1963, Pierre Bourdon, chroniqueur de natation à *Montréal-Matin*, participe à la dure épreuve de la traversée du Lac Saint-Jean, après s'être signalé au marathon du Saguenay et à d'autres compétitions du genre. Il effectue cette traversée en 11 heures 37 minutes et 18 secondes et ensuite prête main-forte à Jean-Pierre Sanche, chargé de couvrir l'événement. D'ailleurs, fou d'enthousiasme en voyant son confrère parvenir au quai sain et sauf, Jean-Pierre saute à l'eau tout habillé pour aller lui serrer la main. Pierre Bourdon participera également au marathon du lac Ontario et sera le nageur québécois à demeurer le plus longtemps dans les eaux glacées du lac, c'est-à-dire jusqu'au moment où l'on ordonne aux nageurs de quitter l'eau, qu'ils aient ou non terminé l'épreuve. Un malencontreux accident viendra malheureusement mettre un terme à sa carrière de nageur de compétition.

Les travaux débutent

Le 10 septembre 1963, débutent les travaux de construction de notre nouvel édifice (boulevard Saint-Joseph et Molson), Le 12 septembre, *Montréal-Matin* annonce cette nouvelle à ses lecteurs. Une esquisse des architectes accompagne l'article. Cette esquisse, de l'extérieur de l'édifice, ne sera guère modifiée, par la suite, si l'on excepte la présence d'un globe terrestre qui devait prendre place au milieu du parterre. Des difficultés d'ordre technique n'en permirent pas la réalisation.

Les travaux d'excavation prennent fin le 25 octobre 1963. De par la nature des sols, les constructeurs ont eu à faire face à un changement radical dans les fondations. Il leur a fallu aller chercher le roc solide sur toute la surface de la bâtisse et se plier à une table de roc très capricieuse et par échelons tout à fait irréguliers, tout spécialement du côté sud-ouest. Dans un rapport des ingénieurs (13 juillet 1965), on lit que les remblais du fond de l'excavation ont été faits avec du matériel de toute première qualité venant des travaux du métro. Les fluctuations de la table d'eau ont causé beaucoup de soucis aux ingénieurs, spécialement en vue de drainer le sol au-dessous des presses rotatives.

Place des Arts

Le samedi soir 21 septembre, inauguration de la Place des Arts. Trois mille mélomanes écoutent la musique de l'Orchestre symphonique à l'intérieur, tandis qu'à l'extérieur la police doit contrôler quelque 500 manifestants (F.L.Q., R.I.N., etc.) qui protestent parce que la Place des Arts n'appartient pas à l'État, etc. Lucien Langlois en est bouleversé et le lundi 23 septembre, il commente l'incident:

« Des cris, des insultes, des pancartes, une police à cheval qui charge deux ou trois cents jeunes qui se sentent frustrés, persécutés, spoliés. C'est presque la bagarre. C'est laid.

« Que veut donc cette jeunesse? Elle crie, elle brame: « Place des troubles », « Maîtres chez nous », « Dehors les étrangers ».

« C'est à n'y rien comprendre.

« Qu'y a-t-il dans cette salle? Wilfrid Pelletier qui bat les premières mesures d'une pièce d'un compositeur canadien-français dont c'est la première mondiale. L'orchestre est composé de Canadiens français. La corporation « Sir Georges-Étienne Cartier » est dirigée par des Canadiens français. Il y a le maire, le premier ministre, le chef de l'Opposition.

« L'élite montréalaise, l'élite canadienne-française est là.

« Tout à l'heure, en sortant, cette élite aura une drôle d'impression: celle d'être invectivée par des voix canadiennes-françaises, des voix où l'on décèle une espèce de haine qui, pour peu, déferlerait en vague monstrueuse... »

Grève à Sainte-Justine

À la mi-octobre 1963, une grève éclate chez les infirmières de l'hôpital Sainte-Justine: elles quittent leur poste. Lucien Langlois s'en émeut et ses commentaires témoignent, une fois de plus, de son cœur compatissant à toutes les misères, à tous les malheurs:

« Une grève d'infirmières dans un hôpital d'enfants! La nouvelle fait sursauter. Comment peut-on quitter le chevet d'enfants malades pour faire triompher une cause, si juste soit-elle?

« L'infirmière, pour le commun des mortels, est le symbole même du dévouement. On lui prête les plus grandes vertus: l'abnégation, la douceur, un sens rigide du devoir...

« ...qu'elles quittent volontairement leurs malades sous des prétextes pas tellement clairs et qui semblent leur avoir été soufflés par le syndicat qui les a réunies sous sa férule, scandalise à prime abord...

« L'hospitalisation gratuite? Allez-y voir! Le peuple en fait les frais et, jusqu'à nouvel ordre, les petits enfants malades. »

Le 545e but de Gordie Howe

Le 10 novembre 1963, Gordie Howe, des Red Wings de Détroit, compte le 545e but de sa carrière pour devenir le meilleur compteur de tous les temps au hockey. La direction de *Montréal-Matin* juge bon de publier, pour marquer cet événement, un cahier spécial de 16 pages puis une jolie plaquette illustrée intitulée: *Gordie Howe 1946-1963*. On y trouve de nombreux articles sur la carrière de ce célèbre athlète, articles rédigés par Jacques Beauchamp, et plusieurs pages de statistiques très intéressantes préparées par l'incomparable statisticien que n'a cessé d'être Jean Barrette, autrefois de l'équipe de *Montréal-Matin* et devenu par la suite membre du Conseil législatif du Québec. La plaquette est offerte en vente au public au prix de 50 cents et s'enlève rapidement.

Les quelques exemplaires demeurés invendus sont distribués à différentes organisations s'occupant des loisirs de la jeunesse.

À noter que régulièrement la section sportive présente ainsi des cahiers ou de grands reportages de plusieurs pages sur les vedettes de l'heure ou encore les grands événements de l'actualité. Nos pages sportives demeurent les meilleures et les plus complètes en Amérique du Nord, selon les dires de tous les experts en la matière.

Cette année, une nouvelle chronique, celle de Claude Murray sur les quilles.

De nouvelles figures

Cette année-là, 1963, Paul Rochon occupe temporairement le poste de directeur de l'information, en remplacement de Lucien Langlois. En avril, cependant, Urgel Lefebvre quitte le canal 10 pour remplir ces fonctions et Paul Rochon retourne au reportage général. À l'occasion, il couvre même des combats de boxe, un sport qu'il connaît bien.

À Québec, Julien Morissette, autrefois de *Notre Temps*, va seconder Maurice Bernier. Un peu plus tard, M. Morissette revient à Montréal pour rédiger des chroniques régulières sur la politique et sur l'actualité en général. En page éditoriale, Paul Rochon et Clément Brown donnent un coup de main à Lucien Langlois.

En février, série d'une douzaine d'articles anonymes sur la « nouvelle » Police provinciale que dirige M. Josaphat Brunet, autrefois de la Gendarmerie royale. On y parle beaucoup des « chapeaux », allusion aux anciens de la RCMP embauchés par M. Brunet.

Des élections fédérales sont annoncées pour le 8 avril. Nous faisons campagne pour les conservateurs mais le 9 avril nous devons annoncer la défaite de M. Diefenbaker. Les libéraux ont élu 129 de leurs candidats, 30 de plus qu'à l'élection de 1962 et les conservateurs, 95, soit 21 de moins. Au Québec, les conservateurs ne parviennent à faire élire que huit des leurs, six de moins que l'année précédente. Avec M. Pearson, ce sera toutefois un gouvernement minoritaire.

Le 3 juin 1963, Sa Sainteté Jean XXIII rend l'âme après une longue agonie. Lucien Langlois intitule son premier-Montréal: « Le Pape de la bonté n'est plus ». La caricature habituelle disparaît et une photo de « l'apôtre de la paix » la remplace.

Le 18 novembre, le *Montreal Star* hausse son prix de vente à 7 cents. À ce moment-là, tous les quotidiens de Montréal se vendent 5 cents le numéro, y compris le nôtre. Une seule exception, *Le Devoir* qui coûte 10 cents.

Le 22 novembre, c'est l'assassinat du président Kennedy à Dallas. Plusieurs pages de notre journal du lendemain sont consacrées à cet événement et notre tirage fait un bond considérable. On sait, d'ailleurs, que l'intérêt se maintiendra durant plusieurs jours. Nous offrons d'excellentes photographies, notamment celles toutes saisissantes de l'assassinat d'Oswald, présumé meurtrier du président des États-Unis. Même les pages sportives font écho à la mort de M. Kennedy, et Jerry Trudel, par exemple, ne dissimule pas son émotion:

« ...Les pages sportives paraissent aujourd'hui bien vides de sens. Elles n'ont plus de dimension. Le sport, qui pourtant tenait une place importante dans la vie du Président, semble englouti dans la magnitude de cette effroyable tragédie... »

1964

Grève à « La Presse »

Le 30 juin 1964 éclate à *La Presse* une grève qui durera jusqu'en janvier 1965. Les grands et les petits annonceurs, privés de l'important quotidien du soir, se tourneront vers notre journal. Ce sera une période épuisante au possible pour tous les cadres. Que faire devant une telle affluence inattendue de publicité alors que nos presses ne peuvent imprimer plus de 48 pages? M. Desjardins doit donc résoudre des problèmes effarants, tout en dirigeant et surveillant, avec son bras droit Alcide Bessette, les travaux de construction de notre nouvel immeuble du boulevard Saint-Joseph.

Chaque jour nous devons donc imprimer le journal en deux étapes, en deux cahiers. Un premier cahier est imprimé l'après-midi et un second, en fin de soirée. L'espace manque cependant, dans nos ateliers, pour entreposer tous les journaux imprimés l'après-midi. Une solution est trouvée: tous les premiers cahiers sont déposés dans un fourgon (van) stationné à la porte du journal, au fur et à mesure qu'ils sont imprimés. Le soir, les distributeurs prennent possession des paquets du second cahier puis, en sortant, s'arrêtent au fourgon et y prennent un nombre égal de numéros du premier cahier. C'est la compagnie Champlain Express, nos transporteurs de papier journal, qui met ce vaste fourgon à notre disposition. Et cela se continuera jusqu'à notre installation sur le boulevard Saint-Joseph. Il nous faudra, également, devant l'avalanche de clients pour les petites annonces, louer deux locaux dans une maison d'appartements voisine, au 4333, rue de la Roche.

Le 15 juin 1964 naît *Le Journal de Montréal* qui, ultérieurement, deviendra notre rival du matin. Le 21 juillet, c'est au tour de *Métro-Express* de faire son apparition sur le marché du matin, alors que *Le Journal de Montréal* sera un journal d'après-midi.

En mai 1964, au *Devoir*, M. Claude Ryan succède à M. Gérard Filion qui avait lui-même remplacé M. Georges Pelletier en 1946. Nous coopérons le plus possible avec *Le Devoir*, et M. Ryan, de son côté, aura l'occasion de nous rendre des services quand, par exemple, certains de nos téléscripteurs tomberont en panne.

Octobre même année, Yvon Dubois est nommé directeur de l'information. De retour d'Europe, Paul Rochon écrit une série d'articles sur ses « Impressions de France » tandis qu'Urgel Lefebvre se rend en Italie et présente à son tour une vingtaine d'articles sur son voyage.

Le meilleur photographe

L'année 1964 avait débuté par une nouvelle réjouissante et par deux mauvaises nouvelles. Notre photographe André Hébert était proclamé par l'Association des photographes de presse de Montréal inc., le meilleur photographe d'un journal quotidien, mais nous apprenions également la mort de Gaétan Benoit, à 61 ans, et l'hospitalisation de Lucien Langlois.

Gaétan Benoit avait travaillé durant une trentaine d'années à *La Patrie*, après son séjour à *L'Illustration*, alors qu'il avait été notre directeur de l'information. Quant à Lucien Langlois, il lui faudra ainsi, à plusieurs reprises, séjourner à l'hôpital. En dépit de ses souffrances, il était assez rare qu'il consentît à laisser quelqu'un d'autre rédiger sa page.

L'année 1964 marque également l'arrivée au journal de Paul Gros d'Aillon, l'un des principaux lieutenants de l'hon. Daniel Johnson. M. Gros d'Aillon deviendra plus tard directeur de l'information, pour ensuite succéder à Lucien Langlois, au décès de celui-ci, comme éditorialiste et rédacteur en chef.

En janvier, notre collaborateur Julien Morissette publie une plaquette intitulée: *En face du bill 60*. Il y expose les dangers du projet de loi en question et soutient que l'éducation doit demeurer l'affaire des parents, de l'État et de l'Église, alors que le bill 60 en fait la seule affaire du ministre de l'Éducation.

Le 21 juillet, décès de Fernand Dansereau, le premier directeur général de notre journal. Il meurt à un âge avancé, retiré depuis longtemps du journalisme actif. Je n'ai jamais pu oublier que c'est grâce à cet homme que je débutai dans le journalisme. En juillet 1930, il avait écrit: « *L'Illustration* est née viable... » Longtemps, on crut que Fernand Dansereau avait péché par excès d'optimisme. Mais trente-quatre ans plus tard, les événements lui donnaient encore raison. Les réorganisations avaient été nombreuses mais toujours on avait eu la sagesse de conserver au journal la formule établie par Fernand Dansereau.

Sur le boulevard Saint-Joseph

C'est le vendredi soir 23 octobre 1964 (numéro du 24 octobre) que le journal est imprimé pour la première fois sur les nouvelles rotatives de l'édifice du boulevard Saint-Joseph, soit treize mois et une semaine après le début des travaux de construction. L'installation des rotatives avait commencé le 11 juin, seulement neuf mois après la cérémonie de la première pelletée de terre.

Par la suite, de semaine en semaine, les différents services de la production, de la rédaction et de l'administration s'installeront dans leurs nouveaux bureaux, si bien qu'au 15 novembre 1964 toute la bâtisse est occupée.

Il va de soi qu'au sein d'une entreprise comme *Montréal-Matin*, des critiques doivent s'ensuivre sur ces travaux, notamment quant à leur coût. Cependant, les ingénieurs-conseils et M. Desjardins peuvent facilement se justifier en procédant à des comparaisons avec la construction de l'édifice de *La Presse* et de celui du *Star*. En tout, y compris les multiples changements et additions au cours même de la construction, on en arrive au prix de $1.47 le pied cube, alors que compte tenu d'une augmentation de 2.5% par année dans le domaine de la construction, on peut comparer ce coût de $1.47 le pied cube à *Montréal-Matin* avec $1.98 à *La Presse* et $2.30 au *Star*.

En décembre, la décision est prise de commander deux autres rotatives pour obtenir un ensemble de presses capable d'imprimer plus de pages, soit jusqu'à 64, toutes les prévisions relatives au chiffre du tirage et au volume de la publicité ayant été déjà dépassées.

Le 10 mai 1964, M. Charles-E. Doucet a succédé à M. Gérard Favreau comme administrateur. Le 19 mai, M. Desjardins a également été élu membre du conseil d'administration, tandis qu'à l'assemblée annuelle, tenue le même jour, M. Eugène Doucet était élu président; M. Jean Raymond, vice-président; M. Régent Desjardins, secrétaire; M. Charles-E. Doucet, trésorier, et Me Reginald Tormey, trésorier adjoint et secrétaire adjoint.

Le 4 août, toutefois, l'hon. Jean Raymond démissionne et l'hon. Édouard Asselin lui succède. En novembre, nomination d'un nouvel administrateur: Me Marcel Piché.

Samedi de la matraque

Le samedi 10 octobre 1964, dans la ville de Québec, « samedi de la matraque », à l'occasion de la visite de la Reine. Quelques jours auparavant, Lucien Langlois s'inquiète de l'hostilité de certains éléments séparatistes envers la Reine et de leur opposition à la visite de celle-ci. Pourtant, Lucien trouve notre souveraine sympathique. Le 6 octobre, on peut lire dans son premier-Montréal:

« Nous n'écrirons pas « Vive la Reine », de peur de déplaire à nos amis indépendantistes... mais nous n'en pensons pas moins. »

Lundi 12 octobre, nous ne publions pas à cause de la fête de l'Action de grâce. Le mardi, le compte rendu des événements de Québec sera forcément succinct. En éditorial, dans un article intitulé: « Une détestable fin de semaine », notre rédacteur en chef n'en déplore pas moins les manifestations, tout en blâmant la police: « ...Tout ce que nous craignions s'est produit: Parce que des policiers ont manqué de jugement, se sont conduits comme des brutes. »

En éditorial, la ligne de conduite demeure généralement la même. Nos têtes de Turc, outre les politiciens libéraux, sont: André Laurendeau, Michel Chartrand (alors de la CCF), Jean Drapeau et Gérard Pelletier. Nous revenons maintes fois sur Radio-Canada et son favoritisme et sur Radio-Canada et le scandale de *La Belle de céans* — qui se voulait une biographie de Mère d'Youville — présentée au soir de la béatification de la fondatrice des Sœurs Grises. Nous combattons sans trêve pour la liberté d'entreprise et mettons l'opinion publique en garde contre les « gratuités de l'État ».

Une caisse de retraite

Les dernières semaines de cette année 1964 sont également consacrées à l'établissement d'un régime de retraite pour le personnel. Les jeunes ne sont pas toujours convaincus de la nécessité d'une telle mesure — une loi provinciale viendra d'ailleurs compliquer la situation quant aux caisses de retraite — mais ceux qui ont vécu le moindrement apprécient cette initiative. Il va de soi que pour les plus âgés, ceux qui approchent la soixantaine, par exemple, la pension sera plutôt minime. Mais il y a un début à toute chose et on ne saurait trop insister sur la sagesse de la décision prise alors par M. Desjardins.

En fin d'année, la direction décide que nous aurons notre propre carte de bons souhaits pour le temps des Fêtes. Une fois de plus, le grand artiste John Little se montre très aimable et consent à la reproduction sur cette carte de l'une de ses toiles intitulée *Rue Beaudry*, un vrai petit chef-d'œuvre. J'écris « une fois de plus », parce que quelques années auparavant M. Little nous avait fourni, également pour le temps des Fêtes, un magnifique dessin d'un kiosque à journaux alors situé à l'intersection des rues Ontario et Amherst, près du marché Saint-Jacques. Ce dessin avait donc orné l'une de nos premières pages et notre carte des Fêtes. Dans les deux cas, M. Little signe ses œuvres du nom de « Jean Petit ».

L'année financière prend fin sur une note d'optimisme. M. Desjardins se réjouit, à bon droit, de voir les revenus d'opération du journal accrus pour atteindre $479,065. (À cette époque, c'est la maison Messier, Jacques, Gauthier, Saint-Denis et cie qui vérifie nos états).

Pour 1964, notre tirage atteint 131,000 numéros. Par suite de la grève de *La Presse*, les premiers rapports de l'A.B.C. suivant cette période nous feront faire un bond à 148,000.

1965

Un journal intéressant

Nous en sommes arrivés à l'année 1965. *Montréal-Matin* progresse toujours. Même si la grève de *La Presse*, qui durait depuis le 30 juin 1964, a pris fin avant le début de l'année, notre journal ne manque pas de publicité. Ainsi, durant plusieurs mois nous continuerons d'imprimer deux cahiers, nos presses limitant le nombre de pages et le volume d'informations et d'annonces. Il règne beaucoup d'enthousiasme à la salle de rédaction comme, d'ailleurs, à la production, à la publicité et partout ailleurs au journal. Le personnel entreprend l'année avec une caisse de retraite, comme je l'ai déjà dit, ce qui est un gage supplémentaire de sécurité. Au début de l'année 1963, M. Raymond Bourassa avait accompli des démarches en vue d'établir cette caisse, mais il n'eut pas le temps de mettre à exécution le plan à l'étude.

Jetons maintenant un coup d'œil sur quelques-uns des premiers numéros de 1965. Notons, tout d'abord, que le titre de *Montréal-Matin* à la une n'apparaît plus sur toute la largeur de cette page, mais bien sur deux ou trois colonnes seulement, au lieu de cinq. Sans doute une innovation d'Yvon Dubois, chef de l'information, qui ne ménage rien pour donner à *Montréal-Matin* un caractère toujours plus vivant et plus dynamique. Les titres « accrochent », comme l'on dit parfois dans le patois journalistique et les photographies sont généralement bien réussies. Henri Rémillard, André Hébert, Jerry Donati, René Bénard et Denis Brodeur sont au nombre de nos photographes. Ce dernier se spécialise dans les photographies de sport.

Nous conservons toujours la formule des nouvelles courtes mais abondantes. Toutefois, une information importante obtiendra tout l'espace nécessaire. Mil neuf cent soixante-cinq, c'est l'année de l'enquête Dorion sur l'affaire Rivard, de l'affaire Jacques Hébert (« J'accuse les assassins de Coffin »), de la démission du député Yvon Dupuis, de celle du ministre Guy Favreau, de la mort de Winston Churchill, etc.

Lucien Langlois, rédacteur en chef, remplit toujours à peu près à lui seul toute la page éditoriale qu'illustre habituellement une caricature de Payac. Parfois, Clément Brown ou moi-même lui fournissons des articles. Quotidiennement, pas moins d'une demi-douzaine de sujets sont ainsi abordés, ce qui semble plaire grandement au lecteur.

Tek (Maurice Laporte) poursuit la publication de « Carrefour », une chronique quotidienne de potins et nouvelles courtes très populaire et, de temps à autre, un « Carnet du liseur ». On trouve ici et là des reportages signés Urgel Lefebvre, Paul Gros d'Aillon, Roger Guil (tribunaux), Charles Rollet, Jacques Lupien, Claude Loiselle (faits divers),

195

Bernard Brisset des Nos, Bernard Tétrault, André Parent, Maurice Huot, Maurice Archambault, Fernand Bourret, Guy Deshaies (« L'art et le profane » et, plus tard, « Le rose et le noir ») et autres. Maurice Bernier et Roger Rioux renseignent sur la politique provinciale et Clément Brown, la politique fédérale, alors que Julien Morissette livre des commentaires intéressants sur la politique en général et sur les différentes facettes de l'actualité. Sans compter que Julien est à ses heures un poète et un humoriste. À preuve ses « Gazettes rimées » qui ne sont jamais banales.

Les pages féminines connaissent beaucoup de succès: Mme Madeleine Vaillancourt en a la direction. Elle y présente, outre des nouvelles d'un intérêt particulier pour les femmes, un billet quotidien. On trouve aussi dans ces pages: « Le Courrier de Jeanne » (Mme Lucien Langlois), « Le Billet du Chercheur » et les patrons, l'horoscope (bien que je ne connusse rien à l'astrologie, j'aurai rédigé l'horoscope quotidien durant une trentaine d'années: jamais de plaintes, bien au contraire), d'abondantes photos, sans oublier un feuilleton dont la longueur, malheureusement, sera constamment écourtée, à cause du peu d'espace disponible et qui finira bientôt par disparaître complètement.

La page des « Images du jour » est un guide rapide et attrayant des émissions de télévision. Chaque jour, nous publions une quinzaine de bandes dessinées toutes aussi populaires les unes que les autres. Un problème de mots-croisés accompagne les petites annonces dont la popularité va toujours grandissant. Graduellement, la chronique financière prend plus d'importance, occupe plus d'espace. Après Fernand Bourret, Maurice Huot devient notre chroniqueur financier et il améliore constamment cette section de notre journal.

L'équipe de l'information sportive a toujours Jacques Beauchamp à sa tête. En font partie, notamment: Jean-Paul Sarault, Jean-Pierre Sanche, Louis Bergeron, Pierre Nadon, Gilles Blanchard, Perry G. Pinard, Gilles Bourcier et de nombreux collaborateurs, dont: Jerry Trudel (« Horizons nouveaux »), Gérard Thibeault, ancien député de Mercier, (le sport amateur), Marcel « Lefty » Boisvert (le curling, etc), Claude Murray (les quilles), Pierre Bourdon (natation et ski), Michel Milleret (course automobile) et Jean Pagé (chasse et pêche).

Portes grandes ouvertes

L'année commence sur une note optimiste et réjouissante. En effet, le conseil d'administration offre aux employés une superbe réception dès le 2 janvier. MM. Eugène Doucet, président du conseil, et Régent Desjardins accueillent les employés et les membres de leurs familles. Une visite de l'immeuble commence à 16 h., suivie d'un goûter et de rafraîchissements de 17 h. à 19 h.

Au début de l'année, il est convenu que nous adhérerons aux Quotidiens de langue française. J'aurai l'avantage de représenter le journal auprès de cette association durant une dizaine d'années, ce qui me permettra de rencontrer régulièrement les administrateurs des autres quotidiens.

L'année 1965 en sera une de grèves qui compliqueront passablement le fonctionnement de nos divers services. Ainsi, du 8 au 20 juin, nous sommes privés de transport en commun, à Montréal; du 11 au 19 juin, ce sont les autobus de Provincial Transport qui s'immobilisent; grève des vendeurs d'essence du 6 au 10 juillet et, finalement, les postiers emboîtent le pas pour une grève qui se poursuivra du 22 juillet au 9 août. Sans compter une grève de 68 jours à la Régie des alcools, qui prend fin au début de février; celle des constructeurs de l'usine General Motors à Sainte-Thérèse; celle des manutentionnaires de grains du port de Montréal, et bien d'autres.

Le 30 janvier 1965, M. Aimé Leblanc, typographe, nous quitte pour sa retraite à l'âge de 83 ans. Il était déjà d'un âge avancé quand nous l'avions accueilli après la grève du *Devoir*. Durant 42 ans, il avait œuvré à ce journal où il lui arrivait même de collaborer à la page éditoriale. Chez nous, tout le monde l'estimait et chacun tenait à trouver des prétextes pour retarder le plus longtemps possible le moment de sa retraite. C'est de lui-même qu'il donne sa démission. Quelques semaines plus tard, soit le 8 mars, il décède et sa mort cause un vif chagrin à tous ceux qui l'ont connu. Cet homme ne savait pas vieillir: il s'intéressait à tout et à tous et témoignait d'une vigueur intellectuelle peu commune.

Lucien Rivard s'évade

Le 3 mars, Lucien Rivard réussit à s'échapper de la prison de Bordeaux alors qu'il y arrose la patinoire! Il va sans dire que l'évasion « si facile » de ce personnage soulève les protestations de l'Opposition à Québec. Tant que Rivard n'aura pas été repris (16 juillet 1965), nous ne cesserons de suivre l'affaire et assez régulièrement, en première page, on pourra apercevoir sur toute la largeur une bande se lisant comme suit: « 24e journée de l'évasion de Lucien Rivard » avec, à droite, la photo de M. Claude Wagner, alors Procureur général dans le gouvernement Lesage. Le nombre de jours, évidemment, variera — il ira jusqu'à 136 — mais toujours apparaîtra la photo de M. Wagner. Roger Guil et Claude Loiselle signent de nombreux articles en marge de cette évasion.

Le 24 mai, manifestations et explosions de bombes à Montréal. La police procède à plus de deux cents arrestations et treize agents sont blessés, dont deux grièvement, par suite du lancement de cocktails Molotov. Me Claude Wagner annonce que le temps est venu de faire entendre le seul langage que ces manifestants sont vraiment capables de comprendre, celui de la rigueur de la loi.

Le congé de la Confédération est habituellement marqué de nombreux accidents de la circulation. En 1965, cependant, la fête deviendra surtout mémorable à cause des manifestations anti-fédéralistes survenues à Montréal. Cette fois, une centaine d'arrestations mais, finalement, une quinzaine de jeunes gens seulement sont condamnés à des amendes. Nos titres de la première page se lisent comme suit: « Une fête du Canada tumultueuse à Montréal — On remplit les paniers à salade — La police joue de la matraque ». Il s'y trouve, également, une photo prise par André Hébert et montrant deux policiers maîtrisant un manifestant.

En éditorial, Lucien Langlois proteste contre la Police municipale qui, à son avis, refuse de renseigner adéquatement la presse.

Lors de la grève des autobus, en mai, notre journal fait paraître dans ses pages un placard que peuvent placer dans le pare-brise de leur voiture les automobilistes disposés à transporter ceux qui sont condamnés à voyager « sur le pouce ».

Roger Guil donne d'excellents comptes rendus du procès de François Schirm et d'Edmond Guénette, de « l'Armée révolutionnaire du Québec », accusés de meurtres à la suite d'un « commando » à l'établissement International Firearms. Trouvé coupable et condamné à mort, Schirm s'écrie: « Vive le Québec libre! »

Trophée pour notre édifice

Le lundi 17 mai, dans l'après-midi, une impressionnante cérémonie se déroule à notre nouvel édifice, en présence de très nombreux invités. L'occasion? La remise d'un trophée à *Montréal-Matin* pour le bel aménagement de l'édifice du boulevard Saint-Joseph et de ses abords. Son Honneur le maire de Montréal, M. Jean Drapeau, préside lui-même à la cérémonie se déroulant à l'occasion de la campagne « Nettoyage et embellissement » de la métropole du Canada.

Dans son allocution en réponse aux félicitations du Maire, M. Régent Desjardins déclare:

« Au nom du conseil d'administration de *Montréal-Matin*, j'accepte avec joie ce trophée que vous nous offrez. J'y vois le témoignage d'appréciation d'un apport modeste mais sincère à l'édification d'une riante cité qui sera, dans deux ans, le point de ralliement de l'univers.

« Comme vous, M. le Maire, nous croyons que le progrès technique ne va pas sans esthétique et qu'à la terre des hommes plus riche et plus féconde doit s'ajouter une terre des hommes plus belle et plus accueillante. »

L'agencement des espaces avoisinant notre nouvelle bâtisse avait été exécuté par les jardiniers paysagistes Daccord, Ltée, de Ville Saint-Laurent.

Nazisme à l'école?

Le samedi 13 mars, *Montréal-Matin* cause une sensation assez forte en publiant un reportage sur un religieux de l'école Lamennais, rue Saint-Denis, à Montréal, qui enseignerait le nazisme à ses élèves en leur inculquant une admiration sans limites pour Hitler et son régime. En première page et à l'intérieur de notre journal apparaissent des photos montrant le tableau noir de la classe du religieux, surmonté au centre d'un crucifix, à gauche de la croix gammée et d'une photo d'Hitler et, à droite, d'une croix et d'une image du Christ. *La Presse* fait également grand état de cette découverte.

Les protestations sont nombreuses contre le religieux et contre les journaux et, finalement, l'Union canadienne des journalistes de langue française constitue un tribunal d'honneur qui rend en juin un jugement dans lequel on lit notamment ce qui suit:

« Le Comité est donc porté jusqu'ici à voir dans la méthode du Frère Lahaie une imprudence sérieuse, une maladresse déplorable dont les conséquences pédagogiques et psychologiques auraient pu être graves, mais dont les méfaits réels paraissent avoir été nuls.

« À la suite de la révélation faite par les journaux, le caractère du problème se trouva radicalement changé.

« Le Comité n'a pas enquêté sur les méthodes qui ont permis à certains journalistes de s'introduire dans l'école Lamennais et d'y recueillir la matière de leurs articles et de leurs photos... Il faut cependant condamner sans réserve l'attitude de cette presse écrite et parlée qui avant d'obtenir une vue raisonnablement éclairée de la question, a créé une sensation malsaine dans le public par ses affirmations tendancieuses ou carrément mensongères.

« Le Comité juge que les Frères Lahaie et Asselin, de même que M. Antonio Girard se sont rendus coupables d'imprudence en ne tenant pas assez compte des répercussions défavorables que pouvait avoir la méthode condamnée sur l'école Lamennais, sur la CECM, sur la profession enseignante et sur tout le système scolaire québecois. »

Faisaient partie de ce comité, M. l'abbé Jean-Marie Lafontaine et MM. Lucien Piché, Maurice Chartrand et Richard Joly.

Les rétractations

Durant de nombreuses années, c'est moi qui eus à rédiger les rétractations ou rectificatifs qui s'imposent parfois pour rétablir la vérité à la suite de la publication d'un article renfermant quelque erreur, quelque affirmation fausse. Il s'agit également d'éviter des poursuites en justice ou, tout simplement, l'hostilité de lecteurs sympathiques. Au bout d'un certain temps, les papiers timbrés, les mises en demeure, les menaces d'action n'impressionnent guère. Presque toujours, il s'agit d'erreurs commises de bonne foi qui n'ont pas vraiment causé un tort sérieux à qui que ce soit et qu'une correction dans un numéro subséquent peut réparer.

En septembre, cette année-là, j'ai l'occasion de m'offrir une pinte de bon sang. Nous avions reçu une mise en demeure très sévère nous accusant d'avoir publié que M. X. avait été appréhendé par la police sous une accusation quelconque. Depuis, affirmait-on, tout le monde insulte ce monsieur en lui parlant de la nouvelle de *Montréal-Matin* et cela lui cause des torts considérables, etc.

Je consulte le numéro du journal mentionné dans la mise en demeure: rien sur ce monsieur X. Je communique avec les chroniqueurs judiciaires et des tribunaux: ils n'ont rien rédigé sur ce monsieur. Mais après avoir feuilleté des journaux concurrents, j'y découvre que c'est l'un d'eux qui a publié la nouvelle erronée et non *Montréal-Matin*.

Je téléphone donc à l'avocat pour lui dire que nous refusons toute rétractation et qu'il peut poursuivre à sa guise, comme il menace de le faire, mais qu'auparavant il ferait bien de vérifier le nom du journal. Je voulais le taquiner un peu car, dans sa mise en demeure, il avait écrit: « Si votre journaliste avait pris la peine de vérifier les noms avant de publier sa nouvelle, il aurait appris qu'il ne s'agissait pas de M. X. mais bien de M. Y. »

L'avocat de balbutier une excuse et toute l'affaire est terminée. Mais, évidemment, ce n'était pas toujours aussi facile et aussi amusant. Comme tous les journaux il nous fallut, mais en de bien rares circonstances, Dieu merci, faire face à d'authentiques poursuites pour libelle.

Un drapeau canadien

Un vieux rêve de notre journal — le sujet de dizaines et de dizaines d'éditoriaux — devient réalité le 15 février 1965 alors que notre pays se dote enfin d'un drapeau officiel, l'unifolié. Que d'articles, en effet, écrits sur ce sujet depuis plus de trente ans, que de plaidoyers en faveur d'un drapeau qui unirait tous les Canadiens. Le gouvernement central a tellement tardé, tergiversé, que des provinces — dont le Québec — l'ont devancé et possèdent déjà un drapeau qui désormais, dans bien des cas, aura préséance sur le drapeau canadien.

Les impressions de Lucien Langlois: « …Nous nous sommes si longtemps considérés comme des Canadiens pure laine, nous les Québécois, que de voir enfin un drapeau strictement canadien flotter partout ne pouvait que nous faire plaisir. Et pourtant, ce plaisir est mitigé! L'unifolié ne règle rien. Est-il tout au plus un symbole, une espérance. Le symbole ne représente pas grand-chose à l'heure actuelle et l'espérance n'est qu'une vue de l'esprit… » (16-2-65).

Bien que nous appartenions à l'Union nationale et que nous nous donnions comme mission de favoriser l'essor de ce parti, tous les membres du personnel ne sont pas des fanatiques de l'Union nationale. On compte même des libéraux et des séparatistes.

Par exemple, Paul Rochon, journaliste de talent mais qui tient mordicus à ses opinions personnelles, cause une certaine surprise en présentant, à titre personnel, un mémoire à la commission Laurendeau-Dunton quand celle-ci siège à Montréal, à la fin de l'hiver 1965.

Paul Rochon a constaté que « nos ancêtres ont contracté un mariage forcé avec les Anglais… et qu'il est grand temps que ce mariage soit déclaré nul et non avenu. »

Mais voici comment débute son mémoire:

« I am un séparatiste. Je suis also bilingual, because of notre pays biculturel. Nice salad, le biculturalisme.

« I propose un Québec libre où on devra speak french. Le reste du pays will speak english. No more « joual »... »

Il y a des circonstances où l'Union nationale a pu demander à la direction d'accepter dans son personnel des employés adhérant à ce parti. Toutefois, il s'agit de ces rarissimes et quand nous engagions quelqu'un — à la rédaction — nous nous basions uniquement sur ses talents et sur ses capacités comme journaliste, rien de plus.

Le 8 novembre 1965, M. Lester B. Pearson se présente devant le peuple canadien après moins de trois ans d'exercice du pouvoir. Nous appuyons le chef de l'Opposition, M. Diefenbaker, en éditorial du moins. Le parti libéral demeure au pouvoir mais au soir de l'élection, il ne compte qu'un député de plus, en dépit de l'augmentation du nombre des députés libéraux élus au Québec. Pour *Montréal-Matin*, M. Pearson a connu un cuisant échec.

Du reste, l'attention de notre journal se porte grandement, au cours de la même période, sur l'élection municipale de Laval. Nous y appuyons allègrement la candidature du jeune avocat Jacques Tétreault qui, le 7 novembre, chasse de la mairie de Laval le notaire Jean-Noël Lavoie.

De cinq à dix cents

Notre concurrent d'alors, *Métro-Express*, double son prix, c'est-à-dire qu'il passe de cinq à dix cents le numéro le 17 mai 1965. Quinze jours plus tard, nous faisons comme lui. Durant un certain temps, nous optons pour les boîtes distributrices ouvertes (boîtes distributrices dites d'honneur) mais nous constatons alors un pourcentage de vol de plus de cinquante pour cent et il nous faut revenir aux boîtes payantes.

À l'assemblée annuelle du 2 août, M. Eugène Doucet est élu président; M. Charles-E. Doucet, trésorier; M. Régent Desjardins, secrétaire. Le 3 novembre, Me Tormey démissionne comme administrateur: M. Maurice Cloutier le remplace. Durant un certain temps, Me Jean De Grandpré, C. A., agit à titre de consultant en collaboration avec le gérant général de la compagnie et les vérificateurs.

En septembre, Jean-Paul Sarault nous quitte après une dizaine d'années de service. Il a accepté le poste de directeur des sports au nouvel hebdomadaire dominical *Dernière Heure* que publie *Le Petit Journal*.

Sondage de Canadian Facts

À l'automne 1965, la maison Canadian Facts Co. Limited procède, pour *Montréal-Matin*, à une étude sur l'auditoire et les caractéristiques des lecteurs des quotidiens de langue française à Montréal. Cette enquête n'apprend pas beaucoup de choses à la direction du journal mais elle confirme plusieurs de ses opinions. On y révèle, par exemple, que 44 pour cent des personnes interrogées ont lu *La Presse* de la veille et que

36 pour cent ont parcouru *Montréal-Matin*. Six pour cent seulement on lu *Le Devoir* et *Le Journal de Montréal*, et 4 pour cent, *Métro-Express*. L'étude note que le lecteur de *Montréal-Matin* s'intéresse particulièrement aux sports et aux nouvelles métropolitaines. Vingt-huit pour cent des interviewés reprochent à *Montréal-Matin* de se montrer trop partisan de l'Union nationale. À souligner: 59 pour cent des personnes interrogées préfèrent le format tabloïd de *Montréal-Matin* au grand format de *La Presse* et du *Devoir*.

Personnellement, je n'ai pas une confiance aveugle en ces sondages. Je leur préfère de beaucoup ceux que peut organiser de temps à autre le directeur du tirage, Jean-Paul Bégin, par l'entremise de ses agents. Cependant, il faut bien comprendre que lorsqu'il s'agit pour Jacques DeSerres, directeur de la publicité, et les membres de son personnel de se présenter devant un annonceur, un document de Canadian Facts ou de Starch pèse beaucoup plus dans la balance que les documents ou chiffres émanant du journal même. Pour les chiffres du tirage, également, l'annonceur de quelque importance n'acceptera que ceux de l'Audit Bureau of Circulation.

Lucien Langlois hospitalisé

L'état de santé de Lucien Langlois continue de se détériorer à l'automne 1965. Je le remplace volontiers mais il lui arrive fréquemment de ne pouvoir résister à la tentation d'envoyer un papier, un « Propos du matin », par exemple, notamment celui paru le 27 novembre, sous le titre « Où suis-je? » et qui ne manque pas d'être émouvant:

« Qui suis-je, où vais-je? Mes membres semblent vouloir s'essaimer aux quatre coins de l'horizon de novembre et je persiste quand même à rassembler mon être épars au chaud foyer de l'espérance et de la vie.

« Je ne me reconnais plus. Je me cherche et la FM accompagne cette quête d'une âme à la recherche d'elle-même.

« Je me laisse bercer par les grands maîtres de la musique et ma récompense est une somnolence où le passé revit comme dans un rêve lumineux dont, parfois, le poignant vous fait bondir dans votre lit, comme si un réveille-matin avait été caché sous les draps.

« Je vis dans une région d'ombre où les gens marchent furtivement, où les émotions et les tensions détendent leurs ressorts, où j'entends des bribes de conversation où il est question de moi et que je ne veux pas entendre.

« Je me surprends à cogner des clous sur des éditoriaux sérieux comme un président de Saint-Jean-Baptiste.

« Je rêve de gambades, de courses à pied, de marches longues comme deux mois d'hôpital.

« J'ai des goûts bizarres, des larmes qui montent aux yeux sans raison, des sourires qui moussent tout à coup sur les lèvres comme si j'avais 20 ans.

202

« Je ne me reconnais plus, vous dis-je. Car j'ai peur, une peur que je n'ose m'avouer.

Luc ».

Le 23 décembre au soir, la majeure partie du personnel de la rédaction se retrouve chez Lucien Langlois, avenue Chesterfield, à Westmount. De retour chez lui après plusieurs semaines à l'Hôtel-Dieu, où une autre partie de la jambe lui a été amputée, notre rédacteur en chef a voulu revoir tout son monde. C'est de sa main qu'il m'adresse son invitation. Les convives sont nombreux et s'amusent bien grâce à la charmante hospitalité de Mme Langlois et de sa famille. C'est un grand plaisir pour chacun que de retrouver Lucien Langlois qui, malgré tout, paraît en excellente forme.

Nouveaux services

En fin d'année, M. Desjardins annonce la création de deux nouveaux services qui ne tarderont pas à jouer un rôle de premier plan, celui de la promotion et celui du personnel. Il confie la direction du premier à Enrico Riggi, qui fait déjà partie du personnel de la publicité à *Montréal-Matin*, tandis qu'il nomme à la tête du second André Lévesque, agent d'affaires de l'Union typographique Jacques-Cartier durant une dizaine d'années. La création de ces deux postes allège passablement ma tâche.

C'est en 1965, également, que débute l'organisation sur une base élaborée du service de livraison à domicile, le service des petits porteurs. Longtemps, ce service fut à peu près inexistant à *Montréal-Matin*: il ne s'imposait guère. Mais maintenant que le lecteur ne peut plus se procurer son journal chez son marchand habituel, parce que celui-ci ouvre ses portes trop tard le matin, il faut en arriver à cette initiative.

Début décembre, Mario Verdon devient notre correspondant à Paris et nous transmet, une fois par semaine, une chronique intitulée: « Mario Verdon nous parle de Paris ».

1966

De la couleur

Le journal des premiers jours de 1966 a fort belle allure. Sous la direction de Lucien Langlois, Yvon Dubois, directeur de l'information, merveilleusement secondé dans les ateliers par Alcide Bessette, directeur de la production, et le nouveau contremaître à la typographie, Gilles Hayden, s'efforce de réaliser une mise en page dynamique, tout en améliorant le plus possible les services de l'information.

Une fois en marche les deux nouvelles presses — 5ᵉ et 6ᵉ rotatives —, on a fréquemment recours à la couleur. La couleur, c'est une nouveauté pour nous et il y aura des essais timides, compliqués, plus ou moins réussis au début. Mais l'effort, vraiment admirable, ne tardera pas à porter des fruits. Le 6 mai, par exemple, au lendemain de la victoire des Canadiens qui viennent de remporter la coupe Stanley, nous offrons une première page vraiment unique avec la photo de chacun des joueurs insérée dans une étoile aux contours de couleurs variées.

Le 6 octobre, signature d'une convention avec le Syndicat des journalistes de Montréal, CSN, après de longues délibérations auxquelles je participe avec André Lévesque et Serge Fortin. Nous devons affronter un Gérard Picard en pleine forme et, dès le début des négociations, il est décidé que nous irons séance tenante devant le conciliateur provincial. Nous en arrivons cependant à une entente définitive au début d'octobre, après des pourparlers très laborieux jusqu'à la dernière minute. M. Fernand Beauregard, 1ᵉʳ vice-président du Syndicat des journalistes, et Guy Deshaies et Bernard Tétrault, du personnel de *Montréal-Matin* signent la convention au nom des syndiqués.

On parle, à l'époque, d'une première convention des journalistes de *Montréal-Matin*, mais il y avait déjà eu une entente dans les années 50, sous l'administration de M. Charles Bourassa. Roger Champoux et Dostaler O'Leary représentaient alors le syndicat. À la suite de cette première entente, des négociations devaient être entreprises pour un second contrat. L'affaire aboutit devant un tribunal d'arbitrage composé du juge Eugène Lafontaine, de Me Gaston Pouliot, représentant patronal, et de nul autre que M. Pierre Elliott Trudeau, représentant syndical. Sauf erreur, il n'y eut pas à la suite de ces procédures de signature de convention.

Après trois ans de service, Yvon Dubois nous quitte pour *La Presse*. Paul Gros d'Aillon lui succède comme directeur de l'information. Jerry Trudel devient chef de pupitre avec Guy Deshaies et Bernard Brisset des Nos comme adjoints. Perry G. Pinard est désormais adjoint au pupitre pour la section sportive que continue de diriger Jacques Beauchamp. De nouveaux reporters font leur apparition dans ce service, notamment:

Pierre Luc, Fernand Liboiron et Michel Lemieux (correspondant à Québec). De son côté, notre chroniqueur de chasse et pêche, Jean Pagé, organise avec énormément de succès son concours-panache qui deviendra, d'ailleurs, un événement annuel d'importance pour les chasseurs.

À la galerie de la presse du Parlement, à Québec, Roger Rioux succède à Maurice Bernier qui comptait déjà 19 ans à l'emploi de *Montréal-Matin* et 46 ans de journalisme actif. M. Bernier accepte une situation au ministère des Affaires culturelles.

Jerry Donati signe maintenant une chronique de faits divers, « Faits et méfaits », et Serge et Ghislaine Martin relatent leurs aventures autour du monde. Maurice Archambault est titulaire de la chronique municipale et Claude Poirier couvre les faits divers comme reporter et photographe. Parmi les nouveaux noms à la salle de rédaction, information générale, mentionnons: Claude Asselin, Michel Benoit, Boris-V. Volkoff, Guy Bourdon, Félix Vallée, Louise Cousineau.

M. André Lagarde à la présidence

Le 19 janvier 1966, le conseil d'administration se réunit et décide de porter de cinq à sept le nombre des administrateurs, tandis qu'une autre résolution prévoit la formation d'un comité exécutif composé du président de la compagnie et de deux des administrateurs.

Le 22 janvier, MM. André Lagarde et Marc Faribault deviennent administrateurs de la compagnie. Le même jour, M. Eugène Doucet est élu président du conseil d'administration et M. Édouard Asselin, président de la compagnie. MM. Lagarde et Charles-E. Doucet formeront avec lui le comité exécutif. Toutefois, Me Asselin nous quitte le 15 novembre et son action est transférée à M. Jean De Grandpré. M. Lagarde succède alors à M. Doucet comme président de la compagnie. Chez les actionnaires, M. J.-Marcel Desjardins transfère une action à M. André Lagarde et Me Maurice Johnson, à M. Maurice Cloutier. Nommé juge, Me Reginald Tormey démissionne comme conseiller juridique. Le même jour, à l'assemblée annuelle des administrateurs, M. André Lagarde est élu président du conseil (et président de la compagnie également), M. Charles-E. Doucet, vice-président; M. Marc Faribault, secrétaire, et M. Jean De Grandpré, trésorier. Me Maurice Johnson sera le conseiller juridique de la compagnie.

Je suis heureux de féliciter Me Tormey de sa nomination comme juge mais je viens de perdre celui qui a été le meilleur de mes conseillers alors que je débutais dans l'administration. C'est généralement à lui que je faisais appel chaque fois que je me trouvais en face d'une difficulté sérieuse et que M. Desjardins était absent. J'ai toujours admiré son sang-froid et la sûreté de son jugement.

Depuis février, M. Desjardins a un nouvel adjoint en la personne de M. Fernand Turgeon, un expert dans les questions financières.

La bière qui tue!

C'est notre journal qui, en mars 1966, lance la nouvelle sensationnelle au sujet de la « bière qui tue ». Il est question de plusieurs cas de décès par myocardose dans la ville de Québec. Au début, on parle d'alcool, mais bientôt de bière, et puis d'une bière en particulier. La brasserie concernée est aux abois, on s'en doute, et elle s'empresse de détruire toute la bière qu'elle a fabriquée dans la vieille capitale. Finalement, cependant, une enquête ne prouvera rien contre cette brasserie qui aura perdu deux ou trois millions de dollars en marchandises détruites.

Cette année-là, la fête de Dollard des Ormeaux, 24 mai, est marquée d'actes de violence. Aux cris de: « La Reine au poteau! » « Le Québec aux Québécois! » et « La révolution! » quelque 2,000 manifestants — âgés pour la plupart de douze à dix-huit ans — se réunissent au Parc Lafontaine puis ensuite dans le quartier et les environs, fracassant des vitrines. Huit arrestations sont effectuées. Quelques heures auparavant, le monument de Dollard des Ormeaux avait été endommagé par une explosion. Bernard Brisset des Nos et Michel Benoit nous relatent les grandes lignes de ces événements.

En juin, nous offrons aux lecteurs de la page financière un nouveau service: les cotes de la Bourse de Toronto transmises sur ruban perforé en moins de dix minutes. Cela représente environ une page complète de textes et de chiffres et dès sa première édition de 10 heures, *Montréal-Matin* est en mesure de renseigner adéquatement ses lecteurs sur ce qui s'est passé à Bay Street.

Victoire de l'Union nationale

Le gouvernement Lesage revient devant le peuple (5 juin) avec, sur les bras, une multitude de problèmes qu'il a du mal à résoudre. Ainsi, une grève morale des agents de la Police provinciale est suivie de menaces du procureur général, M. Claude Wagner, qui promet de congédier tous les policiers qui quitteraient leur travail.

Tout comme pour chacune des élections provinciales précédentes, nous appuyons l'Union nationale à cent pour cent et suivons de très près, avec reporters et photographes, les moindres déplacements de M. Johnson et de ses principaux lieutenants. Le dénouement, cette fois, sera plus heureux. L'Union nationale fait élire 56 de ses candidats et M. Lesage, seulement 50. Le 7 juin, en première page, grande photo de M. Daniel Johnson, « le nouveau chef de file du Québec ». M. Lesage tarde à laisser le pouvoir mais il reconnaît sa défaite et cède la place au chef de l'Union nationale le 16 juin. L'Union nationale bien établie au pouvoir, nous lui assurons à nouveau et inlassablement, une abondante publicité.

Un superbe édifice

Canadian Interiors, dans sa livraison d'octobre 1966, consacre un article et des illustrations à l'aménagement de nos bureaux. Un hommage tout particulier y est rendu aux deux grands responsables de la décoration intérieure de notre immeuble, M. Régent Desjardins lui-même et Mlle Margot Gouin, spécialiste dans ce domaine.

Il faut dire que le nouvel édifice est tout simplement superbe tant à l'intérieur qu'à l'extérieur. Les visiteurs demeurent ébahis devant le confort et la beauté, sans luxe exagéré, qui dominent partout. Ici et là, des plantes d'ornement. Les couleurs des murs sont reposantes aussi bien dans les ateliers que dans les bureaux. Au rez-de-chaussée, une salle en forme d'L, avec panneaux vitrés, permet de voir les presses en mouvement. La propreté règne partout et M. Desjardins exige que les murs de la salle des presses, par exemple, soient toujours d'une blancheur immaculée.

La salle de rédaction a été aménagée selon un concept ultra-moderne. À la suggestion du personnel de la rédaction, deux pupitres en « fer à cheval », l'un pour l'information générale, l'autre pour les sports, groupent ceux qui doivent revoir ou contrôler la copie. Les pupitres individuels sont de métal et les fauteuils bleu et olive s'assortissent bien avec les stores vénitiens verticaux de couleur bleu pâle. Les photos agrandies que l'on trouvait dans le hall d'entrée rue Marie-Anne (des photos signées David Bier) ornent maintenant la salle de rédaction. D'autre part, chaque vendeur d'annonces a son bureau personnel cloisonné, tout comme les téléphonistes préposées à la vente, tandis que le personnel de la comptabilité et du tirage travaillent dans une ambiance on ne peut plus agréable.

La salle de conférence, voisine du bureau du directeur général, suscite les commentaires les plus élogieux. Membres du conseil d'administration ou du conseil de direction ou négociateurs de conventions de travail prennent place autour d'une table circulaire de fabrication toute spéciale, éclairée au centre par un superbe lustre de Hans Agne Jakobson.

Alerte à la bombe

Le 25 octobre au soir, alerte à la bombe. Un appel anonyme au journal, suivi d'un autre dans un poste de police, avertit qu'une bombe déposée à l'intérieur de l'édifice doit sauter dans quelques minutes. La police fait évacuer les lieux. On découvre en effet une boîte à l'intérieur de laquelle se fait entendre un tic tac suspect. Les experts s'amènent sur place, ouvrent le colis. Tout y est pour faire sauter la bâtisse, sauf... la dynamite. Chacun s'empresse de retourner à son travail mais voici que l'on s'aperçoit d'absences ici et là. Après enquête, on découvre que la police a amené dans le panier à salade tous les curieux qui s'étaient installés sur la butte du parc en face du journal. Elle exige de chacun d'eux une pièce d'identification quelconque. Or, plusieurs de nos employés chassés de l'édifice avaient trouvé refuge sur la butte d'où ils observaient les manœuvres de la police. La plupart, cependant, avaient laissé à l'intérieur leurs papiers d'identification. L'un des cadres se rend donc au poste de police et réussit à les faire libérer.

Cet automne-là, également, nous adhérons à la prestigieuse American Newspapers Publishers Association, et M. André Lagarde, vice-président du comité exécutif de Laval, est élu président de la Fédération des journalistes canadiens.

Nombreux concours

En coopération avec CJMS, nous lançons un concours s'intitulant « Jouez au dollar chanceux », puis « Martin vous appelle » avec d'autres stations radiophoniques, sans oublier le grand concours du cinquième anniversaire du canal 10, inauguré par Jacques DeSerres, directeur de la publicité, et qui se poursuivra durant plusieurs années, ni non plus les tournois de hockey CJMS-*Montréal-Matin*, en collaboration avec Gérard Thibeault. Certains de ces concours exigeant un numérotage de chaque exemplaire du journal, nous utilisons une numéroteuse conçue par Alcide Bessette. Des journaux de l'extérieur du Québec délèguent des directeurs de production pour examiner ce mécanisme original et efficace.

Le 29 juin, Paul Rochon qui avait été candidat indépendantiste dans Bourassa, aux élections provinciales du 5 juin portant au pouvoir l'Union nationale et M. Johnson, donne sa démission. Il devient pour une brève période rédacteur en chef de *Métro-Express*, notre rival d'alors. Cependant, après deux années d'existence, le journal de M. Jacques Brillant devait plier bagage. C'est André Robert qui a la pénible mission de publier le dernier numéro. Pour une très rare fois, le succès ne souriait pas à ce confrère. Quelque temps auparavant, *Métro-Express* avait d'ailleurs perdu un autre rédacteur en chef, Yvon Turcot, et plusieurs collaborateurs. Au cours de ses dernières semaines de publication, notre rival ne tire plus qu'à six mille numéros par jour. La rumeur veut alors qu'un journal s'appelant *Le Quotidien* lui succède, mais ce sera tout bonnement *Le Journal de Montréal*, de M. Pierre Péladeau, alors journal du soir, puis journal de l'heure du lunch, qui deviendra journal du matin.

En octobre, M. Jean Drapeau décroche un troisième mandat à la mairie. Son Parti civique fait élire 45 de ses 48 candidats et ses deux adversaires personnels, M. Gilbert Croteau et Mlle Louise Parent mordent la poussière, ne recueillant qu'une poignée de votes. En éditorial, Lucien Langlois félicite M. Drapeau tout en lui souhaitant que M. Lucien Saulnier continue à l'épauler. « Le tandem est magnifique, écrit-il. L'audace est alliée à la prudence, le panache aux calculs du froid administrateur. »

C'est l'année qui précède l'Expo et nous parlons à peu près tous les jours de ce projet en voie de réalisation et qui suscite un intérêt mondial.

Notre journal s'installe pour de bon dans la ville de Toronto en établissant une douzaine de boîtes distributrices dans certains centres. D'autres journaux montréalais suivront bientôt notre exemple.

Des Canadiens à Moscou

En novembre, M. Régent Desjardins fait partie d'un groupe d'hommes d'affaires canadiens qui se rendent à Moscou pour une semaine. M. Desjardins a l'habitude de me téléphoner régulièrement, où qu'il soit. Pour la première fois, à Moscou, il lui est impossible d'obtenir la communication avec Montréal. Il a quitté l'URSS depuis une couple de jours quand je reçois un appel d'un Russe m'annonçant que M. Desjardins a quitté la capitale soviétique. Fait sans précédent, notre directeur général sera donc une dizaine de jours sans pouvoir se renseigner sur les chiffres du tirage, les rentrées de caisse, etc., et bien entendu sur la santé des siens.

À son retour, il résume comme suit ses impressions de voyage: « On ferait bien d'offrir un voyage gratuit en URSS à tous ceux qui rêvent d'établir au Canada le système communiste. » Une anecdote entre beaucoup d'autres. Un soir, il organise une réception en l'honneur de ses compagnons de voyage. Au moment de quitter son hôtel pour le restaurant où se déroulait sa réception, impossible d'obtenir un taxi. Et il lui faut passer la soirée dans sa chambre, tandis que ses amis prennent un bon repas à ses frais.

Tirage croissant

En cette fin d'année 1966, nous sommes heureux d'annoncer que du 31 mars au 30 septembre, un seul quotidien est parvenu à augmenter son tirage du lundi au vendredi inclusivement et que c'est *Montréal-Matin*. Tous les autres sont à la baisse, notamment *La Presse* qui a baissé de 6,727 numéros tandis que nous augmentions de 5,126.

Malgré l'augmentation du prix du journal de 5 à 10 cents en 1965, nous atteindrons, en 1966, un tirage de 122,000 numéros.

Dans nos derniers numéros de l'année 1966, nous annonçons la tenue, le 15 mars 1967, d'un « Encan des millionnaires » en collaboration avec CKVL et la maison Roland Gagné. Déjà, des billets d'encan apparaissent et on conseille au lecteur de les découper et de les accumuler en vue de ce formidable événement, alors que plus de $15,000 de meubles et appareils ménagers doivent être vendus à l'encan et payés avec les billets publiés régulièrement dans le journal.

Une étude révélatrice

Au début de 1967, nous recevons les rapports d'une étude Starch sur *Montréal-Matin*, rapports qui ne manquent pas d'être intéressants. Bien que pareille enquête soit particulièrement destinée aux agences de publicité, on peut y trouver de nombreux renseignements sur la cote de lecture des différentes pages et des différentes chroniques du journal. Nous y constatons qu'à peu près tout est lu et apprécié du lecteur dans *Montréal-Matin*. Pour la section sportive, Jacques Beauchamp décroche la meilleure cote. L'horoscope jouit d'une vogue extraordinaire, tandis que l'on discerne une popularité probablement inusitée de la page éditoriale. (Les articles courts, la multiplication des sujets abordés, la caricature et le ton général des articles plaisent sans doute beaucoup au public.) Nos bandes dessinées se disputent la faveur du lecteur. Une seule domine les autres: Blondinette.

En juin, Me Maurice Johnson, nommé juge à la Cour municipale de Montréal, quitte son poste de conseiller juridique et Me Jean-Paul Cardinal lui succède.

Le 6 septembre, lors de l'assemblée annuelle du conseil d'administration, sont élus: président, M. André Lagarde; vice-président, M. Charles-E. Doucet; secrétaire, M. Marc Faribault; trésorier, M. Jean De Grandpré. MM. Charles-E. Doucet et Faribault sont réélus à l'exécutif. Nos conseillers juridiques sont désormais Mes Antonio Talbot et J.-P. Cardinal. Le premier s'occupera particulièrement de causes relatives aux relations de travail.

Le 7 novembre, élection de M. André Lagarde à la présidence du journal. Il succède à M. Eugène Doucet.

En vente à Paris

Montréal-Matin aura été le premier et probablement le seul quotidien montréalais à être vendu dans les rues de Paris, quelques heures seulement après sa publication dans la métropole canadienne. C'est le numéro du 15 février 1967 qui marque notre apparition dans les kiosques et bibliothèques de la Ville Lumière.

Le jour même, il y a réception à *Montréal-Matin* pour souligner l'événement qui, comme le disait si bien M. Régent Desjardins, marque « une étape importante dans l'histoire de la presse canadienne. » Quelques jours plus tard, le tout-Paris célèbre à son tour cette arrivée de *Montréal-Matin*, à l'occasion d'une réception offerte par notre directeur général dans les salons de la Délégation générale du Québec. Mario Verdon, notre correspondant en Europe, et Enrico Riggi, notre directeur de la promotion, organisent cette fête qui connaît un immense succès. Son Excellence M. Jules Léger, alors ambassadeur du Canada en France, est présent, de même que plusieurs personnalités françaises, sans oublier la plupart des journalistes montréalais en service à Paris.

Le numéro du 15 février renferme, on l'imagine, quelques articles spéciaux, notamment de Lucien Langlois qui dit éloquemment « Bonjour, Paris! » Et une journée ou deux plus tard, Jerry Trudel, dans la section sportive, s'adresse avec humour et finesse à ses « chers cousins de France ».

Le transport quotidien du journal de Montréal à Paris se fait via Air Canada, tandis que les Nouvelles Messageries de Presse parisiennes voient à la distribution.

Cette initiative connaît, de prime abord, un succès fantastique. Les Montréalais de passage à Paris n'en reviennent pas de pouvoir se procurer *Montréal-Matin* de la veille dans les quartiers les plus fréquentés des touristes. Des échos nous en parviennent quotidiennement. Comme publicité, c'est vraiment extraordinaire. Les deux réceptions du lancement ont d'ailleurs des échos à la radio et dans la presse. Cependant, au bout d'un certain temps, l'initiative ne s'avère guère rentable. La raison principale c'est que le nombre de pages du journal augmente constamment, ce qui accroît, également, le coût du transport. L'envoi de *Montréal-Matin* à Paris, dès sa parution, prend fin, sans tambour ni trompette, après quelques mois. Nous avions peut-être perdu un peu d'argent, mais nous avions obtenu de l'excellente publicité (une mention dans le magazine *Time*, par exemple) pour un montant égal, sinon supérieur au déficit.

Lucien Langlois à l'honneur

Avril 1967, tout le journal est en liesse. La Société Saint-Jean-Baptiste décerne en effet le Prix Olivar-Asselin (prix annuel de journalisme) à notre rédacteur en chef, Lucien Langlois.

La remise officielle du Prix se fait à l'occasion d'une réception en l'honneur du lauréat, le jeudi 6 avril, dans les salons de la Société, au Monument national. Me Yvon Groulx préside, accompagné des autres membres du conseil général de la société nationale.

Lucien est entouré des membres de sa belle famille, de la direction de *Montréal-Matin* et de nombreux invités. Son allocution mériterait d'être reproduite en entier. J'en retiens les passages suivants qui conservent une mordante actualité au moment où j'écris ces lignes:

« …Les plus croulants ne sont pas ceux qu'on pense. On vieillit plus vite à arracher les racines du passé et combler un néant, qu'à sarcler le présent de ses mauvaises herbes et choisir judicieusement les graines de l'avenir.

« Je me rebelle contre les clichés d'une certaine école de pensée. Je veux bien croire qu'il y a accélération de l'histoire, mais je refuse la bousculade. S'il doit y avoir révolution culturelle, c'est-à-dire socialiste, selon l'optique à la mode, je me dis: « Avant d'être socialiste, soyons donc bourgeois. » Mais oui, bourgeois, pratiquons les vertus bourgeoises en éliminant les vices que l'on dit bourgeois.

« Soyons disciplinés et économes, pratiques et entreprenants... Qu'y a-t-il d'emballant dans l'égalité d'une misère collective? Pourquoi s'acharner à détruire les élites, bien suprême d'une nation?... »

Il termine ses propos par une note d'optimisme et de confiance: « Ne gaspillons pas nos énergies et nos sentiments. Ayons le respect de nous-mêmes. Acceptons-nous, nous finirons par vaincre. »

Quelques jours plus tard, soit le 11 avril, grande réception à *Montréal-Matin* en l'honneur de notre rédacteur en chef. Il n'y a pas que les confrères de la boîte qui viennent le féliciter mais également ceux de beaucoup d'autres médias. MM. André Lagarde et Régent Desjardins savent trouver les mots pour rendre hommage à Lucien Langlois. On lui remet, outre un cadeau en argent, un livre d'or que signent tous les invités. Le livre d'or est l'œuvre d'un artiste de grand talent, mais bien modeste, Michel Marchand, de *Montréal-Matin*.

Les lecteurs de Lucien Langlois savent qu'il mérite bien l'honneur qu'on lui a décerné. Ceux qui l'entourent à *Montréal-Matin* le savent encore davantage. Car, hors du journal, on ne se doute guère du courage de cet homme. C'est souvent d'un lit d'hôpital qu'il tape ses articles, refusant avec obstination un repos, un congé ou des vacances bien méritées.

Plusieurs journalistes avoueront que Lucien a été pour eux un véritable maître et qu'ils lui doivent de bien connaître leur métier. Avec lui, ce ne fut peut-être pas toujours une douce école, mais ce fut toujours une merveilleuse école et ils lui en savent gré. Pour ma part, dans un article paru le 1er avril, je le considère un journaliste dans la meilleure tradition, un « vrai de vrai », un très digne successeur d'un Louis Francœur et d'un Roger Duhamel.

L'Encan des millionnaires

Le 26 avril, au Centre Paul-Sauvé, en collaboration avec la maison Roland Gagné et la station radiophonique CKVL, Encan des millionnaires de *Montréal-Matin*, un événement unique en son genre qui attire une foule si considérable, si imprévue, qu'il ne connaît pas entièrement tout le succès souhaité. Des lecteurs de plusieurs municipalités, désireux de participer à l'Encan, ont même nolisé des autobus. Des groupes ont en outre recueilli des sommes imposantes en billets publiés dans le journal et ils se font représenter par un seul individu qui dispose ainsi d'un montant fantastique. Au point de vue foule, il faut le répéter, succès au-delà de toute espérance. Mais, malheureusement, ceux qui participent à l'Encan ne sont pas tous heureux, à tort ou à raison, et certains nous le font savoir. Tout cela est bien normal dans pareil concours. Par contre, les heureux sont nombreux, non seulement lors de l'Encan, mais également par la suite, à l'occasion du tirage de plusieurs dizaines de grands prix — notamment une voiture Dodge Dart, des téléviseurs Admiral, des appareils de radio, etc., — à la station CKVL.

L'Expo 1967

Mil neuf cent soixante-sept, année de l'Expo, *Montréal-Matin* accorde à ce grand événement une publicité soutenue. Bien avant l'ouverture, Urgel Lefebvre rédige chaque jour une chronique intitulée « L'Expo en marche », tandis que Jerry Trudel y va de ses commentaires sur « L'univers des îles ». Le 21 avril, numéro spécial sur Terre des Hommes qui ouvre officiellement ses portes. Ce jour-là, nous publions à 144 pages. Lucien Langlois consacre toute sa page à l'événement. Quotidiennement apparaissent un Expo-guide, que beaucoup consulteront régulièrement, et maints articles et photographies. Fréquemment, nous réservons le bas de notre première page au pays dont c'est la journée nationale. Nous recourons alors à la couleur. Nous faisons sûrement notre part pour attirer à Terre des Hommes le plus grand nombre possible de Montréalais. D'aucuns croyaient qu'avec l'affluence des visiteurs, notre tirage accomplirait des bonds. Il n'en est rien et s'il y a progrès dans le tirage, il faut l'attribuer non pas aux visiteurs de l'Expo mais à notre clientèle de la ville ou de la province.

À compter du 16 février 1967, Jean-Pierre Coallier, bien connu à la radio et à la télévision, se révèle également un caricaturiste de grand talent. Il entreprend chez nous cette nouvelle carrière, de front avec ses autres multiples activités. Au bout de quelques semaines, plusieurs de ses caricatures ont déjà fait sensation. Quand Lucien Langlois est absent, je rencontre Coallier quotidiennement et je ne peux qu'apprécier sa modestie et son affabilité.

En août 1967 meurent deux personnages ayant joué un rôle important dans les premières années du journal: M. Lucien Dansereau, ingénieur, longtemps un mandataire de M. Eugène Berthiaume, et notre ancien rédacteur en chef, Adrien Arcand.

Le 17 janvier, Lucien Langlois annonce la nomination de Jerry Trudel au poste de chef de pupitre. Trudel est ce qu'on pourrait appeler un journaliste « complet ». C'est un spécialiste des sports, on le sait, mais il est en mesure de relater ou de commenter des événements de tous genres. Doué d'une plume fine et allègre, pouvant à l'occasion se montrer assez agressive, Jerry Trudel a également fait de la radio et de la télévision, ainsi que des relations extérieures. Guy Deshaies, l'auteur de la chronique « Le rose et le noir » devient adjoint au chef de pupitre et Bernard Brisset des Nos, sous-adjoint.

De Gaulle à Montréal

Le mois de juillet, cette année-là, aura sûrement été l'un des plus remplis pour la gent journalistique, à *Montréal-Matin* comme ailleurs. C'est d'abord la visite de Sa Majesté la Reine à l'Expo, visite qui se déroule dans un climat agréable. « Au pavillon du Québec, d'écrire Lucien Langlois, elle (notre souveraine) a connu la chaleur d'un accueil typiquement de chez nous. Elle a conversé en français avec le premier ministre, M. Daniel Johnson. Au pavillon canadien, elle a prononcé un discours éloquent qui est, somme toute, un programme de coexistence. »

Ensuite, c'est surtout la visite du général De Gaulle qui, du haut du balcon de l'Hôtel de ville de Montréal, lance son cri retentissant de « Vive le Québec libre! » L'incident survient le lundi 24 juillet et ce jour est maintenant passé à l'histoire.

Lucien Langlois commente l'événement de la façon suivante: « Vive De Gaulle! » Je l'écris tout simplement et sans bravade. Je ne fais qu'exprimer ce que je ressens intimement. Et ce que ressentent peut-être des milliers d'autres Québécois.

« Il ne s'agit pas de subversion, de séparatisme, de colonialisme ou de je ne sais pas quoi. Il s'agit de dire merci au chef de l'État français qui a su parler le langage du cœur en terre québécoise et qui n'a pas craint de le faire. Sur ses lèvres, le mot liberté fleurit tout naturellement. Un Québec maître de son destin, en quoi cela peut-il répugner? Je vous le demande. »

La presse anglophone de Montréal et d'ailleurs ne l'entend pas ainsi, toutefois, et Urgel Lefebvre, Maurice Huot, Jerry Trudel et Claude-Guy Jasmin, de *Montréal-Matin*, sont au nombre des journalistes montréalais qui, dans un manifeste, dénoncent le parti pris des journaux anglophones, ceux de Montréal et d'ailleurs. Jerry Trudel, pour sa part, écrit un article retentissant à ce sujet, article qu'il intitule: « L'heure noire du journalisme canadien » (1er août 1967). Il y dit, notamment, que les « journaux de langue anglaise du Canada ont atteint un sommet d'hystérie et de déformation professionnelle, pour ne pas dire de malhonnêteté, au cours de la récente visite du général De Gaulle au Québec. »

Six colonnes au lieu de cinq

Vers le 20 octobre, notre journal passe de cinq à six colonnes la page pour ses petites annonces et la section des courses. Certains ont du mal à accepter cette innovation, mais la formule de six colonnes a du succès. Elle est avantageuse au point de vue économique et bientôt on l'étendra à d'autres pages.

De plus, il est devenu nécessaire, pour faire face aux exigences du budget, de restreindre le nombre de pages, de n'accorder de l'espace supplémentaire que lorsque le volume de publicité le justifie. Bien plus, nous fermons notre service de photogravure pour le remplacer par un appareil appelé « scan-o-graver » dont le fonctionnement est beaucoup moins coûteux. Cela nous vaut une poursuite de l'Union des photograveurs devant la Commission des relations ouvrières. Nous gagnons après que les trois juges ont entendu les témoins présentés par Me Antonio

Talbot, à titre de procureur du journal, et André Lévesque, directeur du personnel.

L'Expo terminée, certaines modifications sont apportées dans la présentation de notre journal pour qu'il demeure toujours aussi vivant, toujours aussi intéressant. Ainsi, une nouvelle rubrique nous vaut des billets signés Jerry Trudel, Maurice Huot, Bernard Brisset des Nos, Guy Deshaies et Denis Tremblay. D'autre part, « Le film du jour » groupe des photos d'actualité. Quelques nouvelles signatures apparaissent, notamment celles de: Claude Bédard (sports, Québec), Marcel Gaudette, chroniqueur sportif doublé d'un poète, Yvon Pedneault (sports), Nicole Gladu, Pierre Cloutier et Alain Zolty.

Le Québec doit subir plusieurs grèves au cours de l'année, notamment celle des fonctionnaires et celle des instituteurs. Lucien Langlois les condamne énergiquement. Il appuie sans réserve le bill 25 qui oblige les professeurs à reprendre leur tâche et qui suspend le droit de grève jusqu'au 30 juin 1968. À Montréal, les enfants auront été privés de cours durant plus d'un mois.

Le 24 août, *La Presse* devient la propriété de la Corporation des valeurs Trans-Canada, dont M. Paul Desmarais est le président. Début mars, 1967 également, *L'Événement,* journal du matin de Québec, disparaît après cent années d'existence. Ce quotidien avait été fondé par Hector Fabre alors que la Confédération n'était qu'un projet.

La commission de la presse de l'Office des communications sociales organise un stage d'initiation au journalisme du 28 août au 1er septembre. L'ouverture du stage se fait dans la grande salle de délibérations de *Montréal-Matin*. Enrico Riggi souhaite la bienvenue aux stagiaires et je prononce une conférence sur « la propriété et l'administration d'un journal ». Dans les jours qui suivent, les stagiaires entendent plusieurs journalistes, dont Lucien Langlois, Paul Gros d'Aillon et Urgel Lefebvre de notre journal.

1968

La mort de M. Daniel Johnson

Après avoir subi une crise cardiaque, le premier ministre Daniel Johnson est condamné, le 6 juillet, à une période de repos. Il se rend aux Bermudes d'où il revient, le 19 septembre, « bronzé et gaillard », écrit-on dans *Montréal-Matin*. Le lendemain, d'ailleurs, de nombreuses photographies illustreront son retour. On parle beaucoup, dès lors, de son séjour en France prévu pour la mi-octobre. Le mercredi 25 septembre, M. Johnson donne à Québec une conférence de presse qui passera à l'histoire. Cette conférence est télévisée et des millions de téléspectateurs, par tout le pays, peuvent en suivre les péripéties. Le premier ministre semble en parfaite forme. Nous consacrons notre première page à cette conférence. Le titre: « Français et canadien — Le Québec à l'heure Johnson — Pas de citoyens de seconde zone dans la province française. » Lucien Langlois consacre son premier-Montréal à cet événement: « ...À vrai dire, Daniel Johnson n'a jamais été autant lui-même qu'au cours de cette conférence de presse. Elle résumait, pour ainsi dire, sa vie politique, sa personnalité... »

Et voici que quelques heures plus tard, seulement, le pays tout entier est bouleversé à la nouvelle que M. Johnson est mort soudainement, au cours de son sommeil, à Manic 5 où il allait inaugurer le prestigieux barrage de Manicouagan. Notre reporter sur les lieux, Pierre Cloutier, relate en des termes émouvants ce qui vient de se produire. Après avoir raconté comment Paul Gros d'Aillon lui avait annoncé la mort de M. Johnson, il ajoute: « Je crois que c'est à ce moment que je m'aperçois que le métier de journaliste était l'un des plus cruels qui soient. » Pour son secrétaire, Paul Chouinard, M. Johnson avait passé la veille l'une des plus belles journées de sa vie. La conférence de presse avait connu un succès retentissant et, avant d'aller se coucher à Manic, peu après son arrivée, il avait tenu à passer un petit bout de temps à la taverne du chantier avec les ouvriers. André Hébert, notre photographe, avait d'ailleurs pris une photo inoubliable de cette rencontre.

Homme sensible, ami personnel de Daniel Johnson, Lucien Langlois intitule son premier-Montréal: « Nous l'aimions... » D'ailleurs, chez les journalistes en général, on en trouve bien peu — même parmi ses adversaires — qui n'aimaient pas Daniel Johnson. Personnellement, je ne peux oublier cet appel téléphonique qu'il me fit à la maison, un dimanche matin, peu avant sa mort, alors qu'il se trouvait encore aux Bermudes. M. Lagarde, qui l'accompagnait, avait besoin d'un renseignement quelconque et cette question réglée, M. Johnson prit l'appareil pour s'informer de ma santé, du journal, des gens de *Montréal-Matin* et badiner un peu.

Il va sans dire que dans les jours qui suivront ce drame nous publierons des colonnes et des colonnes de texte, sans compter de multiples photographies, sur la carrière de M. Johnson, sa mort, ses obsèques et les répercussions à travers le pays et le monde, du décès soudain de ce grand homme.

Des funérailles d'État se déroulent à Québec tandis qu'à Montréal la dépouille mortelle est exposée en chapelle ardente au nouveau Palais de Justice. On peut lire des comptes rendus très élaborés de Roger Rioux, Roger Guil, Claude-Guy Jasmin, Bernard Brisset des Nos, Nicole Gladu et autres.

À l'unanimité, M. Jean-Jacques Bertrand est choisi pour succéder à M. Johnson, devenant ainsi le 21e premier ministre de la province.

216

Le 2 octobre, Lucien Langlois commente dans les termes suivants le choix de M. Bertrand:

« Il se peut que son style soit différent de celui de Daniel Johnson, il ne faut pas s'en surprendre. Les deux hommes s'aimaient mais n'étaient pas semblables. Mais c'est un fait que depuis 20 ans on n'a guère pu les séparer: l'image de l'un accompagnait celle de l'autre. Ils constituaient, pour ainsi dire, l'avenir de l'Union nationale, celui de la jeunesse. Le destin a voulu que chacun assume à tour de rôle les destinées de la province. Il y a là valeur de symbole. »

Vif émoi, le 11 décembre, à *Montréal-Matin* et chez tous les partisans de l'Union nationale, alors qu'on annonce que le premier ministre Jean-Jacques Bertrand devra, à son tour, prendre un repos de quelques semaines. On parle de malaises cardiaques. M. Jean-Guy Cardinal assume l'intérim.

Un Club des pionniers

M. Régent Desjardins avait prouvé, dès 1964, combien il se souciait du bien-être du personnel en créant un régime de retraite pour tous les employés. Pour plusieurs, c'était évidemment un peu tard, mais pour d'autres c'était sûrement une belle occasion d'économiser sans douleur.

En mars 1968, il pose un autre geste fort apprécié: la fondation d'un Club des pionniers, club groupant tous les employés de 25 ans de service et plus.

Nous avons une première réunion le 1er avril, alors que la direction de *Montréal-Matin* reçoit ses pionniers à un dîner intime dans la superbe salle de conférence voisine du bureau de M. Desjardins. À chacun des pionniers, M. Desjardins remet un certificat d'honneur, et une montre en or avec inscriptions appropriées.

Le premier groupe des pionniers est formé comme suit:

Gérard Prud'homme, livreur à l'emploi du journal depuis sa fondation et, malheureusement, paralysé depuis deux ans. (Il devait mourir en septembre de cette même année.)

Rodrigue Thibeault, prote de l'équipe de nuit, au service du journal depuis 1932; Marcel Beauchamp, 1932 également, clicheur, qui avait épousé une employée du service de l'expédition, Rita Bélanger (tous deux sont aujourd'hui décédés); Alcide Bessette, dont il sera question plus loin et qui débuta lui aussi en 1932.

Trois pionniers étaient entrés au service du journal en 1934: Pierre Audy, ancien champion cycliste qui avait débuté comme messager pour devenir ensuite typographe; Aimé Dubé, autre dévoué typographe, et Henri Martineau, un fidèle livreur.

Autres pionniers: Édouard Lévesque entré à notre emploi comme percepteur au service du tirage et qui, en 1968, travaille pour le même service, mais à l'intérieur; Maurice Dorais, typographe depuis 1936; Bernard Gagnon, à la comptabilité depuis 1940; Jean-Paul Bégin, directeur du tirage qui a débuté en 1941 et est devenu chef de son service en 1955; Jacques Beauchamp, le benjamin des pionniers, autrefois messager à *La Patrie*, chroniqueur sportif chez nous depuis 1943; et enfin, celui qui écrit ces lignes, au journal depuis juillet 1930.

Il va sans dire que depuis beaucoup d'autres ont été admis à ce Club des pionniers.

Au dîner, M. Desjardins a un bon mot pour chacun et, appelé à le remercier, je souligne la sympathie et la confiance qu'il a témoignées aux vieux employés dès son arrivée. D'aucuns redoutaient alors de nombreux départs mais chacun était resté à son poste. Je n'hésite pas à lui dire que si l'on devait sans doute un peu aux pionniers le succès de *Montréal-Matin*, par contre tous et chacun d'entre nous devions également beaucoup à ce journal et aux patrons l'ayant dirigé depuis sa fondation.

On fête Jacques Beauchamp

Jacques Beauchamp devait être le héros de deux belles manifestations en cette année 1968. Tout d'abord, la direction de *Montréal-Matin* fête ses 25 ans de journalisme lors d'une réception donnée au journal même, sous la présidence de M. Desjardins, le 11 mars. Entouré de sa femme et de leur fillette, Suzanne, de sa mère, de sa sœur et de ses deux frères, André et Fernand, Jacques reçoit les félicitations, tout d'abord de ses collègues du Club des pionniers, puis de ses autres confrères de *Montréal-Matin* et également des autres journaux, ainsi que de plusieurs personnalités sportives. Charles Mayer, Jean Barrette, René Lecavalier, Elmer Ferguson, Dink Carrol, « Red » Fisher, Jean-Paul Sarault, Jean-Paul Jarry, Gilles Sabourin, André Trudelle et beaucoup d'autres, sans oublier certains de ses meilleurs amis, Me Jean Bruneau, M. Jean-Paul Hamelin, M. Émile Bouchard, M. Raymond Lemay, M. « Toe » Blake, M. Jean Rougeau et autres.

Deux mois plus tard, le 21 mai, nouvelle manifestation en son honneur, cette fois organisée par ses amis de toute la province, sous la présidence de Jacques DeSerres, directeur de la publicité à *Montréal-Matin*. Dans son compte rendu de cette soirée qui groupe 1200 personnes, en l'hôtel Bonaventure, Jean-Pierre Sanche dit que l'on est venu de tous les coins de la province, et même de plus loin, pour rendre hommage à Jacques. L'agence MacLaren lui fait cadeau d'un film de 10 minutes tourné sur sa carrière. Jean-Pierre écrit avec raison ce qui suit:

« Autodidacte, grâce à sa ténacité, son courage, son sens de l'observation, le respect d'autrui et, surtout, l'amour de sa profession, Jacques Beauchamp est rapidement devenu un des rédacteurs sportifs les plus érudits, lus et controversés au pays. »

Au lendemain de la fête, les recettes de la soirée Jacques Beauchamp sont remises par ce dernier à des œuvres de charité.

Jacques Beauchamp est vraiment, à cette époque, l'as des chroniqueurs sportifs. Un jour, quittant le journal, je monte en taxi. Le conducteur de me demander:

— Vous travaillez à *Montréal-Matin*?

— En effet.

— Est-ce que vous connaissez Jacques Beauchamp?

— Sûrement.

— Alors vous le voyez souvent? Tous les jours?

— Oui, tous les jours, sauf évidemment lorsqu'il se trouve en voyage.

— Et vous pouvez lui parler?

— Mais oui, comme je vous parle.

Et le conducteur de me lancer un regard d'envie qui en disait long sur la valeur qu'il accordait au privilège de voir Jacques Beauchamp en personne et de pouvoir lui adresser la parole.

Cette popularité n'aveugla jamais Jacques Beauchamp: il demeura modeste et sympathique. Il a toujours eu de la reconnaissance et un grand cœur.

Décès d'Alcide Bessette

Je serais tenté de dire d'Alcide Bessette que c'était l'homme qui connaissait tout en imprimerie. Et ce qu'il ne connaissait pas, eh bien il l'inventait. Ainsi, il avait un jour fabriqué une machine à numéroter les journaux que des directeurs de production de l'Ouest canadien et des États-Unis vinrent examiner. Fils d'imprimeur, formé à l'école de son admirable père, débrouillard comme pas un, c'était l'homme de toutes les situations difficiles, de tous les problèmes. Je l'ai écrit déjà: il avait été le bras droit de M. Desjardins lors de la construction de l'édifice du boulevard Saint-Joseph. Et d'ailleurs, chaque fois qu'il survenait une difficulté technique ou mécanique quelconque dans n'importe quel service, toujours c'est à M. Bessette que l'on faisait appel. Il aimait bricoler et s'ingéniait à se rendre utile à chacun: l'un lui confiait un grille-pain défectueux, l'autre un appareil de radio en mauvais état, etc. Et on le trouvait à son poste aussi bien la nuit que le jour.

Originaire de Farnham, il avait débuté à *L'Illustration* à l'automne 1932 à titre de contremaître de jour à la composition. Et durant près de trente-six ans, il devait travailler sans cesse à assurer une production aussi efficace que possible, à améliorer nos ateliers et à seconder les efforts de tous les autres directeurs de service. Homme au grand cœur, ne vivant que pour sa famille et que pour « son » journal, il jouissait de l'estime de tous ses subalternes tout comme de la confiance et de l'amitié de tous ses supérieurs.

Un jeudi après-midi de la fin de mai — plus exactement le 30 mai — je m'étais rendu avec lui, dans sa voiture, à Saint-Philippe de Laprairie. Nous étions à la recherche d'un entrepôt pour emmagasiner du papier journal, parce que nous appréhendions soit une grève des papetiers, soit une montée considérable du coût. D'ailleurs, durant toutes les années où j'ai été chargé de l'achat du papier journal, c'est une pensée qui me revenait constamment à l'esprit: qu'allons-nous faire s'il y a une grève des papetiers? Et en second lieu, comment faire des réserves qui permettraient, face à une augmentation des prix, d'économiser quelques dollars? Heureusement, jamais durant toutes ces années nous n'avons manqué de papier grâce à la collaboration de nos fournisseurs.

Donc cet après-midi-là, Alcide et moi avions pris place dans la même voiture — il conduisait — et nous suivions M. Germain Coupal, du service de la sécurité, qui habitait non loin de Laprairie et connaissait les propriétaires du bâtiment pouvant servir d'entrepôt. La visite des lieux terminée, M. Coupal nous avait invités à aller prendre un verre chez lui. Il faut avouer que pour mon compagnon et moi c'était là une rare occasion de détente. L'hospitalité chaleureuse de M. et Mme Coupal nous firent oublier bien des problèmes. Nous retournâmes tous deux en ville vers 6 heures. Vers 7 heures, je me trouvais encore à mon bureau avec je ne sais trop qui, quand M. Bessette passa. Il voulut me dire quelque chose, mais constatant que je n'étais pas seul, il se contenta de me saluer de la main.

Quelques heures plus tard, il mourait subitement. C'est Jacques De Serres qui, tôt le matin, m'annonça la tragique nouvelle. Personne n'avait appréhendé une fin aussi subite. Alcide paraissait en excellente santé. D'ailleurs, venant au bureau quelques jours plus tard, l'un des propriétaires de l'entrepôt à louer me dit, en m'apercevant: « Quand j'ai appris que l'un de vous deux était mort, j'étais bien convaincu que c'était vous, et non l'autre monsieur qui paraissait débordant de santé. »

À peu près tout le personnel du journal, M. André Lagarde, président du conseil d'administration et M. Régent Desjardins, directeur général, en tête, assistait aux obsèques. Lucien Langlois, toujours si émotif, avait éprouvé un vif chagrin devant cette mort subite. Il avait écrit deux petits articles sur M. Bessette, tous deux bien touchants. Qu'on en juge par ce court extrait de l'un des deux textes:

« Un compagnon de travail meurt et le cœur est saisi. Il semblait en bonne santé. Vous lui aviez parlé il y a un jour ou deux. Vous aviez échangé quelques phrases, comme celles que l'on dit tous les jours: « Ca va! Ah! il a fait beau aujourd'hui! » Vous vous sentiez en sécurité: il était là, vous étiez là, la vie était sans histoire, le monde tournait rond, ce monde intime que crée le travail en commun.

« Puis voilà que l'on vous annonce que cet ami de toujours n'est plus; que vous ne le verrez plus jamais; que vous ne pourrez plus compter sur lui. Vous ne prendrez plus réconfort à sa présence, vous ne déchargerez plus votre fardeau en lui; son sourire, son accueil, sa science ne constituent plus un trésor dans lequel vous pouvez puiser à pleines mains selon les circonstances et les besoins.

« Le fil a été coupé. Il n'y a plus de fil. Il ne reste plus que la mémoire d'une amitié qui fut fidèle, diligente et généreuse. »

Le gouvernement Trudeau réélu

Le 14 mai 1968, M. Marcel Faribault, homme influent et respecté de tout le Canada, notaire éminent et ancien secrétaire général de l'Université de Montréal, annonce qu'il a accepté de briguer les suffrages sous la bannière conservatrice à l'élection fédérale du 25 juin. « Faribault dans la lutte aux côtés de Stanfield », titrons-nous à la une le lendemain. Lucien Langlois se réjouit de la décision de M. Faribault. Pour lui, « la candidature de Marcel Faribault est la réponse à une certaine forme d'arrogance, à l'intransigeance que l'on hérisse de crocs au nom de la logique. Elle est la voix modérée et raisonnable du Québec. C'est une voix québécoise et canadienne, et non une voix exclusivement canadienne. La nuance s'impose. À l'extrémisme Trudeau-Marchand s'opposera dorénavant le bon sens Faribault-Stanfield... »

Pour Clément Brown, notre chroniqueur à Ottawa, le parti conservateur a pour la première fois, depuis Georges-Étienne Cartier, un chef de file au Québec, un alter ego du chef national du parti, M. Stanfield.

Le soir du 24 juin, alors que la parade de la Saint-Jean-Baptiste se poursuit, rue Sherbrooke, une foule hostile s'en prend à M. Pierre Elliott Trudeau que de nombreux personnages éminents entourent sur l'estrade d'honneur. Soudain, les projectiles se mettent à pleuvoir et, à un certain moment, la télévision nous fait voir M. Trudeau demeurant seul, assis, sur l'estrade et bravant les manifestants.

Devant l'ampleur des troubles accompagnant notre fête nationale, je me rends au journal au cas où quelque décision importante aurait à être prise. Je regarde la télé avec je ne sais trop qui et voyant ce qui se passe, mon compagnon et moi en concluons sans hésitation: « Demain, Trudeau sera réélu. »

En effet, malgré la belle campagne de M. Faribault et de beaucoup d'autres, le Québec n'élit que quatre conservateurs, soit quatre de moins qu'en 1965 et le pays tout entier accorde 155 sièges au parti libéral, cinquante-huit de plus qu'à l'élection précédente. Pour Lucien Langlois, « la victoire de M. Trudeau est grande mais la défaite de M. Stanfield est honorable. Entre deux images, le Canada a choisi celle qui, à ses yeux, correspond à un avenir qu'il souhaite fringant, même si celui-ci est rempli de points d'interrogation. »

Tirage, au lendemain de cette élection: près de 260,000 numéros.

Les petits porteurs

Montréal-Matin s'intéresse de plus en plus à ses petits porteurs. Nous les récompensons généreusement: bonis, cadeaux, voyages, etc. Il faut dire que certains d'entre eux sont déjà de braves petits hommes d'affaires et des citoyens modèles. Lors d'un Marcheton, en août 1968, l'un d'entre eux, âgé de 13 ans seulement, accomplit un exploit remarquable en parcourant à pied la distance de 23 milles. La direction du journal, mise au courant du courage de ce garçonnet, lui offre une bicyclette dont il rêvait depuis longtemps. MM. Desjardins et Bégin tiennent à féliciter eux-mêmes le petit porteur.

Dans le cadre de nos initiatives en faveur des petits porteurs, soulignons qu'en novembre, quelque deux cents d'entre eux se méritent outre un diplôme, une obligation d'épargne de $50 que leur remettent MM. Desjardins, Bégin et Guimond (directeur adjoint du service du tirage.)

Notre tirage est de 131,000 numéros tandis que *Le Devoir* et *Le Journal de Montréal* doivent se contenter de 42,000 chacun. Mil neuf cent soixante-huit, le papier journal se vend $128.75 la tonne mais ce prix ne cessera d'augmenter.

Concurrent non syndiqué

À quelques reprises, à l'occasion de rencontres avec les chefs syndicaux représentant nos employés, nous leur signalons que notre concurrent, *Le Journal de Montréal*, n'est pas encore syndiqué, ce qui lui permet de produire à fort meilleur marché que nous. La composition, par exemple, coûte trois fois plus chère à *Montréal-Matin*. Il arrive même, me rapporte-t-on, que des gens du *Journal de Montréal* se rendent tous les soirs à notre édifice, vers 10 heures, afin de se procurer notre première édition, histoire de nous « emprunter » des nouvelles. On me signale également que certains articles (rapports de courses de chevaux, par exemple) sont tout simplement photographiés de *Montréal-Matin* et insérés dans les pages de notre concurrent, même avec les fautes que nous avons commises. Cette situation ne durera pas, cependant. D'abord, *Le Journal de Montréal* ne tarde pas à accroître le nombre de ses employés puis, à son tour, il voit son personnel adhérer à des syndicats ouvriers et réclamer de fortes hausses de salaire.

Il est peut-être bon de signaler ici que, durant toutes ces années de l'administration de M. Régent Desjardins, aucun conflit majeur n'éclata avec les syndicats ouvriers. Les négociations étaient souvent ardues, évidemment, mais chacun savait mettre de l'eau dans son vin et nous parvenions toujours à nous entendre. C'est ainsi que je conserve le meilleur souvenir des négociateurs et agents d'affaires que j'ai eu à rencontrer. Je pense, en particulier, à MM. Arsène Mayrand et Joseph Perez, de l'Union typographique Jacques-Cartier; Frank Paris, de l'Union internationale des clicheurs; Guy Bellavance, de l'Union internationale des pressiers; Gérard Picard, Laval LeBorgne, Pierre Luc, Jean-Pierre Paré, du Syndicat des journalistes; René Thibodeau, du Syndicat des distributeurs, et également beaucoup d'autres.

Refus de M. Kierans

Au mois d'octobre, je fais partie d'une délégation des Quotidiens du Québec, à laquelle s'est joint M. Claude Ryan, directeur du *Devoir* (*Le Devoir* n'adhère pas alors à cette association) et qui se rend à Ottawa afin de protester contre la hausse des tarifs postaux pour les journaux.

M. Eric Kierans, le ministre des Postes, nous accueille avec cordialité mais il est évident qu'en dépit des demandes et des explications de M. Ryan et de MM. Alfred Mercier (*Le Soleil*) et André Bureau (*La Presse*) — sans compter les démarches d'autres associations de quotidiens anglophones — il ne changera rien à la loi. M. Kierans, qu'accompagnent des officiers de son ministère, ne se montre aucunement conciliant. *Montréal-Matin* compte peu d'abonnés recevant leur journal par la poste, mais c'est différent pour d'autres quotidiens, en particulier *Le Devoir* et *Le Soleil*.

Journalistes assaillis

Le dimanche 7 janvier 1968, Claude Poirier et Bernard Tétrault ont l'occasion de se rendre compte que le métier de journaliste n'est pas toujours de tout repos. Un père de famille ayant étranglé sa femme, rue Letellier, ils se rendent tous les deux sur les lieux. Ils sont à tenter d'obtenir des renseignements quand l'aîné de la famille si cruellement éprouvée s'en prend aux deux journalistes qu'il frappe brutalement jusqu'à l'intervention des agents de police. Heureusement, les blessures quoique douloureuses ne sont pas graves pour nos confrères.

Le mercredi 18 avril au soir, vers 6 h. 45, Claude Poirier, notre spécialiste des faits divers, vient de laisser sa voiture dans le terrain de stationnement du journal quand deux inconnus lancent, d'une camionnette bleue, un explosif quelconque qui met immédiatement le feu au véhicule. Dégâts matériels de plus de cinq mille dollars mais, heureusement, aucun blessé.

Urgel Lefebvre, qui a accompli un si beau travail à l'occasion de l'Expo, nous quitte pour *Le Devoir*. Ses amis de *Montréal-Matin* et ses futurs confrères du *Devoir* le fêtent au Club Renaissance.

Mai 1968, la ville de Montréal est dotée d'un club majeur de baseball. Sur l'invitation de Jacques Beauchamp, Jean-Paul Sarault accepte de suivre cette nouvelle équipe et il sera également appelé à renseigner nos lecteurs sur tous les sports. C'est lui qui fonde l'Association des chroniqueurs de baseball, affiliée à la Baseball Writers Association of America, dont il sera le président à plusieurs reprises.

Nommé sous-ministre associé au ministère des Institutions financières, M. Jean De Grandpré démissionne comme administrateur en juin 1968. Son action est cédée à M. Régent Desjardins.

Le 6 juin au matin, à cinq heures, nous publions une édition spéciale annonçant la mort de Robert Kennedy. Nous tirons, ce jour-là, à 325,670 numéros. Tout un groupe d'employés et de cadres représentant chacun des services avait passé la nuit au journal dans l'attente d'informations précises. Il va sans dire que l'assassinat de Robert Kennedy à Los Angeles bouleverse le monde entier. Grâce à UPI, nous sommes en mesure de consacrer au drame plusieurs pages et d'abondantes photos. Le 7 juin, nous publions un cahier spécial intitulé: « La tragédie Kennedy en images » et, le 10 juin, un second, « Les images de l'adieu à Kennedy ».

Le problème du mot-caché vient s'ajouter à celui des mots-croisés au cours d'août 1968. Mme M. Saindon est l'auteur de cette rubrique.

Le 28 août, l'Office des communications sociales tient une séance à *Montréal-Matin*. Ce jour-là, après un mot de bienvenue du R.P. Beaudoin et d'Enrico Riggi, les participants à ce cours entendent une conférence de Michel Roy, du *Devoir*, et une autre de l'auteur de ces lignes. On m'avait demandé de parler de l'administration d'un journal. Je cherche alors à démontrer que le plus beau et le meilleur journal ne saurait faire vieux os sans une administration apte à faire face aux problèmes matériels entourant la publication d'un quotidien.

Le 1er novembre, le directeur général de l'ORTF, M. Bernard Gouley, nous rend visite. MM. André Lagarde, Régent Desjardins et le conseil de direction de *Montréal-Matin* l'accueillent et lui font parcourir les divers services de l'entreprise.

Simple mais heureuse coïncidence, à peu près à la même époque, débute notre adhésion à l'Agence France-Presse. Dans l'impossibilité, pour des raisons financières, de souscrire à la Presse Canadienne, ce service AFP nous permettra de renforcer la section de l'information internationale qu'alimente déjà United Press International.

Le 5 novembre, deux personnalités de *Montréal-Matin*, Jacques Beauchamp et Denis Brodeur, photographe, reçoivent un trophée de la compagnie Dow, à titre d'anciens gardiens de buts et à l'occasion du lancement du trophée « Monsieur Zéro », destiné aux cerbères. Au mois de juin précédent, tous deux avaient également été à l'honneur lors du gala de la « Médaille d'or », Jacques étant proclamé le journaliste sportif par excellence du Canada français.

À la mi-octobre, Lucien Langlois revient d'un voyage en Grèce. Son état de santé semble à nouveau s'aggraver et, bientôt, il sera hospitalisé. Je reprendrai donc la rédaction de la page éditoriale.

Le 13 octobre, un an après avoir quitté le parti libéral, René Lévesque devient chef du Parti québécois formé à l'occasion du congrès du mouvement souveraineté-association. Lucien Langlois fait un éloge mitigé du nouveau chef de parti.

Une excellente année

L'année 1968 s'avère, au point de vue financier, l'une des meilleures de notre histoire. Le bénéfice avant amortissement et impôts, c'est-à-dire les revenus moins les dépenses du journal, s'élève à $688,223. À noter qu'au chapitre équipement et immobilisation, la Fédération des journalistes canadiens, Inc., compagnie éditrice de notre journal, a dépensé près de $3 millions depuis le commencement des travaux sur le boulevard Saint-Joseph en 1964.

Jean-Pierre Paré se joint à l'équipe des sports pour être muté, par la suite, à l'information générale et devenir plus tard président de la section *Montréal-Matin* du Syndicat des journalistes. Jean-Paul Sarault signe maintenant aux sports une chronique intitulée: « Du soir au matin ». Aux pages féminines, Mme Marie Laurier a succédé à Mme Vaillancourt et rédige un billet quotidien: « En déjeunant avec vous. » De nouvelles signatures à l'information générale: Richard Johnson, Jean de Guise, Raymond Bernatchez, Serge Lamoureux et d'autres. Nos pages financières s'améliorent toujours. Maurice Huot dispose d'un peu plus d'espace et nous pouvons rivaliser avec *The Gazette* pour les tableaux des cotes. Denis Tremblay présente une série de chroniques intitulée: « Des arts et des hommes ». Robert Bertrand nous fournit ses premières photographies tandis que les caricatures de Henri Boivin plaisent toujours aux fervents des sports.

1969

De l'expansion, déjà

En février 1969, M. Régent Desjardins soumet au conseil d'administration un projet en vue de faire l'acquisition de six nouvelles presses, de construire un autre étage et de pousser une autre aile vers le sud afin de relier entre eux les bâtiments existants, plus exactement la salle des presses à l'entrepôt. Cet agrandissement avait été prévu, lors de la construction, mais pour 1971 seulement. Et voici que deux ans plus tôt, il faut agir parce que notre tirage grimpe en flèche (en juillet 1969, il sera de 15,000 numéros de plus qu'en juillet 1968), parce que le volume de publicité s'accroît constamment et parce que, vu la concurrence du *Journal de Montréal*, il est devenu impossible de se contenter d'une impression de 55,000 numéros à l'heure. Le double s'impose et nous l'obtiendrons en doublant le nombre de nos presses, soit en passant de six à douze. D'aucuns suggèrent l'adoption de l'offset mais une étude approfondie, notamment par un expert de la maison Goss, M. Jesse Strong, aboutit à la conclusion qu'il vaut mieux continuer avec l'impression typographique (letterpress), vu le matériel que nous possédons déjà et ce qu'il en coûterait pour tout transformer. Nous devrons, néanmoins, moderniser davantage notre atelier de composition. Nous avons bon espoir, également, de pouvoir un jour utiliser des plaques de plastique — ou d'une autre matière — que nous disposerons directement sur les presses au moyen de selles et qui permettraient d'obtenir une impression à peu près identique à celle de l'offset.

Approbation est donnée pour l'acquisition des six autres presses, au coût de $893,975, pour l'agrandissement de la bâtisse et, en plus, nous installerons des machines électroniques à l'atelier de composition: un ordinateur PDP-8, huit perforatrices Invac et cinq machines à composer automatiques Monarch. M. André Lagarde, président de *Montréal-Matin*, signe le contrat avec la compagnie Goss. Les travaux de construction débuteront à la mi-septembre.

Dans le domaine de la publicité, le secteur des Petites annonces connaît un développement phénoménal avec la campagne de promotion d'Enrico Riggi. Bientôt, tous les enfants — et les grands aussi — répètent: « Les petites annonces de *Montréal-Matin* ne coûtent pas chères et rapportent bien. » En peu de temps, le nombre des petites annonces insérées dans nos pages a triplé. À la direction de ce service, Guy Fortier témoigne d'un bel esprit d'initiative.

Durant quelques années, probablement surtout de 1965 à 1969, la santé de M. Desjardins laisse souvent à désirer et il lui faut faire des stages à l'hôpital. Cependant, cela ne l'empêche pas — on a pu s'en rendre compte à la lecture de ce qui précède — de diriger l'entreprise de main de maître. Même hospitalisé, c'est quotidiennement qu'il communique avec ses directeurs de service. Au besoin, il nous réunit dans sa chambre de malade pour nous faire part de certaines décisions, pour examiner certains projets ou pour demander des explications. Malade ou non, il demeure constamment en contact avec le journal. S'il doit s'absenter, nous savons toujours où nous pouvons le rejoindre.

Un grand sensible

Lucien Langlois, qui doit lui aussi être hospitalisé à plusieurs reprises, notamment pour des amputations, s'obstine à remplir sa page éditoriale jusqu'au moment où l'anesthésie ou le choc opératoire l'obligent à oublier la machine à écrire et les journaux qui ne le laissent jamais.

Son état de santé est connu non seulement de toute la gent journalistique mais également de nombreux lecteurs de *Montréal-Matin*. Son courrier lui apporte fréquemment des lettres d'encouragement.

Vers la fin de janvier, après une absence d'un mois environ, il veut reprendre « sa » page. Et le premier texte que je reçois de lui, de l'Hôtel-Dieu, pour un « Propos du matin », m'émeut comme il en touchera beaucoup d'autres, d'ailleurs. Voici ce texte intitulé: « Retrouvailles ».

« Mes mains sont malhabiles, mon esprit est lent, mais mon rêve a poussé des ailes. Des ailes d'hiver un peu frileuses qui n'osent pas encore s'ouvrir.

« Je suis là et mes doigts gourds cherchent sur une machine que je connais mal, que je n'ai pas eu le temps d'apprivoiser, les lettres qui font les mots, ces mots que j'aimais assembler pour vous, pour moi, pour décrire la couleur du temps, prendre la température de notre cœur, le pouls de notre âme.

« Je suis devant vous et, c'est drôle, je me sens ému. C'est peut-être que je m'ennuyais de vous, amis connus et inconnus que j'aimais, que j'aime et que j'aimerai quoi qu'il arrive.

« Il paraît qu'il a fait froid, qu'il a neigé comme jamais il n'avait neigé. C'est un bel hiver.

« Moi, ce bel hiver, je l'ai vécu douillettement dans une chambre surchauffée. Vous grelottiez; j'avais trop chaud. Vous frissonniez, j'épongeais mon front.

« La neige, je la voyais bien tomber, mais pour moi elle n'avait ni odeur, ni froidure. C'était une neige de cinéma.

« Le matin, je voyais de ma chambre les brumes du froid s'élever sur Montréal. Je mesurais les contours de ces vapeurs froides, je les regardais s'effilocher dans les aubes claires qui annoncent les matins où la pierre gèle et le cœur est prêt à se briser en deux.

« C'était un bel hiver tout de même. Reste à savoir maintenant comment nous pourrons survivre jusqu'au printemps! » LUC (22-1-69)

Au lendemain de cet article, c'est un petit porteur de *Montréal-Matin*, Serge, habitant Chomedey, qui lui fait parvenir une image de saint Joseph, avec l'Enfant-Jésus dans ses bras, et au dos de laquelle apparaît une prière.

Lucien ne dissimule jamais ses émotions, ses sentiments: il est trop franc pour y parvenir. Et c'est pourquoi, dans son « Propos du matin » du 24 janvier 1969, il remercie ce petit porteur en termes touchants:

« Comment ne pas être ému, dites-le moi? Quand j'ai vu et lu cette carte de Serge que je ne connais pas, que je n'ai jamais vu, mon cœur a fondu comme le beurre dont j'ai oublié le goût, comme cette neige au soleil d'une fin de janvier clémente.

« Vous l'avouerai-je? J'ai pleuré. Il ne faut pas avoir honte de ses sentiments... Petit garçon, je te remercie dans ces lignes que j'écris au fil d'une émotion dont je n'ai pas encore oublié le goût de sel, de ce sel qui fertilise toute vie terrestre et lui donne sa saveur... »

Départ de Jacques Beauchamp

On peut dire que c'est une véritable bombe qui éclate à *Montréal-Matin* quand, début de juin 1969, Jacques Beauchamp annonce qu'il démissionne comme directeur des pages sportives de notre journal pour passer au service du *Journal de Montréal*. À plusieurs reprises, déjà, des rumeurs avaient circulé à ce sujet mais on ne parvenait pas à croire au départ possible de celui qui comptait déjà vingt-cinq ans de service avec nous et qui avait si largement contribué à la popularité de nos pages sportives. Jacques Beauchamp ne part pas seul: Jean-Pierre Sanche et Marcel Gaudette le suivent chez notre concurrent.

C'est Jacques Barrette, alors à *La Presse*, qui est appelé à le remplacer à quelques heures d'avis seulement. Si le départ de Jacques Beauchamp nous attriste beaucoup, la venue de Jacques Barrette nous fait grand plaisir. Son père, Jean Barrette, avait été parmi nos premiers chroniqueurs sportifs et Jacques, lui-même, avait collaboré à nos pages sportives durant les vacances de 1954. Il était ensuite passé à *Parlons sport*, puis à *La Patrie*, au *Nouveau Journal* et à *La Presse* où il œuvrait déjà depuis sept ans. Considéré à juste titre, à cette époque, comme le meilleur golfeur parmi les journalistes montréalais, il devait plus tard collaborer, avec Luc Brien, à la rédaction d'un ouvrage intitulé *Technique du golf*.

Jacques Beauchamp laisse toutefois dans la salle de rédaction un souvenir impérissable. Il avait son tempérament fougueux et énergique mais, par dessus tout, un cœur d'or. C'était un travailleur, un « pondeur » comme le journalisme en compte aujourd'hui bien peu. J'étais attaché à Jacques Beauchamp parce que j'avais bien connu son père, à l'emploi du service de la publicité au temps de L'Illustration, et surtout parce qu'il m'avait été donné à plusieurs reprises d'encourager Jacques, enclin comme beaucoup d'autres à broyer du noir. C'est avec beaucoup de plaisir que je l'avais vu fêté comme un héros à ses 25 ans de journalisme. J'ai l'impression que lui aussi, malgré tout, est demeuré attaché à Montréal-Matin et qu'il n'oublie pas les années durant lesquelles il apprit son métier d'Armand Jokisch pour devenir l'un des grands chroniqueurs sportifs de l'Amérique du Nord. D'ailleurs, la mort de Lucien Langlois, l'année suivante, lui causa beaucoup de chagrin. Ils avaient été de bien bons amis tous les deux. Je n'oublierai jamais la façon dont ils s'engueulaient — c'est le mot — quand il s'agissait de savoir combien de pages obtiendrait l'information générale et combien de pages obtiendrait la section sportive. J'étais souvent appelé à trancher le débat et je me disais que ces disputes amicales étaient saines. Elles démontraient que nous avions au sport comme à l'information générale un personnel désireux de nous donner le meilleur journal possible. Malheureusement, quatre pages de plus cela signifie beaucoup d'argent et, souvent, représente la différence entre un numéro rentable et un numéro déficitaire. Il faut rendre hommage ici au tact d'un Roger Legault, coordonnateur du service de la publicité, souvent pris entre deux feux mais ne se départissant jamais d'une patience à toute épreuve.

Choix de M. J.-J. Bertrand

Au mois de juin, congrès de l'Union nationale pour le choix d'un nouveau chef. Trois candidats: MM. Jean-Jacques Bertrand, Jean-Guy Cardinal et André Léveillé. Nous accordons une publicité passablement égale aux deux premiers. Le matin de l'ouverture de ces assises, une photo de MM. Bertrand et Cardinal à la une. M. Bertrand obtient toutefois la manchette. En exergue: « Vibrant appel de M. J.-J. Bertrand », puis le titre: « Un nouveau Québec ».

M. Bertrand triomphe de ses deux adversaires. (M. Bertrand, 1327 voix; M. Cardinal, 938; M. Léveillé, 22). Claude-Guy Jasmin et André Beauvais relatent le déroulement du congrès et Bernard Lauzé nous procure d'excellentes photographies. « Oui à Bertrand », c'est notre titre de 1re page le 23 juin. En l'absence de Lucien Langlois, c'est Clément Brown qui commente ce choix:

« M. Bertrand accède à la direction permanente du parti de l'Union nationale en plein maturité, pourvu du prestige que confèrent l'expérience et l'autorité d'un homme qui a déjà plus de vingt ans de vie publique, qui a fait de la loyauté une de ses caractéristiques et, de l'effort, une seconde nature. »

À noter que M. Bertrand laissera à la direction de *Montréal-Matin* entière liberté d'action.

L'homme sur la lune

Le dimanche soir 20 juillet, vers 11 heures, des millions de téléspectateurs, à travers le monde, assistent au spectacle le plus extraordinaire des temps modernes, celui de l'homme posant le pied sur la lune. C'est évidemment une primeur pour la télévision mais, le lendemain, on s'arrache les journaux, comme cela se produit d'ailleurs presque toujours après un événement passablement exploité par la télévision. On veut relire les péripéties de ce qui s'est déroulé et revoir les images présentées à la télé. Notre titre du 21 juillet, au-dessus d'une illustration bien peu nette mais intéressante tout de même, c'est tout simplement « Bravo! » À l'intérieur du journal, d'autres photos et surtout de nombreuses colonnes de texte.

Le 22 juillet, dans la page éditoriale, j'écris notamment ce qui suit:

« Il y a quelques années, quelques mois à peine, le voyage dans la Lune paraissait pur rêve, pure folie. Et voici pourtant qu'en ce 20 juillet 1969 non seulement l'homme s'est posé sur le sol lunaire à bord d'un vaisseau spatial, mais il y a déambulé, il y a planté un drapeau, il y a fait des fouilles et tout cela sur les yeux de millions de téléspectateurs. »

L'intérêt pour cet événement se maintiendra durant plusieurs jours, bien après le retour sur terre de Neil Armstrong, Edwin Aldrin et Michael Collins. Et notre tirage en bénéficiera.

Sports Week-End

Le 6 septembre, lancement du premier numéro de *Sports Week-End*, un cahier complet de nouvelles sportives accompagnant le numéro régulier du samedi. Cette initiative permet de faire remonter le tirage de la journée du samedi, plus faible que celui des autres jours de la semaine. Ce numéro bien étoffé, grâce à Jacques Barrette et à son équipe, nous permettra également de porter plus tard de 10 à 15 cents le prix du journal du samedi. Puis s'ajoutera à *Sports Week-End*, *Habitat-Revue*, une section consacrée à l'immeuble.

Toutefois, en novembre, le Syndicat des journalistes exige de nouvelles normes de traitement pour les reportages destinés à l'édition du samedi. Pourtant, si un journaliste travaille plus d'heures que le nombre auquel il est tenu de travailler, il bénéficie de « temps supplémentaire », en outre de son salaire régulier. On conteste également l'embauchage d'un collaborateur spécial pour *Habitat-Revue*. Comme nous ne parvenons pas à nous entendre, nous irons à l'arbitrage en 1970.

L'arbitre sera le professeur Gérard Bergeron, de Québec. La partie patronale et la partie syndicale consacreront de nombreuses heures à défendre leurs positions et à faire entendre des témoins. L'affaire tombera à l'eau car jamais, à ma connaissance du moins, il ne sera rendu de décision.

Les problèmes, on le voit, ne manquent pas mais combien c'est encourageant de constater qu'au 31 mars 1969 (rapport ABC pour les six mois précédents) notre journal est devenu le plus grand quotidien du matin au Québec, ayant même réussi à devancer *The Gazette*.

Durant quelques mois, un excellent dessinateur et caricaturiste du nom de Robert Leduc présente sous le titre de « Zoom » d'excellents dessins amusants sur l'ère aérospatiale. C'est en juillet cette année-là que, pour la première fois, l'homme pose le pied sur la lune et ses dessins sont donc d'une brûlante actualité. Se rendant compte un jour que le sujet est passablement épuisé, il met fin de lui-même à cette série de dessins qui n'avaient cessé d'être intéressants. Je m'incline devant cette sage décision, bien à l'honneur de celui qui la prenait. Si nous avions tous pareil courage!

De nouvelles signatures apparaissent dans les pages d'information générale: Bernard Gareau, Laval LeBorgne, Gilbert Moore, J.-Alphée Gagné, Jacqueline Blouin, Pierre Leduc et Raymond Drouin, notamment. Aux sports, l'expert Phil Séguin se joint à l'équipe de Jacques Barrette.

Le drame de Murray Hill

Début d'octobre, un policier de la Sûreté du Québec, le caporal Robert Dumas, trouve la mort lors d'une manifestation des chauffeurs de taxis devant l'établissement de Murray Hill, manifestation organisée au moment où nos agents de police font la grève! La canaille s'en donne d'ailleurs à cœur-joie: en quelques heures seulement, trente vols à main armée et pillage de nombreux commerces. La Sûreté du Québec cherche à intervenir mais sans grand succès et c'est à l'armée qu'il faut finalement faire appel pour patrouiller nos rues.

Lucien Langlois est bouleversé devant l'attitude des policiers et des pompiers (également en grève). « Un monde insensé », tel est le titre de son article du 8 octobre. Il y écrit: « Le syndicalisme, instrument de promotion sociale devient outil de terreur... La barbarie nous revisite. » Et le lendemain d'une journée d'incendies, de fusillades, de pillages, il dénonce énergiquement le vol systématique. Pour lui, « c'est presque le grand soir. »

Le 10 octobre, nous publions en première page une émouvante photo, signée André Hébert, et montrant la veuve du caporal Dumas affaissée sur le cercueil de son mari.

Lucien Langlois appuie la tenue d'enquête réclamée par M. Lucien Saulnier, président du comité exécutif de la Ville de Montréal, sur la Compagnie des Jeunes Canadiens subventionnée par le gouvernement fédéral. « La Compagnie des Jeunes Canadiens, écrit-il, a été de toutes les contestations, de toutes les marches... Ces fameux subsides (versés par Ottawa), voilà la monnaie de la révolution. Elle est prélevée gentiment à même l'argent des taxes que M. Trudeau extrait hebdomadairement de nos goussets. »

Des étudiants manifestent bruyamment contre le bill 63 et, le mois suivant, ce sont des manifestations devant le Palais de Justice, alors qu'on réclame la libération de Vallières et Gagnon. Multiples actes de vandalisme au moyen de cocktails Molotov ou autrement. Dommages au siège social de la Banque Provinciale, au *Montreal Star* et ailleurs. Gilbert Moore relate plusieurs de ces graves incidents tandis que des photos de Bernard Lauzé et André Hébert illustrent les comptes rendus. Manifestations du même genre dans la ville de Québec où notre représentant, Claude-Guy Jasmin, se plaint d'avoir été victime de la brutalité des agents de police. Il y a également les accrochages de Saint-Léonard, à Montréal et, finalement, on redoute à ce point tout ce qui peut servir de prétexte à la contestation et aux manifestations que l'on préfère annuler même la parade du Père Noël. Celle-ci, commanditée par la maison Eaton, ne sera jamais reprise à Montréal bien qu'ayant toujours lieu dans plusieurs autres villes canadiennes. Les petits Canadiens français de Montréal applaudiront le Père Noël alors que la télé le leur montrera faisant son entrée triomphale à Toronto!

Les événements d'octobre et de novembre 1969 nous permettent de faire un nouveau bond dans notre tirage. Le mercredi 8 octobre, par exemple, nous tirons à 384,000 numéros.

Des nominations

Le dimanche 11 mai, MM. Lagarde et Desjardins convoquent tous les directeurs de service, de même que les contremaîtres et adjoints, pour leur annoncer quatre nominations importantes. Le service de la publicité est restructuré: Jacques DeSerres devient directeur de la publicité nationale et collaborera étroitement avec la maison Paul Langlais qui nous représente à Toronto et ailleurs; Guy Fortier devient directeur de la publicité locale; Gérard Beaufort sera l'adjoint de M. Fortier et, Henri Gilbert, préposé à la mise en page.

Le 11 février, signature d'une convention collective avec le Syndicat des journalistes. Paul Pouliot, président du syndicat, et Pierre Cloutier, président de la section locale, représentent le syndicat à la signature des documents.

Une nouvelle étude de Canadian Facts révèle que *Montréal-Matin* compte le nombre record de 4.7 lecteurs par numéro, comparativement, par exemple, à 3.1 pour le journal *La Presse*.

Le 22 octobre, comme d'autres journaux, nous sommes les victimes d'un farceur et, en 4ᵉ page, publions une annonce se lisant comme suit: « L'armée américaine a un besoin urgent de chats pour le Sud-Vietnam. Adressez-vous à votre bureau de poste le plus près. (Poste canadienne). » Des excuses sont adressées au Service des Postes.

Des disparus

La faucheuse ne manque pas de faire ses ravages habituels en 1969 et de nous ravir de bien chers amis. Je pense, notamment, à Simone

Gélinas, notre ancienne rédactrice de la page féminine, morte à 62 ans. Marie Laurier, dans sa chronique « En déjeunant avec vous », rend un émouvant hommage à la mémoire de Mme Gélinas et, avec beaucoup de justesse, intitule son article: « Une femme très douce ». Sa mort me fait songer à son benjamin, le petit Marc, qu'elle emmenait parfois au bureau et qui, depuis, est devenu le grand chanteur que l'on sait.

Je pense également, et avec non moins d'émotion, à Albert Massicotte, inlassable travailleur, journaliste chez nous de 1937 à 1958, notamment comme directeur de l'information durant quelques années. Depuis son départ, il était devenu chef de cabinet de M. J.-M. Savignac, président du comité exécutif de Montréal, poste qu'il avait conservé sous M. Lucien Saulnier. En 1963, il avait été nommé secrétaire du Bureau de révision des estimations, puis membre du même Bureau. Il meurt soudainement à 53 ans seulement.

Je ne veux pas oublier: Marcel Vlaeminckx, autrefois directeur de l'information, foudroyé par une crise cardiaque à 44 ans; Omer Langlois, journaliste bien connu, à notre service durant les années trente, 83 ans, et Gérard Déry, du *Montreal Star*, décédé soudainement après plus de 40 ans de journalisme. Gérard Déry avait collaboré à *Montréal-Matin*, en certaines circonstances, durant les années quarante: c'était un reporter hors pair.

1970

Agrandissement et nouvelles presses

De nouveaux élans dans le tirage et de nouvelles poussées dans la publicité marquent l'année 1970. Les travaux d'agrandissement et l'installation des nouvelles presses se poursuivent à un rythme accéléré. On a peine à croire que tant de choses puissent s'accomplir en aussi peu de temps. Il faut avouer que cela est dû surtout à la présence d'un chef, d'un homme résolu et compétent, ne reculant devant aucun obstacle quand il s'agit d'assurer l'expansion de *Montréal-Matin*: notre directeur général, M. Régent Desjardins.

Les travaux de construction du troisième étage vont donc bon train quand un avant-midi, le 4 mai, une bande de fiers-à-bras s'amènent sur les lieux. Ils ordonnent à tous les travailleurs du chantier de s'en aller. M. André Lévesque intervient, demandant aux représentants du Syndicat de la construction de laisser au moins le temps aux ouvriers d'étendre des toiles pour éviter les dommages que la pluie pourrait occasionner. Le chef de la bande, méprisant, refuse carrément et lance une kyrielle de blasphèmes qui font retraiter tout le monde. Heureusement, le travail pourra reprendre au bout de quelques jours.

Le 22 décembre, les six nouvelles presses sont en place et chacun s'empresse de féliciter M. Albert Paquin, notre machiniste, un spécialiste dans l'érection des presses, qui a accompli un superbe travail.

L'enquête Davey

Un comité sénatorial, présidé par M. D. G. Davey, fait enquête sur les divers médias. À sa demande, nous lui adressons de multiples chiffres et renseignements sur notre journal, chiffres et renseignements dont la compilation exige beaucoup de travail. On demande également un mémoire. En fin de compte, la tâche m'incombe de le rédiger et je me limite à cinq courtes pages. Je n'ai pas conservé le texte de ce mémoire — pour ce que je le jugeais utile! — mais William Wardwell, du *Montreal Star*, en parle de la façon suivante, et je traduis:

« Ottawa — Le tabloïd *Montréal-Matin*, la voix du monde sportif et de l'Union nationale qui règne sur le Québec, n'entrevoit aucune menace immédiate à la liberté de presse au Canada.

« Ce quotidien soutient que les médias de communications sont trop nombreux et trop variés pour permettre la survivance de toute publication cherchant à étouffer la vérité...

« Le mémoire rendu public aujourd'hui n'entre pas dans les détails sur la question de ses propriétaires. La Fédération des journalistes canadiens, Inc., n'est pas une association de journalistes. Le journal appartient à des amis de l'Union nationale. Le président du conseil d'administration est M. André Lagarde, l'une des vedettes du parti et autrefois son trésorier. M. Régent Desjardins est le vice-président et le directeur général...

« Le mémoire dit que *Montréal-Matin* est d'accord avec les éditeurs favorisant la création d'un Conseil de presse qui ressemblerait plus ou moins au Conseil de presse britannique.

« Cela, à condition qu'un tel conseil soit établi sur une base provinciale et non fédérale. « Un conseil national ne pourrait, en dépit de la valeur de ses membres, rendre des décisions adéquates sur les problèmes journalistiques particuliers aux différentes provinces, le Québec surtout, » mentionne le mémoire... » *(Montréal Star, 6-2-70)*.

Défaite de l'Union nationale

Le 29 avril 1970, l'Union nationale perd le pouvoir: M. Jean-Jacques Bertrand doit s'incliner devant M. Robert Bourassa. *Montréal-Matin* n'avait rien négligé pour seconder l'Union nationale. Le Premier ministre et ses principaux lieutenants avaient reçu une intense publicité de notre part durant toute la campagne. Bernard Brisset des Nos, par exemple, avait accompagné presque constamment le chef de l'Union nationale dans tous ses déplacements. En éditorial, Lucien Langlois et Clément Brown, en particulier, et Julien Morissette dans ses chroniques avaient habilement plaidé en faveur du gouvernement dont le mandat venait d'expirer. Ils avaient notamment dénoncé l'attitude de la presse anglaise hostile à l'Union nationale. Toutefois, les autres partis politiques avaient bénéficié, également, d'une abondante publicité dans les pages d'information. Au cours de cette campagne, nous avions été ennuyés par quelques alertes à la bombe mais il s'agissait toujours de vilains tours, rien de plus, heureusement.

Au matin du scrutin, à la une, photo de M. Bertrand au milieu de ses partisans. La manchette: « Entre la servitude et l'aventure — La solution: l'Union nationale. (J.-J. Bertrand.) » Mais quelques heures plus tard, alors qu'on dépouille le scrutin, l'Union nationale n'est parvenue à faire élire que 17 candidats (9 ministres battus sur 19), tandis que les libéraux comptent 70 élus, le Crédit social 14 et le Parti québécois 7, M. René Lévesque étant battu dans son propre comté. À Cowansville, M. Bertrand déclare alors à Bernard Brisset des Nos: « Je continuerai comme toujours à travailler pour le Québec. »

Bon perdant, Lucien Langlois souhaite bonne chance à M. Bourassa, tout en affirmant qu'il ne s'agit pas nécessairement d'une victoire fédéraliste. En première page, le 30, photo du nouveau premier ministre et de son épouse.

Ici, j'aimerais souligner qu'une défaite de l'Union nationale n'a jamais semé la consternation au journal. Bien au contraire, *Montréal-Matin* a joui d'une plus grande popularité alors que l'Union nationale se trouvait dans l'Opposition que lorsqu'elle occupait le pouvoir. Il faudrait peut-être faire exception pour certaines années où le parti de M. Duplessis connaissait une vogue exceptionnelle.

Plus tard, après l'élection, circuleront les plus folles rumeurs au sujet de l'Union nationale. M. Bertrand déclare alors: « Je n'ai pas été élu pour liquider l'Union nationale. » Et Lucien Langlois d'écrire: « Entre le fédéralisme à la Trudeau et la séparation brutale, il y a des moyens termes, il y a des politiques qui peuvent s'élaborer et se concrétiser qui n'effraieront pas les pusillanimes mais réconforteront ceux qui pensent que les intérêts bien compris du Québec ne passent pas nécessairement par M. Trudeau ou par M. Lévesque. »

La mort de Lucien Langlois

Le 26 août, assemblée du conseil de direction en vue de l'organisation d'un congrès du service de la publicité qui doit se tenir à l'hôtel « La Légende », à Saint-Adolphe d'Howard, du 28 au 30 août 1970 et qu'organisent Enrico Riggi, Jacques DeSerres et Guy Fortier. Présent à cette assemblée, Lucien Langlois insiste sur la participation de tous les cadres.

Le vendredi après-midi 28 août, M. Desjardins ouvre le congrès en prononçant une allocution. Il a eu l'excellente idée de répartir les publicitaires ou vendeurs d'annonces en cinq comités, deux pour les petites annonces, deux pour la publicité locale et un cinquième pour ce qu'on nomme les « comptes maison » (annonces des grands magasins, etc.).

Chacun des comités se réunit dans une pièce différente et là ceux qui en font partie exposent leurs problèmes ou soumettent des suggestions. Tous les directeurs de service se tiennent ailleurs et doivent être prêts à se rendre auprès de n'importe lequel des comités où l'on aurait besoin de renseignements, par exemple, sur la production, la comptabilité, la rédaction, etc. La formule est ingénieuse et, appelé à représenter la rédaction, à deux ou trois reprises (Lucien ne devait arriver qu'au milieu de la soirée), je peux me rendre compte des bienfaits considérables pouvant résulter de pareilles discussions.

C'est le soir, alors que nous sommes tous réunis pour le dîner, qu'arrive Lucien Langlois. Nous sommes au dessert et Lucien reçoit une magnifique ovation dès qu'il apparaît. Habituellement, il aurait répondu par de grands gestes, par des réparties spirituelles. Il a un teint terreux. S'il sourit pour saluer les uns et les autres, c'est du coin de la lèvre. Il se contente d'écouter Enrico Riggi qui lui rend un hommage bien mérité, puis commence à manger alors que la salle se vide. Je demeure à table avec lui. Il se renseigne sur les séances de la journée, sur le programme du samedi, mais l'enthousiasme coutumier n'y est pas.

Lucien aimait beaucoup ces rencontres qui lui permettaient de causer, de badiner ou de discuter avec tous et chacun. On appréciait d'ailleurs sa verve, son humour, sa franchise, son rire généreux, sans oublier sa profonde érudition. Ce soir-là, cependant, il semble plutôt vouloir s'isoler. Nous quittons la table de la salle à manger et, le trouvant plus pâle qu'à l'ordinaire, je l'invite à prendre place dans un fauteuil un peu à l'écart de la musique, des conversations endiablées et des parties de cartes.

Vers minuit, je m'offre d'aller le reconduire au motel qui lui est réservé. Il consent mais, une fois sur place, il me fait soudain remarquer: « Mais je n'ai pas de journaux! » Son souhait est vite comblé.

Poussé je ne sais trop par quel pressentiment, je lui dis: « Si tu veux, je vais m'installer ici avec toi. Il y a deux lits. De cette façon si tu as besoin de quelque chose... »

Il refuse carrément, me remerciant cependant du souci que je me fais et il me rassure en disant: « Vous verrez, ça ira beaucoup mieux demain, après une bonne nuit de sommeil. » Je lui conseille néanmoins de ne pas assister aux séances de l'avant-midi et de bien se reposer.

La nature de son travail et son état de santé portent Lucien à dormir l'avant-midi. Aussi, personne ne songe à le réveiller quand il n'apparaît pas au petit déjeuner, et pas davantage au lunch. Les délibérations avec le personnel de la publicité m'ont fait oublier mon inquiétude de la veille. D'ailleurs, au bureau, jamais je ne lui téléphonais avant deux ou trois heures de l'après-midi. Cependant, comme le temps s'écoule, quelqu'un va frapper à sa porte. Et c'est pour y constater que Lucien est mort, probablement depuis une douzaine d'heures. À ses côtés gisent les journaux qu'il avait feuilletés, annotés.

Cette fin soudaine, à 54 ans, au milieu de ses collègues de *Montréal-Matin*, nous étions plusieurs à l'appréhender depuis quelque temps.

Ceux qui lisaient quotidiennement sa page éditoriale ne se doutaient pas avec quel acharnement cet homme combattait depuis longtemps un mal implacable qui, pourtant, ne parvenait que rarement à l'empêcher d'écrire. De son lit d'hôpital de l'Hôtel-Dieu, alors qu'on lui amputait la jambe morceau par morceau, oserais-je dire, il insistait pour qu'on lui apportât sa machine à écrire afin de ne pas décevoir ses lecteurs.

Depuis quelques semaines, cependant, l'anxiété de son entourage grandissait. Les sourires et les blagues de Lucien ne parvenaient plus à dissimuler les souffrances qu'il endurait.

Maintes et maintes fois, M. Desjardins l'avait invité à se reposer davantage, à accomplir son travail à son domicile ou, mieux encore, à prendre des vacances prolongées. Ce fut toujours peine perdue et nous avions fini par comprendre que ce n'était pas de son vivant qu'il abandonnerait la tâche. Seule la mort a eu raison de lui en le frappant traîtreusement durant son sommeil.

Inutile de dire la consternation qui règne, d'abord parmi les congressistes qui ne tardent pas à quitter tous Saint-Adolphe et, le dimanche après-midi, dans la salle de rédaction de *Montréal-Matin*.

C'est véritablement un journal de deuil que celui du lundi 31 août. La nouvelle du décès et une photo de Lucien à son bureau occupent toute la première page. En éditorial, un émouvant article de Jerry Trudel intitulé: « Un testament d'une richesse inestimable » et un premier-Montréal que je signe: « Lucien Langlois n'est plus », ainsi qu'une reproduction de son dernier « Propos du matin », rédigé quelques instants avant son départ pour Saint-Adolphe et paru dans le journal du samedi 29. Voici ce texte de Luc — l'un de ses pseudonymes — qui portait le titre: « Le temps indécis »:

« Il a plu. Hâtivement, j'ai pesé sur l'essuie-glace. Je n'ai pas même fait attention aux gouttes d'eau. Qu'est-ce que c'était cette pluie qui arrivait sur les pas d'un soleil tiède d'une journée qui voulait se faire oublier?

« Pourquoi soudain ce temps sombre? Pourquoi cette misère, cette colère qui se veut bourrue et qui ne réussit qu'à ennuyer?

« Ah! je n'avais plus le souci du temps... Je le trouvais stupide. Je le trouve stupide depuis au moins une semaine.

« Je ne le sens pas vibrer. C'est un temps terre à terre, un temps de consommation immédiate à prix de solde.

« Mes amours ne se situent pas à ce niveau. J'ai besoin de rêve et d'imagination. Il me faut présumer beaucoup de choses pour que j'aime. Il me faut souffrir un petit peu, puis me réjouir un petit peu, puis comprendre que mes bonheurs seront aléatoires.

« À partir de là, on peut échafauder mais sans rien cimenter. On peut construire mais sans penser que la maison sera éternelle.

« En d'autres termes, on se construit des bonheurs d'été, mais faut-il que l'inspiration y soit, la grâce, la gratuité et la générosité.

« Depuis une semaine, je soupçonne le temps d'égoïsme. Il y a malaise ou malentendu.

« À moins que ce ne soit moi, le grand coupable qui ne sait plus comment ni voir ni sentir. »

Ernest Pallascio-Morin, attaché au ministère des Affaires culturelles, nous fait tenir dès dimanche soir un touchant article que nous insérons en troisième page. Dans les jours qui suivront, M. Régent Desjardins, Paul Gros d'Aillon, Marie Laurier, Maurice Huot, Julien Morissette, Denis Tremblay, Clément Brown, Tek et d'autres viennent tour à tour, en page éditoriale ou ailleurs dans le journal, exprimer le chagrin qu'ils éprouvent, relater une facette quelconque du caractère de Lucien.

Tous les journaux, anglais ou français, — il comptait de nombreux amis dans la presse anglophone — annoncent le décès de Lucien et dans certains cas font son éloge dans un article spécial.

Jusqu'au matin des funérailles, ce sera un va-et-vient continu au salon mortuaire. Les messages de condoléances ne cesseront d'affluer de toutes parts. Des centaines de confrères, d'amis, d'admirateurs assisteront aux obsèques. Le leader de l'Union nationale, M. Jean-Jacques Bertrand accompagne M. Régent Desjardins et le maire Jean Drapeau sera également présent. Notre concurrent, le *Journal de Montréal*, qui a fait paraître un touchant article de Jacques Beauchamp, consacre aux funérailles de Lucien deux pages complètes de photographies.

Paul Gros d'Aillon, en voyage en France au moment du décès, arrive au cimetière de Notre-Dame-des-Neiges alors qu'on s'apprête à laisser glisser le cercueil dans la fosse. Il en est bouleversé. C'est lui qui succédera à Lucien, abandonnant ainsi le poste de directeur de l'information. M. Desjardins annoncera officiellement cette nomination dans notre numéro du 2 septembre.

Quant au congrès de la publicité, il reprendra quelques jours plus tard mais, cette fois, au journal même.

Les événements d'octobre

Octobre 1970, c'est l'enlèvement du diplomate anglais Cross. Gérard Cellier signe un premier reportage sur l'événement qui pousse au second plan une grève des médecins spécialistes du Québec. L'affaire Cross prend vite une envergure internationale et durant les semaines qui vont suivre des colonnes et des colonnes seront consacrées aux tragiques péripéties de la Crise d'octobre.

Le 8 octobre, intéressant commentaire de Paul Gros d'Aillon. Il mentionne que nous vivons des jours où « tout ce qui n'est pas ordinaire devient suspect. La police est sur les dents et multiplie les interventions. Barbus et vieilles bagnoles font l'objet de sa vigilante attention. »

Il conclut comme suit:

« Sautant sur l'occasion, un ministre fédéral a dit que l'affaire Cross ferait un tort considérable au séparatisme québécois. Il faut bien admettre qu'il a raison. Ce qui en soi est une idée aussi valable que le fédéralisme ne mérite pas qu'on l'affuble d'un masque d'horreur. Mais l'idée séparatiste risque de sortir noircie de cet épisode terrifiant. »

Les arrestations se multiplient. Le photographe LaSalle nous fournit de nombreuses et intéressantes photos durant cette période mouvementée. Roger Guil et Guy Bourdon nous transmettent de bons comptes rendus sur ce qui se déroule au Palais de Justice, en marge de cette crise, et sur les conférences de presse de Me Robert Lemieux.

Le vendredi 9 octobre, suivant l'exemple de beaucoup d'autres médias, nous publions le manifeste du FLQ — comme l'exigeait cette organisation —, soit une page complète, avec l'avertissement que *Montréal-Matin* réprouve plusieurs des accusations du FLQ. Comme le document renferme des affirmations pouvant être libelleuses, nous ajoutons: « Entre l'exagération que ce document porte en lui-même et la vie d'un innocent, nous acceptons de porter cette responsabilité sachant que les intéressés comprendront notre geste qui ne peut leur porter préjudice. »

Le 12 octobre, quinze pages de textes et photos sur le drame de la fin de semaine: l'enlèvement du ministre Pierre Laporte. Parmi ces textes, photocopies de lettres de M. Laporte à sa femme et au premier ministre Robert Bourassa. On lit dans la lettre de M. Laporte au Premier ministre: « J'ai la conviction d'écrire la lettre la plus importante de ma vie. » Il demande au Premier ministre de se rendre aux demandes de ses ravisseurs, notamment « libérer les 23 prisonniers politiques » et ce « afin d'éviter un bain de sang inutile ». La session convoquée pour régler le problème des médecins spécialistes est retardée.

Dans ce même numéro du 12 octobre, Paul Gros d'Aillon écrit: « Albert Camus disait: « Si j'avais un jour à choisir entre la justice et ma mère, je choisirais ma mère. » Si j'avais à choisir aujourd'hui, je choisirais moi aussi ma mère, c'est-à-dire que je sauverais la vie de MM. Cross et Laporte. » Autre grosse nouvelle: Arrestation de Me Robert Lemieux. Me Pierre Cloutier, l'un de nos anciens journalistes, prend la relève. Bernard Brisset des Nos signe à son tour de nombreux articles sur tous ces événements.

Le mardi 13 octobre, nous titrons à la « une »: « L'armée est appelée ». À l'intérieur: « L'armée en route pour Montréal ». C'est un peu prématuré, cependant. Nos chroniqueurs judiciaires ont beaucoup à faire au Palais de Justice: ils assistent, notamment, aux péripéties de la libération de Me Robert Lemieux. Durant ce temps, le conseil central de Montréal de la CSN accorde « un appui sans équivoque au FLQ ». Nous reproduisons de saisissantes photos signées André Hébert et LaSalle.

Le vendredi 16 octobre, l'armée à Montréal c'est bien vrai. La Loi des mesures de guerre au Canada ayant été invoquée, les militaires occupent la métropole et nous publions la photo d'un soldat montant la garde en face de l'Hôtel de ville.

Et tandis que le FLQ est proclamé hors la loi, M. Trudeau déclare à la nation que nous devons écraser le terrorisme, et il y a débrayage chez les étudiants et dans les CEGEP.

Le lendemain, suite à des appels anonymes au poste CKAC, on

découvre le corps de M. Laporte dans la malle arrière d'une voiture Chevrolet, à 300 pieds de la caserne militaire de Saint-Hubert. Le lundi matin, notre rédacteur en chef consacre toute sa page éditoriale à la mort du ministre et il écrit: « Nous sommes en deuil de Pierre Laporte mais nous sommes aussi en deuil de la civilisation. » Jean-Pierre Coallier a dessiné une fleur de lis divisée en deux. Le 20 octobre, nous relatons qu'en rangs serrés, 3,600 personnes défilent chaque heure devant la dépouille du ministre assassiné. Le même jour, un éditorial émouvant de Clément Brown qui a bien connu Pierre Laporte au *Devoir*, où ils ont travaillé tous deux durant plusieurs années. J'avais très bien connu Pierre Laporte à cette époque, et même auparavant alors qu'il était étudiant et travaillait pour *Le Canada*. Pierre s'était occupé également de la Chambre de Commerce des jeunes, ce qui m'avait procuré l'occasion de le rencontrer fréquemment, notamment à l'occasion d'une campagne du livre français qu'il avait organisée avec sa femme. Il s'agissait de recueillir quelque 50,000 volumes pour les remettre à nos compatriotes de l'Ouest canadien.

Le mercredi, Pierre Foglia rédige le compte rendu des obsèques du ministre Laporte et les photos sont d'André Hébert. De son côté, Jean-Pierre Paré relate comment, de passage à Toronto pour y couvrir une joute de football et un match de boxe, Gilles Bourcier, chroniqueur sportif, et Roger Bélanger, photographe, ont été pris pour des membres du FLQ et conduits au poste de police. Gilles Bourcier devait être libéré rapidement mais ce pauvre Roger Bélanger, le meilleur gars du monde, devait être détenu durant 34 heures, tandis que l'on perquisitionnait de façon plutôt brutale à son domicile de Pointe-aux-Trembles.

En première page, le 23 octobre, « les multiples visages de Rose et Carbonneau », soit cinq dessins différents de chacun de ces deux individus que recherche la police. La veille, M. Jean Drapeau soutient qu'il existe une affinité naturelle entre le FRAP et le FLQ. Le FRAP, on le sait, lui faisait la lutte à l'élection municipale. Cette dernière se déroule le 25 octobre et le maire Drapeau (qui triomphe de six adversaires) et tous ses candidats de la Ligue d'action civique sont élus. *Montréal-Matin* déplore l'indifférence de l'électorat: « Plus la ville grandit, écrit Paul Gros d'Aillon, plus diminue l'attachement du citoyen aux affaires publiques. »

Le 30 octobre, nous annonçons la nomination de Me Jean Cournoyer, autrefois de l'Union nationale, au poste de ministre du Travail. En éditorial: « Tout cela nous laisse songeur, très songeur! La nomination de Me Cournoyer fait certainement suite à un souci d'efficacité, mais révèle aussi la tragique faiblesse de l'équipe qui nous gouverne. » Un mois plus tard, ce sera le dénouement de la crise d'octobre: la libération du diplomate Cross.

« Elle et l'autre »

À compter du 30 octobre, nous publions tous les vendredis un cahier spécial intitulé « Elle et l'autre ». Marie Laurier en dirige la préparation avec, comme collaboratrices: Jacqueline Blouin, Claudette Tougas, Me Christine Truesdell, Marie-Ève Liénard, Françoise Gaudet-Smet, Céline Petit-Martinon et d'autres. Un peu plus tard, Richard Johnson assumera la direction d'« Elle et l'autre », tandis que Mme Laurier demeure à la tête de la section féminine quotidienne.

André Robert entreprend, pour un certain temps, la publication d'une chronique intitulée: « Toute la ville en parle… » qui remplace le « Carrefour » de Tek.

Notre journal du samedi est fort bien étoffé. En plus du journal régulier on y trouve un véritable second journal, « Sport Week-End » (que dirigera Pierre Foglia durant quelque temps), consacré exclusivement aux sports, ainsi qu'une section des voyages, « Tourismatin », et enfin une « Habitat-Revue » très intéressante. À compter du 5 décembre 1970, le prix du numéro du samedi passe de 10 à 15 cents.

Nous annonçons cette édition du samedi de la façon suivante: « Jamais le dimanche… oui, mais le samedi »… Qui pouvait prévoir que bientôt nous allions publier sept jours par semaine?

Paul-Émile Prince, Pierre Leduc et François Ferland font maintenant partie de l'équipe des sports que dirige Jacques Barrette. Parmi les nouvelles figures à l'information générale: Pierre Ouimet, Gérard Cellier (le pilier des débuts du *Journal de Montréal*).

Le plus grand du matin

Le 26 janvier 1970, nous pouvons nous proclamer « le plus grand quotidien du matin au Québec », avec un tirage de 144,191 (six mois prenant fin septembre 1969, chiffres de l'ABC), comparativement à 132,738 pour la *Gazette*, 52,052 pour *Le Journal de Montréal* et 36,280 pour *Le Devoir*.

Dans la soirée du 4 février 1970, à l'âge de 78 ans et après une longue maladie, meurt M. Charles Bourassa, administrateur et président de *Montréal-Matin* durant treize ans, soit de 1947 à 1960. Je n'hésite pas à écrire, en éditorial:

« Si *Montréal-Matin* a pu jusqu'à maintenant se développer et grandir constamment, en dépit d'une concurrence très vive, et si notre quotidien occupe aujourd'hui dans la presse canadienne un rang enviable, le mérite en revient particulièrement à ceux qui ont présidé à ses destinées depuis sa fondation.

« M. Charles Bourassa, qui vient de mourir à 78 ans, fut du nombre de ces chefs dynamiques grâce à qui *Montréal-Matin* a survécu alors que d'autres disparaissaient ou périclitaient… » (Dans le livre qu'il a écrit sur M. Duplessis, Conrad Black fait allusion à des plaintes que celui-ci aurait reçues à l'endroit de M. Régent Desjardins, notamment au sujet de l'importance accordée au décès de M. Charles Bourassa. Or, en 1970, M. Duplessis était mort depuis déjà onze ans!)

Le 8 février 1970, décès de l'honorable Jean Raymond qui, de 1961 à 1964, avait été au nombre des administrateurs de la Fédération des journalistes canadiens, Inc. Il avait même été président du conseil d'administration en 1962 et en 1963.

Au 9 mars 1970, nous constatons que le nombre de numéros livrés à domicile, chaque matin, dépasse 52,000. En 1965, nous dépassions à peine 3,000 numéros dans ce secteur.

À son assemblée annuelle du 18 mars 1970, la Fédération des journalistes canadiens, Inc., élit les directeurs suivants: Me Gérard Turmel et MM. Charles Doucet, Camille Lacroix, Maurice Cloutier, Marc Faribault, Régent Desjardins et André Lagarde. Les officiers de la compagnie deviennent: président du conseil d'administration et officier en charge, M. André Lagarde; président de la compagnie et directeur général, M. Régent Desjardins; vice-président, M. Charles Doucet; secrétaire-trésorier, M. Marc Faribault.

Fernand Turgeon, adjoint au directeur général, nous quitte vers la fin de mars et Guy LaFrance lui succède en mai à la direction des services administratifs.

Au mois de mai, *Montréal-Matin* est à l'honneur alors que Jean-Paul Sarault, notre expert en baseball, est proclamé le meilleur journaliste sportif au Québec pour l'année 1969, à l'occasion du troisième gala annuel du Club Médaille d'or. Son patron, Jacques Barrette, directeur de nos pages sportives, lui consacre un article élogieux et bien mérité.

Le jeudi 7 mai, étude Starch sur notre journal. Nous en recevons le rapport le mois suivant. Les résultats sont passablement les mêmes que ceux d'une étude identique menée en 1966. On y constate toujours une grande popularité de nos pages sportives, de notre page éditoriale, de nos pages féminines et de nos pages d'information locale. L'ensemble est très encourageant et l'annonceur constate que la publicité dans *Montréal-Matin* est lue à peu près autant que l'information.

En juin, le conseil de direction approuve un nouveau sigle soumis par Michel Marchand. Ce sigle est composé des lettres MM disposées de façon à représenter une presse à imprimer et des rouleaux de papier. C'est d'ailleurs à cet artiste, Michel Marchand, et au directeur des petits travaux, Léopold Leduc, ainsi qu'à son personnel, sans oublier le directeur des relations publiques, Enrico Riggi, que nous devons plusieurs plaquettes et articles de promotion d'une fort belle tenue. Je songe, par exemple, à « Profil 71 » (une projection pour l'année à venir) et au programme du Congrès des ventes de la publicité du mois d'août, congrès tenu sous le thème « Bouchées doubles » et qui allait prendre fin soudainement et brutalement par la mort de Lucien Langlois.

En juillet, M. André Lagarde démissionne et M. Desjardins lui succède, tout en demeurant directeur général. Me Jean Bruneau est alors élu membre du conseil d'administration.

Le 14 septembre, la *Gazette* cesse de publier son édition de 9 h. 30 le soir que nous appelions, je ne sais trop pourquoi, son « bouledogue ». Nous utilisions abondamment cette édition à l'époque où nous ne possédions aucun service de dépêches. Même plus tard, il nous arriva fréquemment d'emprunter à la *Gazette* de ses nouvelles locales ou régionales que nous traduisions ou apprêtions. Il ne se vendait plus que 3,000 numéros de cette édition à Montréal, ce qui signifie que sa publication n'était plus rentable.

Le 10 novembre, *Le Journal de Montréal* publie une édition spéciale vers 7 h. du matin pour annoncer le décès du général De Gaulle. Une belle primeur pour notre rival.

Le 3 décembre, la Ville nous informe qu'il va nous falloir enlever toutes nos boîtes à journaux des rues de Montréal. Nous protestons et, finalement, avec les autres journaux, obtenons un délai de 90 jours. Par la suite, nous chercherons tous à faire modifier la décision de Concordia mais ce sera en vain. Des projets de « boîtes communes » et d'autres seront présentés à la Ville, mais inutilement. Toujours nous nous heurterons à des refus pour toutes sortes de raisons.

1971

Quatre numéros simultanément

Notre premier numéro imprimé sur deux séries de presses — ce qui nous donne quatre exemplaires à la fois — paraît le 6 janvier. Le lendemain, M. Desjardins réunit non seulement le conseil de direction — les chefs de service — mais également les autres cadres, contremaîtres et adjoints, chefs de pupitre et adjoints, etc., en vue surtout d'établir de nouvelles heures de tombée. Notre directeur général explique qu'après avoir investi plus de deux millions de dollars pour un étage supplémentaire et de nouvelles presses, il ne faudra pas se laisser devancer par un concurrent. Les nouvelles presses peuvent nous permettre de porter notre production, limitée jusqu'alors à 50,000 numéros à l'heure, à au moins 75,000 numéros à l'heure. On convient alors d'une première édition à 9 h. 45 p.m. et d'une dernière édition à 1 h. a.m.

Dans un quotidien, on le sait, se livre une lutte de tous les instants contre l'horloge. Doit-on retarder la parution du journal ou refuser une annonce? Doit-on manquer une nouvelle plutôt que de paraître en retard? Cruel dilemme exigeant des décisions graves et n'accordant que quelques secondes de réflexion, bien souvent. Plus le journal progresse et grandit, plus ce problème s'accroît. Durant des années, nous avions été en mesure de publier à l'heure précise, sans écart de plus de trois ou quatre minutes. Mais le tirage augmentant, le volume du journal faisant de même, cela devient beaucoup plus difficile, d'où de nombreuses conférences et discussions pour tenter de trouver la formule la mieux appropriée. Ce qu'il y a d'encourageant, toutefois, c'est de constater que la bonne volonté règne dans tous les services et que chacun défend un point de vue inspiré par les meilleurs intérêts du journal.

Le vendredi 5 mars, pour la première fois de son histoire, *Montréal-Matin* ne paraît pas à cause d'une tempête de neige que l'on qualifiera de « tempête du siècle ». Nombre d'employés doivent coucher au bureau mais la direction voit à ce qu'ils ne manquent de rien et à ce qu'ils puissent se reposer le mieux possible, compte tenu des circonstances. D'ailleurs, les services de transport en commun ne fonctionnent pas, les banques sont fermées, les grands magasins sont également fermés. Ni *Le Devoir*, ni *Le Journal de Montréal* n'ont pu paraître. Consciente de la bonne volonté de tous ceux qui s'étaient présentés au travail malgré la tempête et également de celle des absents, incapables de se déplacer, la direction décide de payer à tous la semaine de salaire au complet.

Le 30 mars, Jerry Trudel et Bernard Brisset des Nos deviennent directeurs adjoints à l'information et le 17 avril, Paul Gros d'Aillon, rédacteur en chef, annonce la nomination de Gérard Cellier au poste de chef de pupitre à l'information générale. Âgé de 35 ans seulement, il a fait partie de la première équipe du *Journal de Montréal* et il connaît son métier à fond. Dans ses nouvelles fonctions, il sera secondé par Richard Johnson et Raymond Bernatchez. Au sport, dirigé par Jacques Barrette, Pierre Leduc et André Turbide sont les préposés au pupitre; Jean Aucoin remplit les fonctions d'éditorialiste; Bob Chicoine demeure notre représentant attitré pour les courses de chevaux; Jean-Paul Sarault se spécialise toujours dans le baseball; Pierre Gobeil, le hockey; Yvon Pedneault, le général; Pierre Luc, les courses d'automobiles; Gilles Bourcier, le football, sans oublier nos collaborateurs, dont Jean Pagé, chasse et pêche. Pierre Nadon nous revient au cours du mois de juin.

Une édition dominicale

On a vu, déjà, que notre journal avait paru sept fois par semaine durant certaines des années 30, soit tous les matins, sauf le dimanche, et le samedi soir. À cette époque, personne encore n'avait songé à mettre sur le marché un journal d'information publié aux petites heures, dans la nuit du samedi au dimanche et vendu surtout le dimanche avant-midi. Jacques Francœur et Robert Allard, à la surprise de plusieurs, parvinrent à démontrer en 1954, avec leur *Dimanche-Matin*, qu'il y avait une clientèle nombreuse pour une telle publication dominicale.

Nous étions à l'été 1970 quand, au cours d'une réunion du conseil de direction, M. Régent Desjardins, à la faveur d'une discussion quelconque lança l'idée d'un *Montréal-Matin* du dimanche. Il fut tout de suite facile de constater que les directeurs de service étaient fort divisés sur ce sujet. Un groupe, comprenant surtout les plus jeunes d'entre nous, se montra enthousiaste, tandis que nous étions trois, particulièrement les moins jeunes, à envisager ce projet avec certains doutes.

Diplomate comme toujours, M. Desjardins demande alors que le groupe des « pour » lui soumette un rapport et que le groupe des « contre » fasse de même.

L'équipe des « pour » soumit donc un dossier démontrant, à son avis, qu'une édition dominicale serait rentable. Après avoir présenté maints chiffres, les directeurs favorables au projet concluent: « Nous croyons que devant cette augmentation minime du coût de la production, en comparaison de revenus très supérieurs, il n'y a aucune hésitation de notre part à vous recommander la publication de cette septième édition. »

Mes compagnons, Jacques DeSerres et Jean-Paul Bégin, et moi nous nous montrons beaucoup moins optimistes et en arrivons à la conclusion, pour différentes raisons qu'il serait trop long d'exposer ici, que ce projet ne nous paraît aucunement recommandable.

Il va sans dire qu'il était convenu, à l'avance, que chacun se soumettrait volontiers à la décision de notre directeur général et que même les opposants au projet travailleraient avec acharnement à sa réussite si une décision favorable à sept numéros par semaine était prise.

Le projet demeura lettre morte durant plusieurs mois. Mais voici qu'au printemps de l'année suivante, soit le 12 mai 1971, M. Desjardins annonce officiellement le lancement d'une édition dominicale à compter du dimanche 23 mai 1971. *Le Journal de Montréal* ayant décidé de publier sept jours par semaine il n'y a plus aucune hésitation de personne.

Quinze jours avant le lancement officiel, M. Desjardins me demande de quitter le bureau pour rédiger à la hâte — et sans être constamment dérangé — un historique du journal. Ce n'est pas tellement facile. Tout d'abord, nous ne possédons pas de collection complète des anciens numéros et je ne possède de notes personnelles que depuis bien peu de temps. Ce que je me mords les pouces, alors, de ne pas avoir tenu un petit journal personnel depuis mes débuts à *L'Illustration*. Mais qui pouvait prévoir que je serais appelé un jour à exécuter pareil travail?

Quoi qu'il en soit, je parviens à rédiger un texte qui devait couvrir, je l'imagine, la plupart des grands événements survenus au journal, depuis sa fondation. J'ai le bonheur de retrouver quelques photographies qui illustrent cet historique.

Le samedi soir 22 mai, une grande réception marque la publication de cette première édition dominicale. Me Jean-Jacques Bertrand est au nombre des invités.

Ce premier numéro dominical est vraiment enthousiasmant. D'abord, une section des nouvelles sportives et de l'information générale des plus complètes. Un second cahier s'intitule: « Elle et l'autre ». Il est spécialement consacré à la femme, à la mode, etc. Un troisième est destiné aux enfants. Il s'agit de « Safari » auquel collaborent intensément: Mme Suzanne Martel, son fils, Alain, Michel Marchand et toute une équipe de collaborateurs et dessinateurs. Le quatrième cahier se nomme « Dimanche-Vedettes » et explore le monde des spectacles. Des premières pages en quadrichromie sont on ne peut mieux réussies. Enfin, un cahier spécial pour ce numéro du 23 mai: « La grande (et la petite) histoire de *Montréal-Matin* », un texte que j'avais préparé dans les circonstances expliquées plus haut. Tous ces cahiers sont du format « tabloïd », sauf « Safari » qui est présenté en semi-tabloïd. À noter que l'historique est suivi d'une présentation des divers services du journal et de ceux qui les dirigent.

À la suite de la publication de cet historique, j'ai le bonheur de recevoir une lettre touchante d'un ancien gérant général, M. Émile Délâge. Bien qu'il soit âgé de 93 ans (il est décédé depuis), c'est de sa main qu'il m'écrit. Je me proposais toujours d'aller lui rendre visite à la Maison Saint-Joseph où il habitait, rue Beaubien. Malheureusement, les événements m'empêchèrent de le faire.

Le septième numéro, c'est indiscutable, accroît considérablement la valeur de l'entreprise et nous vaut une excellente publicité pour les six autres numéros. Mais, il nous apporte également une multitude de problèmes nouveaux. Les frais de production dépassent probablement les prévisions des moins optimistes et d'aucuns seront tentés de croire, par la suite, que ce septième numéro peut affecter le niveau de rentabilité des six autres numéros. Mais comment éviter cette septième publication, alors que déjà *Le Journal de Montréal* paraît sept jours par semaine?

Le pire, cependant, c'est que tandis que nous avions à affronter les complications du rythme des sept jours, nous devions également — et cela peu de gens le savaient, en dépit de tout ce qui paraissait dans les autres journaux — faire face aux attaques d'hommes politiques sûrement bien intentionnés mais qui allaient imposer, à M. Desjardins en particulier, une tâche quasi surhumaine.

J'ai d'ailleurs pensé qu'il valait mieux consacrer un chapitre spécial (1971-1972) à cette période de tension et d'anxiété. Ce fut un suspense de quinze mois dont on pourra connaître quelques-unes des péripéties.

Signature de quatre conventions

Pour la première fois dans l'histoire de *Montréal-Matin*, à la mi-novembre le directeur général est appelé à signer, le même jour et au cours de la même cérémonie, quatre conventions collectives. Le contrat de travail avec les journalistes avait été signé deux mois plus tôt.

Adressant la parole, M. Desjardins se réjouit de l'heureuse issue des négociations et il réclame du personnel une collaboration accrue à cause des années difficiles que traversent les entreprises de presse. Il fait également remarquer que la différence salariale n'est pas grande entre les syndiqués et les membres du personnel des cadres. « Il est malheureux, mentionne-t-il, que nous n'ayons pu donner au niveau des cadres, dont le personnel effectue souvent sans compter de nombreuses heures de travail supplémentaires, l'équivalent de ce que nous avons accordé à notre personnel syndiqué. »

M. Desjardins en profite pour déplorer le conflit qui a éclaté le mois précédent à *La Presse* et qui se poursuit toujours (il ne prendra fin qu'en février 1972).

Signent ces conventions valides pour 30 mois, outre M. Desjardins, MM. Claude Thériault, Arsène Mayrand, René Vallières, Joseph Perez et Pierre Paquin (typographie et expédition); George Bracken, Guy Bellavance et Marcel Gladu (pressiers); Frank Paris et Laurent Doré (clicherie), ainsi qu'André Lévesque, directeur du personnel, et l'auteur de ces lignes.

La grève de *La Presse*, qui a débuté le 27 octobre, nous oblige à modifier passablement nos heures de tombée et à accroître le nombre de nos pages, vu l'augmentation du nombre de colonnes de publicité.

Un rapport de CDNPA (Association canadienne des éditeurs de quotidiens) indique qu'en fin de mars l'ensemble des journaux canadiens, anglais et français, a connu une baisse de 10 pour cent dans le volume de la publicité. Il arrive, cependant, que *Montréal-Matin* fait exception et peut afficher une hausse appréciable.

Au nombre des nouveaux membres de la rédaction à l'information générale, cette année-là, mentionnons: Pierre April, André Beauvais, Michel Benoit, Claude Langlois, Jean-Claude Laurent, François Piazza et André-Gilles Roger. Certains d'entre eux ont déjà fait un stage à *Montréal-Matin* mais ils étaient partis. De nouveaux photographes, également: Robert Bleau, Michel Gareau, Michel Leclerc et Réjean Meloche.

À la fin de l'année 1971, les membres du conseil d'administration de la Fédération des journalistes canadiens, Inc., sont: MM. Marcel Faribault, président du conseil; Régent Desjardins, président de la compagnie et directeur général; Marc Faribault, Jean Bruneau, Marc Bourgie, Maurice Cloutier et J. A. Layden. Démissionnaires au cours de l'année: MM. Charles-E. Doucet, Camille Lacroix et Gérard Turmel. M. Faribault est entré en fonction le 31 août.

Le 24 décembre 1971, je perds les services d'une dévouée secrétaire, Mlle Lise Lamoureux, qui a accepté un emploi à Québec. Mlle Marguerite Ynvernon la remplace et se montre, elle aussi, compétente et diligente.

Le même jour, le Club des pionniers de *Montréal-Matin* accueille quatre nouveaux membres: Mlle Thérèse L'Écuyer, service de l'expédition; Bernard Saint-Pierre, assistant-contremaître, composition; Louis Bessette, service de la composition, et Arthur Rousseau, entretien.

L'année se termine avec la disparition du *Montreal Daily Express*, un quotidien: son existence aura été brève car ce tabloïd n'aura paru que durant deux mois. La publication du *Sunday Express* se continue cependant. Peu auparavant, en septembre, avait sombré un grand quotidien torontois, le *Telegram*. Ce dernier livrait une guerre à mort au *Toronto Star* mais ce dernier sortit vainqueur de ce duel. Je n'ai jamais vu disparaître un journal, même un concurrent, sans une certaine émotion. Et ce même pour *Québec-Presse*, un hebdomadaire, qui ne me plaisait pas beaucoup et que je considérais trop fanatique. J'étais attaché au *Telegram* beaucoup plus qu'au *Toronto Star*, probablement à cause des

246

opinions politiques de l'un et de l'autre. Le *Telegram* paraissait prospère. En 1963, il avait emménagé dans un tout nouvel immeuble et son éditeur, M. John Bassett, un ancien Montréalais, connaissait bien son métier. Mais la population torontoise accordait sa préférence au *Star* et, apparemment, il n'y avait pas place, dans la Ville-Reine pour deux grands journaux de ce genre. Après 95 ans d'existence, le vieux *Tely* coûtait un million de dollars par année en pertes à ses propriétaires.

Un couple admirable

Novembre 1971, j'apprends que le Dr Adrien Plouffe, notre bon vieux collaborateur d'autrefois, celui qui lança « Une idée saine par jour », vient de mourir à 84 ans. À peine un an auparavant, il m'avait rendu visite. C'était un octogénaire en parfaite forme physique qui avait conservé sa verve pétillante d'esprit. Je lui avais fait visiter notre immeuble, du sous-sol au troisième étage, car il insistait pour tout voir et ne cessait de s'émerveiller, lui qui avait connu notre bâtisse de la rue Marie-Anne pour l'avoir fréquentée assidûment durant des années. Une seule ombre au tableau dans la vie de cet homme: la maladie de sa chère épouse. Il en parlait les larmes aux yeux.

Madame Plouffe devait mourir le 1er septembre 1971 et voici que quelques semaines plus tard son mari la suivait dans la tombe. C'était un bien beau couple que celui-là. Sur la carte de remerciements adressée à la suite du décès de son épouse, le Dr Plouffe avait fait imprimer « en guise d'adieu » cet émouvant poème dont il était l'auteur:

> « Il ne faut pas que tu t'en ailles,
> « Que tu changes notre maison
> « En un coin où le cœur défaille,
> « Où l'on n'entend plus de chansons,
> « Il ne faut pas que tu t'en ailles...

> « Il ne faut pas que tu t'en ailles,
> « Que tu tombes dans le grand froid...
> « Debout! pour gagner la bataille!
> « Nos jours seraient vides sans toi!
> « Il ne faut pas que tu t'en ailles...

> « Il ne faut pas que tu t'en ailles,
> « En souvenir des jours anciens,
> « Où notre bonheur sans faille
> « Vibrait sous le ciel parisien!
> « Il ne faut pas que tu t'en ailles...

> « Mais je comprends que tu t'en ailles,
> « Car tu souffres depuis douze ans!
> « Tu mérites bien la médaille
> « Que l'Ciel donne à ses vrais enfants!
> « Lou, je comprends que tu t'en ailles. »

Le 18 novembre 1971, dans l'article que je consacre à ce vieil ami du journal, je me permets de reproduire ces vers attendrissants ajoutant que « même décédé, le Dr Plouffe aura fait réfléchir ceux qui ne croient plus à rien, surtout au grand amour, à l'amour impérissable capable de défier les ans. »

Juin 1971 — Août 1972

Un suspense de quinze mois

Démission de M. J.-J. Bertrand

Journal de parti à compter de l'année 1947, *Montréal-Matin* devait connaître une certaine période de tension chaque fois que changeait le chef de ce parti politique, en l'occurrence l'Union nationale. Que ce soit à l'occasion du décès de M. Duplessis, ou celui de M. Sauvé, ou encore le départ de M. Barrette, sans oublier l'avènement de M. Johnson et celui de M. Bertrand, toujours nous connûmes des moments d'incertitude. Des moments très courts, cependant. D'abord, les affaires étaient généralement excellentes à *Montréal-Matin*. Le journal progressait, les patrons dirigeaient l'entreprise d'une main ferme et ils parvenaient — et je songe ici à MM. Charles et Raymond Bourassa et à M. Régent Desjardins — à restreindre considérablement l'influence de la politique et des hommes politiques sur le journal.

Cependant, la situation s'avère toute différente quand M. Jean-Jacques Bertrand, chef de l'Union nationale, annonce que pour des raisons de santé il va quitter ce poste. Un congrès pour le choix d'un nouveau chef doit se tenir le 20 juin 1971. Mais voici qu'avant même qu'ait lieu ce congrès et qu'avant même que soit désigné le successeur de M. Bertrand, on entend de la part de divers candidats au leadership de l'Union nationale toutes sortes de critiques contre *Montréal-Matin*. Chacun a son projet, ses intentions et n'hésite pas à les faire connaître aux journalistes. C'est passablement sans précédent. Notre journal a déjà fait beaucoup parler de lui, alors qu'il portait le nom de *L'Illustration*, puis de *L'Illustration Nouvelle* et que divers groupes s'en disputaient le contrôle par des procédures en faillite et autres manœuvres judiciaires. Toutefois, avec la nouvelle appellation de *Montréal-Matin*, notre journal n'avait guère fait parler de lui de cette façon: il avait poursuivi magnifiquement son petit bonhomme de chemin.

Il est vrai qu'en une occasion M. Johnson avait parlé de ses plans pour

Montréal-Matin mais il s'était agi seulement d'un article de quelques lignes dans un journal anglais et, évidemment, rien n'avait changé véritablement. Lui aussi s'était passablement fié aux administrateurs qu'il avait délégués rue Marie-Anne ou boulevard Saint-Joseph.

Juin 1971, ce n'est plus la même chose. On se met à parler de la « main noire » de l'Union nationale à *Montréal-Matin (La Presse*, 19 juin 1971) et ce après que M. Loubier eût fait plusieurs déclarations à l'emporte-pièce, notamment les suivantes que l'on retrouve dans *La Presse* du 12 juin 1971:

« Ce n'est pas le parti qui doit être au service de *Montréal-Matin* mais le journal qui doit servir les intérêts du parti. »

« ...Je sais que si je suis élu ce sera moi le patron! »

En d'autres circonstances, également, on avait dénoncé l'administration et défendu la rédaction de *Montréal-Matin* pour, peu après, faire exactement le contraire, c'est-à-dire louer l'administration et condamner la rédaction.

Résultats évidents: très mauvaise publicité pour *Montréal-Matin*, prestige affaibli et, à l'intérieur de l'établissement, climat d'anxiété tant parmi les cadres que parmi les plus modestes employés.

Alors que M. Loubier est élu chef de l'Union nationale, il va de soi qu'on se demande ce qui se passera à *Montréal-Matin*, lui qui a parlé de « ménage », de « main noire », etc. Dès le lendemain de son accession à la direction du parti, d'ailleurs, les potiniers s'en donnent à cœur joie dans leurs feuilles respectives: M. Desjardins s'en ira; M. Lagarde, ancien président, le remplacera, etc.

Durant les mois qui suivent, M. Desjardins doit présenter de nombreux mémoires pour démontrer à M. Loubier que les administrateurs de *Montréal-Matin* n'ont rien à se reprocher, pas plus d'ailleurs que le directeur général lui-même et ses aides; que notre salle de rédaction en vaut bien d'autres; que notre journal accorde à l'Union nationale une abondante publicité à l'année longue, une publicité cinq fois plus considérable que celle que lui accorde *La Presse*, compte tenu de l'espace disponible; que la transformation du journal en organe officiel du parti sera néfaste; que la direction a agi avec sagesse et clairvoyance dans sa façon de financer les travaux d'agrandissement et d'expansion, etc.

Des mémoires

L'un de ces mémoires, par exemple, signale que *Montréal-Matin* occupe, pour son tirage, le neuvième rang parmi tous les journaux quotidiens du Canada. Au Québec, il apparaît au quatrième rang de tous les quotidiens; à Montréal, au troisième rang, et il est le second des quotidiens de langue française en Amérique du Nord.

Des chiffres sont donnés: Rapport de l'Audit Bureau of Circulation, au 31 mars 1971, moyenne de 154,936 du lundi au vendredi pour les derniers six mois, une hausse de 9,132 sur l'année précédente; pour le journal du samedi, nous atteignons le chiffre de 145,558 (une hausse de 13,590 sur l'année précédente).

Le rapport parle également des revenus accrus du service de la publicité, de la distribution à domicile (47,007 abonnés à domicile à Montréal et la banlieue, 7,000 de plus qu'en 1970). De nombreux graphiques et tableaux accompagnent ces exposés. La forte contribution financière du journal à l'Union nationale (pas moins d'un million et demi de 1962 à 1968) est également soulignée... en plus de certains versements au parti conservateur fédéral.

Le directeur général de *Montréal-Matin* rappelle également à M. Loubier que M. Charles Bourassa, son prédécesseur à la tête de *Montréal-Matin*, jouissait de pleins pouvoirs sur l'administration du journal. M. Duplessis, à l'époque, faisait confiance à son mandataire, lit-on, dans un des mémoires, et il ne permettait même pas que les députés ou les ministres se mêlent des affaires de *Montréal-Matin*. D'ailleurs, durant une quinzaine d'années, le conseil d'administration présidant aux destinées de *Montréal-Matin* était composé uniquement de trois membres, soit M. Bourassa et deux employés du journal.

Voici un passage assez significatif:

« À l'abri des influences politiques, *Montréal-Matin* put (sous l'administration de M. Charles Bourassa) devenir un journal fort rentable, fort payant et exerçant une influence prépondérante à Montréal et aux environs. Parce qu'il n'avait pas la réputation d'être un journal politique, il pouvait influencer ses lecteurs au moment opportun et il pouvait, également, bénéficier de l'apport des annonceurs ne songeant qu'à l'efficacité de la publicité qu'ils inséraient et, également, des annonceurs ne voulant pas qu'on puisse croire qu'ils approuvaient un parti politique plutôt qu'un autre.

« Je me suis efforcé de suivre cette ligne de conduite, de l'accentuer même. Et j'ai toujours eu la conviction — et cette conviction je l'ai plus que jamais — que c'est ainsi que je pouvais le mieux servir l'Union nationale. »

M. Desjardins, dans chacun de ses mémoires, fait état de la collaboration qu'il reçoit des directeurs de service. Et il mentionne, notamment les nombreuses améliorations apportées au journal: section financière plus complète; pages féminines plus nombreuses; une édition dominicale sensationnelle avec « Dimanche-Vedettes », « Elle et l'autre », « Safari », etc.; le « Sport Week-end », etc.

Le directeur général, on le voit, ne veut pas que *Montréal-Matin* devienne un journal politisé de la première à la dernière page, l'organe officiel de l'Union nationale ou encore un journal de combat au service du parti. À noter ce paragraphe:

« Vous savez, d'ailleurs, que si *Montréal-Matin* ne pouvait compter parmi ses lecteurs que les partisans de l'Union nationale, ce ne serait sûrement pas un tirage satisfaisant que nous atteindrions à Montréal où, aux dernières élections, par exemple, on n'a élu aucun candidat de ce parti. »

250

Tout cela, en réponse aux attaques et aux insinuations de M. Loubier et celles de comptables chargés de vérifier la situation financière de *Montréal-Matin*.

En plus des mémoires, des rapports et des lettres, il faut songer à toutes les discussions menées dans le but de répliquer à des accusations souvent ridicules comme, par exemple, que des dirigeants du journal avaient des intérêts dans les salons de massage, ou encore que quelqu'un recevait de l'argent pour publier les résultats des courses, etc.

Dans l'ombre, avec discrétion et sans jamais perdre son sang-froid, le directeur général doit consacrer une partie excessive de ses heures de travail, de ses heures de loisirs et de repos à répondre du tic au tac à tous les coups bas portés contre lui personnellement, contre son entourage et contre à peu près tous les services de l'entreprise.

Cette attitude courageuse déçoit de toute évidence les adversaires de M. Desjardins et ceux qui veulent un « ménage » à *Montréal-Matin*. Mais le directeur général avait mieux et plus à faire que de repousser ces accusations ou insinuations souvent malveillantes. C'est le journal, en fin de compte, qui en souffre, sans compter qu'un autre que M. Desjardins aurait pu facilement y laisser sa santé.

En juillet 1971, on annonce que M. Loubier tiendra un caucus de son parti, un quelconque « Lac-à-l'Épaule », à l'occasion duquel on discutera non seulement de politique mais également de *Montréal-Matin* et des Clubs Renaissance. *Le Devoir* révèle que d'ici là M. Jean-Noël Tremblay, député de Chicoutimi, montera la garde en assistant aux séances du conseil d'administration. M. Tremblay rend visite à *Montréal-Matin* une fois ou deux, mais pas davantage.

Le 19 août, M. Loubier déclare à la *Gazette,* qu'il n'a pas l'intention de vendre son prospère quotidien de Montréal. Cependant, il pourrait y avoir des changements dans l'administration afin que *Montréal-Matin* devienne encore plus profitable. Il annonce également qu'il a nommé un enquêteur pour faire une étude de l'entreprise.

La venue de M. Marcel Faribault

À l'intérieur de notre journal de « super-vérificateurs » scrutent tous les livres de la compagnie et, à la mi-septembre 1971, M. Marcel Faribault, notaire, président honoraire du Trust général du Canada, l'un des fiduciaires de la succession J.-Alexandre DeSève et membre du conseil d'administration de Télé-Métropole, devient président du conseil d'administration de la Fédération des journalistes canadiens inc. Toutefois, M. Régent Desjardins demeure président et directeur général du journal.

Au lendemain de la nomination de M. Faribault, les rumeurs les plus fantastiques se répandent de plus belle, d'autant plus que M. Loubier ne fait rien pour qu'on cesse de parler de nous. Au contraire, il déclare qu'« il veut que les gens qui sont payés par le journal y travaillent réellement et que le journal ne soit pas un « refugium peccatorum », etc.

(M. Loubier était sûrement fort mal renseigné). M. Faribault, par contre, agit avec tact et pondération. M. Desjardins lui présente les différents directeurs de service et le nouveau président se montre plutôt sympathique et compréhensif.

Si la presse en général, tant de langue française que de langue anglaise, se fait un devoir de publier régulièrement les déclarations parfois étonnantes de M. Gabriel Loubier sur *Montréal-Matin*, et de faire écho, également, à toutes les rumeurs circulant au sujet de l'avenir de notre quotidien, les potiniers de la colonie journalistique s'en donnent eux aussi à cœur joie. On peut lire les propos les plus folichons.

Voici l'un de ces paragraphes-poisons qui, comme la plupart des autres, visait particulièrement notre directeur général:

« Ce n'est plus qu'une question de jours (et peut-être même une question d'heures) avant la démission (!) de Régent Desjardins comme président et directeur général de *Montréal-Matin*. » (*Journal de Montréal*, 18 août 1971).

Plus tard, alors que M. Desjardins revient d'un voyage, c'est parce qu'il « en aura reçu l'ordre de M. Loubier », et autres idioties du genre.

Tous ces propos malveillants font beaucoup de mal à *Montréal-Matin* auprès de ses annonceurs et de son personnel, particulièrement, et par ricochet, auprès de ses lecteurs.

Un soir, à la suite d'une déclaration fracassante de M. Gabriel Loubier, le Syndicat des communications, section *Montréal-Matin* (syndicat groupant les journalistes) décide de diffuser une déclaration protestant contre l'attitude du chef de l'Opposition à l'égard de notre journal. Déjà, le texte en question a été confié à Telbec quand M. Desjardins, mis au courant de ce qui se passe, prie Jean-Pierre Paré, alors président de la section syndicale *Montréal-Matin* de n'en rien faire, dans l'intérêt du journal. M. Paré consent à retirer son texte.

Il convient ici d'ouvrir une parenthèse pour souligner qu'en dépit de tous les événements auxquels je viens de faire allusion, *Montréal-Matin* n'en continue pas moins sa publication régulière et les directeurs de service doivent quotidiennement résoudre une multitude de problèmes normaux ou inusités mais inhérents au fonctionnement de l'entreprise. Ainsi, les négociations se poursuivent avec un Front commun de tous nos syndicats ouvriers et pas moins de cinq conventions de travail sont finalement acceptées et signées — comme on l'a vu, dans un chapitre précédent — mais toujours dans le climat de tension, d'inquiétude et d'incertitude que je cherche à décrire.

Vendra-t-il ou non?

Durant plusieurs semaines, partout l'on se pose la question suivante: « M. Loubier vendra-t-il ou ne vendra-t-il pas *Montréal-Matin*? » Le chef d'Unité-Québec (l'appellation Union nationale a en effet disparu le 25 octobre 1971) dit tantôt qu'il préfère garder le journal, tantôt qu'il veut le vendre. On n'en finit plus de citer tous ceux dont on mentionne les noms comme acheteurs possibles du journal: M. Pierre Péladeau, éditeur du *Journal de Montréal*; MM. Gilbert, du *Soleil*, de Québec; M. Raymond Crépeault, de l'organisation Radio-Mutuel; M. Howard Webster, du *Globe and Mail*, de Toronto; le groupe Beauregard; M. Peter White, de Sherbrooke; Me Raymond Daoust et, enfin, un groupe d'hommes d'affaires ayant à leur tête M. Régent Desjardins.

L'année 1972 débute, on se l'imagine, dans une atmosphère d'anxiété. Pas une semaine sans que la presse, la radio ou la télévision ne colporte quelque rumeur au sujet de *Montréal-Matin*.

La Presse du 1er mars 1972 devait cependant aggraver encore la situation avec une nouvelle en première page sous le titre de « Purge dans Unité-Québec ». L'article signé par Claude Masson, accompagné des photographies de MM. Desjardins, Bruneau, Lagarde et Pageau annonce que plusieurs personnages-clés de l'Union nationale, devenue Unité-Québec, viennent d'être mis à la porte du parti par le chef, M. Gabriel Loubier. Les quatre personnalités dont on publie les photographies et beaucoup d'autres auraient subi ce sort, écrit-on.

Dès le lendemain, M. Loubier parle d'une erreur d'interprétation de la part de *La Presse* et il affirme qu'il n'a jamais douté de l'intégrité des personnages mis en cause. Il n'en reste pas moins que l'on apprend, par *Le Devoir* du surlendemain, que Me Jean Bruneau, qui fut coordonnateur de la campagne de l'Union nationale en 1970, annonce qu'une injonction serait prise contre la vente du quotidien et qu'il prenait des procédures judiciaires contre *La Presse*. M. Loubier rétorque qu'il « ne cédera pas au chantage. » Parlant de la situation de *Montréal-Matin*, il affirme que « sur différents plans elle n'a pas cessé de se détériorer depuis les deux dernières années. »

Quotidiennement nous recevons tous des appels téléphoniques de gens voulant savoir ce qui se passe au juste, voulant nous renseigner davantage ou encore voulant nous offrir des emplois. Chacun s'efforce de ne prêter aucune attention à tout cela. Pour tous les directeurs de service, cependant, c'est une perte de temps considérable à une époque où, pourtant, ils doivent redoubler d'efforts pour stimuler le personnel, le rassurer et faire progresser le journal.

Peut-il vendre?

D'autre part, beaucoup se posent la question suivante: M. Loubier et les fiduciaires du parti peuvent-ils légalement vendre *Montréal-Matin*, journal appartenant au parti? À ce sujet, je reçois plusieurs appels téléphoniques d'anciens dirigeants de l'Union nationale, soutenant que *Montréal-Matin* ne peut être vendu à qui que ce soit. Deux anciens membres du Conseil législatif, les hon. Jean Barrette et Édouard Asselin, notamment, m'affirment qu'une telle transaction ne peut se faire. C'est également l'avis de M. Eugène Doucet, ancien président du conseil d'administration. Quelques mois seulement avant sa mort, il me fait venir à son bureau pour savoir ce que je deviens. Je lui explique mon statut de collaborateur à la page éditoriale et je lui dis que cette situation me plaît pour plus d'une raison. Il soutient que *Montréal-Matin* n'aurait jamais dû être vendu. Comme nous parlons des premières années d'existence du journal, avant que celui-ci ne passe à l'Union nationale, il me demande de lui rédiger quelques notes sur l'historique du journal. Je le fais volontiers et il reçoit le document quelques jours plus tard.

Je ne devais plus le revoir vivant. Lors de son décès, survenu le 21 octobre 1974, je rédige un éditorial où je m'efforce surtout de souligner le dévouement de cet homme pour les œuvres de jeunesse. Il avait été, on le sait, président de la Commission des écoles catholiques de Montréal et s'était longtemps occupé de l'Oeuvre des terrains de jeux, du Jardin botanique, des enfants infirmes, etc. L'article parut le matin de ses funérailles.

Tout cela pour démontrer que nombre de partisans de l'Union nationale — et parmi ceux-là, les moins jeunes surtout — voient avec regret *Montréal-Matin* cesser d'être un journal favorisant leur parti.

Vers un dénouement

Revenons-en aux échos et rumeurs circulant toujours au début de l'année 1972 autour de la vente de notre journal.

Le 3 mars, M. Loubier annonce que le congrès d'Unité-Québec, qui doit être tenu les 15 et 16 avril, peut être compromis si l'on intente des procédures pour empêcher la vente de *Montréal-Matin*. (*La Presse*, 4 mars 1972). Jean-Claude Leclerc signe, dans *Le Devoir*, (7 mars 1972), un bloc-notes où il soutient que s'il y a un groupe qui devrait normalement hériter de la gestion de *Montréal-Matin*, sous une forme ou sous une autre, c'est bien celui du président et directeur général actuel, si tant est qu'il faille vendre cette entreprise de presse. Et M. Leclerc souligne: « ...proclamée par le seul Gabriel Loubier, cette nécessité (vendre *Montréal-Matin*) reste à maints égards invraisemblable. » Et il ajoute: « En décidant de liquider *Montréal-Matin*, le chef d'Unité-Québec a montré quel administrateur prodigue il serait à la tête de la province, ce qui n'a heureusement pas de chance de se produire. »

Le 7 mars également, *La Presse* accorde à *Montréal-Matin* une manchette en première page et un long article en 3e page, sur un prétendu conflit qui perturberait la rédaction de notre journal. Ce conflit, on l'attribue au congédiement d'un photographe à la faveur, affirme-t-on, d'une campagne pour syndiquer les photographes de *Montréal-Matin*. Pourtant, il n'y a pas de congédiement mais simplement suspension, pour cause, et le problème que soulève le Syndicat des journalistes, et auquel *La Presse* fait écho, se règle bientôt sans difficulté à la faveur d'une rencontre de la direction de *Montréal-Matin* et du Syndicat des journalistes. Il est évident que cet incident n'aurait reçu aucune publicité si, déjà, tous les regards ne s'étaient pas tournés vers notre journal dont l'avenir apparaissait toujours mystérieux et incertain.

Le 13 mars, une caricature de Berthio, dans *Le Devoir*, montre M.

Loubier se servant de *Montréal-Matin* comme d'un marchepied. Le lendemain, *La Presse* nous apprend que la Fédération professionnelle des journalistes du Québec se préoccupe de la vente de *Montréal-Matin* et prie la commission parlementaire sur la liberté de presse au Québec de garder l'œil ouvert.

Le dénouement approche. Le 29 mars, M. Gabriel Loubier prend la parole devant un club social de Montréal, au restaurant Sambo, et annonce enfin que *Montréal-Matin* est vendu au groupe Desjardins formé de MM. Régent Desjardins, Paul Gros d'Aillon, Roland Gagné et Me Robert Dulude. Selon toute vraisemblance, la décision a été prise à la suite d'une réunion du caucus d'Unité-Québec avec les cinq fiduciaires des biens du parti, à savoir: MM. Camille Lacroix, Gaston Pouliot, Marc Bourgie, Pierre Masson et Jean Pelletier.

Le numéro du 30 mars de *Montréal-Matin* accorde la manchette de la 1re page et toute la 3e page à cette transaction, sans oublier un premier-Montréal que je signe et dans lequel je me réjouis de cette nouvelle, particulièrement du fait que M. Desjardins continuera de veiller sur les destinées de *Montréal-Matin* car, comme je le souligne, « c'est sous sa judicieuse administration que notre quotidien a connu un essor sans précédent. »

Mais, les documents définitifs ne sont pas encore rédigés. C'est simplement l'entente de principe. Il faudra maints conciliabules avant d'en arriver à la signature du contrat de vente. Et durant ce temps, le suspense reprend autour de *Montréal-Matin* et la presse à sensation et les journaux de gauche continuent de nous faire une publicité sûrement nuisible.

Québec-Presse en profite, par exemple, pour écrire le 9 avril que M. Loubier a vendu la mine d'or de son parti! Suit une remarque malicieuse, fausse et malhonnête: « Contrairement à la croyance populaire, c'est le dollar beaucoup plus que le parti qui a toujours présidé aux destinées de l'information à *Montréal-Matin* et la véritable censure s'y traduit toujours par un manque d'espace. » Affirmation ridicule. D'ailleurs, un journal qui ne fait pas ses frais ne peut vivre longtemps, ni faire vivre son personnel: *Québec-Presse* et ses employés devaient s'en rendre compte en novembre 1974.

Donc, une certaine tension renaît à l'intérieur du journal devant la longueur et la lenteur des pourparlers entre M. Loubier et les acheteurs.

Et c'est alors que M. Desjardins, toujours très habile, invite tous les employés du journal et leur compagne à une réception devant se tenir de 10 h. a.m. à 2 h. p.m., le dimanche 16 avril, au journal même, à l'occasion de l'acquisition de *Montréal-Matin* par le groupe qu'il dirige.

Quelque 750 personnes y viennent et, à un certain moment, les convives sont invités à se rendre dans le vaste bureau de la publicité où une estrade a été dressée. Paul Gros d'Aillon agit comme maître de cérémonies et les orateurs sont alors, outre M. Desjardins, MM. Roland Gagné et Robert Dulude. M. Desjardins annonce alors qu'une fois la transaction conclue, un employé du journal — en l'occurrence l'auteur de ce volume — fera partie du conseil d'administration. Je suis déjà au courant de cette décision mais ma femme et moi n'en sommes pas moins très émus devant la réaction sympathique de l'assistance.

Au cours de la fin de semaine du 4 juin, prenant la parole au canal 10, M. Loubier explique que l'offre a été acceptée mais que l'élaboration du contrat est longue, compliquée. Il déclare ne pas avoir encore reçu d'argent.

À la fin du mois, une rumeur court à l'effet que Me Gaston Pouliot s'oppose à la vente. On parle aussi de bill privé, de dissolution de la fiducie, etc. Le 16 juillet 1972, *Dimanche-Matin* réitère que *Montréal-Matin* n'est pas encore vendu.

Transaction conclue

Fin d'août, Dieu merci, dénouement de toute cette histoire.

C'est en effet vers 5 heures de l'après-midi, le mardi 29 août 1972, que dans une salle de conférence de l'édifice du siège social de la Banque Canadienne Nationale, Place d'Armes, est signé le contrat de vente par lequel le groupe Desjardins prend définitivement possession de *Montréal-Matin*. Auparavant, le conseil d'administration s'est réuni en assemblée spéciale et m'a désigné comme cinquième membre. J'ai ainsi le privilège d'assister à la signature des documents par lesquels Unité-Québec cède *Montréal-Matin* au groupe Desjardins. Le prix de vente, selon *Le Devoir*: cinq millions de dollars.

C'est devant Me Claude Beauregard, notaire, qu'est passé, selon l'expression traditionnelle, le contrat de vente. Les acheteurs remettent ensuite à Me Mario Beaulieu, notaire, détenteur des actions au nom des actionnaires, un chèque représentant le montant complet de la transaction.

Sont présents, outre les quatre acheteurs, MM. Régent Desjardins, Paul Gros d'Aillon, Roland Gagné et Robert Dulude; M. Guy Charette, comptable, qui a négocié la transaction; M. Raymond Courey, comptable, conseiller du groupe des acheteurs; Me Roger Reinhardt, avocat, de l'étude Laprade et Reinhardt, conseillers juridiques de la B.C.N.; M. Hubert Dunn, directeur général adjoint de la B.C.N.; M. Y. Loslier, directeur du crédit; M. Adjutor Dagenais, directeur de la succursale de la rue Saint-Denis, et moi.

Le soir même, hospitalier et bienveillant comme à l'accoutumée, M. Desjardins, en compagnie de sa charmante épouse, reçoit en sa résidence de Ville Mont-Royal, tous ceux qui ont participé à l'assemblée de l'après-midi et leur épouse, de même que quelques parents et amis, ainsi que tous les directeurs de service de *Montréal-Matin*.

M. Gabriel Loubier vient serrer la main de M. Desjardins et de ses invités dès le début de la soirée mais doit ensuite s'excuser d'avoir à partir très tôt.

Pour tous les directeurs de service de *Montréal-Matin*, c'est une soirée inoubliable, non seulement à cause de l'accueil chaleureux de

M. Desjardins, mais surtout parce que cette réception marque le début d'une ère nouvelle pour l'entreprise dont ils font partie.

Tous se promettent, évidemment, de redoubler d'ardeur pour assurer le succès de *Montréal-Matin*. Désormais, ils côtoieront leurs véritables patrons et ils tiennent à ce que leur directeur général, M. Desjardins, et ses collègues, connaissent une réussite complète dans leur entreprise.

Journal indépendant

Le 31 août, Paul Gros d'Aillon, désormais vice-président du conseil d'administration et rédacteur en chef, fait le point dans les termes que voici:

« ...Par un curieux hasard, à quelques semaines près, il y aura vingt-cinq ans que notre journal passait sous la direction de l'Union nationale avant de devenir ce qu'il est depuis hier, un journal complètement indépendant, voué essentiellement à l'information. Nous venons donc de franchir un pas important.

« Il serait cependant totalement exagéré de dire que, pendant ce quart de siècle, *Montréal-Matin* fut un journal politique. Dans un quotidien de cette nature, les journalistes sont des militants et le parti paie pour les déficits qui résultent de la situation. Ce ne fut jamais le cas de *Montréal-Matin*, au contraire. Jamais un journaliste ne fut engagé chez nous sous une couleur politique et la liberté d'expression resta constamment entière. Sauf à l'achat, le parti ne fut jamais le financier du journal.

« Je ne peux m'engager sur ce qui a pu se passer avant que j'arrive à ce journal, il y a huit ans. On m'a dit, cependant, que les mêmes conditions prévalaient autrefois. Ce que je sais, c'est que jamais ni M. Daniel Johnson, ni M. Jean-Jacques Bertrand ne sont intervenus dans l'orientation du journal. Ces deux hommes qui auraient pu exercer sur notre information et sur notre pensée un droit de regard s'en sont continuellement abstenus.

« Nous respections, il est vrai, une tendance politique. C'était plutôt un choix qu'une obligation. Nationalistes convaincus, les dirigeants de *Montréal-Matin* servaient plus des idées que des hommes.

« Nous servirons encore des idées. La page éditoriale n'échappe pas à cette règle. L'information restera et sera toujours de plus en plus objective. Nos idées seront conformes à ce que nous croyons, sans prétention, être l'intérêt général, sans distinction de couleur politique, du peuple québecois qui, désormais, est notre seul maître. »

Par suite de la transaction, une assemblée générale du conseil d'administration se tient. MM. Layden, Bourgie, Bruneau, Cloutier et Marc Faribault démissionnent et le nombre des administrateurs est réduit de sept à cinq. Le nouveau conseil d'administration est composé comme suit: M. Roland Gagné, président; M. Paul Gros d'Aillon, vice-président de la compagnie; M. Régent Desjardins, président de la compagnie; Me Robert Dulude, secrétaire, et Joseph Bourdon.

257

Le 4 septembre 1972, M. Régent Desjardins préside l'assemblée générale annuelle des actionnaires, assemblée à laquelle assistent également, pour la première fois, tous les directeurs de service. M. Desjardins se dit satisfait du journal dominical qui a atteint un tirage de 120,000 (ABC) pour 1971, alors que l'objectif était de 100,000. En outre, en dépit de nombreuses difficultés, la compagnie a enregistré pour 1971 un bénéfice avant amortissement, impôts sur le revenu et postes extraordinaires de $668,362. (Rapport vérifié par Raymond, Chabot, Martin, Paré et associés.)

M. Raymond Courey, de Lloyd, Courey, Whalen et Bruneau est nommé vérificateur. En outre, la Fédération des journalistes canadiens inc., change son nom en celui de « Montréal-Matin inc. ». Le 28 novembre, la compagnie décide de porter de nouveau à sept le nombre des administrateurs et Me Claude Leblanc, avocat et directeur des relations publiques de la Société nationale de fiducie, est élu administrateur.

1972

Le journal inachevé

En mai 1972, en guise de protestation contre l'emprisonnement de trois chefs syndicaux, MM. Laberge, Pépin et Charbonneau, des travailleurs syndiqués de *La Presse* surgissent soudainement un soir (jeudi 11 mai) pour « inviter » tous les employés syndiqués à quitter leur travail. Ce n'est pas facile pour les « visiteurs » de convaincre tout le personnel. Des affrontements sont à craindre et il aurait sans doute été facile de faire intervenir la police pour qu'elle chasse ces « confrères ». Mais cela n'aurait fait qu'envenimer la situation.

Cependant, avant de consentir à quitter leur travail, nos employés exigent que la même chose soit faite chez notre concurrent, *Le Journal de Montréal*. Et pour s'en assurer, ils accompagnent les gens de *La Presse* jusqu'à la rue Port-Royal, où se trouvent la rédaction et l'imprimerie du *Journal de Montréal*. La *Gazette* subit un sort identique.

C'est avec un serrement de cœur que je vois, ce soir-là, la salle de rédaction et les ateliers entièrement déserts à une heure où règne habituellement une activité fébrile. Les textes demeurent inachevés sur les machines à écrire et les pages composées à la linotype restent en plan.

Jamais alors, depuis sa fondation, notre journal n'avait été empêché de paraître à cause d'un débrayage de son personnel. Nous savons que beaucoup de gens vont souffrir de cette absence soudaine de notre journal, non seulement parce que privés de nouvelles mais parce que, dans le cas de plusieurs distributeurs, détaillants et petits porteurs, ils allaient être privés d'un modeste revenu sur lequel ils comptaient. Mais, je le répète, il n'y avait rien à faire, sauf se résigner, sauf peut-être se réjouir de ce que la plupart de nos employés soient partis le visage attristé devant ce qui se produisait. En cette fin de soirée, tous les directeurs de service et même les contremaîtres se retrouvent dans le bureau du directeur général pour commenter le triste événement.

La rumeur court qu'il y aura d'autres « visites » du même genre, mais il n'en sera rien et seul *Le Devoir*, le mardi suivant, 17 mai, était une seconde fois victime des menées syndicales de certains de ses employés.

Du sang à Montréal-Matin!

Un étranger qui aurait pénétré dans notre immeuble le mercredi 14 juin 1972 aurait vite pensé que, par erreur, il s'était introduit non pas dans un journal mais bien dans un hôpital. Partout des croix rouges et, installés ici et là dans la bâtisse, des lits occupés et, ailleurs, une cantine où pouvaient se restaurer, non pas des malades, on l'a deviné, mais bien des donneurs de sang.

Oui, ce jour-là avait lieu dans l'immeuble de notre journal la clinique de sang du Club Optimiste du Plateau Mont-Royal, clinique organisée par M. Roland Gagné. La collecte connut un succès extraordinaire et l'on préleva, en quelques heures seulement, 845 chopines de sang. Le tiers de notre personnel sur place à ce moment-là donna de son sang. À noter qu'on offrait de nombreux prix de présence qui firent d'ailleurs beaucoup d'heureux. Les membres du conseil d'administration avaient tous tenu à se rendre sur les lieux pour prêter main-forte à M. Roland Gagné.

Il faut dire que plusieurs des directeurs de service avaient eu à collaborer de façon intense à l'organisation de cette collecte de sang. Et, à ce sujet, j'aimerais relater une petite anecdote.

D'abord, je veux expliquer que M. Desjardins voyait à ce que soit souligné l'anniversaire de naissance de chacun des directeurs de service. Généralement, cela se limitait à deux mots de sa part à l'occasion d'une réunion du conseil de direction et suivaient, évidemment, les taquineries des confrères à l'adresse du héros du jour.

Or, au cours des semaines qui précédèrent cette clinique de sang, les directeurs de service eurent à se réunir à plusieurs reprises. À l'une de ces réunions, M. Roland Gagné voulut s'enquérir des progrès du travail de chacun. Les directeurs firent donc rapport les uns après les autres. Et, à la grande surprise de tous, ou à peu près tous, M. Gagné parut pour une fois — la première — de bien mauvaise humeur. Chaque rapport semblait le mécontenter: il avait des paroles vraiment désagréables. Il n'était satisfait d'à peu près rien. Il n'y avait plus qu'à entendre le rapport d'André Lévesque, directeur du personnel, à qui on avait confié la mission de recruter des donneurs dans les industries voisines.

À nos yeux, il avait fait du beau travail. Pauvre André, M. Gagné ne le pensait pas ainsi car c'est une avalanche de reproches qui lui tomba dessus. André Lévesque qui avait pourtant l'habitude de se mesurer à des adversaires de taille aux tables de négociation en demeura bouche bée. Tout d'abord, il pâlit. Puis, il se mit à rougir et je parie qu'il n'était pas loin d'éclater et de poser je ne sais quel geste radical quand M. Gagné, après lui avoir décoché je ne sais combien d'épithètes peu flatteuses dit: « Et en plus de cela, André Lévesque, je vous dirai que c'est aujourd'hui votre anniversaire de naissance, que je vous souhaite une bonne fête, que je vous félicite pour votre beau travail comme je félicite tous vos confrères. Messieurs, je vous remercie tous, vous avez été merveilleux et la clinique de sang connaîtra un grand succès... »

M. Gagné s'était révélé un pince-sans-rire vraiment magistral. La plupart d'entre nous ignorions qu'il pouvait aussi bien jouer la comédie.

D'autres directeurs de service se virent également dans l'eau bouillante, un peu de pareille façon, ne songeant pas que c'était le jour de leur anniversaire de naissance. Il faut dire qu'André Lévesque, le tout premier, ne refusait jamais sa collaboration, ne dédaignant pas, au besoin, d'aller fouiller jusque dans les extraits de naissance pour taquiner celui qui avait vieilli d'une année.

Rodrigue Thibeault à sa retraite

Le 28 avril, un pionnier nous quitte pour prendre sa retraite. Il s'agit de Rodrigue Thibeault qui se trouvait déjà rue Marie-Anne, à l'imprimerie Ménard, quand nous y arrivâmes en avril 1933. Durant près de 40 ans de service, il avait été presque constamment contremaître pour la composition du journal. Il était aimé de tout le monde et je n'ai jamais vu metteur en page aussi rapide que lui et typographe plus dévoué.

La santé de Rodrigue Thibeault laissait à désirer depuis plusieurs mois. Il avait besoin de repos et quand nous le revîmes en avril, il paraissait en grande forme et se promettait de nouvelles excursions de pêche ou de chasse et un séjour en Floride durant les mois d'hiver. À l'occasion d'une fête intime, on remet à cet inlassable travailleur un téléviseur, une canne à pêche et une plaque commémorative lui rendant hommage pour le travail qu'il a accompli au journal.

Plusieurs nominations importantes devaient être faites au cours de l'année 1972. Le 17 mai, M. Desjardins annonce que Roger Meloche, durant plusieurs années au service des Brasseries canadiennes (Québec) Ltée devient son adjoint et s'occupera particulièrement de marketing. Roger Meloche, on le sait, avait déjà été à l'emploi du journal comme chroniqueur sportif et, également, chef adjoint du tirage. En second lieu, Gérard Goddu, bien connu dans le domaine de l'imprimerie commerciale, devient directeur du service de la production et Aimé Senéchal son adjoint. Les contremaîtres sous son autorité sont alors: Éloi Ollu, composition; Edmond Chartrand, clicherie; Claude Valiquette, presses;

Jean-Louis Cholette, expédition, et Jean-Paul Chartrand, photogravure. Léopold Leduc dirige l'atelier des petits travaux sous l'autorité du service de la promotion. Albert Paquin agit comme contremaître pour la réparation des presses et autres travaux mécaniques, tandis que le personnel de l'entretien de l'immeuble et de l'emmagasinage du papier journal relève de Gérard Paquin.

Janvier 1972, élection d'un nouvel exécutif de la section *Montréal-Matin* du Syndicat général des communications. À la présidence, Gérard Cellier; vice-président, Jean-Donat Legault; secrétaire, Pierre April; trésorier, Michel Benoit; Gustave Lacombe et André Gilles, directeurs. Gérard Cellier succède à Nicole Gladu. Celle-ci devait ultérieurement obtenir un congé pour passer à l'emploi de la CSN durant un certain temps.

La Presse réapparaît dans les kiosques à journaux le 10 février 1972, après près de quatre mois d'absence et plusieurs mois de grève dans ses ateliers. Dès lors, elle porte son prix à 15 cents le numéro au lieu de 10, exemple que nous suivrons le 20 novembre de la même année, tout comme le fera *Le Journal de Montréal*.

Le 20 mars, le Syndicat général des communications (CSN) annonce la fondation d'une nouvelle section affiliée, celle des photographes de *Montréal-Matin*. Jusqu'alors, nos photographes avaient travaillé comme « entrepreneurs », étant rémunérés selon le nombre de photographies parues, plus certains frais. Au nombre de neuf, ces photographes optent pour une formule différente.

La section « Safari », du journal dominical, remporte beaucoup de succès, grâce au beau travail de Mme Suzanne Martel, son fils Alain, Michel Marchand et d'autres. Ainsi, au cours de l'année on constate que plus de 27,000 jeunes lecteurs se sont inscrits dans le club des « Safaristes » aux activités multiples.

D'ailleurs, le tirage de l'édition dominicale appelée « Dimanche-Montréal-Matin » dépasse passablement l'objectif de 100,000 exemplaires qui avait été fixé. Il faut dire que ce journal est fort bien étoffé, avec ses cahiers multiples. Denis Tremblay dirige la section « Échos-Vedettes » assisté de François Piazza, Claude Langlois et Roch Poisson. Richard Johnson dirige l'intéressant « Elle et l'autre » auquel collaborent, notamment, Nicole Gladu, Claudette Tougas et Micheline Raymond. À noter, également, les chroniques que signent dans ce numéro du dimanche: Jacques Ferrière, Marie-Ève Liénard, Louise-L. Lagacé, Yvonne Cloutier, Agathe Boivin et d'autres. Robert Bertrand, Francyne Laurin et Ronald Armstrong sont au nombre des photographes qui alimentent ce numéro en attrayantes illustrations. À noter, également, que la section « Safari » offre certaines des bandes dessinées les plus populaires de l'heure: Lucky Luke, Bob Morane et Asterix.

L'énumération serait cependant incomplète sans les chroniques de Jacques Normand et Roger Baulu où ces deux vedettes se livrent une fois la semaine un amusant « duel » et « Le 7e jour », signé par Monsieur X, deux pages d'échos et de potins et souvent, de primeurs.

Décès de Me Faribault

En mai 1972, à l'âge de 63 ans seulement, meurt M. Marcel Faribault, président du conseil d'administration de la Fédération des journalistes canadiens inc., durant quelques brèves semaines. C'était l'un des administrateurs canadiens-français les plus brillants et probablement l'un dé nos plus grands experts en droit constitutionnel. Nous avions eu le plaisir de travailler un peu avec lui mais bientôt la maladie l'avait obligé à nous quitter. Cependant, il avait suffi de cette courte période pour nous rendre compte de ses immenses qualités de cœur et d'esprit.

D'autres décès nous touchent profondément. Le 14 mars, tout d'abord, c'est celui de Paul-Émile Ouellette, 66 ans, ancien directeur du service de la distribution. Il avait travaillé pour nous durant une trentaine d'années, ayant succédé à Adélard Vézina, notre premier chef de la distribution.

Le 13 juin, c'est Georges Galipeau, du *Journal des Pays d'en Haut*, un autre ancien du journal. Il avait été notre reporter judiciaire des années 30. C'était un gai luron mais également un grand philosophe; il comptait énormément d'amis. Il mourait à 65 ans, à Sainte-Adèle.

À la mi-août, notre drapeau est de nouveau en berne. (Chaque fois que l'un de nos employés mourait, nous baissions à mi-mât le drapeau du Québec flottant devant notre édifice, sur le boulevard Saint-Joseph). Cette fois, c'est un de nos chroniqueurs sportifs, Paul-Émile Prince, un vétéran de *La Presse* (1947-1970). Paul-Émile, frère de Vincent, brillant éditorialiste de *La Presse*, avait couvert pour nous, quelques heures seulement avant d'être foudroyé, la course cycliste Québec-Anjou. L'équipe sportive est atterrée et André Turbide, chef de pupitre au sport, rédige un touchant article intitulé: « Adieu, Paul-Émile! »

Une élection terne

Le 30 octobre 1972, élection fédérale. Tout au long de la campagne, les éditorialistes émettent certaines idées à la seule fin de guider et non d'influencer le lecteur. Nous cherchons, cependant, à l'empêcher d'annuler son vote, comme certains le lui suggèrent. Dans nos pages d'information, nous nous efforçons de donner des comptes rendus aussi complets que possible de l'activité et des arguments de tous les partis en présence. Comme le constate Paul Gros d'Aillon, de mémoire d'électeur, on n'aura jamais vu campagne et débats plus ternes, plus mornes. C'est aux « lignes ouvertes » de la radio, seulement, qu'on constate qu'une campagne électorale bat son plein.

Au reste, le match sera à peu près nul: libéraux, 108 candidats élus; conservateurs, 107; NPD, 32; CS, 15 et 2 indépendants au soir de l'élection. M. Trudeau conserve le pouvoir, refuse de démissionner comme le lui demande M. Stanfield. Jusqu'à l'élection suivante, on le sait, le parti libéral demeure au pouvoir grâce à l'appui du NPD.

À l'automne 1972 paraît *Propos du matin*, de Luc, un volume de plus de 200 pages contenant un choix des « Propos » de Lucien Langlois.

C'est sa veuve, Mme Jeanne-B. Langlois qui s'occupe de l'édition et de la vente de l'ouvrage. Elle me fait grand honneur en m'invitant à préfacer ce livre. Nombreux sont ceux qui expriment leur reconnaissance à Mme Langlois pour avoir ainsi pris l'initiative de publier des textes déjà parus mais demeurant d'un intérêt égal, sinon supérieur à celui qu'ils offraient au moment de leur parution dans *Montréal-Matin*.

À l'automne, également, la rumeur court que *Montréal-Matin* fera l'acquisition de *L'Action* (autrefois *L'Action catholique*), de Québec. En fait, M. Desjardins étudie très attentivement une proposition à cet effet et il confie à certains d'entre nous l'étude de documents relatifs à ce quotidien et aux entreprises qui lui sont connexes. Un groupe se rend même sur place. Cependant, le projet ne va pas plus loin.

À la fin de l'année, Julien Morissette nous quitte, prend sa retraite. De nouvelles figures apparaissent dans la salle de rédaction: Guy Emond, Fernand Liboiron, Odette Bourdon, Gustave Lacombe, Pierre Lachance, Raymond Tardif, Jean-Noël Ménard, François Bérubé et Pierre Beaudin, photographe. Olivier Houde prête main-forte à l'équipe sportive durant les mois de vacances.

Début décembre 1972, alors que je puis me vanter de ne pas avoir perdu une seule journée de travail pour cause de maladie depuis vingt-cinq ans, je suis foudroyé dans mon bureau. Je serai hospitalisé durant une quinzaine, après quoi le médecin m'accordera mon congé et me prescrira quelques semaines de repos. À l'hôpital, les visiteurs seront nombreux et sympathiques et ma femme demeurera à mes côtés durant de longues heures. À mon retour à la maison, la veille de Noël, de superbes cadeaux de la direction du journal et de mes collègues m'attendent. Quel réconfort!

1973

Début d'année

Après quelques semaines de convalescence, je suis en mesure de retourner au journal. Cependant, il me faut désormais limiter mes heures de travail et, à ce sujet, mon patron, M. Desjardins, se montre d'une compréhension que je ne saurais oublier. De retour au bureau le 8 février, je décide également de transférer à Paul Gros d'Aillon la représentation de *Montréal-Matin* auprès des Quotidiens du Québec. Je regrette alors d'avoir à quitter les directeurs et directeurs adjoints des autres quotidiens du Québec. J'avais beaucoup appris de chacun d'eux et ils s'étaient tous montrés, ceux de langue anglaise comme ceux de langue française, d'une très grande bienveillance à mon égard.

Parmi les tâches les plus urgentes en ce début de février 1973 se trouvent le problème suscité par une pénurie de papier journal et un autre provoqué par la hausse des prix de ce même papier. Il y a également les négociations avec les distributeurs et d'autres avec les photographes, la préparation du rapport annuel de *Montréal-Matin* et l'élaboration du texte d'une circulaire en vue d'un projet d'emprunt à long terme de $3,000,000.

L'incident Mailhot

Au début de 1973, nous sommes avertis que l'émission de télévision *Format 60*, de Radio-Canada, prépare une charge à fond de train contre *Montréal-Matin*. Les rumeurs se précisent et nous savons que l'offensive viendra de M. René Mailhot, commentateur à Radio-Canada et président de la Fédération professionnelle des journalistes du Québec. Nous adressons une mise en demeure à Radio-Canada, pour parer le coup, mais sans résultat. La bombe éclate le lundi soir 14 mai, non pas à *Format 60* mais au *Téléjournal*. M. Mailhot parle alors de baisse du tirage de *Montréal-Matin* jugée catastrophique et de « difficultés financières » sérieuses, etc.

Nul doute qu'il y a eu baisse du tirage. Baisse catastrophique? Sûrement pas et bien normale dans un journal qui accroissait son tirage alors que celui des autres quotidiens diminuait. Nul doute que nous connaissons des problèmes d'ordre financier (qui n'en a pas?), mais je doute fort qu'ils aient l'ampleur que laisse croire M. Mailhot dans son topo.

Je ne suis pas surpris, le surlendemain, de recevoir la visite d'un officier d'une compagnie de papier journal, l'un de nos fournisseurs, s'inquiétant de l'avenir de *Montréal-Matin*. Il a vu l'émission de télévision et cherche à obtenir des explications. Le 18 mai, nous publions une nouvelle à l'effet que *Montréal-Matin* poursuit Radio-Canada et M. Mailhot pour la somme de $100,000.

Comme pour donner un démenti à ce reportage, réunissant le conseil de direction le 24 mai suivant, M. Desjardins est en mesure d'annoncer un surplus appréciable pour le mois d'avril.

Il est vrai que, pour la première fois de son histoire, je le crois bien, notre journal songe à contracter un ou des emprunts à long terme, de préférence à vingt ans, et ce pour un montant global de trois millions de dollars. Rien de plus normal pour une entreprise en expansion.

Le but de l'emprunt aurait été de consolider et payer les dettes à court terme; d'améliorer le fonds de roulement; de poursuivre la modernisation de l'équipement en vue d'obtenir un rendement plus efficace et plus économique, et d'innover dans le contenu rédactionnel du journal, de façon à plaire toujours davantage au lecteur.

Ce projet d'emprunt ne se réalisa pas parce que, quelques semaines plus tard, *La Presse* faisait l'acquisition de *Montréal-Matin*. Quant à l'action intentée contre Radio-Canada et contre M. Mailhot, j'ai tout lieu de croire qu'elle a été tout bonnement abandonnée.

Mesures importantes

Le 13 mars 1973, à la suite de maintes délibérations, des mesures importantes sont prises pour diminuer le coût d'exploitation, notamment les suivantes:

1° Habituellement, nous imprimons le journal sur deux groupes de presses, ce qui permet d'obtenir quatre numéros simultanément. Désormais, le dimanche et le samedi puis, un peu plus tard, sept jours par semaine, nous ne ferons plus fonctionner qu'un groupe de presses, ce qui réduit le nombre de pressiers requis.

2° Diminution du nombre des pages dans le journal du samedi — « Sport Week-End » — ainsi que dans celui du dimanche. Cela veut dire la disparition virtuelle de l'un des cahiers, soit « Elle et lui. »

3° Diminution d'environ quatre pages chaque jour de la semaine, soit une page financière de moins (disparition de la Bourse de New York), une page féminine de moins, et une ou deux pages de sport supprimées. C'est alors que disparaissent les résultats et entrées de chaque jour des pistes américaines et autres hors du Québec. Nous constatons — et ce fut également le cas pour *Le Journal de Montréal* qui suivit bientôt notre exemple — que ces informations coûteuses n'intéressaient qu'un nombre restreint de lecteurs.

4° Abolition de l'édition de Québec, édition imprimée peu avant notre édition régulière.

Il s'en suit, on le devine, un certain nombre de mises à pied dans les services de production. Le Syndicat des journalistes craint que la rédaction, également, soit affectée. Une assemblée générale des membres, au cours de mars, donne mandat au comité exécutif du Syndicat « de déclencher un arrêt de travail au moment opportun, s'il y a violation de la convention collective de la part de l'employeur sur la question de la sécurité d'emploi ». Au cours de la même réunion, on décide de préparer un dossier « pour illustrer les fautes administratives de la direction du quotidien et de la direction de l'information, erreurs qui seraient à l'origine, selon les employés, des mises à pied qui se préparent ou qui sont déjà annoncées ». (*La Presse*, 24-3-73).

Cependant, le Syndicat n'a pas à déclencher d'arrêt de travail car la direction respecte la convention: aucun employé permanent n'est mis à pied à la rédaction. Quant au dossier, j'ignore s'il a été préparé mais il n'a jamais été soumis à la direction.

À l'assemblée annuelle, en mai, le bilan de Montréal-Matin, Inc. révèle, pour l'année 1972, des bénéfices avant amortissement, impôts sur le revenu et postes extraordinaires de $682,508.

Outrage au tribunal

Les paroles s'envolent mais les écrits demeurent. Les journalistes le savent dont les textes, une fois imprimés, ne peuvent plus malheureusement être corrigés, modifiés ou supprimés.

De par mes fonctions, je dois m'occuper des plaintes des lecteurs quant au contenu du journal et, d'une façon particulière, des mises en demeure ou des procédures intentées à la suite de la publication de certaines nouvelles. Lorsque l'affaire est grave, je l'étudie avec le rédacteur en chef ou quelqu'un d'autre de la rédaction et nous nous entendons alors sur la teneur d'une rétractation ou d'un rectificatif. Si, malgré tout, des procédures sont prises, j'avise alors notre avocat. Ce qui veut dire que chaque matin je parcours le journal aussi attentivement que possible afin de prévoir ce qui peut nous tomber sur la tête au cours des prochaines heures. En outre, comme il n'y a personne à la salle de rédaction l'avant-midi et que, généralement, le lecteur furieux refuse d'attendre pour clamer son mécontentement, justifié ou non, c'est moi qui, généralement, hérite de ces appels téléphoniques.

Très souvent, cela se règle très facilement. Il faut d'abord avoir la patience d'écouter, et d'écouter jusqu'au bout. Puis, causer du cas avec sympathie et objectivité. Neuf fois sur dix, le lecteur se calme, accepte les explications fournies et, malgré tout, demeure un ami du journal.

Mais ce n'est pas toujours aussi facile. Le matin du mercredi 20 juin 1973, je procède à cet examen attentif du journal quand, en 6ᵉ page, j'aperçois un titre qui me donne des sueurs froides dans le dos: « Mme X... connaissait bien l'assassin de son mari ». C'était le titre coiffant le compte rendu du procès d'un individu accusé d'avoir tué le mari de cette dame. Comme on le sait, devant nos tribunaux tout individu est présumé innocent tant qu'il n'a pas été déclaré coupable par la Cour. On ne peut donc parler de l'assassin de M. X., tant que celui qu'on soupçonne d'avoir fait le coup n'a pas été convaincu de meurtre par le tribunal. C'était une faute très grave. Ce qui la compliquait, c'était le fait que le procès se déroulait devant un jury et que l'avocat de la défense utiliserait sûrement notre titre pour soutenir que les jurés pourraient se laisser influencer. Car, il convient de le noter, le texte de la nouvelle, lui, était impeccable. Le coupable, c'était l'auteur du titre.

Aussi, je n'éprouve aucune surprise quand, quelques minutes plus tard, ma secrétaire me transmet une communication de Guy Bourdon, notre chroniqueur judiciaire et l'auteur de la nouvelle, qu'il a d'ailleurs signée.

« Je crains, dit-il, qu'on nous accuse de mépris de Cour, d'outrage au tribunal. »

Sans tarder, devant la gravité de la situation, j'avise Me Jean-Paul Cardinal, notre procureur, de ce qui vient d'arriver. Je rédige une mise au point que nous publierons le lendemain, mais avec la conviction qu'elle ne suffira pas. Je veux simplement démontrer la bonne volonté du journal et l'absence de toute intention malhonnête et ainsi atténuer peut-être le coup que nous allions sûrement recevoir.

Et voici que dans la soirée du 4 juillet 1973 parvient non seulement à Guy Bourdon, l'auteur de la nouvelle, non seulement au directeur de l'information, Bernard Brisset des Nos, mais également à tous les membres du conseil d'administration une ordonnance *nisi* signée par l'hon. juge Alphonse Barbeau, (président du procès en question), ordonnant à tous et chacun de comparaître devant lui, le surlendemain, et « là et alors montrer les causes pour lesquelles, s'il en est, lesdites personnes ne devraient pas être déclarées coupables d'outrage au tribunal pour avoir autorisé, permis, ou autrement contribué à la publication et à la mise en circulation de l'article plus haut mentionné... »

Les membres du conseil d'administration de la compagnie, cela veut dire: MM. Régent Desjardins, Paul Gros d'Aillon, Robert Dulude, Roland Gagné, Claude Leblanc et moi. Et il est bien stipulé: « de comparaître physiquement et personnellement ». Aucune échappatoire, par conséquent. Au jour dit, tout le monde se trouve donc au Palais de Justice de la rue Craig — sauf Paul Gros d'Aillon, en voyage — et Me Cardinal obtient un ajournement au 19 juillet.

C'est la première fois au pays que le conseil d'administration d'un journal est appelé à comparaître ainsi pour une faute commise par un employé. Les Quotidiens du Québec et la Canadian Daily Newspaper Publishers Association s'en émeuvent: il s'agit d'un grave précédent. Me Robinette, une autorité dans le domaine de la presse, émet l'avis qu'en effet jamais, à la suite d'une erreur de ce genre, on n'avait cité tout le conseil d'administration d'une entreprise de presse.

Et ce qu'il y a d'amusant, si l'on peut dire, c'est que le seul vrai coupable dans cette affaire, un préposé au pupitre n'était aucunement importuné. Donc, le 19 juillet, nous retournons tous devant le juge Barbeau et, cette fois, la cause sera entendue pour de bon. Me Pierre Sauvé représente la Couronne et Me Jean-Paul Cardinal défend *Montréal-Matin*.

On entend tout d'abord Guy Bourdon qui explique qu'il a simplement écrit la nouvelle et qu'il n'a rien eu à voir avec le titre, ce titre étant généralement rédigé par le préposé au pupitre. Appelé à témoigner, j'explique à mon tour qu'il s'agit d'une erreur sans malice d'un journaliste d'expérience qui, à un certain moment, a eu une distraction, un lapsus et que toutes les précautions possibles sont prises depuis toujours pour éviter les incidents de ce genre. Interrogé par Me Cardinal, je soutiens que les membres du conseil d'administration n'ont rien à voir avec la rédaction de ce titre ou de quelque autre article dans le journal, que la plupart d'entre eux ne viennent au journal que pour prendre connaissance des rapports financiers, etc. Séance tenante, le juge Barbeau acquitte Guy Bourdon et les membres du conseil d'administration mais ordonne la comparution de l'auteur de l'erreur (alors en vacances) et du procureur de la compagnie éditrice pour le 14 septembre suivant. Ce jour-là, le préposé au pupitre, journaliste chevronné, avoue l'erreur commise sans mauvaise intention, dans un moment de tension, et il est condamné à une amende de $50 qu'acquitte le journal, il va de soi. *Montréal-Matin* doit également verser une amende de $200 et les frais de la cause s'élevant à quelque $150.

Rendant sa sentence, le juge Barbeau reconnaît qu'il n'y a pas eu de préjudice réel envers l'accusé et que *Montréal-Matin*, journal d'une excellente tenue en général, ne recherchait pas la sensation. Néanmoins, il se doit de protéger l'autorité des tribunaux comme il se doit de protéger les accusés et, par conséquent, prononce les condamnations dont je parle plus haut.

Julien Morissette

Le drapeau devait flotter à mi-mât, à *Montréal-Matin*, à quatre reprises au cours de l'année 1973. D'abord pour le décès de M. Jean-Jacques Bertrand, ancien chef de l'Union nationale. En second lieu, pour celui d'un de nos pressiers, Fernand Brisebois. Une troisième fois, à l'occasion de la mort d'un journaliste bien connu, Julien Morissette, qui venait de prendre sa retraite et enfin, en septembre, à l'occasion du décès de Marcel Beauchamp, l'un de nos clicheurs. Ce dernier était en congé de maladie depuis quelque temps lors de sa mort après 41 ans de service à notre journal.

Quant à Julien Morissette, disparu à 65 ans, il avait pris sa retraite comme collaborateur à l'éditorial et comme chroniqueur, après une douzaine d'années de service. Homme d'une grande culture, il avait d'abord fait de l'enseignement dans l'Ontario pour ensuite s'adonner au journalisme, au *Droit*, et fonder *La Frontière*, à Rouyn-Noranda. En septembre 1956, il devient rédacteur en chef au journal *Notre Temps*, de Léopold Richer. Il collabore ensuite au journal *Le Temps*, de l'Union nationale et, finalement, à *Montréal-Matin*, parfois sous son nom véritable, parfois sous des pseudonymes, celui de Jacques Chenest, par exemple. Il avait été très actif dans les mouvements nationalistes du nord-est ontarien et du nord-ouest québécois. Il était également le correspondant canadien d'*Aspects de la France*, de Paris. Homme de droite, c'était un grand chrétien. Modeste, trop modeste, oserais-je dire, il chercha avant tout à servir les causes auxquelles il se vouait. À ses heures, c'était un poète et un humoriste. Ses « Gazettes rimées » et ses « Arabesque », par exemple, révélaient chez lui, un esprit à la fois mordant et sensible.

« La Presse» achète « Montréal-Matin »

Devant les problèmes que suscite notre prodigieuse croissance, il m'arrive parfois de dire à M. Desjardins, lors d'entretiens seul à seul, que *La Presse* aurait tout intérêt à faire l'acquisition de *Montréal-Matin*.

Au printemps 1973, certaines rumeurs se mettent à circuler relativement à une nouvelle vente de *Montréal-Matin*, rien de bien précis toutefois. Fin juillet ou début d'août, M. Desjardins part pour Paris avec son fils. Le 8 août, il me téléphone pour me faire part de son retour dans les prochaines heures.

Le 10 août au matin, je me rends à une première séance de négociations avec l'Union des typographes. Il s'agit uniquement d'une prise de contact. André Lévesque annonce que la partie patronale est à préparer des contre-propositions, suite aux demandes des typos, et qu'elles seront prêtes dès septembre. La séance est ajournée au mois prochain.

On m'informe alors que M. Desjardins désire me voir. Je me rends à son bureau, prenant soin d'apporter avec moi les dossiers nécessaires pour lui faire rapport des événements survenus depuis son départ.

Il m'accueille en me disant:

« C'est fait. Le journal est vendu... »

Je n'en reviens pas. Je lui serre la main. Or, d'autres changements ont eu lieu dans les entreprises de presse montréalaises et M. Desjardins me fait voir un communiqué relatif aux transactions avec M. Jacques Francœur, ainsi qu'un autre préparé par M. Lemelin relativement à l'acquisition de *Montréal-Matin* par *La Presse*.

Dans le premier communiqué, M. Francœur annonce que les journaux Trans-Canada Ltée lui ont cédé *Dimanche-Matin, La Patrie, Le Petit Journal, Photo-Journal, Dernière Heure* et une dizaine d'hebdos de banlieue, ainsi que la compagnie Les Distributions Éclair Ltée et l'imprimerie Montréal-Granby.

En outre, le hasard veut également que le même jour, M. Derek Price, éditeur du *Montreal Star,* annonce que ce journal vient de se joindre à la chaîne F.P. ou F.P. Publications Limited, qui représente également les intérêts du *Toronto Globe and Mail,* de la *Winnipeg Free Press,* de l'*Ottawa Journal* et du *Vancouver Sun.*

« La transaction, de dire M. Price, vise à protéger notre propriété et de permettre au *Montreal Star* de représenter plus dignement le Québec en étant affilié plus directement avec les autres journaux du pays. »

M. Roger Lemelin, président de *La Presse,* explique l'acquisition de *Montréal-Matin* dans les termes suivants:

« À la suite d'une analyse des besoins futurs de *La Presse,* le conseil d'administration de *La Presse* Ltée a autorisé cette semaine l'acquisition du quotidien *Montréal-Matin.*

« En raison de l'évolution du monde des journaux, de la concurrence de plus en plus vive entre les médias d'information, et à l'instar des grands quotidiens d'après-midi en Amérique et en Europe, *La Presse* se doit de protéger l'avenir de son marché primaire et de son équilibre financier, face aux coûts d'opération de plus en plus accrus, par des acquisitions de ce genre.

« *Montréal-Matin,* par sa réputation institutionnelle auprès de la clientèle du matin à Montréal, est en fait un complément naturel de *La Presse.* Par cette association des deux journaux, les administrateurs de *La Presse* et de *Montréal-Matin,* tout en consolidant l'avenir des quotidiens, espèrent pouvoir offrir un service encore meilleur à la population.

« *Montréal-Matin* continuera d'opérer sous la même direction et sa salle de rédaction conservera son autonomie. »

De son côté, M. Régent Desjardins déclare:

« Après une étude en profondeur, le conseil d'administration de *Montréal-Matin* en est arrivé à la conclusion que l'avenir du journal et de son personnel sera mieux protégé par son appartenance à *La Presse* Ltée.

« La situation financière de *Montréal-Matin* est saine mais le fait qu'il ne fasse partie d'aucun groupe de journaux pourrait éventuellement limiter son expansion devant la montée vertigineuse des coûts de production et de la concurrence. »

Personnellement, je me réjouis de cette transaction, de ce dénouement heureux d'une situation devenue difficile à cause de la hausse en flèche des coûts. Je prévois, cependant, que beaucoup de choses changeront à *Montréal-Matin*. Après 43 ans de service, ne jouissant pas d'une excellente santé, je n'ai aucunement le goût de « retrousser mes manches » encore une fois. En effet, on imagine bien que chaque nouvelle administration, chaque nouvelle direction a toujours apporté au journal des modifications de tous genres. Avec raison, les nouveaux venus ont toujours exigé « un coup d'épaule » pour mener à bien ces divers changements. Or, c'est là une expérience que je ne tiens pas à revivre pour la ième fois.

Comme il avait été convenu que je m'absentais pour trois ou quatre jours, je demande si l'on préfère que je modifie mes plans. On me répond négativement. À mon retour, la semaine suivante, j'apprends que MM. Desmarais et Lemelin, accompagnés de M. Guy Pépin, ont rencontré les directeurs de service. J'ai d'ailleurs un entretien avec M. Pépin dès le lendemain de mon retour. Pour l'instant, *La Presse* demande que nous ajoutions quatre pages au journal, que nous nous abonnions à la Presse canadienne et que nous tentions de ne pas laisser partir M. Beauséjour, le nouveau directeur de la promotion.

Il sera impossible de retenir M. André Beauséjour, qui a déjà accepté une situation ailleurs et je m'emploierai à faire les arrangements nécessaires avec la Presse canadienne, par l'entremise du dévoué « Bill » Stewart, pour que nous possédions ce service de nouvelles aussitôt que possible. Je rencontre Me Brian Mulroney et le met au courant de toute la situation dans nos relations syndicales. Je prépare également un mémoire sur les causes pendantes devant les tribunaux tout en finissant de régler un problème survenu avec les aides-camionneurs.

Durant ce temps, des difficultés surgissent à la rédaction, notamment au sport. Des négociations se poursuivent durant plusieurs heures mais, finalement, M. Desjardins me confirme que je dois partir pour mes vacances à la date prévue, malgré les événements qui viennent de se produire. On annonce la nomination de M. Luc Beauregard à la direction de *Montréal-Matin* mais ce dernier ne doit entrer en fonction que dans trois semaines, d'où la décision de M. Desjardins. D'ailleurs, comme il a été convenu que, d'ici là, il viendrait de temps à autre au journal, mon bureau est mis à sa disposition.

Les choses ne se dérouleront pas ainsi, cependant. M. Beauregard ayant pu se libérer de ses affaires plus tôt que prévu, il s'installe immédiatement à *Montréal-Matin*. Mes trois semaines de vacances écoulées, M. Desjardins me demande de ne revenir que dans une autre semaine, vu qu'il cède son bureau à M. Beauregard et qu'il lui faudra une bonne semaine pour mettre de l'ordre dans ses papiers et déménager au troisième pour y occuper le bureau de Roger Meloche qui, à son tour, aménagera le sien au second plancher, dans le local rendu libre par le départ de M. Beauséjour.

De retour au travail, je constate qu'il y a déjà eu une multitude de changements au cours de ces quatre semaines. Ont démissionné:

Paul Gros d'Aillon, le rédacteur en chef; Jacques Barrette, directeur des sports; Jerry Trudel, son adjoint, et Guy Emond, chroniqueur sportif.

Une journée ou deux plus tard, je rencontre MM. Beauregard et Pépin. Je leur fais part que mon état de santé ne me permet plus de remplir les fonctions de directeur général adjoint et que j'aimerais désormais tout simplement collaborer à la page éditoriale, et ce jusqu'au moment de ma retraite. Certes, j'aurai à faire des sacrifices au point de vue financier mais cela en vaut la peine pour échapper à une trop grande tension.

Et c'est ainsi que je quitte *Montréal-Matin*, le 2 novembre 1973. Désormais, j'accomplirai mon travail chez moi. M. Beauregard a la gentillesse de réunir les directeurs de service pour une petite réception à l'occasion de mon départ. Je lui en sais gré et cela me permet de lui dire que si j'avais donné beaucoup de mon temps et de mes énergies à ce journal, celui-ci, par contre, m'avait également bien traité et cela en dépit des changements répétés d'administrations et d'administrateurs.

Une ère nouvelle allait s'ouvrir pour moi et, également, pour *Montréal-Matin*, on le sait. Durant quatre ans, c'est-à-dire jusqu'à la fin de décembre 1977, je poursuivrai cette collaboration à la page éditoriale, ce qui me permettra de revoir, de temps à autre, de vieux amis, de suivre, simplement à titre d'observateur, l'évolution de l'entreprise, et de poursuivre mes recherches en vue de la rédaction du présent ouvrage.

Un dernier mot

Le moment est venu d'inscrire le « 30 » final à cet ouvrage tout comme à ma carrière de journaliste.

Il appartiendra à d'autres, qui les auront vécus, de relater les événements survenus à *Montréal-Matin* depuis 1974. Certains de ces faits — il y en a de réjouissants et de moins gais — sont d'ailleurs trop récents pour en parler ici.

Quant à moi, je remercie la Providence de m'avoir permis d'exercer aussi longtemps un métier jamais facile, certes, mais toujours passionnant. « Un chien de métier », disait Gérard Filion, mais un métier attachant. Celui qui l'a pratiqué durant près d'un demi-siècle éprouve souvent la nostalgie du tumulte de la salle de rédaction et du crépitement des téléscripteurs à l'approche de l'heure de tombée, du va-et-vient étourdissant dans les ateliers et du vacarme des rotatives quand elles commencent à cracher à la centaine ces journaux qui, dans quelques heures, exerceront sur des milliers de lecteurs une influence profonde.

Puisse *Montréal-Matin*, longtemps encore, et même contre vents et marées, poursuivre sa route vers de nouveaux succès. Puisse-t-il y régner toujours ce climat d'amitié et d'entraide qui, jusqu'à maintenant, a été l'une des caractéristiques principales de cette entreprise.

281

TABLE DES MATIÈRES

Achevé d'imprimer sur les presses
de l'Imprimerie Laflamme Ltée
en octobre 1978
Imprimé au Québec